中国农村留守儿童公益导航
研究报告与手册
（上）

北京沃启公益基金会公益导航项目团队　编著

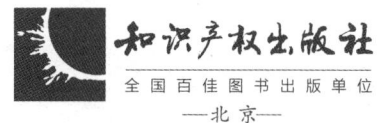

知识产权出版社
全国百佳图书出版单位
—北京—

图书在版编目（CIP）数据

中国农村留守儿童公益导航研究报告与手册：上下/北京沃启公益基金会公益导航项目团队编著．—北京：知识产权出版社，2019.11
ISBN 978 - 7 - 5130 - 6543 - 6

Ⅰ.①中… Ⅱ.①北… Ⅲ.①农村—儿童教育—研究报告—中国 Ⅳ.①G61

中国版本图书馆 CIP 数据核字（2019）第 232949 号

责任编辑：高 超　　　　　　　　　责任校对：谷 洋
封面设计：罗文涛　　　　　　　　　责任印制：刘译文

中国农村留守儿童公益导航研究报告与手册（上）
北京沃启公益基金会公益导航项目团队　编著

出版发行：**知识产权出版社**有限责任公司	网　　址：http://www.ipph.cn
社　　址：北京市海淀区气象路 50 号院	邮　　编：100081
责编电话：010 - 82000860 转 8383	责编邮箱：morninghere@126.com
发行电话：010 - 82000860 转 8101/8102	发行传真：010 - 82000893/82005070/82000270
印　　刷：三河市国英印务有限公司	经　　销：各大网上书店、新华书店及相关专业书店
开　　本：720mm×1000mm　1/16	印　　张：14
版　　次：2019 年 11 月第 1 版	印　　次：2019 年 11 月第 1 次印刷
字　　数：296 千字	总 定 价：128.00 元
ISBN 978 - 7 - 5130 - 6543 - 6	

出版权专有　侵权必究
如有印装质量问题，本社负责调换。

| 200+篇 留守儿童相关文献 | 87份 面向一线支教老师的需求辨析问卷 | 487份 面向所有人的简版需求辨析问卷 | 9个 留守儿童大省的实地调研 | 40+ NGO实地调研及专业咨询 | 88个 留守儿童项目 |

&

| 15项 留守儿童真实需求 | 20+ 调研真实案例描述 | 5个 维度的全方位解读 | 70+ 留守儿童重要政策梳理 | 20+ 国内外资助机构盘点 |

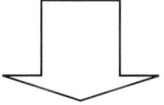

1 本专业的研究报告
&
1 本实操手册

负责本报告和手册的研究与撰写的公益导航团队成员为：

耿和苏　刘海英　曹　阳　段俊英　王　静

序言一

为了留守儿童公益"导航图"的实施

张秀兰

"公益导航"项目团队撰写的《中国农村留守儿童公益导航研究报告与手册》面世了。这本书是基于留守儿童的需求，提供对应解决方案研究成果的结集。该书面向从事留守儿童关爱与服务的从业者，关注留守儿童的企业、基金会等资源方，以及关注留守儿童的公益组织。不难看出，这是一本围绕留守儿童公益行动的结构完整、操作性强的好书。质言之，该书确如一幅面向留守儿童的"需求—回应方案"的导航图，非常实用，相信读者会从中获得切实的启示。进一步看，作者是将对留守儿童的关爱落实到科研工作的实际之中，这种情怀和务实精神，使我感动。

我在阅读该书手稿的时候，很自然地联想到，这些很好的方案如何落地呢？这类服务如何覆盖广大的留守儿童呢？前一个问题是关乎服务递送的"最后一公里"问题，后一个问题是如何把这些服务由点状分布变为覆盖广大留守儿童的社会规模的实践，即将这一服务制度化的问题。

第一个问题，服务递送的"最后一公里"问题，需要大力引进社会工作者。在这方面，民政部等五部门于2017年7月发布了《关于在农村留守儿童关爱保护中发挥社会工作专业人才作用的指导意见》（以下简称为《意见》）。该《意见》明确肯定，社会工作专业人才是开展农村留守儿童关爱保护的新兴力量。的确，在对留守儿童服务的"最后一公里"中，最为适合的递送人员是社会工作者。社会工作者是一种具有助人技术的专业人员，他们遵循助人自助的价值理念，运用社会工作专业知识和方法，为有需要的个人、家庭、机构、社区提供专业的社会服务。他们特别注意帮助对方发挥自身潜能，链接资源，协调社会关系，从而解决问题、促进社会公正。而实践证明，在对留守儿童的服务中，社会工作者是可以大显身手的。我们看到，已经有许多地方的社会工作者参与了帮助留守儿童的工作，取得了很好的成效，也积累了宝贵的经验。

第二个问题，如何将社会工作对留守儿童的服务制度化？如何将目前社会工作者对留守儿童服务的点状分布，转化为覆盖广大留守儿童的普及性服务？这就需要有一种制度安排。前述《意见》提出了强化社会工作专业人才作用的一系列指导意见。它要求，以留守儿童关爱保护为重点，加大农村地区社会工作专业人才培养使用力度，并为此提供相关的组织保障，包括教育部门要提供相关的社工服务，财政部门要给予支持，操作层面上要通过政府购买服务的方式来支持社会工作服务机构开展工作。这些意见都非常好。因此，我主张大力推进政府以购买服务的方式来引入社会工作对留守儿童的服务。为了真正将此事落到实处，不妨将此内容纳入"乡村振兴战略"实施情况的考核指标之内。我们知道，考核指标对于政府行为具有明显的导向作用，纳入考核指标是促使各地政府落实《意见》的有效举措。

还有一点非常重要，就是政府购买社工服务的经费问题。众所周知，留守儿童集中的地区，也是经济欠发达地区，这里的政府公共财政一向不宽裕，若要求从县市级财政来购买社工服务，存在很大困难。故此，应当提升政府购买服务资金的统筹层次，起码到省或更高一级。

《中国农村留守儿童公益导航研究报告与手册》是一本很务实的书，它的确是一部服务留守儿童的导航之作，值得推荐，它包含的作者的社会关怀，更值得倡扬。为了使这本书的诸种方案有人来实施并且在面上得到推行，我提出了上述意见，不知是否对回应留守儿童的需求有所裨益。

是为序。

张秀兰

北京师范大学北京社会建设研究院院长

社会发展与公共政策学院教授

序言二

真正解决受益群体的问题，推动社会的良性发展

何 进

沃启基金会选择以留守儿童问题为突破口，并以这套留守儿童保护的参与主体与干预实践研究作为其公益导航研究系列的开山之作，可谓是独具慧眼。因为留守儿童问题代表了当代中国在高速发展过程中出现的典型的两难式问题。为了改善家庭条件，给孩子一个更好的未来，父母外出打工本意是希望家庭更幸福。随着打工收入的增加，家庭条件也或多或少得以改善，本是件好事，但因父母长时间离家，对孩子的身心发育、老人的照料，家庭和睦，产生的负面影响事实上减少了家人的幸福感，同时影响到农村地区的整体发展。从每一个留守儿童家庭的两难和每一对留守儿童的父母面临的取舍也折射出了中国在过去30多年的发展中反复出现的并且始终在寻找妥善解决方法的问题，即如何把握、平衡发展与稳定的关系，如何在保证发展的速度与数量的同时也兼顾到公平和质量。

十年树木，百年树人。今天留守儿童的学习成长不仅影响着九年义务教育能否真正保质保量地完成，更关系着国家的人力资源储备能否满足今后长期发展的战略需要。从家庭的角度讲，孩子与父母长期分离给双方带来的疏离感，对亲情的影响，对家庭可能会带来何种变化或者伤害目前还难以估量。特别是对孩子，这种长期分离对他们身心发育成长产生众多影响。就目前的观察，负面影响居多，尤其是在心理上的。在这些影响中，哪些是后天可逆的，哪些是不可逆的，缺乏长期和系统的研究，更缺乏基于实证探索和研究论证支持的对策。随着城乡一体化建设的加速，在未来很长一段时间内，还会有更多的农村劳动力转移到城镇就业，留守儿童的现象还会延续甚至加剧。随着今天的留守儿童成为明天的劳动力，等到他们为人父、为人母时，他们当中一些人难免会延续父母的做法，形成代际传递。那时，这一问题影响的不仅是家庭的和睦，农村发展，还有正在推进的城乡一体化战略以及国家的长治久安。

所幸的是一些公益组织和有识之士在1994年，当留守儿童问题初露端倪时就意识到了这一问题的重要性，开始奔走呼吁，募资捐物，组织志愿者团队去农村，身体力行地服务孩子，帮助家长。但问题发展之快，规模之大，出乎所有人

的预料，也使得他们的努力日渐捉襟见肘，杯水车薪。尽管中央和地方政府也在2000年前后就这个问题出台了一些政策、措施和办法，逐渐加大了财政的投入。特别是2008年汶川地震后，越来越多的社会组织，包括企业也参加到这个救助的队伍中来。但遗憾的是留守儿童的问题依然严重。究其原因，除了人数多、范围广、投入仍然不足外，还有两个原因：一是问题本身的多样性和复杂性。问题呈现的状态和形式相似，但成因不同。正如托尔斯泰所说的，"幸福的家庭都是相同的，不幸的家庭各有各的不同。"事实上，每个地区每个乡镇甚至每个家庭中留守儿童的成因都会有所不同，因此，解决问题不可能用"一刀切"的对策，应该是因地制宜，因人而异。二是各个利益相关方的心态和方法。无论是政府部门还是公益组织，无论是研究者还是资助方，在对待这个问题方面，都多多少少呈现出急于求成的心态，明知如此广泛而又复杂的问题不可能用一蹴而就的方法得以解决，却又总寄希望于那种加大投入、政策改变的做法实现"毕其功于一役"的目的，其结果只能是事倍功半，有时甚至适得其反。事实上，对于留守儿童这个问题的研究到目前为止还远远不够，尽管有不少民间和社会组织已经有了多年的实践经验，我们对造成每一个留守儿童问题表现的形式，呈现的状态，出现的原因，产生的后果都还缺乏系统和长期的研究。多数时候都在头痛医头，脚痛医脚。更有甚者的是在解决一个问题的同时，制造了更多的新问题。

沃启基金会的这套研究报告出版适逢其时，不仅填补了留守儿童问题系统研究的空白，也为当前的社会问题实证研究树立了一个好榜样。在对留守儿童问题做了全面和系统的综述的基础上，报告从留守儿童的需求入手，对多年来在这一领域长期耕耘的组织中的不同类型的干预项目进行了梳理，随后又通过进一步的访谈和实地考察，根据项目的实用性及有效性，筛选出了80余个案例，最终形成了总结报告，这个报告有3个特点。

特点一，以孩子为中心，以真正满足留守儿童的需求为目的，以解决他们的问题为目标。虽然"以人为本"的口号已经提了很多年，但是在现实生活中，这个"人"到底是谁？是需求方，还是供给方？是孩子，还是出资人，研究者，或是机构负责人？尽管他们的利益未必与孩子们的相悖，但是也未必总是完全一致，特别是在需求众多，资源有限的关键时刻，把谁的利益放在第1位，是考验每个组织和个人到底是以"谁"为本的试金石。这个报告从儿童心理、行为、学业、安全和健康的需求入手，到家庭、学校、社区+网络的多重关联又相互渗透的社会支持系统的调查，再到对不同需求具体回应的实践分析、总结和建议，都在努力践行着以留守儿童为本的目标，令人可喜。

特点二，是其求真的态度和务实的方法。所谓求真的态度，即知之为知之，不知为不知。所谓务实的方法，即一步一个脚印地从问题的源头去分析问题，一点一滴地从每个项目中去寻找解决问题的方法，梳理积累经验和教训。有太多关注支持或从事公益事业的人，不是不想把事情做好，而是由于不会做，好心办了错事，甚至成了坏事。究其因，往往出在心态和方法上。如何避免好大喜功，急

序言二 真正解决受益群体的问题，推动社会的良性发展

于求成，对问题和成绩不夸大不缩小，用证据说话，这个报告做出了表率。报告的重要发现是"留守儿童的现象和问题中，没有哪一个问题是留守因素单独造成的"，"与父母分离只是多个因素之一"。目前大部分干预策略，虽可以有限地改善一些留守儿童成长的不利环境，但都不是解决此问题的根本之道。问题的解决不仅需要时间和多方努力，还需要有效的社会支持系统，其中社会组织的专业化极其重要。

特点三，是对如何使理论与实践真正结合的模式探索。作为一个跨学科的为行动者服务的应用性研究，这个报告"意在促进知识生产与应用链条的完整性"。研究的素材来源于一线的行动者，研究的成果又回归到实践中加以检验。通过关注和研究留守儿童问题这件事，报告强调要有方法，要依靠社会支持系统中那些专业人员，因为真正的突破还是要从人开始。如何帮助理论研究者们和行动实践者避免以往习惯性的"扬长避短"导致的理论与实践总是"两张皮"的做法，在干预项目过程中相互取长补短，共同提高，报告尝试着做了一些突破。不少案例都展示了专家学者和一线老师、社区工作者的密切合作。既促使研究者关注行动者的知识需求，提高研究的针对性，真正满足行动者的需求，又帮助行动者在行动之前，了解已有的研究成果并加以利用，在行动之后，反思总结行动过程，从理论上提升自己，更好地服务受益群体。

这份报告对于留守儿童问题的状、症、原因及对策都做了较详尽的描述和讨论，美中不足的是对于问题的根源挖掘不够。虽然报告本身不可能解决根源性的问题，但是只有把问题的根源阐述清楚才可能真正解决它。留守儿童的问题并非只是家庭、学校和社区+网络的问题，也并非只是教育本身的问题。留守儿童问题反映出的是农村如何发展以满足中国强大的需要，教育如何改革以适应日益复杂的社会多方面多元多样化的需求，以及中国如何兼顾不同人群的不同需求以提高其人口的核心能力，实现长期发展的战略目标的问题。只有把留守儿童问题放到更大的背景下去解析，才可能动员更多的利益相关方一道参与，把这个问题解决好。

瑕不掩瑜，希望沃启基金会能继续静心做事。不求多和快，但求好与精。让这种做法形成机制并不断完善、持续发展，提高项目的有效性，真正解决受益群体的问题，推动社会的良性发展。相信此报告的初衷，也是我们共同的最终目的。

何 进
资助者圆桌论坛理事长
深圳国际公益学院教授

前言

一、研究背景

中国农村留守儿童公益导航项目正式启动于2016年5月16日，目标对象是中国农村留守儿童（以下简称留守儿童）。之前已经召集各种讨论，诸多师友、伙伴参加了讨论，做了资料收集，也到印度参访学习对标机构和相似模式的实践经验。这一年多来，研究团队边做边摸索，一边筹款，一边传播。经常被问道：到底什么是公益导航？

在很多场合我们拿出文稿，或者画出坐标和曲线，演示幻灯，但一脸懵懂者依然不少。后来，我们索性就先说："导航项目要解决留守儿童一下子收到七八个书包的问题。"如此，大家才领首表示有些理解。

那就从留守儿童的七八个书包说起吧。2008年汶川地震后，灾区孩子失去学校和学习用具，给孩子们发书包以解决一时之需，非常及时、必要。在后来的留守儿童关爱活动中，一个孩子可以不断收到多个书包，我们在调研中还看到书包堆积在学校会议室的半面墙边的状况。发书包的假设逻辑是：留守儿童是困境儿童，困境儿童必然是贫困儿童，贫困儿童买不起书包，所以发书包正好可以满足孩子的需求，况且发物资比发资金风险小，比精神关爱更容易执行。孩子需要操作简便，从传播的角度看，可视性强，这应该是一个理性的选择。对于行动主体来说，任务完成了，指标好看，照片感人。但是对于服务对象而言，会不会意味着无效甚至有可能产生负面影响？是否也会导致资源浪费，解决不了真正需求，于问题无补？

在针对留守儿童问题开展的干预、保护活动中，有多少是发书包这类对需求认识茫然、采取行动盲目的？留守儿童就是问题儿童、困境儿童吗？从留守儿童现象到留守儿童问题的建构是如何完成的（问题的产生和辨析）？什么样的留守儿童在什么情况下需要书包，他们除了书包外，还需要什么？通过什么干预满足这些需求（甄别真实、有效的需求）？在问题没有厘清，需求没有瞄准的前提下设计、实施的解决方案（项目），歪打正着的幸运馅饼也不是没有，但就大概

几年中,公众、企业捐赠几亿元给一些大型公募基金会,给贫困地区、灾区学生发大量书包,有的学生反映一人收到了七八个书包。

率来说,大多数还会是一个关公战秦琼的段子,孩子们的问题非但没有解决,是不是还要经历二次伤害?而那些瞄准需求、有效解决问题的项目和活动是什么样的?他们的思考和行动经验是什么?

二、研究目标、内容与产出

研究目标:上述问题一定是研究者、行动者时常思考的问题。但对于行动者而言,项目周期内各种实操工作繁重,难以腾出时间就一个议题做一年的研究和扫描;对于科研机构来说,大多也不以民间行动者的使用为研究目标。针对这些欠缺,导航团队试图揭开留守儿童问题后面的需求所在,分析如何有效进行干预。

对研究者、行动者、政策制定者来说,寻找问题、需求与解决方案之间的逻辑关系,这些工作都刚刚开始,尚没有足够可供参考的成果。尽管当前大部分研究定位在留守儿童问题的描述上,也关注了影响儿童心理适应的危险因素,对于保护因素的作用的研究相对薄弱,在风险因素的背景下探讨保护因素的作用机制,这样的研究更是少有。但是针对留守儿童的研究、政策变迁、行动,近两年来已经在广度上有了不少积累。

主要内容:研究团队历时两年多翻阅、研读留守儿童研究的相关文献,多次在线征集农村留守儿童项目,咨询各地相关行动者和研究者,用两个多月时间赴9省、市调研与咨询,为的是探索农村留守儿童在亲情相对缺失的不利处境中仍具有积极适应的可能性的保护因素有哪些,探寻如何干预可以带来良性发展的可能。本研究以家庭结构和功能为主要立足点，利用近年关于农村留守儿童的各个学科的研究成果，甄别、论证处于不利环境中的农村留守儿童发展的保护性因素，对应需求探讨在实践层面的社会组织的解决模式和干预方法，内容包括问题、需求与解决方案之间的发生机制、改变机制是怎么样的。解决这些问题的掣肘因素有哪些？所需的人力、政策和资金资源情况如何？

主要产出：在已有的相关研究的基础上，辨析留守儿童的真实需求，筛选有针对性的、有效解决问题的社会公益方案，汇集相关政策和资源信息，完成《中国农村留守儿童公益导航研究报告与手册》，让行动主体、政策、资源的供给方看到现象背后的更多关系脉络，有更多的行动的选择，更好地服务留守儿童，促进这个群体的良性发展。

当本研究项目接近尾声的时候，我们发现整个研究更像是一幅围绕留守儿童现象和问题，从需求到引发的行动和资源供给走向的经络图。在这本书中，读者可以比较全面地看到针对处于不利环境的留守儿童的发展需求。

当然如前文所说，对留守儿童问题成因的深层探索才开始。本研究项目试图通过这样的方法，将学界的研究成果与行动的策略与方法对接，也形成研究与实践的互动与需求，更重要的是，希望通过本研究项目，能够倡导更多的针对留守儿童保护因素的研究，推动将有效的解决方案服务于更多的留守儿童，进而促进深层次的变革。

三、本研究的创新之处

本研究是一项跨学科、主要服务于行动者的应用性研究，意在促进知识生产与实践应用链条的完整性。本研究试图打通一直以来存在的研究与行动的割裂状态，让研究成果在实践中得以检验，引导研究者关照实践者的知识需求，让研究成果有更多可能服务于行动者。本研究还希望引导行动者在行动之前，充分了解已经有的研究成果，进行甄别并加以利用，从而减少实践盲点，提高项目有效性，服务受益群体。因此无论研究目标、研究方法、服务群体都与现有的研究有明显的差异。

四、公益导航产品导读图

本研究产出分为上、下两册，包括一份研究报告和一本实操手册。两部分既独立成册，又有着严密的逻辑关系，读者可各取所需。详见下页内报告与手册内容导读图。

报告与手册内容导读图

序号	部分	主要章节	内容概述
1	《中国农村留守儿童公益导航研究报告与手册》（上）	第一篇 农村留守儿童保护的参与主体与干预实践研究	探索农村留守儿童在亲情相对缺失的不利处境中仍具有积极适应的可能性的保护因素有哪些，如何干预可以带来良性发展的可能。 本研究以家庭结构和功能为主要立足点，利用近年关于留守儿童的各个学科的研究成果，甄别、论证处于不利环境中的留守儿童发展的保护性因素有哪些，对应需求，在实践层面的解决模式和干预方法是什么，问题、需求与解决方案之间的发生机制、改变的机制是怎么样的，解决这些问题的掣肘因素有哪些，所需的人力、政策和资金资源情况如何。
2		第二篇 农村留守儿童需求辨析	辨析出15项留守儿童的真实需求，结合安全、教育、心理、监护与抚育、卫生与健康进行全方位解读。 需求辨析部分划分为两个章节。第一章是留守儿童需求的定量描述，第二章是留守儿童需求的详细描述，结合文献研究结果和调研一手资料，针对每个辨析出来的需求进行具体的描述和案例详述，介绍各地针对需求已有的项目内容；如果仍有需求现阶段没有针对性项目，会给予适当的建议。
3		第三篇 农村留守儿童需求解决路径的现实状况分析	通过对汇集的国内专注留守儿童议题的88个公益项目进行的统计分析及拣选的23个具有代表性的个性化实践，比较细致地反映出，以提供公益慈善服务为主的社会组织为回应留守儿童群体的需求，解决或改善包括留守儿童在内的乡村儿童群体的问题所采取的行动、探索与努力。
4		第四篇 农村留守儿童政策与资助资源	通过对71项国家、地方、专题层面的留守儿童政策进行梳理，展现中国留守儿童关爱保护的发展和政策演变，为民间行动者等提供留守儿童政策参考。 通过对曾资助留守儿童服务的政府、基金会、国际组织、企业资源进行盘点，方便行动者根据当地的实际情况和留守儿童的需求，按照信息和资源的分类进行查找，从而争取更多的国内和国际资源来保障广大乡村留守儿童的权利，促进他们的福利和成长。

续表

序号	部分	主要章节	内容概述
5	《中国农村留守儿童公益导航研究报告与手册（下）》	农村留守儿童需求解决方案手册	本手册由以下两部分内容组成： 第一部分，农村留守儿童需求解决方案案例，拣选并比较系统深入地梳理了部分具有代表性的个性化实践。案例选择的依据是聚焦留守儿童项目，适当兼顾相关项目（暂称之为"基础项目"）的原则，两类项目的入选数量比例为2∶1。 第二部分，农村留守儿童公益项目名录，囊括了88个公益慈善项目。

五、项目沿革

留守儿童公益导航项目研究团队主要成员为刘海英、耿和苏、段俊英、曹阳和王静。本书上册第一篇"农村留守儿童保护的参与主体与干预实践研究"执笔人为刘海英，第二篇"农村留守儿童需求辨析"执笔人为王静，其中的问卷设计、数据处理由王静执行，英文文献由实习生李熙完成，第三篇"农村留守儿童需求解决路径的现实状况分析"执笔人为段俊英、耿和苏，第四篇"农村留守儿童政策与资助资源"由曹阳执笔。本书下册执笔人为耿和苏、段俊英，制图由王静、曹阳和实习生黄蕊等完成。

本项目于2016年5月在陈香梅公益基金会立项，其后纳入该基金会公益汇专项基金。2017年3月该项目及团队转入北京沃启公益基金会。

2016年10月，本项目获得北京亿方公益基金会资助。报告于2017年8月完成，12月由沃启基金会召开发布会，发布报告简版。2018年8月，中国香港乐施会资助的资金到位，正式启动了编辑出版。本项目研究分析所使用的资料、信息以及数据等截止到2017年8月；此外，到2018年9月，项目名录中另外增补7个项目。

六、致谢

感谢北京亿方公益基金会对本项目的价值认同和资助。

感谢陈香梅公益基金会及理事长师艳丽女士对本项目在立项、筹资通道等方面的倾情支持。

感谢南都公益基金会、中国香港乐施会、中国国际民间组织合作促进会施永青农村发展专项基金以机构建设的方式支持项目开展。

感谢乐施会对本项目成果的价值认同和资助。

感谢腾讯乐捐上支持"农村留守儿童公益导航"项目的每一位朋友和深圳市爱佑未来慈善基金会、北京爱佑公益发展中心提供筹资平台支持。

感谢段俊英女士,她是参与《农村留守儿童需求解决方案手册》研究的主要成员,曾任中国扶贫基金会监测研究信息部负责人,拥有13年慈善公益行业从业经历,在行业信息搜集研究、项目监测方面具有丰富的实战经验,她对手册开发和撰写做出了重要贡献。

感谢郭肖蕊女士,以她在慈善公益行业尤其是企业社会责任部门丰厚的历练,给予了重要的专业建议,并为本手册的项目补充征集、信息完善与内容编辑等提供了非常宝贵的志愿服务!

感谢申雅静女士,以她对公益慈善行业的了解、项目管理与实施方面的丰富理论与实践经验,包括优秀的专业翻译能力,提供了重要的专业支持。

感谢杜葵先生、梁晓燕女士、康健先生、高玉荣女士、周淑祯女士、张晖先生、金敏超先生、韩嘉玲女士、杜爽女士、任纪伟先生、张博先生给予我们的专业咨询和指导。

感谢美丽中国(北京立德未来助学公益基金会)、北京市西部阳光农村发展基金会、为中国而教(北京为华而教公益发展中心)为项目调研提供的大力支持。

感谢北京社会管理职业学院胡英姿老师给予的积极支持,该校毕业实习生张朝阳为项目承担了重要的对外联络工作,并对基本信息进行了大量搜集整理工作,黄筱峰(同学校实习生)也做了支持性工作,黄蕊(同学校实习生)对手册的校对、排版做出很大贡献。

感谢本研究和本手册所涉及的上百位机构与项目的信息填报者!是你们的极大支持与信任让此次研究收获了160余个项目信息,让我们得以了解和收集到业界及社会为解决乡村儿童,特别是农村留守儿童面临的各种问题所做的不懈努力。不仅为此次研究中国农村留守儿童需求解决方案贡献良多,而且为我们今后的相关研究工作奠定了重要基础,也必会对推动相关的行动、促进改变发挥积极作用。

感谢接受我们的实地调研以及与我们一起梳理案例的机构、个人,没有你们给予的充分信任与支持,就无法更好地呈现案例所应表达的精髓。

感谢基金会中心网,基金会发展论坛,南昌益心益意公益服务中心彭海惠总干事等行业同仁对项目征集信息的"广而告之"!你们的热情投入让项目征集信息尽可能得以广泛地传播。

感谢棉花沙影像工作室创始人蒋能杰先生无偿提供留守儿童图片素材供书籍出版使用;感谢摄影师刘飞越先生在项目前期传播推广过程中提供图片。

感谢所有为本研究项目提供了热情帮助和支持的人士与机构,在此请恕不再一一具名。

序言一　为了留守儿童公益"导航图"的实施…………………………… I
序言二　真正解决受益群体的问题，推动社会的良性发展………………III
前言……………………………………………………………………… VII

第一篇　农村留守儿童保护的参与主体与干预实践研究

第一章　农村留守儿童问题的建构与需求甄别……………………… 003
第二章　农村留守儿童保护的参与主体……………………………… 012
第三章　家庭端干预：感情支持与保护，促进社会化发展………… 015
第四章　社区端：汇聚、疏通各种资源，实现多种保护支持……… 027
第五章　学校端：干预的三个层次…………………………………… 034
第六章　重要需求解析………………………………………………… 043
第七章　总结…………………………………………………………… 055

第二篇　农村留守儿童需求辨析

第一章　需求概览……………………………………………………… 063
第二章　需求描述……………………………………………………… 069

XIII

第三篇　农村留守儿童需求解决路径的现实状况分析

第一章　关于农村留守儿童公益项目的情况分析……………………… 092
第二章　解决方案案例概要……………………………………………… 099

第四篇　农村留守儿童政策与资助资源

第一章　中国留守儿童关爱保护的发展和政策演变…………………… 114
第二章　留守儿童资助资源……………………………………………… 178

第一篇
农村留守儿童保护的参与主体与干预实践研究

中国农村留守儿童公益导航研究报告与手册（上）

第一章

农村留守儿童问题的建构与需求甄别

留守儿童一词的出现，最早是针对父母出国而留在国内的孩子，后来逐步专指因农村父母一方或者双方外出务工，留在家乡生活的18岁以下的儿童。各种研究和政策规定对留守儿童界定也各有不同，主要依据年龄段和父母是双方还是单方外出而判定留守儿童的范围。

一、农村留守儿童问题的建构

早在1994年，留守儿童已被当成一个困境群体而被研究者提出来。从2004年开始，国家一些部门开始正式介入这个议题，通过媒介、学界的共同参与，逐步建构成为一个公共话题。留守儿童自杀等极端事件的报道，更令留守儿童议题升温为一个热点问题。2016年2月，国务院印发《关于加强农村留守儿童关爱保护工作的意见》，随后，从以前的妇联对口负责到民政部成为主要负责的政府部门，社会、政府对这个群体的重视达到了新的高度。从"留守儿童现象"出现，到社会各界广泛关注和重视的"留守儿童问题"，经历了一个社会建构和学术建构的双重路径演化（段成荣、吕利丹、王宗萍，2014）[①]。

下面仅以几个媒介、学界、政策、行动几个数据，来简要展示留守儿童问题的建构效果。媒体和公众对留守儿童这个群体的关注，超过了其他的儿童范畴。仅以百度以"留守儿童"为关键词的数量为例，截至2017年8月22日，按照关键词留守儿童、农村儿童、流动儿童为关键词搜索，留守儿童条数14 300 000个，远远超过农村儿童7 670 000个，流动儿童3 180 000个，见图1-1。

以"留守儿童"为关键词从2011年至2017年8月底的百度指数，可以看到关于留守儿童事件和政策出台时，都是留守儿童热度增加的时候。

对留守儿童的研究在2016年也达到高峰。

[①] 段成荣，吕利丹，王宗萍. 城市化背景下农村留守儿童的家庭教育与学校教育[J]. 北京大学教育评论，2014，12（3）.

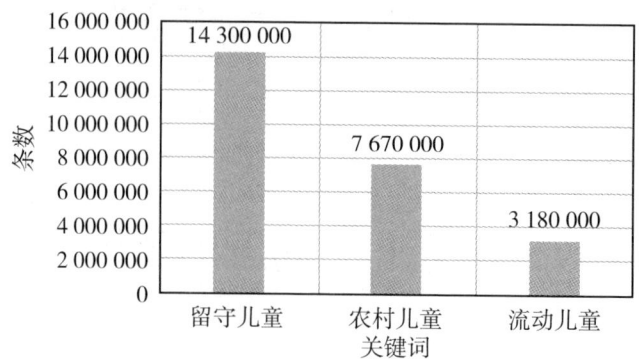

图1-1 留守儿童、农村儿童、流动儿童关注度

再以中国知网的留守儿童为关键词，有 27 862 条结果。主要涉及的内容为教育问题、儿童问题、外出打工、农民工子女、健康成长、社会问题。

导航团队梳理关涉留守儿童的政策 71 项，这些政策的时间跨度 26 年，基本上是在打工潮初期就有政策关注该群体，国务院和教育部是主要政策发布部门，见图1-2。

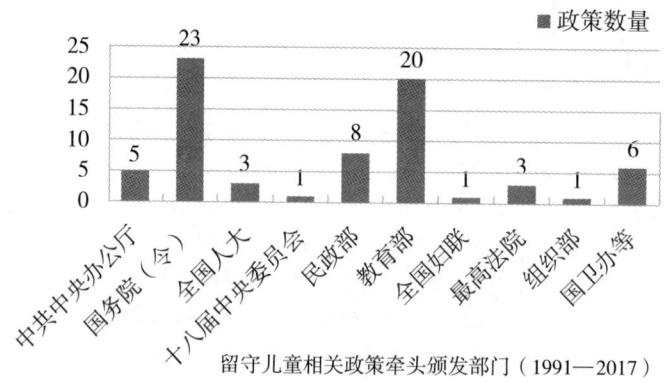

图1-2 政策数量与责任部门

针对留守儿童这个群体，历年来政府和社会力量开展了包括代理家长制、儿童乐园、四点半课堂等多种关爱活动，参与主体主要来自妇女儿童工委、妇联、团委、国际组织与国内社会组织。中国社科院研究员卜卫 2008 年的研究，将这些行动归纳为四种支持模式：关爱模式、社会支持模式、自强模式和赋权模式，主要关爱活动。

二、对农村留守儿童的描绘研究进展简述

1. 形象素描

导航团队在调研中曾请西南地区几十位支教老师谈描述留守儿童的关键

词，在西北、中部调研时，也听到当地校长、老师和公益机构对留守儿童的印象：

——对亲情更重视，情感依赖。

——不爱讲话，和父母没有话说。

——才艺表演的时候自卑，不敢做公众讲话。

——情感脆弱、爱哭、脾气暴躁。

——独立性强，懂事。

——生活、卫生习惯不好，学习习惯不好。妈妈回来就会变得干净。

——缺乏成年人的照料，5岁的孩子自己泡方便面喂妹妹吃，小孩子整天穿着尿了的裤子。

——隔代抚养更多的是放任自流，或是溺爱。有的孩子还让祖辈背着来上学。

……

在以留守儿童为内容的传播研究里，已经有不少论文分析了各种媒体如何建构留守儿童形象进而影响大众。例如，杨兰军以《大河报》和《华西都市报》两家具有影响力的纸媒为分析样本，选取2012年11月—2013年11月时间段，探究"留守儿童"的媒体呈现。留守儿童的大体形象是：身材矮小瘦弱，皮肤和服饰都是沾满灰尘，脏兮兮的，孤陋寡闻、腼腆、内向、不爱说话、自卑等（杨兰军，2015）。[1] 孙欢欢选择最早关注报道留守儿童的《人民日报》为研究样本，选取其2006—2015年的留守儿童报道，其媒介话语建构的典型形象表现为：缺少家庭教育和父母关爱的"问题儿童"，政府和社会帮助下的"幸福儿童"，需要父母关爱与保护的"弱势群体"和少年早熟的"懂事孩子"的媒介形象（孙欢欢，2016）[2]。

媒体出于特有的表达方式和市场受众需求，它的渲染性的报道和倡导，催化、引起社会公众和政府对该问题的广泛重视，但由于报道的视角单一，尤其是多聚焦于问题的描述，造成公众对留守儿童的刻板印象贴上系列的标签，甚至将留守儿童等同于问题儿童。雷万鹏等人认为将对留守儿童角色认同、自我概念和人格发展带来无法估量的伤害（雷万鹏、杨帆，2009）。在调研时，受访者谈到一所学校的广播通知："下午某点留守儿童和问题儿童都到留守儿童之家，参加某某活动。不参加活动的，将受到批评等处理"。受访者特地去了活动现场，看到一位老师用干巴巴的语气宣读了一些要求规定，到场的学生都被要求签到。

在一份针对支教老师、驻校社工的问卷（下面将详述）调查研究中对留守儿童的突出特征描述如下：

---

[1] 杨兰军. "留守儿童"形象的媒介呈现研究[D]. 吉林大学硕士论文，2015.

[2] 孙欢欢. 留守儿童媒介形象研究——基于《人民日报》的话语分析[D]. 华中师范大学硕士论文，2016.

由于我们最初设计问卷时，对留守儿童问题的认识也是来自媒体报道和研究成果，所以在设定的选项里，以负向的描述为主。支教老师和社工在"其他"项中给出的更多的是正向描述，很多老师都认为留守儿童更加懂事；还有更有担当、懂得感恩、更独立这些评价。负面的评价集中在日常行为习惯比较差，见表1-1。

表1-1 留守儿童素描

序号	表现特质	百分比（%）
1	焦虑	8
2	性格偏内向	16
3	敏感	19
4	意志薄弱	10
5	独立性强	18
6	交往困难	8
7	逆反心理	11
8	攻击性强	10

2. 研究进展

留守儿童的研究主要聚焦在留守因素对儿童心理、健康、教育、安全、行为规范等方面的影响。对于留守儿童的问题研究，主要是以非留守儿童做对比而进行的。也有少量研究探究在地域、年龄、性别等不同条件下，留守因素对留守儿童的影响。迄今，对留守儿童群体的研究，包括现象、问题、成因、干预方法的研究，都还刚刚开始。因为对留守儿童问题成因的复杂性还没有深入系统的研究，导致对留守儿童问题辨析不清，雷万鹏等人看到问题意识导向下的运动式或者资金导向式的关怀带来的负面影响。各地开展的留守儿童关爱活动易走极端，要么没有行动，要么将所有留守儿童视为"问题儿童"，从而导致留守儿童关爱活动"形式化"和"运动化"，没有实际效果（雷万鹏、杨帆，2009）。

也有研究者看到在亲情相对缺失的不利处境中，农村留守儿童仍然具有积极适应的可能性。这种可能性取决于儿童及其所在的环境系统能否形成应对父母长期不在身边以及其他危险因素的保护机制（赵景欣、刘霞、张文新，2013）[①]。

[①] 赵景欣，刘霞，张文新. 同伴拒绝、同伴接纳与农村留守儿童的心理适应：亲子亲和与逆境信念的作用[J]. 心理学报，2013（45）.

但是在留守这个不利条件下有哪些保护因子,它们的作用机制是怎么样的,目前学界却讨论得比较少。来自研究者的建议、给出的干预策略和措施,要么泛泛而谈,要么只顾局部,根据现象开出药方,无论深度和广度,对于实践者有指导意义的建议不多。

本研究除了在对国内中文文献进行二次研究外,还梳理了2009年至今关注中国留守儿童的英文文献中阐述的现象和问题,一部分是研究其他国家的留守儿童的英文文献,以及其他国家治理留守儿童问题的措施和案例。研究中国留守儿童的英文文献主要是在健康与行为习惯、心理、学习情况等方面的定量研究,也仅阐述了留守儿童群体中的现象,而没有提供能够解释这些现象的理论,也没有进一步探究有可能造成这些现象的因素。

公益导航最初的研究设计,希望能够将研究者的研究成果为行动者所用,但现有的研究成果与行动对接、能为行动者所用的甚少。除了科研人员与行动者关注的内容不完全对应外,作为社会科学研究缺少长期的跟踪研究实验,片段、分离的研究比较多(罗静、王薇、高文斌,2009)。不过我们在调研中已经看到,在行动中才有可能产生的理论与研究的互动和修正,已经有些不错的实践案例。

三、需求辨析

无论是媒体,还是研究者、实践者、政策制定者,都是作为留守儿童的"他者"而存在的。对很多问题的认识、行动难免偏颇,但这也是我们认识的基础和开端。这个过程中,作为弱势群体和没有掌握更多表达资源的留守儿童,他们真正的问题和需求如何表达出来?我们在这部分研究中,用多次论证、互证的方式来探究留守儿童的真实需求。

1. 大问卷的设计与定向发放

我们首先从问题去探究背后的需求。留守儿童的研究问题主要集中在几个方面:安全、营养、健康、教育、心理、行为等,见表1-2。

表1-2 留守儿童问题研究

序号	聚焦问题	百分比(%)
1	教育	21
2	营养健康	10
3	安全	16
4	心理	28
5	不良行为	16
6	紧急救助	9

除了以上几个方面，在"其他"项中，留守儿童犯罪问题和生理卫生教育（包括性安全教育、防性侵教育、自我性别意识养成）也被提出来。

以往留守儿童研究中的问卷，对该群体人口特征及群体"问题"描述的比较多，鲜有专门针对留守儿童需求开展调研的，一些需求散落在问题描述和建议中。留守儿童公益导航项目（以下简称导航）研究目标之一是从问题中发现需求，因为干预行动是为回应需求而设计的。在这样的研究思路下，研究团队基于大量的文献阅读，民间行动者的项目总结、简报，专家咨询等形式，梳理了留守儿童需求。在此基础上，研究团队设计了一份需求翔实、维度丰富的农村儿童真实需求辨析的问卷（以下简称"大问卷"）。需要说明的是，该项目是在二手研究和一手研究两条线索展开的。因此，下文所展示的需求，并非仅仅来自本项目的直接调研，需求的主要文献梳理是下文所及问卷的基础和前提。

需求分为14个大类，每个大类又有具体的细类，需求中有些是农村儿童共性的需求，有些则主要在农村留守儿童群体中突出（心理亲情交流、监护人养成、法律意识提升及大众传媒素养等），从已做的需求列表可以看出，教育、学校/社区环境改善等宏观方面的需求更多地面向农村儿童，基于心理关怀和监护人素养提升的需求更多是聚焦到留守儿童群体。

这次问卷定向发放，邀请广东、广西、云南、甘肃的驻校社工和支教老师填写问卷。选择支教老师的理由是，支教老师与孩子们相处久，是比较了解孩子的群体之一。另外，他们作为民间机构的教育工作者，更能理解这份研究成果在行动方面的诉求。在已有的研究中，尚未见到针对支教老师这个群体的调研。从导航项目执行团队来讲，在资源和人力约束的条件下，这也是我们根据条件做的一个理性的选择。

本次大问卷调研共回收103份问卷，其中87份是完整的有效问卷，其他16份问卷由于关键信息缺失不计入最终的统计数据中。对87份问卷进行汇总分析，以"留守经历"维度中"留守儿童更需要"作为衡量留守儿童需求紧迫程度的指标，筛选出留守儿童前10个需求，见图1-3。

2. 小问卷设计原理及与大问卷关系

我们也看到大问卷的局限，比如样本量、调研对象的单一性，所以我们采用互证的方式，尽可能有更多角度来发现真实的需求。

在第一轮大问卷结果的基础上，重新梳理文献并邀请专家座谈，精简大问卷最终提炼了农村留守儿童的30个需求，将精炼的30个需求通过强制排序的方法设计问卷（以下简称"小问卷"），通过线上非定向方式进行发送，回收问卷近500份。

填写问卷的主要是农村老师、支教老师、关注留守儿童的公益组织从业者、曾经的留守儿童、留守儿童的亲友和一般公众，其中农村老师、支教老师、关注留守儿童的公益组织从业者和曾经的留守儿童权重占0.2，留守儿童

第一篇 农村留守儿童保护的参与主体与干预实践研究

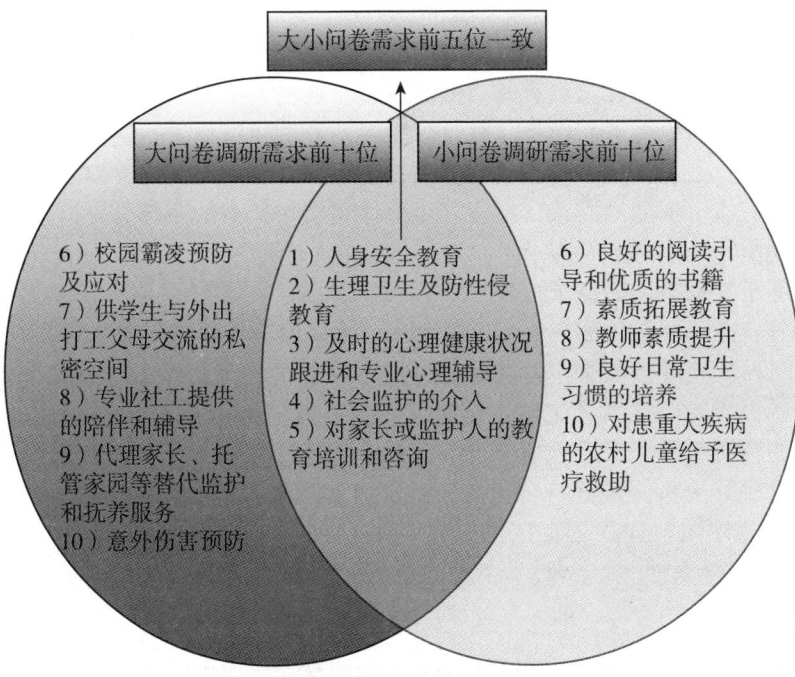

图 1-3 需求 TOP10 对比图

的亲友和一般公众权重占 0.1。数据处理后得到的留守儿童前 10 个需求，见图 1-3。

从图 1-3 看两个问卷的需求。关于人身安全教育、生理卫生及防性侵教育、及时的心理健康状况跟进和专业心理辅导、社会监护的介入以及对家长或监护人的教育培训和咨询五项需求相互印证吻合，剩下的五项出现差异。大问卷的数据分析结果显示，留守儿童对校园霸凌预防及应对、供学生与外出打工父母交流的私密空间、专业社工提供的陪伴和辅导、代理家长、托管家园等替代监护和抚养服务以及意外伤害预防五方面的需求更加突出。而面向更广受众的小问卷数据分析结果显示，阅读推广、素质拓展教育、教师素质提升、良好日常卫生习惯的培养以及对患重大疾病的农村儿童给予医疗救助的需求更紧迫。

对比分析两者的差异，大问卷中提到的私密空间、替代监护和抚养都具有明显的指向性，非留守儿童并不具有这部分需求，因而通过大问卷的"留守儿童更需要"很容易筛选出这两项；大问卷填写者出于对自己工作价值的认同以及亲历并了解驻校社工带给孩子的改变，认为留守儿童对专业社工服务的需求是真实存在的；另外提到的校园霸凌预防及应对和意外伤害预防则更多出于一线支教老师的长期介入式观察，这是没有深入了解留守儿童的群体所无法预料到的需求。

小问卷是在综合调研反馈、重读文献以及专家座谈的基础上提炼出的留守儿童需求，默认这30个需求是留守儿童的真实需求，并在此假设基础上通过问卷得到需求紧迫程度的排序①。从小问卷的数据分析结果可以看到，排名前十中的有些需求并非是留守儿童独有的，而涉及整个农村儿童的需求，这是问卷设计结构导致的。同时也能够看出来，从整个农村儿童的角度来看，对良好的阅读引导和优质书籍、素质拓展教育、教师素质提升、良好卫生习惯培养以及重大疾病的医疗救助有非常强烈的需求，留守儿童群体是农村儿童的一部分，这些紧迫的需求也正是留守儿童真正的需求。

3. 基于文献梳理的需求

此外，在不断聚焦需求的研究过程中，我们基于小问卷的指标，对文献中的需求进行再次梳理。根据作者的专业背景、发表的期刊、研究方法等指标，我们将收集的关于留守儿童的文献根据研究内容进行分类，通过非介入性文献研究，将小问卷精简版的需求指标用于提炼文献中涉及的需求，并对文献涉及的需求进行数据处理和分析，最终符合提炼指标的有84篇，得到如图1-4所示的最多的10个需求排序图。这些文献的产出时间是从2006年至2016年。

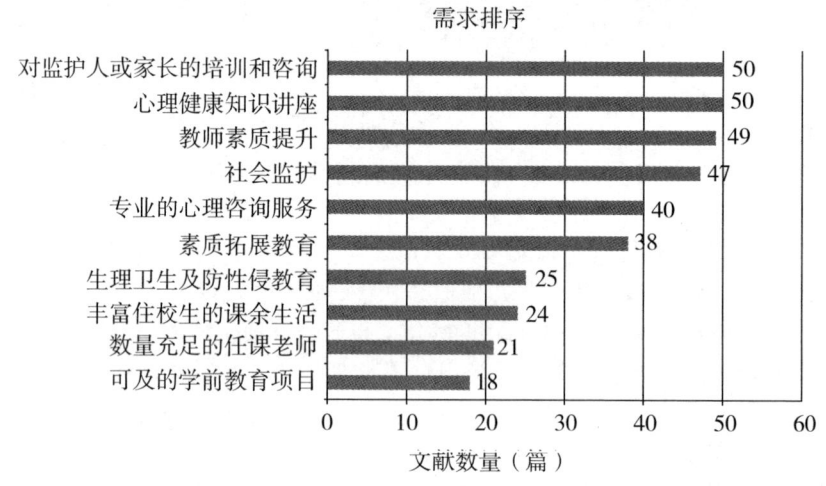

图1-4 需求（文献部分）排序图②

对比大问卷和小问卷的前10项需求，能够看到生理卫生及防性侵教育、专业的心理咨询服务、社会监护和对家长及监护人的培训与咨询四项完全契合，而

---

① 在小问卷设计的过程中，有部分的需求回应因为民间社会很难有空间进入或者调研发现已经基本满足等原因进行了删减。

② 图中社会监护，是指老师、社工或村干部定期家访，搜集留守儿童的生活状况，并联系相关部门解决问题；素质拓展教育，包括艺术学科教育、乡土文化教育等；可及的学前教育项目，是指民间组织的学前教育项目。

文献梳理出的需求未提及代理家长、驻校社工等替代性关爱方案，更关注像学前教育、课余生活等学生基础教育相关的需求。

大问卷还针对年龄、性别、地区、民族等维度，对需求进行了细分，详细内容请见第二篇需求辨析篇。

第二章

农村留守儿童保护的参与主体

以家庭监护为基础，以社会监督和国家干预为保障的中国儿童保护体系正在试点和建设中。落实家庭保护责任，推动家庭保护、学校保护、社会保护和司法保护的紧密衔接是体系建设的工作方向（王振耀，2016）[①]。在《儿童权利公约》通过20年之际的2009年，联合国儿童基金会与新华社在北京共同发布的《世界儿童状况》中文版提出建立国家儿童保护体系。在这份报告中，提出创造儿童保护性环境所需的8个相互联系的主要行动：要求政府对儿童实施全面的保护；通过综合处理儿童保护问题的法律并使之生效；提供来源可靠的正确信息，改变现存的侵犯儿童权利的态度、表现及行为等；促进儿童保护问题的开放讨论；促进有意义的儿童参与和赋权；加强家庭和社区在保护中的作用；通过改善数据收集、分析和使用来提高监测和监督；在紧急情况中为儿童建立保护性环境[②]。报告强调了社区、家庭、政府的责任，法律的效用、倡导的作用。

上面的文件提到儿童保护关键的工作，而这些参与保护主体除了家庭、学校、社区都是重要的参与方。在探究留守儿童保护因子的研究中，我们也是基于多个参与主体的保护框架，分析不同参与主体对留守儿童的干预策略和方法。对应儿童保护体系中的参与保护主体的区分，本研究重点考察社会支持系统是怎么对处于不利条件下的儿童发展干预，主要借鉴尤里·布郎芬布伦纳（Urie Bronfenbrenner，1917—2005）生物生态学理论模型，见图2-1。

图2-1来自刘杰、孟会敏《关于布郎芬布伦纳发展心理学生态系统理论》，这里没有时序系统。

布郎芬布伦纳是美国开端计划重要的奠基者。开端计划是美国联邦政府对处境不利儿童进行教育补偿，以追求教育公平，改善人群代际恶性循环的一个早期

[①] 王振耀. 系统建设普惠型儿童福利体系 [M]. 北京：社科文献出版社，2016.
[②]《世界儿童状况》提出建立国家儿童保护体系 [EB/OL]. 新华网，http://news.163.com/09/1120/11/5OIF7LAM0001124J.html.2009-11-20.

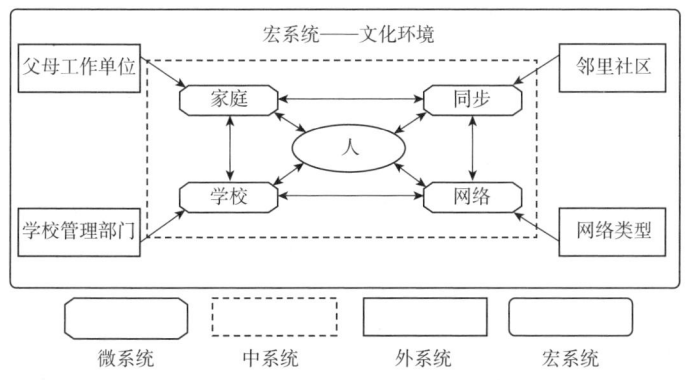

图 2-1 生态系统理论的行为理论模型

儿童项目①。

布郎芬布伦纳的生态系统理论模型，是发展心理学研究领域的重大进步。该模型重视人类发展的环境与生物因素的作用，生态系统理论扩大了心理学研究中"环境"的概念但其研究过分强调环境的作用。（刘杰、孟会敏，2009）②。布郎芬布伦纳在其理论模型中将人生活于其中并与之相互作用的不断变化的环境称为行为系统。该系统分为5个层次，是以行为系统对儿童发展的影响直接程度分界的，从微系统到宏系统，对儿童的影响也从直接到间接。

这个模型复杂，他的理论很难有效地且合理地应用于实践，但他的开创性研究，使所有这些环境，从家庭到经济到政治结构，都成了人生发展过程中的一部分（谷禹、王玲、秦金亮，2012）。后者也是本研究选择以这个模型框架开展讨论的原因，因为本研究主要讨论外部环境对儿童发展的影响，这个环境分层的部分对我们分析留守儿童有启发。本报告借用这个模型的概念将留守儿童的微系统分为：家庭、学校、社区+网络。当然，儿童个体也是最重要的主体，但因本研究是探讨孩子发展的环境问题，所以对此不予更多论述。

在明确主要的参与主体后，本研究侧重在上述参与主体如何进行有效干预。从发展心理学的理论来看，在不利条件下的儿童并不一定会成为问题儿童，留守儿童仍有机会保持正常的发展，并且其发展水平甚至会超出正常儿童的发展水平，其关键在于个体是否拥有应对危险或不利处境的保护因子（廖传景、韩黎、杨惠琴、张进辅，2014）③。

作为推动留守儿童发展、实施儿童保护的行动者，需要厘清的是，在被社会

---

① 360 百科 [EB/OL]. https://baike.so.com/doc/4927824-5147445.html.

② 刘杰，孟会敏. 关于布郎芬布伦纳发展心理学生态系统理论 [J]. 中国健康心理学杂志，2009，17（2）.

③ 廖传景，韩黎，杨惠琴，张进辅. 城镇化背景下农村留守儿童心理健康：贫困与否的视角 [J]. 农村社会发展，2014（3）.

建构的留守儿童问题中，被贴的留守儿童身上的问题标签成因包括哪些，或者说哪些问题是留守儿童独有的问题，哪些是因留守变量而加重的问题，哪些问题根本就是农村儿童普遍的问题，甚至是中国儿童共有的问题，当然不包括似是而非的伪问题。

  本研究通过对留守儿童心理、行为规范、学业、安全、健康等方面的梳理，发现在所有诉诸留守儿童的现象问题中，没有哪一个问题是留守因素单独造成的，留守因素只是原因之一，或者是重要的原因。留守儿童发展中有特殊的需求，问题和需求并不一一对应。行动者需要回应直接的需求，并且由于针对这个需求的供给不足，加剧了农村儿童的一些问题。比如因为父母不在身边导致的孤独、不自信，或者攻击，初中阶段辍学，学前阶段的养育问题，下面将分别依照支持体系的几部分的保护因素分别叙述。

  需要说明的是，留守儿童问题是多种不利制度结构因素、社会因素叠加、交互作用产生的，与父母分离只是多个因素之一。本研究聚焦在儿童发展过程中父母在空间缺席的情况下，如何通过一些干预措施，满足留守儿童的需求，有效改善一些成长的不利环境。大部分干预策略都不是解决问题的根本之道，但并不意味着没有实际意义。留守儿童问题的解决是一个相当长的时间问题，每年有数以千万计的孩子处在留守状态中，需要这些有效的支持系统。已有的国际经验表明，在儿童福利和保护体系中，社会组织的专业化服务是重要的一部分。留守儿童是中国儿童、农村儿童的一部分，今天这个群体成为社会公众、政策聚焦的部分，通过对留守儿童保护因子的探索，社会组织的干预方式的实验，也有利于为整个中国儿童福利、保护体系的建立、社会服务的专业化提升积累经验。

第三章

家庭端干预：感情支持与保护，促进社会化发展

胡家兄弟和爷爷奶奶

摄影：蒋能杰

对父母的关键干预

※ 对家长的责任和亲子意识培训。应该加强对父母进行家庭教育和孩子心理健康知识的宣传与培训，增加他们对自己留守孩子的了解和重视，提高他们与孩子沟通交流的能力。

※ 便捷的沟通工具使用。

※ 促成父母与孩子的团聚：假期相聚，父母更短时间回来。

※ 学校和代养人对孩子的教育：理解父母，而不是怨恨父母。

对代养人的主要干预

※ 加强对代养人的培训和支持。

※ 由其他组织或者网络分担隔代养育人的职责。

家庭的功能主要体现在其抚养、保护、教育和情感培育方面，父母是儿童

获得情感支持和保护的最核心力量（王进鑫，2009）。家庭也是历史的产物，留守家庭是现代化、工业化进程中的后果之一。伴随着几百年工业化进程，家庭的功能也有所变化，有些功能由社会承担，有些依然保留在家庭内部，家庭、父母对儿童成长的作用无法替代。情感支持、儿童的初始社会化过程主要来自于家庭。

一、亲子关系现状与家庭的作用

1. 情感支持与保护

2016年10月研究团队参加云南一家教育机构的活动，老师们谈到，孩子们的作文里真情实感比较消极，老师看得很心疼。因为孩子回到家里也没有人，只能看电视。学生之间缺少交流，兴趣缺乏，导致作文主题单一，情感失真，内容也是从电视看到的。阅读的东西都是城市里的范文，比如参观博物馆，但是乡村没有博物馆。

父母在留守儿童生活中依然扮演重要角色。无形的感情之线总是将留守孩子与外出打工的父母紧密联系着。但一般地孩子与父母联系主要是单向的，即父母和孩子联系，而所谈论内容学习多，情感少。孩子表达自己感情的方式主要是日记、看父母照片、哭。由于父母不在身旁，留守儿童受人欺负的比例较高（雷万鹏、杨帆，2009）。留守老人们也认为，孩子有心里话没有地方说，被人欺负没有底气，遇到麻烦事情没人帮助指导（叶敬忠，2008）。因为不在一起生活，父母沟通方式和内容的单一，留守儿童从家庭、父母处获得情感支持更少，很大一部分孩子遇到问题，不是首先寻求父母的帮助。有研究显示，留守儿童被迫发生性行为的比例高于非留守儿童，其中陌生人比例较高，留守儿童缺少父母的保护最容易成为受害者。但是由于随着年长或者与父母渐渐疏离，父母对孩子的重要程度下降，爷爷、奶奶、朋友的重要性提升。

亲子关系、孩子与父母的互动在不同地区也是不一样的，在一项对不同区域的留守儿童对比研究中，四川父母与孩子互动最多，联系多，见面多，那么孩子愿意将自己的烦恼告诉父母的比例也最高。这个数值地区差异很大，如四川、河南的数值分别是56.5%、18.8%（叶敬忠、潘璐，2008）。这种差异可能与不同地区的留守儿童社会支持有关，该研究在2008年，当时四川对留守儿童敏感度高，学校制定关爱计划。

不可避免地，有些留守儿童在留守生活期间由于得不到父母的照顾，感受不到亲情的温暖，他们内心会产生一种怨恨心理，但是大多数留守儿童恰恰不是这样，反而更体贴父母。

同样，在别人家里（长辈亲戚）的孩子的状态取决于家庭对孩子的态度，家庭对孩子的态度好，孩子的状态也好，但是总体来说状态是不好的。

研究显示，婴幼儿与母亲（或替代者）的相处模式会影响其依恋风格的形成，当其需要常常难以得到满足，或者多次经受分离焦虑之后，便易于形成不安全型的依恋风格，进而导致成年后形成安全感缺乏的特点（孙云晓，2009）[①]。

2017年度《中国留守儿童心灵白皮书》的传播文稿中，最抓眼球的一个标题是《聚焦留守儿童现状：近10%孩子对父母生死漠不关心》，9.3%的农村留守儿童认为父亲或母亲去世对自己"几乎没有影响"，而把城镇的留守儿童纳入进来后，比例上升至9.7%[②]！

真的有这么触目惊心吗？2006年华中师范大学课题组对河北、湖北、安徽、河南、四川等省农村留守儿童教育问题进行了大规模调研[③]。绝大部分（97.3%）留守儿童对父母思念情深。相对而言，92.0%留守儿童希望好好学习回报父母，82%的非留守儿童对此表示赞同。可见，留守儿童比非留守儿童更懂得好好学习回报父母恩情的道理（雷万鹏，杨帆）[④]。

留守与性格的故事

一位曾经有留守经历、在亲戚家生活过的支教老师谈到自己的性格，仍与那段经历有关。做事的时候得处处留心，包括玩耍都得察言观色，生怕人家不高兴。父母面前玩耍，虽然会怕父母，但是没有阴影，跟了亲戚之后，不敢随便去做自己想做的事情，即便是合理的事情。在亲戚家，想要玩具、课外阅读读本一类的，不敢说出来。从那以后自己家里和在亲戚家里是两种性格，直到现在也是这样的，不知道所谓的双重性格是不是就像这样。他也不愿和他住的亲戚家更多地交流，没事儿时只是看电视。

---

2. 初始社会化过程中不可或缺的部分

影响社会化成功的因素包括依恋的安全性、对父母行为的观察学习和亲子之间的交互回应。家庭生活对未成年人的社会化影响，是任何一种社会组织或者机构所不能替代的。随着工业化的分工、信息时代信息流动的加快，家庭不再是孩子获得信息和教育的重要场所，但是家庭的情感功能却有了进一步的加强，家庭在儿童情感、人格、社会适应等方面的社会化中发挥着非常重要的作用，这就意味着家庭教育的重点在儿童人格培养和道德发展上不可或缺（邓花云，2013）。

[①] 安全感[EB/OL].孙云晓博客 http://blog.sina.com.cn/s/blog_6235ccfc0100f0ah.html.

[②] 上学路上，聚焦留守儿童现状：近10%孩子对父母生死漠不关心[EB/OL].东方网 http://a.mini.eastday.com/html/2017/shehui_0718/4803912_4.html 2017-07-18.

[③] 实证研究：学生问卷共8000余份，家长问卷8000余份，访谈500多人次，儿童年龄为6~14岁。

[④] 雷万鹏，杨帆.对留守儿童问题的基本判断与政策选择[J].教育与研究实验，2009（2）.

留守儿童家庭结构的变化影响到家庭社会化功能的发挥，这一变化本身就直接影响到未成年人社会化过程，使其发生前所未有的复杂变化。多个研究指出，现代家庭社会化功能的弱化是未成年人犯罪率上升的重要原因。在关于留守儿童的研究中，犯罪率高是一个被反复提出的问题。犯罪是多种因素综合作用的社会产物，未成年人社会化的不完全，才有可能成为未成年人犯罪的根本原因（李娜、张林雨，2007）。董士昙认为，少有人对留守儿童的犯罪问题进行系统研究。在个体的早期发展中，父母的爱、支持和鼓励容易使个体建立对最初接触者的信任感和安全感，而这种信任感和安全感的建立，保证了子女成年后与他人的顺利交往。如果早期这种信任感和安全感缺乏，会随着个体的发展逐步产生一种孤独、无助的性格，难以与人相处（董士昙，2009）[1]。

已经有的研究显示，犯罪是三种因素相互作用的结果：犯罪者的生理状态，其所处的自然条件，和其出生、生活或工作于其中的社会环境三种因素相互作用的结果（骆裴娅，2008）[2]。

骆裴娅从犯罪心理的形成过程解释亲情的价值。第一是留守儿童的孤僻心理；第二是自卑心理；第三是留守儿童的荒漠心理，觉得亲情没有价值；第四是逆反心理（骆裴娅，2008）。

王道春的研究显示农村青少年犯罪中留守儿童占了较大的比例。犯罪心理学理论也表明人的犯罪心理的形成也是具有"不完全社会化—不良个性—不良心理—犯罪心理"这样一个过程。他的研究强调了在缺少父母关爱和监护的现实条件下，其他的社会的有效监护和教育薄弱、失效（学校教育、社会教育），留守儿童更多地暴露在不良社会环境中，从而造成社会化过程的严重扭曲，他们存在着比较普遍的心理和性格方面的障碍，学业更容易受阻，行为也更容易越轨（王道春，2006）[3]。

二、家庭端的干预关键策略

1. 针对父母亲子关系的改善性干预策略

1.1 新型家庭结构下重构有效的亲子关系的可能性

在与父母空间分离的亲子关系下，能否通过一些干预措施，重建有效的亲子关系？有研究认为，时空分离不是隔绝，因为彼此分离的家庭成员仍然将自己视为一体，很多孩子对父母外出务工表示理解。相反，外出务工的父母因为眼界开阔，如果与孩子的交流顺畅，可以部分弥补空间隔离的问题。

情感的发育、早期安全感的获得，都与家庭有重要关系。"家庭中其他因

---

[1] 董士昙.山东省农村留守儿童犯罪问题的调查与分析[J].山东警察学院学报，2009（4）.

[2] 骆裴娅."留守儿童"犯罪问题研究[J].重庆工业学院学报，2009，23（8）.

[3] 王道春.农村"留守儿童"犯罪原因及预防对策刍议[J].北京青年政治学院学报，2006，15（3）.

素对儿童适应性发展的重要性没有一个高过亲子关系的质量"。亲子亲和与亲子冲突是亲子关系的两个重要维度。赵景新、刘霞、张文新在亲子亲和、同伴接纳与留守儿童心理的相关研究中，做了很好的文献研究。亲子亲和指父母与子女之间亲密的情感联结，它既可以表现于积极的互动行为中，又可以表现于父母与儿童心理上的对彼此的亲密感受。研究表明，家庭中的亲和水平能够负向预测农村留守儿童的犯罪行为（赵兰、唐娟、李科生，2011）；亲子关系的质量越高，农村留守儿童的幸福感水平越高（陈亮、张丽锦、沈杰，2009）。在家庭功能的诸维度中，角色与沟通对青少年焦虑的预测最为显著，家庭成员间较少或无效的沟通与混乱的角色任务分工成为青少年焦虑发展中的危险性因素（吴庆兴，2012）[①]。

这些研究为亲子亲和对留守儿童适应的促进作用和发展提供了初步依据，但其内在联系机制，即二者是如何发生联系的还不清楚，这为实施干预策略带来一些困难。但是以现有的实践和研究成果，依然可以制定出现阶段的干预策略，随着实践经验、行动研究的深入，多学科在此议题上的发展，未来会有更加精准和有效的干预策略出现。

背景：留守儿童的困境因素

谈到留守儿童问题，事实上绝大部分留守儿童与其他儿童无异，所谓问题，很多是由于其他因素的叠加，如贫困，父母离异或一方出走，父母一方病、亡，甚至无父母照顾成为事实孤儿等，甚至这些其他因素反而正是所谓留守儿童问题的主要因素。这些留守儿童中的困境儿童未必是经济上的困境，也可能是家庭破裂、父母不履责带给孩子的伤害。孩子是社会转型代价的承担者。

一些调查研究成果显示，留守儿童的财务状况应该好于非留守儿童，因为家庭的货币收入一般来讲比较多。但是外出打工也对家庭的稳定有冲击。中部调研时发现，夫妻一方出去，外出一方在外组织临时家庭后，在家一方也外出了，造成了没人管孩子，甚至一个村里去的几个人，尽管辈分都不一样，在外组成临时家庭。打工结束又回到自己原来的家庭，挣来的钱要花到两个家庭。比起留守儿童，父母离异或者有去世的，孩子的境况更差。服刑人员的子女遭受社会歧视特别严重。

调研对象谈到，父母不行使抚养责任的情况特别地多。安徽一家机构处于丘陵地带的项目所在县，离婚率畸高是孩子贫困的一大原因。用当地老师的话说，一个班级40个孩子，有14—20个孩子是单亲家庭。造成家

[①] 这部分文献来源于赵景新、刘霞、张文新的《同伴拒绝、同伴接纳与农村留守儿童的心理适应：亲子亲和与逆境信念的作用》。

> 庭解体的原因很多，比如说父亲的经济能力弱，在当地无法娶妻，用彩礼的形式从外地进行买卖婚姻。母亲是从外地嫁过来的，如果父亲去世，或者家庭关系不好，母亲会离开。离婚率高与打工经济产生的异地恋爱、结婚有关。在安徽宿州某村调研几家留守儿童困难家庭，孩子的名字共同的特点是，里面含有外地父母所在的家乡的名字，比如安川、江安等。
>
> 　　如果当地民风不好，家庭关系普遍不和谐，父不慈子不孝。
>
> 　　在中部某省际交界的一个项目点，一家组织支持的很多家庭里孩子母亲智力是不正常的，这些妈妈因为智力问题从邻省走失，被当地的能力偏弱的男性捡回家当老婆。在西南调研时，听当地机构说，一家父母双方智障，生育9个孩子，却没有能力养育，这种代际的贫困很难短时间改变。对这样家庭的预防和干预，都需要细致的社区工作。

1.2　团聚？返乡或进城的艰难

为了减少亲子分离状态，从源头上减少留守儿童的数量，一些地方政府要求老师、村干部去鼓励、劝说家长至少一方回来，或者每3个月回来一趟。老师按照村组包干关照留守儿童的生活、安全等。如果孩子的妈妈回来，或者孩子满16周岁，老师以村小组为单位包干的留守儿童数量减少，老师的工作量减少。

但是劝说的难度比较大。一个是家长不会只听学校老师的，还有生计的现实考虑。现在年轻的家长对孩子的教育和成长还是很关心的，但如果当地没有就业机会和经济来源，父母首先要保证生计才能考虑到其他的软性需求。

进城安置的政策壁垒一直都存在。有公益组织推动一些企业在厂内设置儿童中心，取得了较好的社会效益和经济效益，但能容纳的孩子和解决随迁的问题依然有限。

1.3　对父母的关键干预

※ 对家长的责任和亲子意识培训。应该加强对父母进行家庭教育和孩子心理健康知识的宣传和培训，提高他们对自己留守孩子的了解和重视，提高他们与孩子沟通交流的能力。

※ 便捷的沟通工具使用。

※ 促成父母与孩子的团聚：假期相聚，父母更短时间回来。

※ 学校和代养人对孩子的教育：理解父母，而不是怨恨父母。

充分利用社会网络资源，实现有效的社会性抚育功能。如果在父母与孩子时空分离的状态下，能否寻找新的家庭结构的亲子相处模式？通过什么干预方式，提升亲子亲和的质量？孩子发展的微系统内其他部分如何替代补充家庭的职能？以下的研究成果与实践应用主要是依据以上两个方面而来。

留守儿童
摄影：蒋能杰

对系统的各个部分进行干预，促进良好的亲子关系。父母虽然不与孩子生活在一起，但是并非是孩子成长的旁观者。父母亲情的回归是解决留守儿童心理问题的基础。影响父母与孩子沟通的原因，除了工作时间、孩子上课时间的不匹配，还有硬件设施、私密的空间的保障、沟通工具的选择。情感表达也需要训练。如现在的亲情聊天室，更重视私密空间的建立。与孩子的联系，父母觉得每周1—2次，给孩子打电话，是比较方便和现实的沟通方式。但是叶敬忠的研究显示，64.3%的留守儿童希望写信，但父母因为主观（35.0%）或者客观的原因（工作流动，不方便接受），不能满足孩子对父母深沉和细腻的情感和心理上的表达。培训家长只关心孩子学习，或者生活，唯独不关心心理健康，或者不知道说什么的情况。

在促进亲情方面。在孩子的亲情教育上，现在有很多误区，祖辈敌视父母，学校老师将孩子的父母作为黑典型，这些影响了孩子与父母的感情。一些家庭破碎，妈妈出走，对孩子是长久的期待和伤害。

映诺：从家庭端对父母进行培训，提升亲子沟通

广州市映诺公益服务促进会（以下简称映诺）在2010年工人热线项目中，发现工人父母和留守儿童家庭的需求后开展留守儿童热线项目。这个项目聚焦家长端，针对父母与留守儿童因长期分离而造成的沟通障碍，通过干预模式促进亲子沟通。

干预模式是通过培训、个案咨询与辅导、沟通工作坊帮助留守儿童和父母互相加深了解、发现沟通问题所在；通过提供话题工具（亲子沟通日历），让留守儿童家庭学会有效沟通，持续亲子沟通。

项目链接工作场所父母及农村留守儿童，采用父母俱乐部、热线、亲子沟通工作等多种创新工具，帮助打破父母与留守儿童沟通障碍，达成有效沟通。主要的干预方法有：

父母俱乐部：在工厂建立父母俱乐部，聘请亲子教育专家每月到工厂为父母培训儿童成长课程，开展亲子沟通主题培训，提高父母和孩子的沟通能力。

第三课堂：义工在农村驻点，与留守儿童一起学习和生活，进行实时沟通。义工进入学校，对儿童尤其留守儿童开展第三课堂教育，同时进入留守儿童家庭了解家庭生活状况，记录留守儿童的成长。

热线：专设24小时不间断热线中心，为父母和留守儿童提供咨询和心理疏导服务。

嘉年华：组织父母到留守儿童学校，与孩子一起参与游园会，增进家长与留守儿童的沟通。

"美丽的大脚"亲子沟通工作坊：组织留守儿童到父母所在城市社区，与父母一同参与亲子沟通工作坊，家长和孩子通过4天3夜，约90小时的亲密接触，加深彼此了解，发现并克服沟通中存在的障碍，促成有效亲子沟通。

亲子沟通日历：研发亲子沟通日历。为父母提供或有趣或家常或深刻的亲子话题，配以循序渐进，由亲子专家推荐的沟通小tips，帮助父母和孩子打开话匣子。保证有效沟通的持续性，完成亲子沟通长跑里的最后1米，促成留守儿童家庭的亲子沟通行动，引导留守儿童家庭持续有效沟通。

通过项目干预，提高父母的沟通意识，学会沟通技巧。在儿童端，也通过驻点义工实地家访，了解留守儿童和父母沟通问题所在，开展身心健康方面的第三课堂，让留守儿童建立更加健康积极的人生观，面对面解答沟通问题，帮助培养沟通技巧。同时为父母和孩子两端都提供了沟通平台。

在沟通的基础上深化。如通过亲子沟通工作坊等为部分家庭创造亲密共处空间，帮助加深彼此了解，消融误会。同时，项目也倡导参与家庭作为种子，在各自工作生活的工厂乡村，分享亲子关系重建重塑的知识经验，持续性地扩散到更多留守儿童家庭。

亲情家书传真情

浙江省妇女儿童基金会从 2015 年 2 月开始,在浙江多个市县 29 所中小学(2015 年 64 所)开展"亲情家书传真情"项目。父母与留守儿童交流的方式主要以电话和网络为主。各地的留守儿童之家和学校也为此开辟了亲情热线等。但调查发现,在亲子沟通中,书信有网络和电话替代不了的功能。该基金会以中国传统的联络方式"家书"为活动主要形式,鼓励留守儿童给家长写信,也动员家长给孩子回信,希望能够缓解留守儿童与其父母之间的交流障碍,从而互相理解、互相体谅、互相关爱,同时也对孩子进行品格引导,培养孩子乐观积极向上的人生态度。"家书"一方面回到质朴的交流模式,传承文化,一方面又为留守儿童及其家庭弥补情感需求,见面不能说出的话可以通过书信传达,父母则能更密切地参与孩子的成长,关心孩子的生活,能够更有效地引导孩子健康成长。"亲情家书传真情"项目执行中也带动社会力量参与,其中不乏大量的志愿者老师。他们在课堂为孩子们讲授知识,还向孩子传达表达真情的重要性,拉近了每个孩子与父母心灵之间的距离,促成良好的社会氛围。

这个项目看似简单,但直指需求,成本低。"亲情家书传真情"项目依靠"家书"展开,一封小小的书信,就能改变孩子将来的发展。对于项目运行来说,仅需提供足够的写书信的材料,就能达到理想效果,而且每封家书成本小于 5 元,项目运行成本低;对于项目成就来说,一封小小的书信,就能改变孩子的成长。项目执行方在试点学校发现一些成功案例:有的通过书信交流,家长从打工地回到家里,陪在孩子身边,不再离开;学校将"写书信"活动与德育教育等教学工作相结合,将关爱留守儿童工作体系化地结合到日常工作中。

2. 针对隔代和其他代养教育的支持性、替代性干预策略

2.1 在相当长时间内,祖辈是留守儿童的主要抚养人的情况的现状难以更改

祖辈是留守儿童的主要代养人。隔代抚养不是农村独特的现象,中国城市隔代抚养率很高,国外也有针对隔代抚养的研究。在全国有将近一半的儿童接受隔代抚养,在北京这一数据约为 70%。祖辈参与幼儿抚养的比例越来越高。

段飞艳、李静对近 10 年国内外隔代教养研究进行分析,多数研究发现隔代抚养弊大于利。但隔代抚养并非一无是处,也不一定就是消极的影响。由祖辈带大的孩子,身体素质好,在生活照料和安全保障方面要强于其他教养方式下的孩子。

有研究认为，隔代教养对儿童的情绪和行为都容易产生不利影响。儿童易产生焦虑、不安全的情感问题，也比较容易产生发展迟缓及行为分裂问题，还有注意力不集中现象。隔代教养下的儿童易产生厌学、成绩不理想等学习问题。郭筱琳对留守儿童的一年跟踪研究显示，祖辈单独抚养仅对儿童心理发展水平有消极影响（郭筱琳，2014）。①

老人和小孩
摄影：蒋能杰

结论相反的研究认为，父母与隔代人在孩子的行为习惯和品德养成方面没有太多差别。主要原因在于父母和祖辈的养育经验和道德资源都是基于社区的文化。农村社区的习俗和文化对孩子进行有关做人与社会基本规范的传统道德教育，家庭德育的内容相对朴素而相似，代际差别不大。

叶敬忠的研究显示，外出父母对孩子的监护还是比较满意，但是对于隔代人带孩子，父母认为最不理想的还是监管学习，检查作业这些做不好。孩子的心理状态并不是家长关注的，这显然不是留守儿童单独面临的问题。学界和媒体特别重视留守儿童的心理，因为他们远离父母的关爱，心理和情感的需求的突出性，让我们得以看到孩子成长中这个重大的需求。以此扩展来看非留守儿童，整个农村儿童，乃至城市儿童，家长们都是关心成绩，忽略孩子的心理成长。因此要感谢留守儿童这个群体，通过对这个群体的关注和研究，我们看到中国孩子成长中被忽视的重要的问题！

在调研中发现，留守儿童的大面积出现，也增加了学校的管理难度。主要表现在，隔代抚养的老人家的教育理念落后，自身文化底蕴比较差，对孙辈的学习帮助上几乎是零；隔代抚养方式存在通病，他们对于留守儿童的管理呈现两极分

---

① 郭筱琳.隔代抚养对儿童言语能力、执行功能、心理理论发展的影响：一年追踪研究[J].中国临床心理学杂志，2014（6）.

化，要么批评打骂，棍棒教育；要么就是溺爱，金钱补偿。有些爷爷奶奶不理解学校，认为把孩子交给学校就所有事情都是学校的责任，学习成绩不好，行为有偏差都是学校的问题。一位学校老师曾经用一个等式来描述家庭教育的重要性，5+2=0，在学校教育5天，回家2天，回来效果就是零。

为了提升监护质量，在一些地区依托学校开办家长学校。祖辈监护人年龄集中在六七十岁，参与家长学校的学习，他们一是听不懂，二是学校离家比较远，走路不方便，身体状况、家务和农事忙，都影响到出勤率。湖南某地的家长学校出勤率50%是好的，最好的一次出勤率为80%。除了家长学校，学校也通过其他的渠道与家长沟通，如趁赶集的机会与家长交流沟通。祖辈即使意识到孩子的问题，但往往是没有办法管教孩子，反而向老师求助。

从学校端来讲，家长学校的开办，等于将社会教育放到学校教育中。但是以往的教育资源的配给，都是基于学校教育，新增加的学校教育，并未相应提供更多的教育资源来匹配社会教育纳入学校教育的需求。校长们认为学校的教育资源难以承受，也曾经遭到学校的反对。

在相当长时间内，祖辈是留守儿童的主要抚养人的情况的现状难以更改，如果上述实证研究的结果真实存在，那么这与祖辈的个体的条件相关。一方面国外研究中隔代抚养儿童通常来自特殊家庭（如父母离异或因服刑、药物滥用等不能或不愿承担抚养义务），而我国祖辈参与幼儿抚养的情况在普通完整家庭中普遍存在；另一方面随着社会的发展，当代的（外）祖父母文化水平普遍有所提高，抚养观念也不像过去那样陈旧、保守。隔代教育和亲子教育之间有效衔接，并保持一致性，会提升隔代抚养的效果。

2.2 对代养人的主要干预

※ 加强对代养人的培训和支持。

※ 由其他组织或者网络分担隔代养育人的职责。

加强留守儿童学前教育可以缓解老年代养人的教育问题。幼儿入园率提升，有助于部分弥补隔代抚养的一些问题。孩子的身心健康，得到老师的专业性的帮助，同园孩子的交往，也扩大孩子的视野。但是学前教育费用对多孙辈留守老人来说，是一笔不小的开销。

民间公益行动的替代性的部分工作主要聚焦在孩子的习惯养成、课业辅导、心理陪伴方面。在本研究征集的88个项目中，涉及课业辅导／课外兴趣拓展／课外活动的有48个项目，占到55%；涉及亲子沟通／亲子关系改善／家庭教育（辅导）的有45个项目，占到51%。提供课业辅导、丰富课外活动或兴趣引导、安全健康教育等，是以陪伴性成长为主要目的服务，以弥补隔代监护能力不足等问题。

民间公益活动内容丰富多彩，提供游乐、卫生、健康教育、观影、美术、舞蹈和手工等陪伴活动；开展减防灾、安全等主题教育；举行社区亲子运动会等，孩子的课业辅导，提升读写能力；到志愿者家里感受温情；或者定期到就近县城参观有意义的活动场所；建立留守儿童服务站，提供假期日间照料。

如雅安市民爱社会工作服务中心的"我爱我家"，以留守儿童四点半课堂为切入点，专业服务延伸至留守老人和留守老人的家庭教育。通过社工组织志愿者为留守儿童提供学业辅导，开展亲子活动，解决留守儿童隔代教育中的困难和问题。同时社工为留守老人提供隔代教育辅导，指导留守老人科学开展家庭教育，调适留守儿童与留守老人之间的家庭关系，帮助留守儿童健康成长。

外部社会支持——重庆南川区鸣玉中学推行的"代理家长制"

充分调动了社区的服务力量，"代理家长"与留守儿童的沟通和对留守儿童的督促有效弥补了他们的亲情的缺失，值得推广。

首先，建立留守儿童信息库。倡议和发动机关事业单位干部职工、有帮扶能力的共产党员和社会各界爱心人士作留守儿童代理家长。要求代理家长履行家长义务，正确引导孩子成长，做到"三知"：知道留守儿童的个人情况、家庭情况和学习情况；"三多"，即多与留守儿童沟通谈心，多参加学校集体活动，多到其家中走访；"三沟通"：即定期与留守儿童父母、托管人、老师联系沟通；"五个一"：即每周与留守儿童联系交流、辅导作业一次；每月与留守儿童父母、任课老师、托管人联系一次；每两月到留守儿童家中走访一次；每学期初制订一份帮扶计划书；每学期末撰写一份帮助工作总结或教育经验文章①。

---

① 李娜，张林雨. 留守儿童的核心问题及其对策研究[J]. 当代青年研究，2007（1）.

第四章

社区端：汇聚、疏通各种资源，实现多种保护支持

成都爱达迅社会工作服务中心"妈妈指导员"0~3岁儿童家庭教育支持项目在儿童活动中心开展儿童卫生安全讲座。

照片提供：成都爱达迅社会工作服务中心

干预策略与内容

※ 社区儿童保护网络应该坚持以下原则：一要基于社区，二要注重保护，三要形成网络。

※ 挖掘多种参与力量，撬动的核心力量要明确。

※ 主要干预内容：信息收集、报告、回应机制；临时庇护，紧急救助。为高危个案提供转介、干预等服务；心理辅导及社工工作服务；开展社区活动或者以儿童为主的各种主题活动；家庭支持性服务；本土知识的学习、增加与社区链接和融入；硬件建设。

1. 社区的保护功能

在西南调研中，一位支教老师说，我的学生一大家子人都住在一个山头上，虽然父母外出打工，但可以去叔叔、姑姑家吃饭，临近的村子也经常跑。这位老师认为她的学生并不孤独，也不是没有人管理，这位留守儿童生活在一个传统保留比较好的社区。

根据民政部 2016 年底公布的排查数据，在 902 万农村留守儿童中，其中由（外）祖父母监护的 805 万人，占 89.3%；由亲戚朋友监护的 30 万人，占 3.3%；无人监护的 36 万人，占 4%；父母一方外出务工另一方无监护能力的 31 万人，占 3.4%。另外，近 32 万名由（外）祖父母或亲朋监护的农村留守儿童监护情况较差。

从上述数据看，留守儿童的监护人还是集中在基于血缘关系的亲属网络内。解决"留守儿童"问题，乡土性亲属网络资源是家长主要依赖对象。姜又春研究发现，围绕"抚育孩子"这个中心，人们按照"由近及远""由亲及疏"的差序来选择代为养育孩子的亲属，而这些家庭社会资本也为"留守儿童"的养育提供了满意的保障。这些血缘性、亲缘性的社会性抚育可以在一定程度上缓解亲子关系因"时—空"分离而造成的情感缺失（姜又春，2007）。

在一项研究中，当问及社会、政府、学校等能为他们提供什么帮助时，留守儿童大都回答不太可能，认为父母是不可替代的。另外，他们也不希望有特别的关照使他们更显得与那些父母在家的孩子不同（迟希新，2005）[①]。

但整体而言，以血缘、地缘凝结的传统农村社区正在衰落。从亲属圈层进入社区圈层，难以调动社区的资源服务留守儿童的心理、情感需要。

留守儿童对社区有饮食起居的照顾的需求，还需要一个健康的社区环境，针对儿童的社区教育，让孩子有心理归属感。社区是一个家庭与大社会之间的小社会，属于孩子成长的微系统，具有社会化功能，也具有控制功能，维护社区秩序，保障留守儿童的安全；对于处于不利地位的留守儿童，提供必要的帮助和支持。

但现状是，随着其他要素，农村受过良好教育的年轻人也流出到城市。许多学者论证培养新型农民的重要性（朱仰东，2007），却往往忽视了农村社会转型和农村人口空心化的现实（周祝平，2008）[②]。社区作为留守儿童保护体系的主要参与主体，却因为空心化无力承担这样的责任。公共服务的空心化，使村庄成为"老、弱、妇、幼、病、残"的"留守地"。在一些村庄，村委会成员往往只能从上述留守农民中产生，村委会成员素质结构整体下降，这对于村级事务管理、村庄经济发展以及社会稳定维护方面极为不利（陈家喜、刘王裔，2012）[③]。

传统的伦理道德遭遇危机。成千上万的外出务工农民家庭面临着"妻离子

[①] 迟希新. 留守儿童道德成长问题的心理社会分析[J]. 教师教育研究，2005，17（6）.
[②] 周祝平. 中国农村人口空心化及其挑战[J]. 人口研究，2008，32（2）.
[③] 陈家喜，刘王裔. 我国农村空心化的生成形态与治理路径[J]. 中州学刊，2012（5）.

散"的状况,农村家庭与亲情纽带发生断裂。农民长时间在外打工,不仅容易导致农村传统血缘与宗族观念日趋单薄,而且还会改变关于家庭生活和伦理亲情的观念(陈家喜、刘王裔,2012)。针对儿童的基础设施城乡差距巨大,如农村既没有青少年宫、图书馆等儿童活动中心场地,也没有社会集体组织的教育形式以促进儿童发展(王道春,2006)。

社区应该承担的社会性抚育的社会功能正在退化,需以人力和资源的输入,进行社区活化活动,如建立有效的社区服务、社区道德重建,对留守儿童提供公共支持。

2. 社区具体干预措施

北师大中国公益研究院与民政部、联合国儿童基金会自 2010 年起共同开展"中国儿童福利示范项目",在村级建立"儿童之家"和"儿童福利主任"的示范活动。旨在这些示范村附近的儿童全部纳入照料范围内,村级儿童主任模式解决基层儿童福利和保护的"最后一公里"服务问题。

这个模式 2016 年民政部以"百县千村"的规模向全国推广。2016 年国务院在全国范围内推开,出台文件,将在全国的村(居)民委员会设立儿童福利主任,解决困境儿童保护的"最后一公里"问题。

这是迄今为止民间机构与政府合作探索儿童保护体系影响甚大的一个项目。此外,中国扶贫基金会、陕西妇源汇、爱德基金会、滋根、农合之家等建立的以社区为基础的社会保护网络,都是立足社区的更系统的实践设计,满足留守儿童的多种需求。但是干预模式各有不同,主要体现在动员的核心力量、切入点、项目各有不同。

国际组织救助儿童会认为社区儿童保护网络应该坚持以下原则:一要基于社区,二要注重保护,三要形成网络,进而推进相关政府部门和机构的交流与配合,切实关注和介入社区儿童保护工作,形成系统内纵向支持、层级间横向联动的有效网络(云南省妇联、救助儿童会,2011)[①]。

在社会组织的实践中,我们看到一些以社区为基础建立儿童保护网络的项目回应了孩子的需求:

——真实掌握留守儿童的具体情况,通过建档、热线、定期家访、热线电话等形式,对儿童风险甄别、形成预防、报告、回应机制。

——对高危风险的留守儿童进行临时庇护,紧急救助。为高危个案提供转介、干预等。

——丰富音、体、美课,开展主题活动(如儿童节、夏令营)。

——提供校园心理辅导及社区工作服务。

——在学校开展活动,预防和降低学校欺凌和虐待、伤害儿童的风险。

[①] 云南省妇女联合会、救助儿童会昆明办公室反对拐卖项目组,构建社区儿童保护网络工作指南,内部手册,2011 年。

——本土知识的学习和增加与社区连接、融入。

如北京农合之家的禾趣项目依据乡村本地资源，发掘和动员村庄老手艺人，发现村庄故事和文化民谣，以"小手拉大手"的形式，让孩子们与老人、父母相融合，让单个家庭与整个社区相互联动。爱德基金会的睦邻项目中，学校老师指导留守儿童建立同伴互助组织，利用同伴教育引导留守儿童参与到解决问题的过程中。特别强调留守儿童自身参与价值的贡献和责任担当，而不仅仅是一个被救助的角色。如以班小组为单位，成立男女共同参与的"工学团"，定期不定期地组织小组活动，建立信任后分享对家庭和父母的看法、彼此的困惑、遇到的问题以及应对经验，共同寻找解决问题的办法。

——硬件建设。妇源汇的项目在村里建设儿童乐园，提供周末活动场所，课外活动。农合之家的禾趣项目发挥儿童的自主性，建立儿童活动场地（"禾趣馆"），由儿童乡工负责管理运营，成为社区的活动中心。

除了儿童，也对家庭提供支持：

——家庭支持性服务（生活、医疗、就学等）。

——对家庭进行亲子沟通、家庭教育的辅导，增加与学校的联系和互动。

——对留守妇女提供就业技术支持。

——社区活化活动，定期组织学校、村庄共同参与的主题活动。滋根在元旦、妇女节、儿童节、劳动节、重阳节、端午节、中秋节、国庆节、春节等节日，根据不同主题和需要，激发学生和村民的创意，将孩子们的课堂引入村庄，将村民请进学校。

这些项目赋能给服务群体，提升孩子们的安全感、自信心、社会交往能力、抗逆力，同时也培育发展社区的支持系统。睦邻项目反馈95%以上的参与孩子成功交到朋友，并与老师建立良好的互动关系。

3. 项目干预模式

这些以社区为基础的留守儿童保护网络，干预模式不一样，动员和依赖的资源和人力也不尽相同。

陕西妇源汇社会性别发展中心以社区为本的儿童保护机制试点项目，是"两纵一横"的干预模式，充分发挥政府行政力量、司法力量，动员社区人力资源，并横向覆盖学校、家庭等，形成合力建立保护儿童的网络。项目从三个层面——"自上而下"的儿童保护工作体系和支持机制，"自下而上"的以社区为本的儿童保护网络，横向覆盖家庭、学校和社区的交叉预防及教育系统建立干预机制，推动形成以社区为本的、由一系列的儿童保护政策和村、镇、县三级儿童保护与服务组成的儿童保护工作体系，并对各相关方、参与方提供培训、指导等支持。首先推动建立"自上而下"的儿童保护工作体系和支持机制。其次建立"自下而上"的以社区为本的儿童保护网络。在这个层面上，开展系列的基础性的工作。最后横向发展覆盖家庭、学校和社区的交叉预防及教育系统。

这个项目充分挖掘、整合政府资源，与县、镇政府各部分合作。妇源汇社工和各村儿童关爱委员会以及县级儿童保护委员会合作，为报告提供个案服务。

中国扶贫基金会"童伴计划"项目，通过"一个人、一个家、一条纽带"的模式，建立留守儿童监护网络。每村聘一位全职儿童守护专员；建一儿童活动场地；承担所有儿童福利需求信息收集、向上递送职能。这个项目模式类似"儿童村福利主任"，扶贫基金会链接资源进入项目内，童伴计划在四川省的项目点与省团委合作，团委出硬件，扶贫基金会出软件，即给每个村的工作人员每个月2 000元补贴，还有后续培训。

农合之家的禾趣项目，依靠社区的新兴主体，即拥有生产产能的农民组织，重建乡村互助关系网络。在这个新的网络里，以社会导师与志愿者资源，补充丰富乡村资源，以生活化、自然性、实践性等社区教育形式带给乡村儿童身边的、生活的发现和创造（社区教育形式）。爱德基金会的睦邻行动项目选取教师作为社会支持系统的引导者和组织者，协调多方资源，帮助其通过项目活动实现自我增能（自信心、社会交往能力、抗逆力），并从社会支持系统中获得成长的助力。

滋根的项目立足村小，扎根乡村。滋根认为，即使打工、空巢、留守等现象较为严峻，乡村仍然是熟人社会，十里八村的人之间很容易建立地缘甚至是血缘上的联系，村里保留了学校，这样的联系会更加普遍和紧密。利用这种村校的互动，扩充孩子们知识面和支持系统的同时，也能一定程度上催化村庄的文化氛围，为村庄注入活力。在河北丰宁，很多在校的老师成为留守儿童的"爱心妈妈"。村庄中有很多留守妇女也可以通过村校互动活动与孩子们建立更加紧密的联系成为"爱心妈妈"。

项目首先对带头人赋能，与北师大、中国农业大学合作，开发了《共创可持续发展的乡村·教师培训手册》，内容包括"学校、家庭和村庄的合作"等议题，并开展教师培训和学校试点。开展"农村可持续发展人才"培训，选择试点村庄和培训乡村带头人，与学校老师一道成立组织，建立机制，共同关注留守儿童问题，并支持形成以社区为基础的、通过自身努力解决留守儿童问题的社会组织网络，有人、有能力担当留守儿童守护者的角色。

定期组织学校、村庄共同参与的主题活动。即在元旦、妇女节、儿童节、劳动节、重阳节、端午节、中秋节、国庆节、春节等节日，根据不同主题和需要，激发学生和村民的创意，将孩子们的课堂引入村庄，将村民请进学校。

如果说妇源汇的项目最大化整合政府行政体系资源，滋根以村小为基点，充分调动学校、合作社、老人组织、妇女组织，社区里的各种人力资源，成为儿童保护网络里重要的参与者（社区各种干预模式详见《中国农村留守儿童公益导航研究报告与手册（下）》）。

儿童保护网络建设不是立足社区的唯一的干预模式。针对留守儿童的爱心晚餐、村庄游学等活动是贵阳市汇能公益支持发展中心（以下简称汇能）的一个留守儿童项目中的活动。村里只有41个留守儿童，项目给村里的留守儿童提供免费营养晚餐，这个项目将留守妇女、老人一起纳入进来整体考虑。村里的妇女、老人、能人都可以因为这个儿童项目建立联系。挖掘与发动村庄原生力量，让他们参与到这些活动中来。

在这个项目里，有个儿童调研自己的村庄的活动，项目人员周末带着孩子走家串户，了解社区。孩子们在活动中也有成长，适应当地的环境。孩子在家里想不通的各种问题，出来一起交流、走动，也许就解决了。项目人员认为，解决心理问题，游戏是最管用的。儿童共同游戏，对他们进行艺术熏陶，培养他们的参与意识等，对他们都是最好的陪伴。

安徽省岳西县毛尖山乡留守儿童服务中心（以下简称儿童中心）在社区扎根10年之久，这些儿童的父母大多在江西、浙江、上海、合肥、北京等地务工，其中离异、单亲家庭现象在该地尤为突出。最早它不是某个部门在社区、小学挂牌的，而是退伍军人刘磊最先在自己家创办的。看到很多孩子因为父母外出打工无人照管，刘磊在家里开辟了图书角，让放学没有人管的孩子到家里读书做作业。对生活困难的孩子，帮助对接资源，支持孩子的学业和生活。

刘磊认为，留守儿童最重要的是情感需求。在满足孩子情感方面，孩子要有倾诉对象，而且这些对象还能具有持续性，根据不同成长阶段，要有相应的陪伴。男孩子容易被忽视，但是男孩子的有些需求更隐秘。例如男孩子第一次长胡子，孩子是很恐慌的，家长不在身边陪伴着怎么让孩子接受长胡子的事实？孩子打架，使用武力解决吗？男孩子喜欢找女孩，怎么办？这些行为引导都需要陪伴者关注。在10年里，"他为全乡每一个留守儿童建立了详细的成长档案，经他一对一进行心理辅导的留守儿童达500多人次，集中进行心理辅导的有3 000多人次，他让不少曾经心理孤僻、行为失范的孩子走上了健康成长之路。2009年3月，他建立"岳西留守儿童网"。这些工作就是在看似简单、琐碎甚至不断重复的过程中完成的。

一个村级儿童服务中心回应需求方法

2016年儿童中心与安庆市众禾社工服务中心（以下简称众禾社工）合作，开展"情暖山区"·农村留守儿童关爱（岳西）服务项目，有专业的加盟，服务儿童工作增加了更多活力。干预活动主要是：

1. 提供免费住宿及"爱心午餐"服务

为板舍村有需要的50名留守儿童（以下简称中心留守儿童）提供免费住宿；为板舍村上舍小学儿童每周提供五天"爱心午餐"，关注饮食安全，提高饮食水平。

2. "四点半课堂"

面向中心留守儿童,服务内容主要包括:课后作业辅导、兴趣培训小组(音乐课堂、体育活动、手工制作等),不断培养留守儿童学习兴趣,提高儿童综合素养和能力。

3. "敞开你的心扉"心理疏导服务

在项目执行过程中,挖掘有潜在心理问题的留守儿童个案,组织专业心理咨询师、社会工作者开展个案辅导服务,并通过一对一心灵沟通与辅导、家庭探访等方式,缓解儿童成长期的负面情绪,治疗潜在心理问题。

4. "你好吗?"亲情连线服务

针对中心留守儿童,每周至少组织一次连线活动,即通过电话或微信、QQ视频等方式,与其父母取得联系,加强儿童与父母的情感联系和亲情交流。此外,中心负责人、社工及时将儿童近期的生活、学习等情况反馈给父母及临时监护人,保持彼此之间的专业联系,增强彼此信任感。

5. "手拉手·安全乡村"计划

(1)针对在校留守儿童,每周五开展一次"安全总动员"主题课程。加强儿童自我认知,并教授如何与陌生人沟通,暑期防溺水,在危机情境下的自我保护等;

(2)在板舍村开展儿童安全保护的宣传活动,提高社区村民对留守儿童安全问题的重视,形成和谐、安全的社区氛围;

(3)项目社工/志愿者为居住距离较远的留守儿童提供上下学接送服务,保证留守儿童的人身安全。

一些地方设立的亲情活动室、活动中心因为人力、财力不够,缺乏持续性,活跃度不够。一些部门和组织推动的代理家长、爱心妈妈、社工妈妈等形式,是一种志愿行为,也算临时性的关爱。板舍村儿童服务中心10年沉潜社区的经验,值得探究。

第五章

学校端：干预的三个层次

干预的三个层次：
※ 补充性内容——课业辅导，音、体、美课程。
※ 基于孩子需求创新性的干预。
※ 扩展的教养职能部分。

在关于留守儿童教育方面的内容里，主要涉及家庭教育和学校教育、教育机会和学业成绩、义务教育和后义务阶段教育。在学校教育内容中，教育机会与学业成绩，义务教育与后义务教育阶段，是按现有的教育框架标准来谈留守儿童的受教育情况。作为留守儿童发展的支持体系的重要组成部分，学校承担的远远超过了现有学校教育框架内的内容和责任。安全、心理教育与咨询、营养、寄宿条件（宿舍、食堂、厕所、浴室、饮用水）的改善等，都在学校的工作范围内。尤其随着社区的空心化加剧，寄宿制成为解决留守儿童的方案之一，学校职能不断扩大。所以学校满足留守儿童需求的工作复杂而繁重，这不仅要从现象上着手缓解，更需深层次的解决之道。

1. 学业问题

就教育机会和课业成绩而言，留守儿童在小学阶段没有太多差别，初中孩子处于青春期，个体和环境的复杂性，增加了辍学风险。高中阶段留守儿童入学率低，也许除了女孩承担更多的家务，也与他们有更多外出就业信息和机会相关。

留守儿童的教育是在均衡教育这个重要命题里讨论的。近年来，由于社会领域在关注"弱势群体"和教育领域提出教育公平、基础教育均衡发展等重要命题，于是农村"留守儿童"教育问题的研究成为教育科学研究中的一大热点问题（肖正德，2006）[①]。姚计海、毛亚庆对西部10省市进行研究，学业状态从留守类别来说，非留守儿童的学业心理状况表现最好，父母都外出留守儿童的学业心理状况表现较好，父母单方面外出留守儿童的学业心理状况不佳，尤其是仅母亲外

---

① 肖正德. 我国农村留守儿童教育问题研究进展[J]. 社会科学战线，2006（1）.

出留守儿童的学业心理状况最为不佳（姚计海、毛亚庆，2008）[①]。母亲外出在多个研究中显示，对留守儿童的负面影响最为显著。

留守儿童的学习表现，一般认为厌学情绪大。叶敬忠等的区域比较研究显示，在学习表现方面地域之间差距很大，与当地的传统和社会风气差异也比较大，但是尚不知这些因素影响的权重。安徽的95.5%留守儿童认为读书有用，而江西这项只有62.5%。厌学的成因有孩子自身的兴趣，也与家庭的教育、学校的教学条件相关，另外一个是地区环境因素，社区的人文环境会在很大程度上影响留守儿童上学的感觉（叶敬忠、潘璐，2008）。

叶老师的研究中也提到，家庭的情感满足是儿童性格形成的重要基础。老人很少考虑到孩子心情对学习的影响。孩子的农活负担与当地的土地面积、公共设施的不同而不同。有的要多负担农活照顾老人，也有被老人溺爱不做农活的情况（叶敬忠、潘璐，2008）。学者总结的农村留守儿童的教育成为"问题"的原因，主要是以下方面：①需要承担劳动，缺乏学习时间；②祖辈监护人无力辅导；③亲子分离导致的心理、行为、性格上的不良表现传递到学业表现；④学习动力不足；⑤宏观教育资源的约束。这些因素中，并非都是留守儿童独有的，而且这些因素的彼此关系、独立性都有待检验。

农村教育行动计划（REAP）做了40个相关研究项目，调研过13万儿童，结果显示，留守儿童学习成绩更好。可能的原因在于家庭经济条件好，父母眼界宽，对孩子学习有鼓励和激励，还有可能是遗传因素。但是留守儿童和非留守儿童在初中阶段分化明显，留守儿童辍学率高于非留守儿童。对已经辍学的50个孩子跟踪进行一对一定性研究，发现辍学原因主要有两点：与老师关系不好，与同伴关系不好。另有研究显示，良好的师生关系是促进学生学习和减少学生问题行为的关键因素。教师对学生行为的评价、情绪反应和行为表现，影响着学生对自己的体验和评价，尤其对学生个性发展中诸心理因素，如自我意识和自尊心等都有着重要的作用。

一项心理健康与生活技能培养的课程对儿童辍学进行干预。每周开一次课程，共3个学期。一条主线是怎么理解老师，另外一条主线是怎么改变同学关系，每节课活动40分钟。对老师的培训目标是学会倾听，无条件倾听，培养心理学技能。对老师的第2个要求，是无条件关注学困生。这样的效果之一是辍学率下降44%。

Hu，Feng的研究考虑经济因素的对冲作用。总体而言，父母外出工作对孩子成绩的影响是负面的（Hu，2013；Zhao et al.，2014），双亲外出导致孩子的

[①] 姚计海，毛亚庆.西部农村留守儿童学业心理特点及其学校管理对策研究[J].教育研究，2008（2）.

家庭课后辅导明显减少（Behrman, Fan and Wei, 2014[①]; Zhang et al., 2014）。但是他们给家庭带来的经济收益会抵消部分这种负面影响（Yao et al., 2012[②]; Hu, 2012[③]）。留守女童尤其从中获益，她们的入学率和课后参与辅导课程率比非留守女童更高，且经济收益对家庭情况的改善减少了用于家务的时间（Hu, 2013）[④]，因此她们能有更多精力和时间用于学习。这种利弊的矛盾在留守初、高中生的入学率上体现得最明显。初、高中花费一般多于小学，由于留守儿童的家庭经济改善，他们的初、高中入学率比非留守儿童要高（Yao et al., 2012）[⑤]。

段成荣等的研究也有类似结论。他们认为，就教育机会而言，基础阶段的教育留守儿童都有保障，甚至教育机会还略好一些。留守儿童接受义务教育的比例反而比农村非留守儿童比例更高，但当高中教育阶段却是急转而下，留守儿童的高中教育并未从父母外出中获益，农村留守儿童的高中净入学率最低23.1%，达到城镇儿童的一半，也低于全国平均水平（段成荣、吕利丹、王宗萍，2014）。Hu 的研究也显示，到了高中阶段，很多留守儿童都选择了离开学校（Hu, 2012）[⑥]。另外，家中孩子的数量也对留守女童，尤其是长女的学习成绩有很大的负面影响（Hu, 2013）[⑦]，因为父母外出后，女孩会将大量时间花在照顾家人和打理家务，而男孩则没有这样家庭角色的转换（Chang, Dong and Macphail, 2012[⑧]; Biavaschi, Giulietti and Zimmermann, 2015[⑨]）。

[①] Zhang Hongliang, Jere R.Behrman, C.Simon Fan, Xiangdong Wei, Junsen Zhang. "Does Parental Absence Reduce Cognitive Achievements? Evidence from Rural China." Journal of Development Economics 111: 181-95, 2014.

[②] Lu, Yao. "Education of Children Left Behind in Rural China." Journal of Marriage and Family 74 (2): 328-41, 2012.

[③] Hu, Feng. "Migration, Remittances, and Children's High School Attendance: The Case of Rural China." International Journal of Educational Development 32 (3): 401-11, 2012.

[④] Hu, Feng. "Does Migration Benefit the Schooling of Children Left Behind?" Demographic Research DemRes 29: 33-70, 2013.

[⑤] Lu, Yao. "Education of Children Left Behind in Rural China." Journal of Marriage and Family 74 (2): 328-341, 2012.

[⑥] Hu, Feng. "Migration, Remittances, and Children's High School Attendance: The Case of Rural China." International Journal of Educational Development 32 (3): 401-411, 2012.

[⑦] Hu, Feng. "Does Migration Benefit the Schooling of Children Left Behind?" Demographic Research DemRes 29: 33-70, 2013.

[⑧] Chang, Hongqin, Xiao-Yuan Dong, and Fiona Macphail. 2011. "Labor Migration and Time Use Patterns of the Left-behind Children and Elderly in Rural China." World Development 39 (12): 219-210.

[⑨] Biavaschi, Costanza, Corrado Giulietti, and Klaus F.Zimmermann. 2015. "Sibling Influence on the Human Capital of the Left-Behind." Journal of Human Capital 9 (4): 403-438.

因为照看孩子的代养人大多数为祖辈,他们的受教育水平使得他们无法辅导孩子功课,督促孩子学习,不容易在家培养良好的学习习惯,这是不争的事实。孩子的课业,越来越需要家长承担更多的工作和责任,城市、乡村亦然。这部分责任从何而来?本身就值得商榷。

2. 为留守儿童的教育+扩充的养育职能

以上关于留守儿童教育的种种讨论和结论,都是在现有教育框架内讨论的。如果留守儿童的教育是国家教育大事,那么,我们应该反思的是,留守儿童需要什么样的教育?他们在学校教育过程中面临的深层次的风险是什么?如何化解?

西南某省一个六年级女生是全省400米短跑第1名,当地体校希望以特长生身份招她进去,但孩子一心想考大学。她的哥哥也曾经学习很好,但是到了初中这个最复杂的阶段没有掌握好,最终还是出去打工了。年幼的孩子看不到现在分数的选拔并不适合农村孩子,也看不到在通往大学路上可能的风险,以为成绩好就可以读到大学。农村地区初中毕业只有20%—30%升入到高中,而70%—80%务农和打工,但是学校教育的课程设置、各种设施,都是为30%服务,城市教育成为乡村教育的样板,致使初中学生毕业以后就面临辍学的状态(罗小松,2008)[1]。

现有的教育框架是对留守儿童支持的排斥[2]。张学浪认为学校教育影响农村留守儿童发展,唯分数论必然牺牲综合素质提升方面的课程和活动,而留守儿童在家庭教育这一块缺失,学校教育也不能提供这个支持。

2005年以来的关于留守儿童教育的研究和相关政策中,提到从改变现有的教育模式,重新配置教育资源,满足留守儿童的需要。这些建议包括:

改变课程设置。增设针对留守儿童的教育内容,如"亲子分离"后学校文化教育的切入点、学生知识面、课外阅读等。加强留守儿童的生存、安全和法制教育,使之自尊、自立、知法、守法,提高他们的生存能力和整体素质(殷世东、朱明山,2006[3];张学浪,2001)。以学生为主体,构建一套"本土化"的素质教育课程体系,尤其是要考虑留守儿童缺乏家庭教育这一特殊现实,编写切合农村学生综合素质发展规律的且本土化的教材(张学浪,2001)。

---

[1] 罗小松.留守儿童的学校教育问题探析[J].法制与社会,2008.
[2] 张学浪.基于学校教育的农村留守儿童发展路径探索[J].农村经济,2015.
[3] 殷世东,朱明山.农村留守儿童教育社会支持体系的构建——基于皖北农村留守儿童教育问题的调查与思考[J].中国教育学刊,2006.

"一公斤盒子"，工具创新，让农村儿童接受属于他们的教育

"一公斤盒子"系列公益产品是广州爱聚研发的。

每个盒子都回应孩子生活成长中的某个问题，如地震、零食、交通、垃圾分类、科学、水测量等，并通过游戏让孩子们掌握知识技能。每个盒子都包含了教学方法和教具，能让即使没有教学经验的老师、志愿者甚至是孩子自己，都可轻松地开展学习活动。

"一公斤盒子"前设计师"长长"说，在开发各种盒子时候，我觉得自己仿佛重新开始接受真正的教育，怎样挑选更健康的零食，生活垃圾都到哪里了，跟人吵架了应该怎么处理，发生欺凌时候应该怎么办……我才知道从小到大，学校里从来没有认真教过我这些我真正需要的知识，也没有教过我应该怎样成为一个更"人类"的人。

盒子研发的初衷，是针对乡村和其他资源匮乏地区的教育内容和形式落后，大量的孩子无法获得公平的学习机会，面临严重的教育公平的缺失的问题，通过创新设计低成本、易复制的公益产品，让公益资源更大化地惠及乡村学生。盒子为乡村老师和支教志愿者提供既可改变教学方法，又可拓展教育内容的完整教学工具包。通过教育设计课程培训，让老师和志愿者更易设计出有趣的课程。

教育部在2006年也发布了相关实施意见，提出开设生存教育、安全与法制教育、心理健康教育等方面的校本课程，帮助学生学会自我管理、自我保护和自我调节[①]。2007年全国妇联等七部门发的通知中，明确提出要根据农村留守儿童实际，开发有关校本课程，加强自我保护、安全、法制、心理健康等方面的教育。要全方位地关注每一个留守儿童，给他们父母般的关爱，以减轻他们的心理压力，满足他们的心理需求，促进他们健康成长。

2013年教育部等五部门再次提出，准确掌握留守儿童信息，为有针对性地开展管理服务工作提供支持。将留守儿童关爱和教育纳入教师培训内容，重点提高班主任照料留守儿童的能力，注重发挥少先队和共青团组织作用，将关爱留守儿童成长纳入各项活动。

这些政策提到的干预措施比较精确地瞄准了留守儿童在校的需求。当乡村老师严重缺编、老师超负荷工作的时候，当分数和安全高悬在学校头上的时候，当

---

① 教育部《关于教育系统贯彻落实〈国务院关于解决农民工问题的若干意见〉的实施意见》2006.5.

资金捉襟见肘的时候，上面的种种真知灼见还是安然存在学者的建议和政策文件里。让政策落地，需要执行者意识到位，人力到位，财政到位，考核指标到位。

在近期的研究中，许多研究者都提出了社区空心化后，依靠村"两委"，或者村级社区组织，难以有专门的资金、场所，配备专门的人员进行留守儿童的特殊教育与辅导。建议利用农村学校现有的设施、专业人员有针对性地扩展教育功能，学校教育、家庭教育、社会教育于一体。学校职能在不断扩充，从教育到养育都在其中。

寄宿制是被当成一个留守儿童发展的保护性因素来建设的[①]。但住宿条件中一个重要的问题是生活老师缺乏，往往班主任替代生活老师，班主任和一些老师工作从早晨 5:30 到晚上 10:00，甚至必须住校，自己的孩子也成为留守儿童。再有一部分在学校附近租房的儿童，管理失控（范先佐，2005）[②]。

调研的西北某县一个学校，每个班平均 40 个学生，最多一个班有 59 个学生，老师不可能将每个孩子都照顾到。据一些调研显示，59 个学生的班级并非农村中学的极限，有的班级人数过百。大班教学老师不可能做到因人施教，更难以顾及留守儿童特别的心理、感情需求。违纪学生大多是留守儿童，占违纪学生的 70%—80%（胡淑娟，2013）[③]。体罚、留级的惩罚办法不可以用了，学校已经没有更有效的管理教育学生的手段。

很多关爱留守儿童的活动依托学校，如留守儿童之家、少年宫。西部某县依托学校建立了 7 个乡村少年宫，由县文明办投入 14 万元设备款，另外每年 4 万—6 万元的活动经费，主要用于组织活动、购置电视、电脑、亲情电话等，培训学校老师、请老师开展活动的补助也都包含其中。现在按要求依托学校又建立留守儿童之家，但没有专项经费支持设施建设和活动，所以只能将留守儿童之家与学校其他活动结合起来。当地老师反映，当前最大的问题是，政府对人员、财力支持不够，宿舍、餐厅的所有管理、值班都是学校教师兼职负责。

在现有的教育模式、制度和财政安排无法实现上述功能的时候，社会组织作

---

① 在学校附近租房子的也面临着风险。项目组在甘肃调研时分别走访了在乡镇所在地租房陪读的留守儿童家庭。有的租住房屋条件很差，低矮暗黑，甚至是危房；有的相对好一些。拜访到的几个家庭基本都是父亲在外打工，母亲租房陪读，有的周末回本村，有的就一直住到放假。据驻校社工反映，在县城租房陪读的一些妇女在白天孩子上学时无所事事，孤独空虚，逐渐沉迷于打麻将赌博或广场交际舞，反而置孩子生活不顾，还有抛家弃子出走的情况，致使为数不少的家庭走向崩溃。当然多数都是母亲独自承担起本应双方一起负责的家庭责任，甚至还有的租房开店赚取生活费用。撤点并校增加了对货币支出的需求，家庭的负担加重，增加了外出打工的压力。

② 范先佐．农村留守儿童教育面临的问题及对策 [J]．国家教育行政学院学报，2005（7）．

③ 胡淑娟．论关爱留守儿童与校园文化建设的良性互动 [J]．黑龙江高教研究，2013（6）．

为外力介入，结合学校的现有资源，创造了多种形式的改善和补充作用，也有小范围的立足农村儿童需求的教改试验。

4+1 项目的经验在哪里？

2009年，重庆市委研究室联合企业、政府职能部门、大型企业等工作人员组成150多人的试验工作组到留守儿童集中的学校，开展"留守儿童培养试验"。经过大量调研，最终从思想政治、心理情感、行为习惯、人格品质和健康安全保障5个方面，运用活动干预试验法、教育案例法、心理测试法和观察法等开展培养试验，不断总结经验、完善方案，探索形成了留守儿童"4+1"培养模式。"4+1"就是基于留守儿童的共性特点和问题，所谓"4"集中在思想品德、人格品质教育、心理情感教育、行为养成教育，辅之营养健康和安全这个"1"，充分利用寄宿制学校学生课外活动时间来开展活动。

A 思想品德教育
1. 认识：是透过读名言警句阅读听广播及国旗下讲话播放睡前故事 – 新1001夜
2. 体量：以情境模拟开展
3. 感悟：以讲心得，讲故事，手抄报，作文等行式开展活动
4. 行动：让孩子以行动看实在班级好人好事及感恩教育上

B 人格品质教育
1. 个人发展：以开展音、体、美等兴趣小组，建全全人发展。
2. 人与社会：开扩与社会的互动和开展生活实践社会实践等。
3. 人与自然：树立起环保意识与观念，并运用到生活中。

E 营养与健康
1. 每天早餐一顿面，中餐或午餐有荤食可用。
2. 定期医疗健检，建立学童健康记录。

C 心理情感教育
1. 预防：针对学生家庭进行家访走入每位孩子的家
2. 改善：建设亲情电话室，亲情视频，增加学童对父母心理依附的情感需要，另外开展亲情书店，代表家长及集体生日等活动
3. 治疗：建立知心信箱，提供学童问题回应、办理团体疏导课程，针对特殊性学生，协助排解情绪问题与心理情感需要。

D 行为养成教育
1. 锻炼身体：住宿生的晨炼、全体学生的大课间及至体拳活动等
2. 生活行为：学生洗浴、卫生评比、内务整理、寝室与教室的文化活动
3. 文明礼仪：礼仪教育让学童在食、衣、住、行、育、乐的基本生活礼仪与常规的守则与教学校案，使学童有准则可依循，建立学童的行为习惯养成
4. 安全与自我保护：安全常识教育及紧疏散演习等
5. 法律与秩序：讲解法律知识

4+1

这个项目取得了不俗的效果。首先项目设计系统化、标准化，执行流程化。

这4个方面的工作都属于品德课等教学内容和学校德育的基本要求，只是老师课堂讲得多，落实得少，但这个案例在实操方面给予很多要求。

比如对老师家访的要求，要有老师拍家访过程中不同场景的 5 张照片，有远景，有院坝，有与孩子家人座谈的，有厨房等，确保过程无法造假。最初老师家访回来，不但有文字记录，还要做成 PPT 上传给项目组。

严格执行的外部督导制度也是落实的重要条件。项目组到学校督导检查，从不提前打招呼，来了直接就去厕所、宿舍拍照，看到问题也毫不客气地指出。

行政力量介入与动机。4+1 项目的活动执行都在学校内，执行者主要为当地老师。活动时间和内容不占常规课时，几乎都是老师们用课余时间来完成繁杂的项目工作。众所周知，农村学校的硬件条件差，老师工作负荷重，而且职业倦怠感普遍。但是校长甚至县里教委的负责人明白，这是市委办公室直接抓的项目，下属各处、室都派出干部对接各个试点学校，这也成为教委的硬任务。从市教委到区教委必须执行，基层学校老师即使最初反对也无效。

但校长们的态度在逐步改变，因为各种激励慢慢看得到、摸得着了。首先是试点学校的办学条件被优先改善。龙沙小学被校长和主任们多次提及的事情，是最初这所学校只有一台电脑，在项目启动会上，市教委问哪个学校没有电脑，龙沙小学代表举手了。市教委当场要求县教委要补齐电脑。从开始做该项目至今，这个学校已经获得拨款和捐助总共达 2000 万元，用于改善校舍、操场。这个资金投入大大高于当地同类的农村小学。

调研中，没有能直接与一线老师们座谈。但是从对这个项目的研究和校长们的交谈中，可以看到在这个项目中付出最大的应该是这些老师们。看到孩子发生的变化，比如良好的卫生习惯，从害羞变为开朗，天赋、才艺得到发挥，老师们也有成就感。学校也在不断培育老师的角色变化，从以前的单单的教师角色，到充当部分家长职责。

这个项目政府教育部门负责配套完善教学条件与生活设施，保障模式内容真正落地、扎根，同时支持合作的社会组织指导和监督学校按照系统化、标准化程序进行有效运作，实现该教育支持体系在学校的建构。

通过学校体系对孩子进行行为习惯等规范性培养，有独特的培养优势。但也有研究者提出，外在行为规范不等于内在心灵健康。这个问题对留守儿童关爱活动中重行为规范养成，轻心灵激发很有警策作用。马多秀、朱小蔓在调研中发现，如果仅仅按照学校规范管理和量化管理的指标来衡量的话，一些留守儿童的行为表现很规范。但是研究者与这些留守儿童深入交谈之后却发现，他们外在规范的行为表现之下掩藏着一颗急需关爱的、发展很不正常的心灵（马多秀、朱小蔓，2012）。

留守儿童是处于成长中的个体，这一特性决定了他们需要来自教师对他们的持续引导和关怀，但学校的体制并不利于老师对于孩子进行心理教育。在现代社会，学校是高度制度化的，学校实行规范管理和量化管理的最大弊端是有时难以有效地测量到人精神世界的发展变化。驻校社工模式的引入，在某种程度上正好弥补了制式下学校老师难以实现的功能。社工们大多是刚刚毕业的大学生，与孩子年龄相差不多，而且不负担主要的教学任务，有更多精力、更多的方法与儿童平等、持续互动。

导航项目征集到的留守儿童项目中，驻校社工（到校社工）模式已经被多家机构和学校采纳。北京西部阳光农村发展基金会驻校社工项目最为著名。他们认为，教育最本质的作用是发生在人与人之间的交互渗透和影响。社工进驻寄宿制学校，与学校一起以丰富的课程和活动，关注学生社会化成长过程中的多样需求；以关怀和爱带给学生安全感、自信心和良好的朋辈关系；以陪伴与呵护，帮助学生度过人格发展的关键时期。

社工长期驻在学校，与学生保持长期的接触和陪伴。通过多种活动形式，如小组活动，社工课堂、个案工作、开展活动、提供个性化服务，一对一的方式解决儿童的困惑。还有课业辅导，生活习惯的培养、同伴互动、青春期教育等。驻校社工是回应需求最广泛的一个干预模式之一。同时，具备长期性、专业性，让孩子在一个相对长期、稳定的环境里感受到关怀。

各级政府对农村教育和农村建设的投入主要以硬件设施为主，而留守儿童社会重大问题更需要精神和心灵的帮助与支持。驻校社工体系能很好回应留守儿童的需求，也可以打破学校因为职责不断扩大，老师不得不超负荷付出的问题。

"一公斤盒子"以简便、易复制的教育工具对现有以城市需求、农村少数学习优秀生为主导的选拔教育体制的弊端，增加了相应的与生活相关、成长有关的有趣、实用的教育内容。

4+1项目是利用行政系统和权力在现有体制强力嵌入服务于留守儿童的内容。精准的内容，专业的、标准化的操作，体制内升迁的激励，都让这个项目有效，学生受益。但是在其他体制框架不变的情况下，完全依赖基层老师的付出，就会出现行为规范很好，未必能激发孩子心灵的担忧。

驻校社工模式给孩子创造了一个更放松的陪伴成长环境，但是实施该模式的主体，公益组织、学校如何更好地衔接，社工更多介入、深度干预？社工和公益组织的财政资源和专业支持，都是一个亟待解决的问题。

第六章

重要需求解析

前面第二章至第四章,从社会支持体系的主要参与主体——家庭、社区和学校的角度,论述留守儿童需求的理论和实践。本章从儿童需求角度,分析回应需求的实践情况。在第二章中基于调研和二手研究,列出了很多具体需求。本章主要分析同伴接纳和心理健康、生理健康和卫生。其他不一一分析。

个体发展的保护因素不仅包括家庭、同伴等环境因素,还包括一系列的个体因素(黄艳苹、李玲,2007)[①]。如何通过对留守儿童需求的有效回应,在改善发展环境的同时,也提高留守儿童自身的发展条件。

研究显示,个体的积极的逆境信念可能是促进弱势儿童群体积极适应的重要保护因素。廖传景等人的研究揭示贫困留守儿童的心理韧性在生活事件影响心理健康的过程中发挥了调节效应,贫困留守儿童的心理健康状况优于普通留守儿童;生活事件应激显著少于普通生,心理韧性显著优于普通生。调研中,有的受访老师也提到,在留守儿童中,成绩好、综合能力强的一般都是家庭特别困难的。挫折教育对于留守儿童有积极作用(廖传景、韩黎、杨惠琴、张进辅,2014)[②]。但一些祖辈溺爱孩子,不让孩子参与劳动。学校组织学生参加义务劳动、挫折训练,一旦发生安全事故,上级会转换政策不准带孩子出去,导致学校强调安全第一,孩子的社会锻炼次之。另外,社会、家长对成绩的期望值高,认为到学校主要是知识上的学习,学校有意识地让孩子参加义务劳动,还有家长不理解。除非家庭贫困造成被动挫折教育,一般家庭和学校少有动力对孩子进行这样的培养。

1. 同伴接纳

在留守儿童相关研究中,同伴接纳、同伴教育也是他们成长中重要的条件。

[①] 黄艳苹,李玲.不同留守类型儿童心理健康状况比较[J].中国心理卫生,2007,21(10).

[②] 廖传景,韩黎,杨惠琴,张进辅.城镇化背景下农村留守儿童心理健康:贫困与否的视角[J].农村社会发展,2014(3).

杨圆圆等的研究显示，青少年有两个依恋关系影响其成长：父母与同伴。当父母缺失后，同伴关系成为主要依恋关系。女生的同伴依恋水平高于男生，这与以往的多数研究结果一致。至少有两个方式可以降低孩子的孤独感：同伴接纳与亲子亲和。同伴拒绝能显著增加儿童的攻击、学业违纪与孤独感，同伴接纳则显著降低儿童的学业违纪与孤独感（杨圆圆、胡朋利、郭晓伟、张仲明，2012）[1]。同伴接纳可能对留守儿童发展具有保护作用。农村留守儿童的同伴接纳水平越高，其感受到的孤独感越少；同伴接纳对农村留守儿童孤独的预测力低于非留守儿童（赵景欣、刘霞、张文新，2013）[2]。大量研究表明，同伴拒绝能够增加儿童的外化问题和内化问题，同伴接纳则能够降低儿童的外化问题和内化问题。张文诺的研究认为，朋友能给儿童安全感。友谊的存在也有助于个体掌握社会规范、社会交往技能以及成功地解决冲突等[3]。

此外，同伴交往对青少年处于人生价值体系的形成和个性发展都有影响。同辈是他们进行自我评价的首要参照系。同辈交往对青少年的影响体现在几个方面：一个是社会比较压力及其作用。经过社会比较过程所获得的规范概念即便在青少年独处时也会继续发挥影响。充分利用这种社会比较机制，引导青少年扩展自己的社会比较范围和深化社会比较的性质，就成了促进他们心理发展的一个重要途径。二是亚文化作用。亚社会与大社会的不相一致，常常是青少年心理发展过程产生冲突的根源。当青少年的亚社会交往带来的经验与大社会要求或期望相冲突时，他们就会产生究竟是适应大社会还是认同亚社会的强大压力（金盛华、宋振韶，2000）[4]。

霸凌属于不友好的同伴行为。留守儿童中的霸凌行为值得关注，但是现实中，霸凌隐蔽，难以发现。这种攻击总是故意的，持续地指向某一个特定目标，就是霸凌行为。专门服务农村寄宿制学生的NGO歌路营，委托北京大学中国教育财政科学研究所等单位进行的一项覆盖17 000多名样本学生的调查显示，36.3%的留守儿童，表示自己每月至少有2—3次被人欺负。

霸凌是一个世界性的儿童问题。美国的一项调查显示，有200万中小学生是欺负或者被欺负的，占6—10年级学生的30%。日本、韩国的学校霸凌行为与学生的自杀率、自杀念头相关。西北一家NGO的项目点学校的学生分别来自不同的村庄，本地孩子形成一个强势的群体，对来自其他村庄的孩子形成欺凌。从外

---

[1] 杨圆圆，胡朋利，郭晓伟，张仲明.留守儿童心理一感、同伴依恋和心理健康的关系研究[J].中国特殊教育，2012（7）.

[2] 赵景欣，刘霞，张文新.同伴拒绝、同伴接纳与农村留守儿童的心理适应：亲子亲和与逆境信念的作用[J].心理学报，2013（7）.

[3] 张文诺.农村留守儿童教育问题研究——以甘肃省农村留守儿童教育为例[J].教育理论与实践，2013，33（14）.

[4] 金盛华，宋振韶.当代青少年同辈交往的影响机制及其引导[J].北京师范大学学报：人文社会科学版，2000（5）.

人看，没有强烈的肢体和语言欺凌，不仔细观察好像都没有，从城市角度可能都不去关注这一块的，但是在农村合并的学校里很严重。

有意识地让人丢脸也是霸凌的内容，老师很难介入，但是对孩子的影响是很强烈的。学生也不会和老师说，担心和老师说，老师去管这些欺负人的孩子，这些被欺负的孩子要再次承受被欺负。这种霸凌很难通过老师来约束。留守儿童欺负别人（攻击性）也不少见，他们欺负别人有深层次的原因，希望引起注意和发泄是两个主要原因。

综上所述，好的同伴关系可能有助于缓解父母不在导致的孤独感、不安全感，在社会化过程中找到适当的参照对象，好的同伴关系也会降低霸凌风险。农村留守儿童大都不善于交往，不能融入同伴中去，但是又非常渴望同伴的情谊。随着年龄的增长，儿童对父母的依赖逐渐降低，同伴关系在儿童的生活中的作用则日益增强。中部一位村儿童福利主任在访谈时谈到，有的小孩偷东西，偷家里的钱，这并不是一种习惯，而是因为缺少安全感，他想寻求同伴的认同感，想要巴结同伴就偷家里的钱去买糖，不是自己一个人吃，是分给别人吃。

因此，发展同伴接纳应该成为社会支持的重要的一部分。但是，特别针对同伴关系的干预在本研究涉及的 70 多个项目中还比较少。从 2016 年起，滋根与中国农业大学等单位合作，在社区构建留守儿童支持网络。其中有一项是学校老师指导留守儿童建立同伴互助组织，利用同伴教育引导留守儿童参与到解决问题的过程中。特别强调留守儿童自身参与价值的贡献和责任担当，而不仅仅是一个被救助的角色。如以班小组为单位，成立男女留守儿童（且不局限于留守儿童对象，防止"贴标签"效应）共同参与的"工学团"，定期不定期地组织小组活动，建立信任后分享对家庭和父母的看法、彼此的困惑、遇到的问题以及应对经验，共同寻找解决问题的办法。

研究显示，同伴接纳成为留守儿童，尤其大龄儿童在父母不在现场的情况很重要的社会关系。但是在已经征集到的项目案例中，明确指向发展同伴关系的项目比较少，相比防性侵等需求，这个需求还未得到充分的认识和干预。

2. 心理健康：横看成岭侧成峰

留守儿童的心理健康情况是最为复杂的，各个研究因所用的测量指标、方法不同，不同地区的社会经济、人文风俗不同，导致了结论相异甚至矛盾，但总体情况是，留守儿童更容易感到孤独、自卑和焦虑。

现有的研究成果难以给出一个终极的判断：留守儿童到底有什么心理问题？根据不同的维度，留守类型、年龄、性别等，去确定他们的问题成因。因为在这些数据和结果的背后，我们无法有比较长的跟踪研究，去发现真实的明确的因素，所以在因果链条上很多还是盲点。但并不意味着这些研究没有意义，对于行动者来说，留守儿童可能的心理风险与相关性因素，为采取干预多一种视角和思考的基础，而更多的探索，还是要在实践里去探究和印证的。

相互对立的结论。作为低社会经济地位的儿童群体，父母外出打工的农村留守儿童在人身安全、学习、品行、心理发展等方面都存在不同程度的问题（周宗奎、孙晓军、刘亚、周东明，2005）。这基本上是社会各界对留守儿童总体的看法。但也有研究表明留守儿童的心理健康情况和其他儿童群体（如流动儿童、城市儿童等）没有显著不同（Ren and Treiman，2013）①。一项针对三峡库区的儿童的研究表明，留守高中生面对困难的适应力（resilience）很强，而且他们的心理状况良好，作者认为生活环境的剧变对青少年的锻炼以及青少年群体之间的互相关照对他们的心理健康很有帮助（Luo et al.，2016）②。针对湖南地区的研究表明，留守儿童和非留守儿童在对生活和学习的满意度上没有显著差别，说明父母外出打工带来的经济收益在某种程度上可能弥补了亲情的缺失（Wen and Lin，2012）。③

不同群体对留守儿童心理问题的评估是不一致的。从某些极端案例来看，农村留守儿童的心理问题是非常严重的；学校校长和教师一般认为留守儿童有比较多的心理问题，对他们的一般印象、学习、品行、情绪等方面的评价都较差；从学生自我报告结果来看，留守儿童人际关系和自信心方面明显不如父母都在家的儿童（周宗奎、孙晓军、刘亚、周东明，2005）④。卢德平对多个省市的学前留守儿童的实证研究发现，在各项指标中，"孩子与小伙伴的玩耍"，"孩子的学习兴趣"两个指标相对而言负面变化略高，但其他指标均以积极变化为主导。卢德平（2009）同一个研究中，对5个地区20名幼儿园教师进行访谈，大部分学前教师认为，学前留守儿童在性格特征、学习态度、亲社会行为、卫生习惯、自尊程度等方面与非留守儿童存在明显的差异⑤（卢德平，2009），农村留守儿童在一般表现、学习、品行和情绪感受上比非留守儿童的问题严重。

留守类型不同，导致孩子心理状况也有差异。高亚兵根据监护人的不同而进行的比较研究后发现，留守使留守儿童产生了较多的心理健康问题和消极人格特征。隔代监护的孩子心理问题显著，单亲和同辈监护的儿童与非留守儿童差异性

---

① RenQiang, Donald J. Treiman. "The Consequences of Parental Labor Migration in China for Children's Emotional Wellbeing." Social Science Research 58: 46–67, 2016.

② LuoYan, Hong Wang, Xun Lei, Xue Guo, Ke Huang, Qin Liu. "Resilience in Rural Left-behind Middle School Students in Yunyang County of the Three Gorges Area in China: A Prospective Cohort Study." BMC Psychiatry 16（1），2016.

③ WenMing, Danhua Lin. "Child Development in Rural China: Children Left Behind by Their Migrant Parents and Children of Nonmigrant Families." Child Development 83.1（2011）: 120–36. Web.

④ 周宗奎，孙晓军，刘亚，周东明.农村留守儿童心理发展与教育问题[J].北京师范大学学报：社会科学版，2005（1）.

⑤ 卢德平.农村学前留守儿童的基本状况及面临的核心问题——基于《中国四省五县农村留守儿童基线调查》的若干发现[J].中国青年政治学院学报，2009（28）.

小。而针对安徽地区儿童的社交焦虑的研究表明,社交焦虑只在留守儿童和非留守儿童之间有显著差异,而与留守儿童群体内部不同的父母外出状态没有联系。上代监护可能让孩子有寄人篱下的感觉。

也有研究认为,双亲外出的情况对留守儿童是最不利的。双亲外出通常比父母单方外出离开时间更早、更长,与孩子联系更不频繁(Su et al., 2012)[①],而频繁的亲子交流对儿童的心理健康有正向影响(Su et al., 2012; Wang et al., 2015)。另外,双亲外出还使留守女孩更自卑、更抑郁(Liu, Li and Ge, 2009),也使原本就有自卑倾向的孩子更自卑(Zhan et al., 2014)[②]。引起儿童社交焦虑的因素有:生活质量、家庭关系、身体虐待和身为女性,而留守儿童特有的引起社交焦虑的因素有:被忽略、有更多的兄弟姐妹和身为少数民族(有待考证)。有研究发现留守儿童由于父母的离开而更少受到体罚,尽管他们父母的教育程度普遍较低,家庭关系和生活质量较差,以及比非留守儿童有更高的被忽略的风险(Zhao et al., 2014)[③]。

更细致的维度从年龄、性别看抑郁风险:年龄越小的孩子表现越是突出,尤其是小学生表现明显。7岁以前就有留守经历的儿童有更多抑郁和焦虑的症状,3岁就与父母分离的抑郁症状最多(Liu, Li and Ge, 2009)[④]。二、三年级和16—17岁的孩子更容易抑郁。有可能引起抑郁的因素有:家庭经济地位低下,社会支持匮乏,家庭关系差,与父母联系少,用信交流或讨论家庭日常琐事等(Wang et al., 2015)[⑤]。

"留守"现象对农村儿童心理发展的影响是非常深刻而复杂的,需要更深入

[①] Su S., X. Li, D. Lin, X. Xu, M. Zhu. "Psychological Adjustment among Left-behind Children in Rural China: The Role of Parental Migration and Parent-child Communication." Child: Care, Health and Development Child Care Health Dev 39(2): 162-70, 2012.

[②] ZhanXuefeng, Shaoping Li, Chengfang Liu, Linxiu Zhang. "Effect of Migration on Children's Self-esteem in Rural China." China & World Economy 22(4): 83-101, 2014.

[③] ZhaoXue, Jian Chen, Ming-Chun Chen, Xiao-Ling Lv, Yu-Hong Jiang, Ye-Huan Sun. "Left-behind Children in Rural China Experience Higher Levels of Anxiety and Poorer Living Conditions." Acta Paediatrica Acta Paediatr 103(6): 665-70, 2014.

[④] LiuZhengkui, Xinying Li, Xiaojia Ge. "Left Too Early: The Effects of Age at Separation From Parents on Chinese Rural Children's Symptoms of Anxiety and Depression." Am J Public Health American Journal of Public Health 99(11), 2009.

[⑤] WangLifei, Zhengzhi Feng, Guoyu Yang, Yaling Yang, Qin Dai, Chaobing Hu, Keyu Liu, Yu Guang, Rui Zhang, Fan Xia, Mengxue Zhao. "The Epidemiological Characteristics of Depressive Symptoms in the Left-behind Children and Adolescents of Chongqing in China." Journal of Affective Disorders 177: 36-41, 2015.

的研究。但有关留守儿童与非留守儿童的心理健康比较研究结果存在争议[①]。影响儿童心理健康有诸多因素，但是主题众多，内容繁杂，缺乏整合，这些因素之间怎么协同发展，或者发挥作用的机制是什么（桑标、席居哲，2005）[②]？

让孩子感受到爱、持久的陪伴，是解决这些问题最重要的原则。在留守儿童的心理问题研究中，比较多的用心理韧性来观察、衡量心理健康。所谓心理韧性，是指在显著不利的背景中积极适应的过程，是在遭受逆境时有助于个体良好适应的保护性因素。心理韧性在不同地区也称为心理弹性、抗逆力、复原力（刘惠，2012）。此外，学界以心理一致感、心理适应性、依恋性等概念，研究和测量留守儿童在不利条件下的心理稳定性的倾向。

心理韧性研究与社会支持的关系，是当前发展心理学界比较活跃的领域。留守儿童心理韧性的研究也是一个新的趋势。一个重要的理论观点就是，不利环境并不必然导致儿童的不良发展，在一些保护性因素影响下，儿童仍然有机会保持正常的发展（刘霞、胡心怡、申继亮，2008）[③]。也有定量研究显示，留守儿童与非留守儿童不同群体孤独感上没有差异。作者分析认为，这是老师的支持、社会支持起了作用。研究发现，好的社会支持对于缓解儿童的抑郁、焦虑等不良情绪有重要作用。社会支持应该是一个重要的应对资源（刘霞、胡心怡、申继亮，2008）。对于处于不利环境条件下的儿童，来自父母、老师、同伴的支持是预测其成功的重要条件。

静进的研究分析了儿童心理健康的世界趋势与干预治疗方法。最初的干预模式是针对儿童进行的各项训练，而近年来，更多研究着眼于家庭的参与和整体治疗，在欧美、日本等发达国家，社区保健支持系统日趋完善，以社区或学校为核心的干预模式逐渐形成，儿童通过社区卫生服务得到社会支持与保障（静进，2013）[④]。

---

① 现有研究中对留守儿童的界定不统一、缺乏高质量的研究设计，影响研究结果的综合分析。需要进一步开展高质量的对照研究，并进行长期动态观察，从而更准确地研究留守儿童的心理健康状况及其与非留守儿童的异同。（张帆、刘琴、赵勇、孙敏红、王宏，2011）。在对留守儿童心理健康状况研究的文献分析中，横断面研究占绝大多数，大部分对照研究结果显示，与非留守儿童相比，留守儿童的心理健康水平较低，存在较多问题；但也有少数对照研究显示，两组人群的心理健康状况无显著统计学差异。不同类型的留守儿童（如不同性别、年龄、监护类型、父母外出情况等）其心理健康问题也存在差异。现有研究结果显示，留守儿童心理健康存在诸多问题。

② 桑标，席居哲.家庭生态系统对儿童心理健康发展影响机制的研究[J].心理发展与教育，2005（1）.

③ 刘霞，胡心怡，申继亮.不同来源社会支持对农村留守儿童孤独感的影响[J].河南大学学报：哲学社会科学版，2008（48）.

④ 静进.我国儿童面临的主要心理卫生问题及对策思考[J].中国心理卫生，2013，27（6）.

从干预途径的角度，建立医疗、教育、社会保障体系相互协调统一的干预模式是世界卫生组织（World Health Organization，WHO）制定的全球心理卫生干预计划。美国的个体化训练，在社区与学校的干预训练中，还包括社会工作者的介入与支持，不仅帮助儿童适应社会环境，而且增加了社会的接纳程度。我国尚缺乏的是以社区为基础的心理卫生服务系统，社区保健机构医师较为缺乏精神心理疾病的知识背景，提供筛查诊断及干预措施的能力有待加强。

我国于2012年10月26日第十一届全国人民代表大会上通过《中华人民共和国精神卫生法》，将精神卫生（心理卫生）纳入国民经济和社会发展规划中，建设和完善精神障碍的预防、治疗和康复服务体系，建立健全精神卫生工作协调机制和工作责任制是促进社会和谐发展的必要前提。国家卫疾控2017年1月发布《关于加强心理健康服务的指导意见》全面加强儿童青少年心理健康教育。针对留守儿童的系统干预方面，尚未见到大动作。

抗逆力训练

安庆市全人社会工作发展中心"童行携力"留守儿童抗逆力提升计划，对于留守儿童通常面临心理创伤、缺乏生活信心与目标、社会融入障碍以及遭受歧视、虐待等问题，认为他们迫切需要学习与掌握应对各种困扰的方法、技巧，接受良好的心理疏导服务。项目对困境儿童（含留守儿童）个体进行需求挖掘（情感受挫、心理抑郁或孤独、社会交往封闭等明显倾向），对留守儿童进行"抗逆力"核心干预。

举办抗逆力训练营。发挥社会工作专业优势，进行"抗逆力"核心干预（即借鉴环境——个体策略模型，运用抗逆力小组动力理论、综合人类行为与社会环境理论，设计一套符合留守儿童成长支持系统，以"抗逆力"提升为核心目标，恢复个体、学校和家庭抗逆力复原因子），开展自我认识、情绪管理、目标解决和人际协作四个主题的小组训练课程。

到校社工群体针对性服务。专业社工长期进驻（每周两天进入）留守儿童聚集学校，以群体需求识别和匹配为服务基点，除提供抗逆力专项课程外，开展安全、青春期、"减压"等主题教育，此外还有个案辅导和社工信箱等工作方法。

针对留守儿童的留守问题，并不是到了心理咨询室才是有效干预。民间机构开展的涉及心理健康的项目，占到本研究项目样本的71%。

课外素质教育，培养孩子的兴趣。特长对孩子树立自信心很重要。一位校长说,现行教育的怪圈把学生所有的精力压榨干了,孩子的综合动手能力就弱。一般农村学校缺乏音、体、美老师,家长的目光都集中到学习上面。公益组织针对留守儿童,挖掘学生的特长和兴趣,提供各种艺术、人文的培养机会,在某种程度上弥补了这个缺失。

四川云公益组织的童眼看世界项目,就是邀请优秀摄影家给孩子讲授摄影知识,云公益也将相机发到孩子手中,让他们亲自操作,摄影家义工来辅导。通过这个项目,孩子认真观察自己和周围的生活,学会感恩家长和长辈的辛劳,看到美丽的自然世界。有的孩子在这个过程中也展现了过人的天赋,为后面的继续培养提供了线索和基础。

疗愈性睡前故事。歌路营 1001 夜项目基于叙事和故事疗愈流派的影响,2012 年 8 月提出"新一千零一夜——农村寄宿留守儿童睡前故事干预方案",希望在研究 102 所学校农村学生心理特点的基础上,开发适宜农村学生特点和需求的疗愈性睡前故事,每晚播放给寄宿孩子,陪伴他们温暖地度过孤独的睡前时光,以此达到改善他们心理健康的目的。

动物伙伴的陪伴。动物伙伴在儿童的人格发展中有重要作用,发展心理学认为,即使年幼儿童也能对动物形成新人性依赖,进而转化为对儿童的情感支持,养宠物可以让大一点的儿童富有同情心。贵州毕节纳雍县有一家志愿者组织,在当地和全国名声都很大——爱心纳雍。他们对困境儿童进行一对一帮扶,这些帮扶包括生活物资的发放,冬衣、食用油、大米等。同时,还给困境孩子的家庭发放小鸡苗,让孩子定期测量小鸡的大小并记录。这不仅是经济收入的部分来源,也是孩子的疏导和陪伴的方法。

3. 青春期生理健康、性教育、早恋

调研发现,初二以后女孩子情感更容易匮乏,缺少爱和关注。如果在外打工的人回来,穿一身新衣服,又给她买点礼物,有的女孩子会觉得"这个人好爱我,我要跟着他走"。孩子处在没人爱我的心理感受中,谁给一点阳光,感觉整个世界都是她的。青春期缺乏安全感的女孩子甚至更喜欢和外面建筑工地的人交往,这些人外在的高大健壮的身体,给人有能力关怀、保护别人的形象。不仅女生,男生同样也有孤独。男孩比女孩晚熟,有些东西没有人交流,想找个女朋友互相倾诉。男孩子有时候希望被保护的心理更强烈一些。

西北某校八年级的学生大概 80% 都在谈恋爱,到了在校园里手拉手进出校园的程度,后面有老师也不理会。老师就问他:"为什么你们要这样?"他说:"没有什么事可以做"。

孩子在成长过程中不能从父母那里得到持续而足够的爱,从此生活中很多事物都充满了不确定性,焦虑与恐惧再次产生,因此会缺乏安全感,这种感受甚至到成年都摆脱不了,在个体行为上出现强制、排斥、恐惧、逃避等表现(陈薇薇,2015),这是促成早恋的重要原因。

青春期生理健康也是一个很大问题。甘肃一家公益组织去山区走访的过程中，有一户人家的女孩子在床上窝着，脸色煞白。原来这个女孩只是来月经了，但她也没有卫生巾，使用旧报纸、旧衣服那些东西来垫。她妈妈居然也不知道她来过月经，把孩子送去了县里的医院。医生说这个女孩已经来月经3个月了，并且这个女孩有妇科病。山区信息的闭塞和孩子的羞涩，让很多孩子对生理期的维护或者是正常使用卫生巾等卫生问题都有盲点。

女童性侵已经成为近年来一个很大的社会议题，恶劣事件时有发生。王进鑫对四川省1 346名11—16岁儿童抽样问卷调查，以同龄的非留守儿童为比较对象，对青春期留守儿童的性安全状况进行了描述和分析。研究发现，留守儿童的"看黄"行为、边缘性行为明显多于非留守儿童，而获得抚养人给予的性安全教育及自我性保护指导方面明显低于后者。发生实质性交行为、遭受性侵害情况两者没有显著性差异，但留守儿童遭受这类伤害后从家庭、父母获得的情感支持远远低于非留守儿童。总体来说，留守儿童的性安全问题较非留守儿童严峻（王进鑫，2009）。

安徽公益组织太阳伞逐步聚焦在困境儿童性教育这个点上。太阳伞在做助学项目当中，不断发现性侵事件。农村留守儿童缺乏保护体系，脆弱性更明显。城市儿童最起码父母在身边，还有这样一个保护体系在，可能在家庭当中能够得到的支持更多。2014—2015年太阳伞开始做性教育，也开始摸索了性教育和生命教育的关系，逐步发展出来一些专业的东西。目前太阳伞的性教育课程可以以课堂形式，包括视频课、体育课里的科学课、班会，也可以以夏令营、工作坊的形式出现，可以在城里的学校和社区，也可以进入农村的学校和社区。他们认为，性教育要从低年级开始抓，越早越有共识。太阳伞2016年主要是以低年级开始的。

很多学校也想给孩子上性教育课程，但是不知道该从哪里开始，用什么形式。基于这样的需求，太阳伞正在通过项目化形式，把在乡村实践的性教育的经验做成一个工具包，然后通过乡村夏令营、营会的形式推到农村，让更多的留守儿童在这方面不再是空白。

因为女童性侵事件引起社会极大的关注，民间社会的很多干预公益也与此有关。既有太阳伞这样进入社区开展活动的组织，也有女童保护这样的凸显倡导优势的机构。女童保护开发标准教材进行培训，在传播倡导方面有很突出的表现。通过微博、微信、网站等各类媒体渠道，用多元化方式传播儿童防性侵知识。每年"两会"前夕，发布全国媒体公开曝光的儿童被性侵案例统计报告和儿童防性侵教育调查报告等，以推动形成社会公共议题方式，并把相关议案提案建议交给全国人大代表、政协委员，推动立法保护和政策方面的改进，加强对性侵儿童行为的打击和惩罚力度，形成儿童防性侵保护机制。

青春期的生理卫生知识与卫生用品也是青春期孩子们的需求。甘肃公益机构快乐天使的女童的项目，主要给女生带去生理卫生课和一个生理卫生包，卫生包就是一个附带的礼物，里面卫生巾大概能用半年，还有肥皂、内裤、牙刷、毛巾、一本漫画书（青春成长手册），书是以漫画的形式告诉你是怎么来到这个世界上的，然后一步一步地成长都要经历哪些过程，里面有男孩的也有女孩的。通过卫生包，把课程带给孩子，让她们在一个小时的时间内，能尽快掌握一些生理期的卫生以及一些自身安全的常识，如果碰到性侵或者人贩子怎么去应对。

卫生包由一家基金会提供。每年发400—800个卫生包。因为没有行政费用，到山区去讲课的费用全部是机构自己承担。在每次配送卫生包的时候，顺便去给孩子们讲课。有时候可能会有特殊情况，比如学校有600个女生，但是卫生包只有300个，只好给300个女生讲课。

4. 习惯与健康

影响儿童健康的因素：胎内和社会经济环境（母亲的教育水平，家庭厕所类型，医疗资源的可及性）等。在西北调研时候发现，这些年垃圾食品、"三无"产品大量流向、充斥农村，祖父母和孩子都缺乏卫生、健康意识，学生对营养早餐吃腻了，经常买这些食品当零食甚至当饭吃，还有的一日三餐都吃方便面。

大量的文献研究表明母亲的受教育程度是儿童健康的重要影响因素。或许是因为母亲的教育直接关系到她的健康和营养知识，进而影响孩子的养育行为。

已有的文献还没有从健康经济学的角度实证地研究父母不在家对留守儿童身体健康的影响，或并没有试图去发现父母不在家对儿童身体健康影响的因果关系（李强、臧文斌，2010）[1]。一些研究证明，父母外出打工或者母亲打工与孩子的身体健康有显著的负面影响，陈在余分析了父母外出对不同年龄留守儿童营养与健康的影响。父母外出对6—18岁学龄儿童健康有显著的负影响，特别是母亲不在家的影响显著，而且这一影响在不同收入水平家庭之间无显著差异。因此，家庭照料所引起的营养条件的改善可能对健康的影响更加显著（陈在余，2009）[2]。李强、臧文斌基于中国健康与营养调查的数据的研究，也发现儿童的身体健康确实会受到其父母外出的影响，增加患病率。有研究认为5岁以前的男童身高与留守经历相关（Zhang, Bécares and Chandola, 2015）。

留守因素也对留守幼儿疫苗注射有影响。只有88%的留守幼儿能够打全各类预防性注射疫苗，11.9%的留守幼儿没有打全预防针[3]（和建花、谭琳、蒋永萍，2009；卢德平，2009）。造成这个问题的原因，一个是监护人不知晓信息，文化水平等不如孩子年轻的父母高，第二个也与当地卫生防疫部门信息不畅，工

---

[1] 李强，臧文斌.父母外出对留守儿童健康的影响[J].经济学，2010, 10(1).

[2] 陈在余.中国农村留守儿童营养与健康状况分析[J].中国人口科学，2009(5).

[3] 和建花，谭琳，蒋永萍.全国农村留守幼儿的状况、问题及对策[J].学前教育研究，2009(1).

作不到位有关。

贫困地区留守儿童因为缺乏父母照顾而导致获取医疗资源能力差。贫困地区留守儿童呈现出"高患病率、低就诊率"的特征（赵苗苗、孟庆跃、李慧、李军、李林贵、王翠丽，2012）[1]。宋月萍、谭琳的实证结果发现，卫生医疗资源对不同社会经济特征家庭具有不公平的可及性（宋月萍、谭琳，2006）[2]。

本研究的项目样本中，涉及留守儿童营养健康、疾病预防的比较少。可能的原因，一个是在留守儿童健康和生活习惯方面，由于专业门槛相对高，一般民间组织进行长期干预的比较少。此外，也许民间组织认为健康营养问题不是留守儿童独有的问题，很难单独干预。实施健康干预，一般需要进入社区，并有一定的资金保障，这些都是民间组织比较匮乏的。首都保健营养美食学会"食育"推动计划是比较少见的一例。

食育计划

针对的问题：目前国内食育课程缺位，学生缺乏正确的健康意识和行为，而不良的生活方式正是导致慢性病高发的主要原因。幼儿园和小学阶段是孩子行为习惯建立的最佳阶段，在这个时期进行健康教育能达到最好的效果。而西部偏远贫困地区，特别是农村儿童，很少有机会接触正确健康意识和知识的教育。

食育项目研发食育教学内容；建构教育网络（志愿者服务站、学校教师）；培养师资，针对学生及家长开展食育健康教育。

由食育师资团队在幼儿园、小学针对学生，从理论、实操、实践三个方面开展食育健康教育，让学生从常识开始理解健康的因素，到实践中去感受自己动手丰衣足食的满足感。

为了解食育干预前后农村小学生饮食习惯及行为改变，以及学生对食育的接受情况，项目整群抽取了河南省信阳市平桥区某村级小学作为食育干预试点校，采用问卷调查方法，通过测量被干预学生在营养知识、饮食习惯、食物摄入情况的得分，评价学生饮食健康素养的水平，比较干预前后的素养改变程度。

---

[1] 赵苗苗，孟庆跃，李慧，李军，李林贵，王翠丽.宁夏农村留守儿童卫生服务需要与需求分析[J].中国公共卫生，2012，28（3）.

[2] 宋月萍，谭琳.卫生医疗资源的可及性与农村儿童的健康问题[J].中国人口科学，2006（6）.

该项目也开展家长课堂。在开展学生课堂时同步召开家长课堂，改变学生是改变他们的未来，改变家长才能改变他们的现在。因幼儿园、小学阶段的家庭饮食多数依赖家长，所以在提升孩子健康意识的同时，也需提升家长的健康意识。家长课堂主要包括营养基础知识、日常饮食误区、厨房卫生安全、如何挑选包装食品等贴近生活的主题。

第七章

总　结

一、需求与回应在覆盖面上基本一致

在本研究项目启动之初,我们在相关平台上和多年积累的网络数据中,以留守儿童—农村儿童为关键词,选取有关儿童的项目 600 多个。但对个别省市项目进行电话沟通,项目过期或者联系方式中断者不少。后利用金数据技术向业内公开征集,共收到 160 余个项目。经过遴选,最后 88 个项目列入留守儿童项目名录。

这些项目对留守儿童的需求都有涉及,只是程度不同,其中开展儿童心理关怀的项目占比超过七成,教育相关的项目占比近九成,见图 7-1。

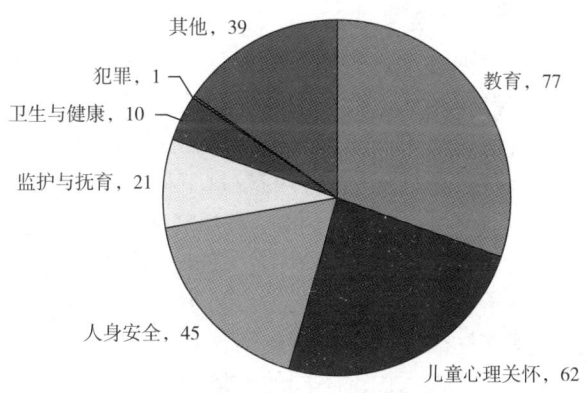

图 7-1　解决不同需求的项目分布(单位:个)

需求问卷调查结果显示,各项需求的直接服务对象排序:留守儿童自身 > 父母 > 其他监护人 > 老师 > 社区,即大部分需求的直接服务对象是留守儿童自身,父母及其他监护人比老师重要,社区排在最后。项目服务对象也大体是这个排序,88 个样本项目按照每个项目的主要干预模式分类后,分析其干预对象分布,见图 7-2。

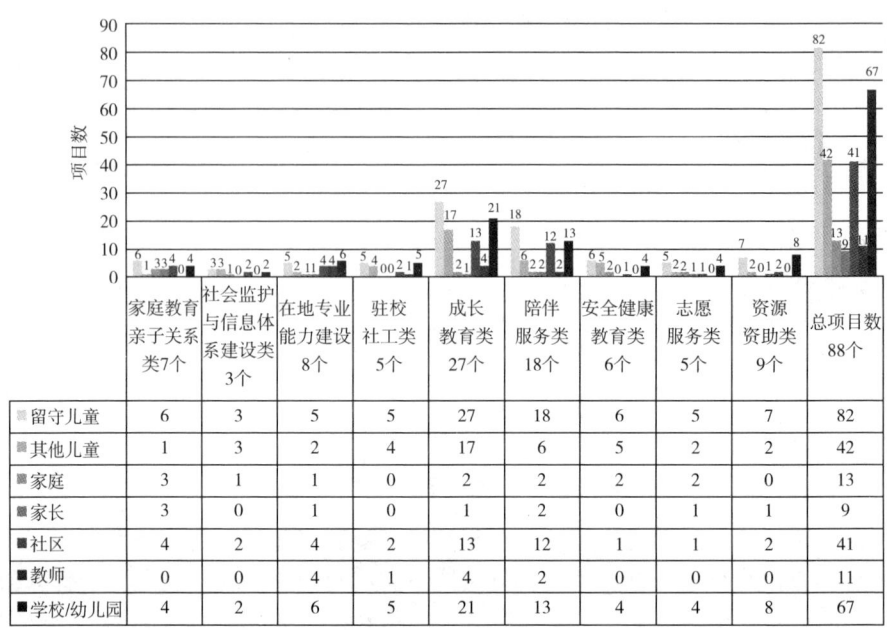

图 7-2 项目干预对象分布

	家庭教育亲子关系类7个	社会监护与信息体系建设类3个	在地专业能力建设8个	驻校社工类5个	成长教育类27个	陪伴服务类18个	安全健康教育类6个	志愿服务类5个	资源资助类9个	总项目数88个
留守儿童	6	3	5	5	27	18	6	5	7	82
其他儿童	1	3	2	4	17	6	5	2	2	42
家庭	3	1	1	0	2	2	2	2	0	13
家长	3	0	1	0	1	2	0	1	1	9
社区	4	2	4	2	13	12	1	1	2	41
教师	0	0	4	1	4	2	0	0	0	11
学校/幼儿园	4	2	6	5	21	13	4	4	8	67

问卷也调研了各项需求的供给主体排序：
学校 > 居委会（社区）> 公益组织 > 共青团 = 妇联

二、留守儿童保护的特殊性

留守儿童作为有一定独特性的群体，因为父母离家而在发展过程中处于不利条件。与其他特殊儿童群体相比，对其干预保护的方式也有其特殊性。留守儿童与非留守儿童相比没有明显的不同表现，但亲情缺失可影响安全感和初始社会化的过程。针对不同年龄阶段进行不同内容的教育工作，比如对低年级学生，主要从行为习惯入手，如个人卫生、爱护环境，避免产生偏激等情绪，多给予关爱。对于单亲（父亲）留守儿童，通常比较贫困，父亲照顾子女不那么周全，给予物质帮助。这样家庭的孩子多有心灵创伤，很容易因为贫困和少人管教而辍学。我们认为，总体而言，感受性的关爱、持续的陪伴是一个最普遍性的干预策略。至于经济补贴、医疗救助等，也因内部不同的群体而定。因为留守儿童内部也是多样化的，贫困儿童、事实孤儿一样需要相应政策的支持。

留守儿童内在的需求，决定了干预方式与其他特殊儿童群体干预的不同和复杂性。持续的陪伴，感受性的关怀，这种干预策略需要人的个性化的服务。现有的体制系统内，难以满足个性化、持久化陪伴这样的需求。社会组织的特性正好作为关爱力量的重要一部分，承担这个方面的责任。

陪伴孩子，需要长久、大量的在地陪伴型组织。但是目前能沉入社区、长期坚持的组织很少，如此难以瞄准到精确需求并给予回应。甘肃一位做防拐的公益组织认为，做安全宣传是必要的预防工作，但是宣传怎么做到专业化呢？这位负责人提到防拐中的安全距离的问题，就是需要在实践中多次实验摸索才可以获得。什么是有效的干预？最初没有防拐意识的孩子，做完活动只是觉得好玩还不够，还需要检验孩子是否有了防范意识？这些陪伴孩子的项目，都是需要在与孩子的互动中去观察、体会。光靠发一些宣传材料或者上一些视频课程是远远不够的。

三、资源约束导致无法实现有效干预

留守儿童的干预保护最主要是人的陪伴，但是服务的机构和项目数量上不够。深入社区需要成本，但没有资源支持是一个很大的制约。因为资源不够，人才流失是业内常态，在此不赘。民间组织自身的专业性的问题，一是需求的瞄准，二是提供服务的专业性。学校成为行政体系关爱的主要阵地，但是扩充的学校责任，并未随之扩充人力和财政资源。社区空心化，民间组织可以作为撬动、培养当地人力资源和社会网络的推动者，服务提供者。民间组织以其专业性服务，提供更多元细致的服务，但资源制约限制了服务的广度和深度。

四、评价体系偏差排斥了部分真正的好项目

现有的评价标准限制了长期陪伴项目的发展，也不利于产生符合留守儿童需求的组织和项目。好项目评价标准偏重数据、浅层次的可衡量，这也影响了组织的资金来源与项目内容。为了适应这些评价体系和认知，一个专司运动和游戏促进儿童发展为特色的机构进入国内后，这些特色活动逐步在退出。另一个相关案例是，一家机构请人设计了很好的游戏项目，但是因为不能快速评估成果与筹款，取消了这个项目。所以，符合儿童发展需求的项目，未必容易筹款，而操作明确、数字字表清晰的项目更容易获得资助方和公众认同，因此短平快的项目令人喜欢。

五、看上去很美的政策需要落地

在中国，看一个政策能否落实，至少看财力保障与否，是否成为人事考核指标，也要看能否成为某个阶段的中心任务。留守儿童相关政策看起来已经很美，媒体、学界提出的问题和建议，在69份政策文件中几乎都有回应，但是落实却差强人意。如果仅仅用文本回应社会问题，而不能落到实处，这个庞大的群体成长过程中，无法从身心多方面得到悉心善待，未来要付出的代价，不仅仅关乎孩子们的福祉，也关乎国家的稳定与发展。

六、建议

借鉴美国开端计划，针对留守儿童开展一个长期的跟踪研究、干预计划，让留守儿童的问题成因得以深入探究，在此基础上发展有效的系统的干预措施。

当前亟待建立长效的驻校、驻村的专业的社工体系。

留守儿童关爱保护与服务体系建设"重物轻人",难以持续。已有的体系建设最大问题是不设具体工作人员的薪酬或补贴。二是投入不足,专业化程度低。对社会创新模式的推广和对社会组织配套支持不足。

为此,建议进一步强化社会组织作用,积极支持和推动社会组织参与留守儿童关爱保护和服务体系建设。在现有实践的基础上建立驻校、驻村社工体系,既能有效形成稳定、专业的留守儿童关爱和保护体系,也能增加就业岗位,还能填补贫困地区农村社工领域的空白,同时可为建立完善农村老龄人口等其他专业服务体系累积经验。

第二篇
农村留守儿童需求辨析

中国农村留守儿童公益导航研究报告与手册(上)

近年来，留守儿童日渐成为广受关注的社会议题，关于留守儿童的研究报告也层出不穷，涉及安全、营养、教育和心理等各个方面，但已有的学术报告大都在谈问题，解决方案与行动导向缺失。"公益导航"转变思路，尝试以需求为切入点，对留守儿童问题进行深层次、系统化和整体性的辨析，形成涵盖社会问题与需求、对应解决方案及其影响并引导公益资源配置的系统性研究。

本篇分为两个章节。第一章是留守儿童需求的定量描述，数据来源于三部分：①一份通过大量阅读文献、实地调研和专家咨询形成的、针对翔实的需求及其各维度辨析的问卷，邀请西部阳光农村发展基金会的驻校社工和美丽中国的支教老师填写，并以这部分问卷的统计结果为基础形成不同维度的相关分析；②一份经过专家座谈形成的精简版需求辨析问卷，采用线上传播的方式，面向所有人开放，问卷采用优点序列原理[①]，试图探究留守儿童各项需求的紧迫情况；③通过非介入性文献研究，阅读 84 篇留守儿童相关的文献，梳理文献研究中涉及的各项需求。第二章是留守儿童需求的详细描述，针对每个辨析出来的需求，辅以文献研究结果和一手的案例调研为支撑，在此基础上提炼出每项需求精准的描述。辨析出来的需求大致分为两个类型：一种是正在得到满足的需求，意味着不管国家政策还是民间公益组织都意识到这部分需求，并且给予一定程度上的满足，这部分需求与第三部分提出的解决方案有着密切联系，读者可以看到民间组织针对留守儿童真实需求的回应，本书下册《中国农村留守儿童公益导航研究报告与手册（下）》还列举了针对优秀解决方案的案例分析以及有效解决留守儿童需求的公益组织名录。另一种是还未得到满足的需求，意味着目前这部分需求还没有被意识到，或者已有的解决方案并不真正满足需求，本篇在需求描述过程中提出了一些建议，希望能够与各位读者共同探讨更合理有效的解决方案；也有些需求仅依靠民间力量不足以很好地满足，在此点

---

① 优点排序，即将两个需求作为选项放到同一个题目中，由填答对象判断两者中哪个是留守儿童更迫切的需要。

到为止，更多内容请"移步"第四篇——农村留守儿童政策与资助资助，将会为您提供更为深入的政策分析和倡导。

如果你是关注留守儿童的普通朋友，本篇内容能够尽量真实地向你还原留守儿童需求的现状，在你日后想要为留守儿童做点儿什么的时候不至于将爱心用错方向；如果你是从事留守儿童关爱与服务的一线公益行业从业者，本篇会帮你呈现最直观的留守儿童需求，并辅以专业的研究报告，等你一起来解读和思考，优化行动方案；如果你是关注留守儿童的企业、基金会或其他资源方，那么，即便本部分只提供了公益链条的第一环——需求，没关系，第三篇中留守儿童问题解决方案一定更能打动你，帮你识别并对接有效的在地组织和项目；如果你是关注留守儿童的公益组织，第四篇，留守儿童政策与资助资源部分将呈现全面的资源政策梳理，为你的好项目提供更多的支持。

第一章

需求概览

一、农村留守儿童最需要什么

通过大量阅读文献和专家咨询,公益导航研究团队设计了一份翔实、维度丰富的农村儿童真实需求辨析的问卷(以下简称"大问卷"),并邀请西部阳光农村发展基金会的驻校社工和美丽中国的支教老师填写问卷,对每一个需求进行辨析,并给出了不同维度(包括性别、年龄、民族、地域、留守经历、留守类型等)的判断,具体的维度分析详见本章第三部分"农村需求的维度分析"。我们通过对回收的87份有效问卷进行简单的数据处理,筛选出留守儿童最急切的前10项需求(以下简称"TOP10"),见图1-1。

同时,为了了解更多与留守儿童有关联的人群眼中的留守儿童需求,使得留守儿童真实需求辨析的来源更多元,结果更具有普遍性,导航团队在实地调研结束之后,综合调研发现,重新梳理文献并邀请专家座谈,在对留守儿童需求进行科学预判的基础上对大问卷进行精简,最终提炼了留守儿童的30个需求,基于优点序列原理,通过强制排序的方法设计问卷(以下简称"小问卷")。小问卷通过线上非定向方式发放,填写问卷的对象可大致分为六类(包括农村一线老师、支教老师、关注留守儿童的NGO从业者、曾经的留守儿童、亲戚家里有留守儿童和关注留守儿童的普通人)。我们基于不同人群对留守儿童了解程度的差异给予不同的权重,其中农村老师、支教老师、关注留守儿童的NGO从业者和曾经的留守儿童权重占0.2,留守儿童的亲友和关注留守儿童的普通人权重占0.1,数据处理后得到的留守儿童需求TOP10,见图1-1。

从图1-1需求TOP10对比图可以看出,人身安全教育、生理卫生及防性侵教育、及时的心理健康状况跟进和专业心理辅导、社会监护的介入以及对家长或监护人的教育培训和咨询五项需求相互印证吻合,剩下的五项出现差异,在于问卷的不同受众对留守儿童需求的理解存在差异。大问卷的数据处理结果显示,通过一线支教老师的观察,留守儿童对校园霸凌预防及应对、与外出打工父母交流的私密空间、专业社工的陪伴与辅导服务、代理家长、托管家园等替代监护和抚

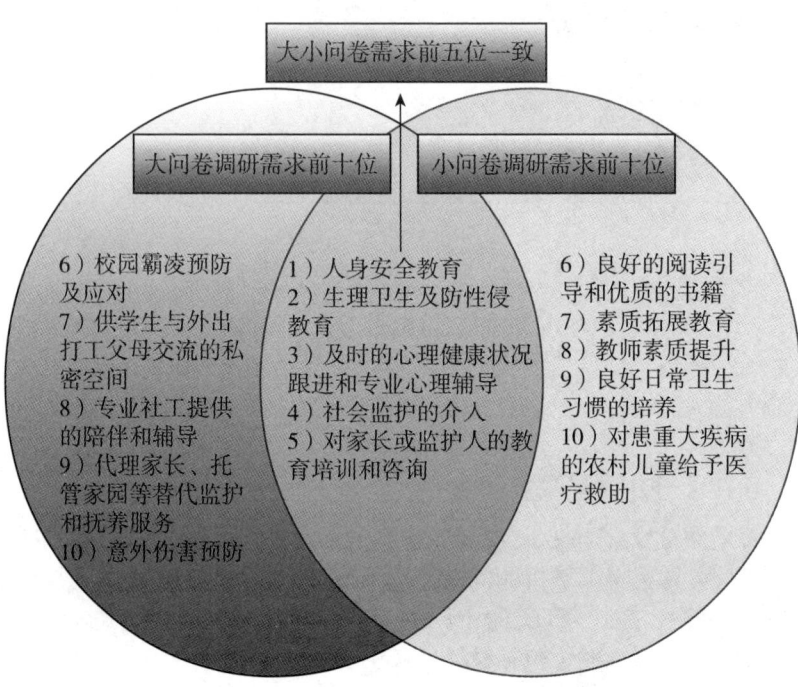

图1-1 需求对比

养服务以及意外伤害预防五方面的需求更加突出，而面向更广受众的小问卷数据分析结果显示，良好的阅读引导和优质的书籍、素质拓展教育、整体素质更高的教师群体、良好日常卫生习惯的培养以及针对患重大疾病的农村儿童给予医疗救助的需求更紧迫。

对比分析两者的差异，大问卷中提到的私密空间、替代监护和抚养都具有明显的指向性，非留守儿童并不具有这部分需求，因而通过大问卷的"留守儿童更需要"一项很容易筛选出这两项。大问卷的87份问卷中有32份来自西部阳光农村发展基金会的驻校社工，他们出于对自己工作价值的认同以及亲历并了解驻校社工带给孩子的改变，认为留守儿童对专业社工服务存在真实的需求；另外，校园霸凌预防及应对和意外伤害预防这两项需求，则更多出于一线支教老师的长期介入式观察，这是不深入了解留守儿童的群体就无法预料到的需求。

小问卷是在综合前期的大问卷调查、案例调研反馈、重读文献以及专家座谈的基础上提炼出的留守儿童需求，我们默认这30个需求是留守儿童的真实需求（详见《附录1：简版需求列表》），并在此假设基础上通过问卷得到需求紧迫程度的排序。在小问卷设计的过程中，有部分原先列出的需求，由于民间很难有空间进入，经调研发现已经基本满足等原因被删减，同时，我们还进一步改进了需求的文字表述，使其更加精简、准确。所以从小问卷的数据分析结果可以看到，在精练出来的TOP10中,有些需求并非是留守儿童独有的,而是涉及整个农村儿童的需求,这是因问卷设计结构所导致的情况。同时,通过小问卷数据处理结果也能够看出来,从整个农村儿童的角度来看,对良好的阅读引导和优质的书籍、素质拓展教育、整体素质更高的教师群体、良好卫生习惯培养以及重大疾病的医疗救助有非常强烈的需求,留守儿童群体是农村儿童的一部分,这些农村儿童紧迫的需求也正是留守儿童真实的需求。

二、文献梳理的结果分析

通过非介入性文献研究,将小问卷精简版的需求作为文献阅读的指标,提炼每篇文献中涉及的需求,再对由文献提炼的需求进行数据处理,得到如图1-2所示的需求(文献部分)排序图。我们阅读的基础文献共84篇,涉及每项需求的文献数量在图中进行了标注。对比大问卷和小问卷的需求TOP10,能够看到生理卫生及防性侵教育、专业的心理咨询服务、社会监护以及对家长及监护人的培训和咨询四项完全契合,而文献梳理出的需求未提及代理家长、驻校社工等替代性关爱方案,更关注像学前教育、课余生活等学生基础教育相关的需求。

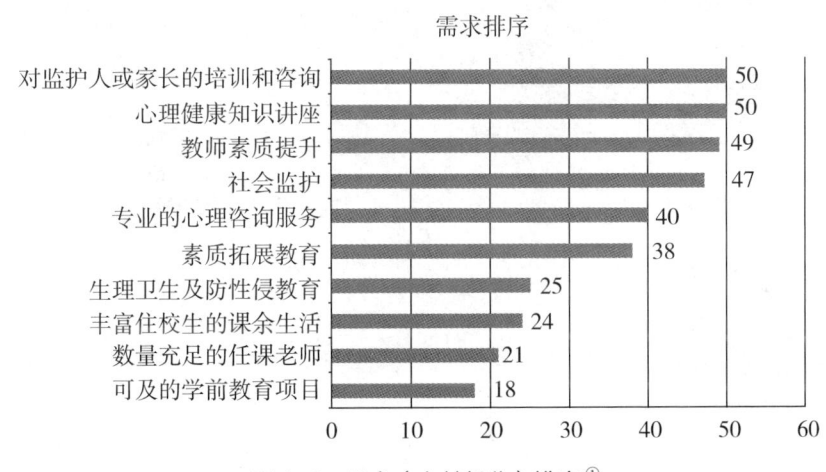

图1-2 需求(文献部分)排序[①]

三、农村留守儿童需求的维度分析

大问卷针对每项需求做了不同维度的划分,填答问卷的一线支教老师和驻校社工根据在农村学校接触到农村儿童的实际状况做了认真的辨析,我们将各维度的需求做拆解,了解不同维度下需求的差异。

---

① 图中社会监护,是指老师、社工或村干部定期家访,搜集留守儿童的生活状况,并联系相关部门解决问题;素质拓展教育,包括艺术学科教育、乡土文化教育等;可及的学前教育项目,是指民间组织的学前教育项目。

（一）年龄维度

大问卷中，每个需求均对年龄维度进行判断，即每个需求是否存在年龄差异，如果存在，那么需要判断哪个年龄段对该项需求更迫切，通过对汇总后的问卷数据进行处理，得到各年龄段的需求差异，见图1-3。

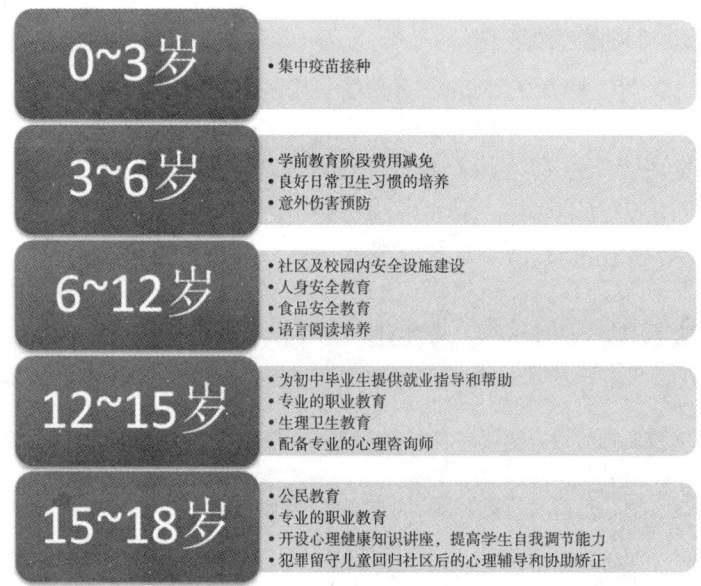

图1-3 年龄维度需求分析

（二）性别维度

同样，我们对每个需求进行性别维度的辨析，得到不同性别的需求差异，如图1-4所示。相较于女生，男生对意外伤害预防、校园霸凌预防及应对和网络安全教育有更迫切的需求。男生在外玩闹遇到意外伤害（交通、用电安全、防火防溺水等）的可能性更大，尤其需要意外伤害预防教育；另一方面，人身安全教育涵盖防拐、防性侵等安全常识类教育及自救方法，女生力量上处于劣势，更需要面对伤害时的自救预防。其他的，男生肢体冲突类校园霸凌现象更普遍，所以更需要校园霸凌预防和应对方面的教育；泡网吧玩游戏更常见，需要网络安全教育的引导。女生情感更细腻，更渴望亲密关系，对与父母交流的私密空间有更迫切的需求；至于生理卫生教育的需求，很多一线教师会直觉认为女生比男生更需要，这也是基于青春期女生相对弱势的前提进行的判断。

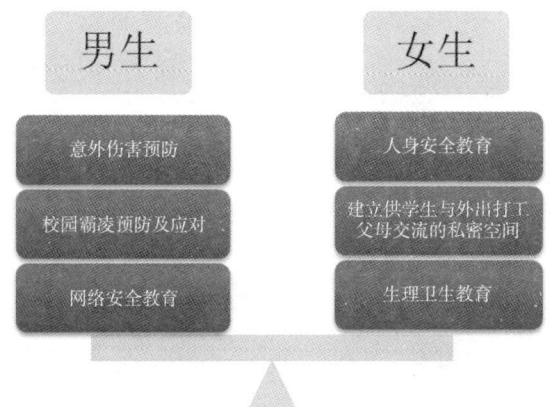

图1-4 性别维度需求分析

（三）地域维度

我们在实地调研中发现，不同地域的留守儿童的外部环境、家庭状况都有明显不同，其需求也存在差异。云南省的留守儿童家庭经济条件比非留守儿童家庭好，留守儿童的零花钱较多，更需要理财教育；相反，湖南省和黔西北的留守儿童家庭父母往往是因为家庭条件太差才选择外出打工，因而他们的经济情况都不好，更需要的是直接的物资捐赠。相比较而言，甘肃省等西北部省份比较缺水，所以甘肃省的留守儿童对于寄宿条件改善尤其是热水供应有更迫切的需求。云南省靠近金三角地带，贩毒吸毒现象严重，更需要对儿童群体进行禁毒宣传和教育。

（四）民族维度

大部分需求并没有显著的民族差异，只有"乡土文化教育"一项需求，在87份有效问卷中，有11份问卷认为少数民族的留守儿童更需要进行乡土文化教育，让学生了解所居住社区和民族的人和事物。

（五）留守类型维度

相较于其他留守类型而言，与母亲生活在一起的留守儿童并没有其他特殊的需求，这充分印证了母亲在家庭教育中承担了重要的角色和任务，同时，其他类型的留守儿童则有显著不同的需求，见图1-5。

与父亲生活	隔代抚养	其他代养人	独自生活
☐ 社区成立独立儿童委员会，借助朋辈学习理念增加心理倾诉渠道	☐ 网络安全教育	☐ 建立供学生与外出打工父母交流的私密空间	☐ 意外伤害预防
☐ 学校配备专业的心理咨询师	☐ 针对监护人的定期教育培训	☐ 校园霸凌预防及应对	☐ 人身安全教育
☐ 生理卫生教育	☐ 学前教育阶段费用减免	☐ 社区成立农忙互助小组等自组织，以减轻监护人的负担	☐ 建立供学生与外出打工父母交流的私密空间
☐ 良好日常生活习惯的培养	☐ 理财教育	☐ 学校为学生建立心理健康档案，及时了解其心理状况并针对干预	☐ 老师或社工定期家访
			☐ 专业的代理家长等替代监护和抚养服务

图1-5 留守类型需求分析

第二章

需求描述

一、安全

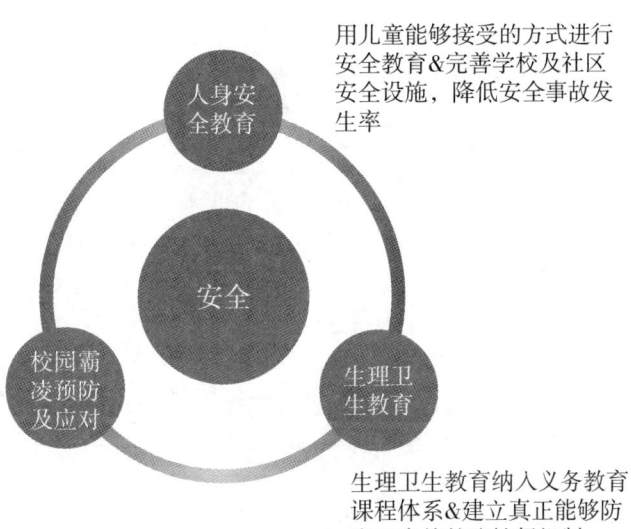

（一）人身安全教育（交通安全、用电安全、防溺水、防火、防拐等）

广东省疾病监测系统 2006—2010 年的人群死因监测数据显示，溺水死亡是 5—14 岁儿童的首位死因，该项监测覆盖全省疾病监测点的 10 个县区。

——广东省疾控中心

"儿童的安全问题，更多的是来自社会环境。比如山区骑摩托车，这是必然的选择，社区环境如此，大多数是山路，班车频次本来就少，也只有几条路线才通班车；靠走路又太远，有的时候单程需要 2—3 个小时，骑摩托车就很方便，去哪里十几分钟就到了。虽然骑摩托车危险系数太高，但那几乎是山区出行唯一的交通选择。"

——云南省临沧市支教老师

不光是人身安全教育，其他的相关教育也是一样，只通过上课或者口头讲解的方式效果不明显，这是由于不同年龄段的儿童接受知识的特点不同导致的，通过情景游戏的方式让孩子反复亲身体验，引发他们的认知思考才能够形成深刻的经验记忆，这是更为有效的方式。

——甘肃某公益组织同事

"安全"二字已经是悬在学校教育头上的一把刀，是班会课上永远的"主角"，何以如此强调儿童人身安全却仍然是个不可解的问题？一方面，人身安全教育不应该仅仅通过班会课强调和口头讲解的方式，这样的讲授方式很难让孩子真正了解并在实际中践行。不同年龄段的儿童对知识的接受度不同，适用的方式也有差异，调研过程中有NGO组织认为通过情景游戏的方式让儿童参与安全教育并反复亲自体验，引发儿童自己的认知思考才能形成更深刻的经验记忆。另一方面，保障儿童人身安全单靠人身安全教育还远不够，更需要完善学校及社区的安全设施，如危险地段设立安全警示，社区有专门供儿童游玩的场所等来降低儿童接触危险场合的可能性。

（二）生理卫生及防性侵教育

每次上生理卫生课都会引起孩子的抵触，他们会很害羞，说老师你为什么给我讲这些东西呀？女生到了一定的年纪，我们肯定会有意识地告诉她们一些青春期的知识，但由于孩子的抵触，我们的社工需要花很多时间告诉她们这是一件正常的事情。后来我们请了专业的老师给我们做性教育的培训，我们也发现之前给孩子普及的自我保护意识有点过度了，让孩子觉得谁都不能来碰我，这可能会导致孩子到了另一个自我封闭的极端。所以如何去把握自我保护和正常社交能力的度是我们面临的一个难题。

——湖南某社工＆心理辅导机构

女孩子到了初二出现的问题比较大，他们缺少父母的关爱，对亲密关系有强烈的渴望，也很容易被物质迷惑。有一部分女孩对社会青年心存仰慕，跟他们谈恋爱，甚至会有女孩站在施工地冲他们喊帅哥。一般人说到生理卫生教育都会想到女孩，其实男孩也需要关注，需要朋辈支持，希望有人听他们倾诉，反而是男孩子渴望被保护的心理更强烈一些。

——云南省临沧市支教老师

因为想要让孩子们了解自己的身体，于是我们设计了一堂性教育启蒙课"我从哪里来"，想要通过社工课堂让孩子们了解一些基础性知识，但是课堂上不论男生女生都一边害羞地遮住眼睛，一边大声抱怨说："老师你怎么这么黄！""好恶心啊，我们不要看！""老师你怎么可以这样，快关了吧！"高年级的孩子虽然不会反应这么强烈，但依旧会有学生发出"咦……"的声音，在讲男孩身体结构的时候,女生会偷偷地低下头,更有的会捂住耳朵;在讲女生身体结构的时候,男生们的眼睛也不知道往哪里摆。

——甘肃省驻校社工

目前无论 NGO 还是社会企业都在生理卫生教育方面积极努力,各种各样的性教育和生理卫生教育教材和课程纷纷进入校园,随之兴起了"性权利咨商师"的职业;但另一方面,生理卫生课程在农村的普及率并不高,教师、家长和学生从心理上都很难接受。在教材和课程介入的同时,授课讲师的遴选和培训以及授课方式尤为重要,最起码授课讲师要意识到生理卫生课程的重要性,不将生理卫生课特殊化;最起码应该保证男女分开上课。

无论法律语境还是道德语境,对于性侵事件仍然聚焦在女童身上,忽略了男童也面临被性侵的风险同样需要被保护的需求。再者,见诸报端的性侵事件多是熟人作案,除了防性侵教育,让孩子知道什么是不合理的身体接触,如何保持与陌生人的距离等意识提升的方式之外,更需要的是防性侵机制的建立,毕竟面对伤害,体力和权利都弱势的孩子,阻止伤害发生的可能性极低。比如,至少要减少留守儿童独居的概率,构建"触角敏感"的儿童保护网络使得儿童面临性侵危险时能够及时求救并第一时间获得帮助,无论是当下的危险解除还是事后的心理疏导。

(三)校园霸凌预防及应对

针对华北和西部两省 17 000 多名住校小学生的调查显示,31.7% 的被调查学生表示被"一般欺负"(每月至少被欺负 2—3 次),而 16.5% 的学生甚至表示自己被"严重欺负"(每周至少被欺负 1 次)。此外,高达 48.2% 的被调查学生表示看到过同学被别人"一般欺负",看到同学被"严重欺负"的则有 27.5%。

——歌路营《农村寄宿制学校学生发展报告》

我给班里一个女孩做个案谈话,心理量表显示女孩有明显的抑郁倾向,刚开始的时候我以为是家庭原因,后来发现带来痛苦的很大根源是因为在学校里被欺负,不单是被异性欺负,还包括同性。校园霸凌极端情况下可以从小学一直持续到高中,而且老师很难介入。有些孩子受欺负不愿意跟老师说,担心老师去管这些欺负人的学生,那么被欺负的孩子会再次受到更严苛的霸凌。

——云南省临沧市支教老师

在学术上,校园霸凌可以分为关系霸凌、言语霸凌、肢体霸凌、性霸凌、网络霸凌、反击型霸凌等,但很难依靠这些标准直接识别出霸凌行为,一项"看见校园霸凌:公众认知调查数据报告"显示,超过八成的受访者认为"拳打脚踢扇耳光""威胁恐吓""下跪扒衣等侮辱"等是校园霸凌,而一半受访者将"毁坏财物""孤立排挤""讽刺挖苦""恶作剧捉弄""散布谣言"等行为视作校园霸凌。

校园霸凌现象层出不穷,从一线教师得到的反馈是当校园霸凌出现,老师很难介入,而且老师的不恰当介入甚至会带来更严重的霸凌现象;另一方面,霸凌更多是隐秘的，不容易被察觉到的，比如孤立同学、言语伤害等，这就导致霸凌现象存在但我们仍然很难发现并介入。如何预防及应对校园霸凌成为校方不得不面对却很难从根本上解决的问题，尤其是当校园霸凌已经上升到法律层面的时候，再交给道德或者心理教育去"和稀泥"是否合适？除了"以德制暴"，依托心理教育来预防校园霸凌的出现和心理疏导来缓解校园霸凌的伤害，是否还需要法律体系的构建，依靠法律的威慑从根本上纾解校园霸凌乱象。

二、教育

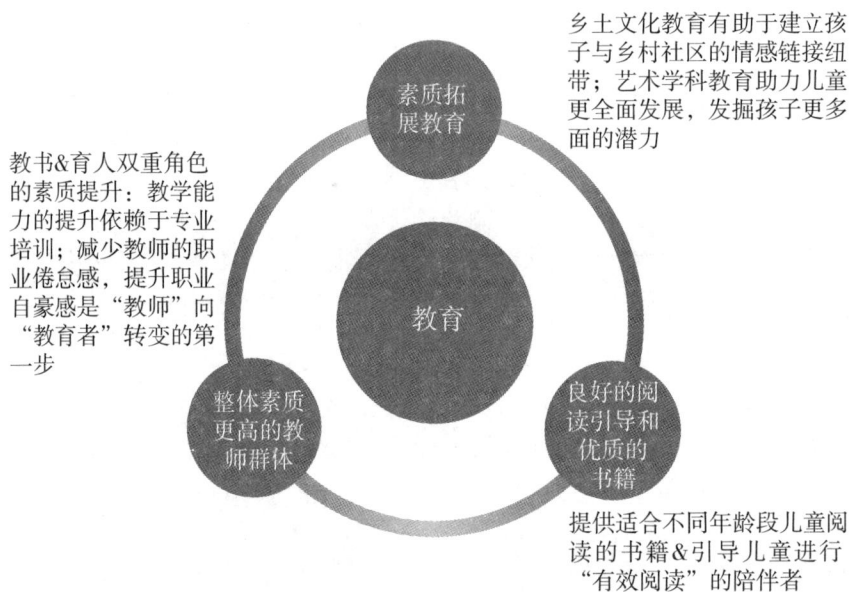

（一）素质拓展教育（艺术学科教育、乡土文化教育等）

安徽处于中部地区，对教育尤其重视。到了初中对升学率的要求很高，学生中午吃个饭就回教室上自习的情况比较多。农村学校唯分数论倾向严重，素质教育开展得并不理想。

"候鸟孩子"在留守和流动两种状态中切换，从留守变为流动给他们带来的心理压力很大程度上来自于城市孩子参加各种兴趣班，多才多艺，而刚进入城市的农村儿童则因为没有接受相应的教育而显胆怯，城乡素质拓展教育的差距实在太大。

——安徽省某公益机构同事

留守儿童的特殊性在于他们处于一个亲子分离的家庭环境，他们的社会化更需要家庭以外的其他社会化场所加以弥补，但乡村文化的衰落，乡村社区生机与活力的缺乏，乡村文化价值体系的解体，使乡村的社会化环境无法承担起养育儿童的责任，乡村文化的城市取向造成儿童社会认同的迷失。

——江立华《乡村文化的衰落与留守儿童的困境》

借用中国台湾金牌编剧黄世鸣讲述他创作初衷时说的一句话，叫作"有记忆才会有情感"，这句话同样适用于我们与乡村文化的关系。年轻父母外出打工，经济原因之外，也有一部分原因是对于乡村文化缺乏认同感和归属感，他们的外出导致乡村传统文化传承的断代，于是陷入一种文化衰落的恶性循环中。笔者调研过程中能够明显感受到，少数民族聚居的乡村文化传承做得更好，孩子对于家乡的认同感更强，相较而言，留守儿童极端事件出现的概率也更低。乡土文化教育除了学校的教师资源之外，更多地调动乡村社区内生力量，通过社区老一辈的带领，给予孩子更多的时间和空间了解自己的家乡，让孩子自己去创建与村庄的情感联结点。

农村艺术学科教育的需求背后是两个隐性的需求点：一方面是需要向农村学校输送大量优秀的艺术学科专业教师和组织对这些老师的专业化培训，目前教育系统和很多的 NGO 已经在做相应的努力；另一方面农村教育"唯分数论"的松绑，很多学校有心践行教育改革，开展素质教育课程，碍于巨大的升学率压力也终未能成行，目前来看仍是个浩大而艰难的工程。不过在调研过程中了解到，云南省教育系统已经开始做初步的尝试，省内很多乡村学校开设少年宫，依托农村中小学校现有的场地设施并配备必要的设备器材，由教师和志愿者利用课余时间和节假日开展普及性课外活动。课外活动的内容涉及器乐、舞蹈、绘画等艺术类课程，同时也涵盖了剪纸、民乐、戏曲等乡土文化特色活动，是目前了解到回应素质拓展教育需求比较成熟的解决方案。

（二）良好的阅读引导和优质的书籍

学校有图书馆，但图书更新比较慢，都是很多年前的旧书，而且不少政治学习类读物、科学种植养殖读物也在架上，完全不适合学生阅读。很多书都是捐赠的，有的甚至是出版销路不好的书以低价卖给学校的。

——湖南省支教老师

三四年级的孩子是求知欲特别旺的时候，这个时候阅读是出于兴趣而不是像初中是为了提高成绩。他想读书的时候没书读，没有人强迫他读和带领他读，今后就很难养成对阅读的兴趣，更不要说良好的阅读习惯。阅读习惯养成如果错过了最佳时机，造成的是不可逆转的遗憾，所以我们才要做活动空间，完全由孩子自己主导和管理，一方面创造了完全属于学生的一个空间可以相互交流，另一方面这个活动空间也同时承载了图书室的功能，孩子们能够自主学习和阅读。另外，我们的图书管理系统实际是一个大的数据库，很多农村学校都在用这个系统，通过后台的数据分析可以很容易看到哪些书的借阅率高，了解各个年龄段孩子阅读的兴趣和习惯，也为乡村学校图书馆的书籍配置提供了参考。

——四川省某公益机构同事

阅读的重要性已经成为教育系统内的共识，但离真正满足这个需求还相差较远，仍有两个子需求需要满足。第一，为孩子提供适合他们阅读且他们喜欢的读物，这一方面依赖于教育专家给出的建议；另一方面也来自于孩子自身的选择，已经有公益组织在做乡村儿童图书管理系统，监测使用该系统的农村学校各类书籍的借阅情况，通过大数据分析能够清楚地得到孩子最喜欢的书籍清单，这应该成为农村学校图书馆的书籍采买的重要参考。第二，合格的阅读陪伴者。如果阅读等同于认识了多少字，而不是知道讲了些什么内容，那无疑是"无效阅读"，孩子的阅读习惯培养过程中，需要有引导者来帮他们进行"有效阅读"。这个角色在城市里多半是由父母承担，而在乡村环境中，尤其是留守儿童，除了语文老师之外，是否还应该有其他人来共同承担起阅读陪伴者的角色？

（三）整体素质更高的教师群体

我们项目的孩子2018年上初一，5月份的时候，晚上熄灯之后4个孩子在床上玩纸牌，寝室其他孩子就举报。第二天他们的班主任不准那几个孩子上课，让他们去办公室玩牌，赢的打输了的人的耳光；几个孩子上午没上课，中午班主任又把他们叫到教室在讲台上玩，那几个孩子没有动，班主任挥着教棍让他们玩牌，他们以为老师要打他们，就把教棍抢过来掰断了。因为这个事情，班主任不让他们去上课，我们知道这件事情之后去学校调解，事情也就大事化小了。可是等到6月底学期结束的时候，班主任不给这个孩子出评语，不让这个孩子继续读书。但这个孩子成绩很好，面对老师这样的状况他干脆就不想继续读书了，我们又去跟这个孩子谈，跟他的父母聊，跟学校校长谈。后来校方换了新班主任，孩子也同意重新回去上学，但是开学后新的班主任居然让孩子跪着跟他承认错误。

——四川省某公益机构同事

（后来经过该机构工作人员与学校反复协商终于妥善解决，同时为了帮这个孩子解开心结，在开学项目开展活动的时候表彰他克服心理障碍，勇于承认错误并回到学校上课。）

这种异地恋的特别多，有的妈妈是广西的，还有广东的，生下孩子没多久就走了，再也不跟孩子联系。孩子到了一定年龄就会特别想念妈妈，尤其是看到别的孩子有妈妈在身边就格外难受，想妈妈想得哭了整整一个星期，我们只能尽量帮忙联系。我常跟这样的孩子说，将来长大了一定不要像你妈妈这样不负责任，要做个有责任感的人。

——湖南省一线乡村教师

在河北省和甘肃省调研的时候，很多学校的校长在教师问题上提出了共性问题：中国教育从上到下都很重视学生，但不重视教师，教师的薪资低、工作时间长、压力大等，没有人关心老师的心理问题。如果教师个人的生存和心理需求得不到满足，他们在教学活动中会给学生带来负面的情绪影响。另一方面，很多老师尽职尽责，非常关心学生的学业和心理状况，然而出于善意的关心和教育有的时候却用错了方式,就像湖南省的这位资深老师,在劝慰单亲孩子的时候所用的语言和方式却在给孩子塑造一个不负责任的母亲形象,且不论孩子是否有与母亲再团聚的机会,这种潜移默化的言语渗透会影响孩子对母亲客观的看法,从而影响亲子关系,甚至可能使得关系恶化。对整体素质更高的教师群体的需求不仅体现为教学能力的提升,更在于教师作为育人角色的素质提升。陈香梅公益基金会的好老师项目,西部阳光农村发展基金会的青葵花导师项目都在针对农村教师做全面培训,其核心理念是解决乡村一线教师的职业倦怠感,通过老师的素质提升和职业自豪感提升来改进乡村教育质量,最终使更多乡村儿童受益。

三、心理

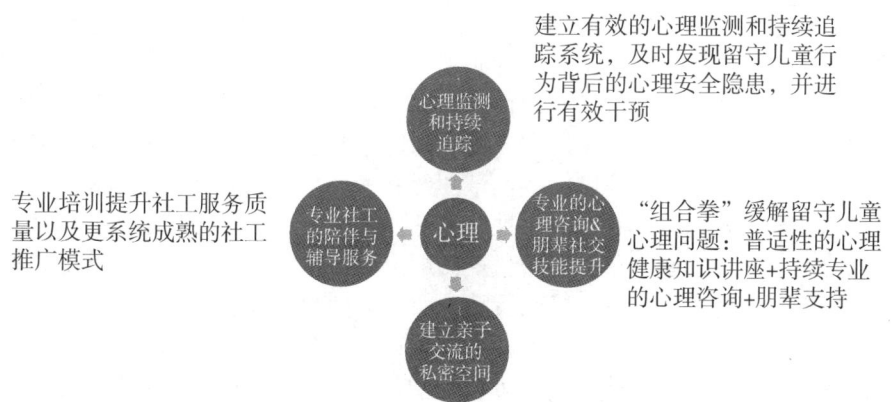

(一)心理监测和持续追踪

我刚来湖南支教的前几天,学校那边课程还没有完全安排妥当,我就去幼儿园代了几天课。班里有个小女孩长得很漂亮,我第一眼就注意到她了,她也不太愿意跟别的小朋友打成一片。我问老师,听说她前两天不舒服牙肿了,我就去问她是不是牙疼,她跟我没有语言交流,就只是点头摇头。我让她喝点热水,给她擦擦鼻涕,抱抱她安抚下。我做完这些之后她就一整天黏着我,感觉特别需要我。后来我才听说她爸爸妈妈离婚了,跟着爷爷奶奶生活。牙疼那天爷爷奶奶电话打不通,中午别的小朋友去睡觉,她牙疼难受我就陪着她在院子里玩,她特别开心,一下子扑到我怀里,感觉被人关心很快乐,接下来的几天她一看到我就挨到我身边,连我自己在给她擦鼻涕抱她的当下都没有意识到这一举动会给她带来后续的影响。真的就是在某一瞬间,旁人的关心和举动让这个孩子感觉有安全感，会给她的心理产生正向的影响，孩子在学龄前和小学的关键阶段尤其需要这种体验。

——湖南省安化县支教老师

各学科的任课老师在孩子成长过程中可能会扮演不同的角色，比如语文老师就可以通过作文课发现孩子生活中的蛛丝马迹，包括他们的心理状态、生活中可能存在的安全隐患等。有的学生作文里提到周末骑摩托车出去玩，我们就会很敏感地注意到，然后通过私下场合跟他讲人身安全问题，也会拿到班会课上强调；还有一些孩子比较内向，跟父母打电话的时候并不知道该说什么，想要交流却无所适从，但面对某些作文题目，孩子反而在文字世界里会放下设防，坦诚地写出最真实的想法，这是一个能够及时有效了解留守儿童心理状态的方式。

——湖南 & 云南支教老师口述整合

经过文献梳理和调研的反复证实，留守儿童区别于其他乡村儿童最突出的需求还是在心理方面，不单单是这种心理问题的隐秘性，还包括真的出现心理偏差的时候进行专业心理咨询的有效性问题。心理需求是个微妙的存在，大多数时候留守儿童自身意识不到这个需求，为了将留守儿童心理问题的负面影响降到最低，本着早发现早干预的原则，我们试图建立一套系统性的心理监测和及时干预体系，但如何保障这套体系的科学性和有效性几乎是个无解的难题。所以就这个需求而言，目前只能够通过其他替代性的解决方案来间接满足，同时我们也期待从政策层面有更有力的推动，民间行动方面有更创新有效的尝试。

调研过程中，了解到湖南省安化县教育局正在牵头做一个关注留守儿童隐性心理问题的项目，通过对在职教师进行心理咨询方面的培训，使得教师能够胜任心理咨询师的角色，基于他们与学生朝夕相处这样的有利条件，达到监测留守儿童心理健康状态的效果。目前项目仍在筹备阶段，具体的实施方案尚未出台，项目的有效性未可知。如果这个项目一旦确定实施，意味着对乡村教师的素质提升有了新的要求，加重了教师的负担。似乎陷入一个悖论中，改善留守儿童心理健康状况和减轻教师负担成为一对不可调和的矛盾，说到底，归结为一个问题：应对留守儿童心理需求，主体到底应该是谁？

（二）专业的心理咨询服务 & 朋辈社交技能提升

我们村里有一个小孩经常偷家里的钱，但他不是习惯偷东西。一开始我也不知道为什么，后来组织活动他过来参加，慢慢跟他聊天我才知道，他是因为缺少安全感，想要寻求同伴的认同，所以从家里偷钱去买糖巴结同伴；还有的孩子不太愿意说话，跟他说话他不敢跟你对视也不好意思回答；有的孩子因为家里经济条件差、父母不在身边、身体差等各种原因产生强烈的自卑感，这种消极的心理暗示会毁了孩子的。有的时候知道原因也没有办法帮他们疏解，心理咨询和辅导我们做不了。

——湖南省通道县头寨村儿童福利主任

在研究过程中，与儿童的生活环境无大的变动，心理干预后其神经质分曾出现下降，提示心理辅导对留守儿童的个性重塑可能有一定作用，半年后神经质分有升高趋势，显示了改善农村留守儿童心理健康状况的艰巨性。儿童的人格特征是在长期的社会化中形成的，正常家庭环境的缺失是造成农村留守儿童不良个性的重要原因，团体心理辅导在某种程度上使儿童感受到"家"的温暖，对于修复其过于敏感焦虑的个性特征应有一定功效。

——兰燕灵《团体心理辅导对农村留守儿童的心理影响》

心理咨询师能起的作用有限，孩子的心理健康状况不是通过心理咨询师短期的介入就能够评估的，同样的，短期的心理咨询能够起到的作用也有限。解决留守儿童心理问题，反而是孩子在一起玩最管用，游戏是孩子的天性，同伴之间相互支持，有心事相互倾诉比所谓心理咨询有用得多。

——贵州省某公益机构同事

同伴依恋与同伴信任对留守儿童的心理一致感有积极影响，通过增强个体的同伴信任和依恋程度，可以改善留守儿童对生活意义的感知，促进心理一致感的发展。

——杨圆圆《留守儿童心理一致感、同伴依恋和心理健康的关系研究》

在留守儿童关爱的各个领域，心理健康无疑是关注度最高的，但究竟什么是更好的疏解留守儿童心理问题的方式一直存在着不同的声音。必须要承认的是，心理咨询师能够给留守儿童带来更专业的服务，研究成果表明心理咨询的介入能够有效改善留守儿童心理状况；另一方面，很多一线教师了解孩子的心理需求但心有余而力不足，希望学校能够配备专业的心理咨询师，及时疏解留守儿童的心理问题，让留守儿童能够身心健康地成长。针对留守儿童心理问题的解决方案，调研过程中也听到了另一种声音，认为没有长期的跟踪机制，即便是心理专家，短期的介入和咨询也很难起作用，反倒是朋辈之间的相互支持更有效，孩子们会更愿意跟同龄人倾诉，在跟同学朋友的交往中获得的同伴认同能够缓解父母不在身边导致的不安全感。在湖南调研过程中，听到通道县高团村儿童福利主任讲起，村里有一个学龄前小女孩，在参加活动的时候显得很不合群，性格内向，看到陌生人会刻意躲避，跟同龄人交流也很少。其实是由于父母不在身边，祖辈抚养方式有些封闭，孩子缺乏正常的社交技能。

留守儿童很多行为偏差向前追溯，都多多少少与心理偏差有关。留守儿童心理方面的需求是多维度的，心理问题的解决之道，一定要依靠"组合拳"的方式，单一方式效果有限。首先，需要具有普适性的心理健康知识讲座，高年龄段的孩子需要具备基本的心理学知识，以便于自我"诊断"，并及时疏解；其次，教育系统也好，社区系统也罢，需要有对留守儿童心理健康状况的持续跟踪，及时发现心理健康隐患并介入，并避免导致更严重的后果；同时，提升孩子的朋辈社交技能，通过朋辈间的互助模式对儿童心理健康进行长期有效的干预，为他们建立良好的支持体系；最后，心理咨询师的需求是持续性的，这个角色跟生活老师会有适当的重叠，他应该常驻留守儿童的生活场景中，了解孩子们生活的点滴，当留守儿童出现心理问题的时候，这样身份的心理咨询师持续介入才能在真正意义上起到作用。

（三）建立亲子交流的私密空间

学校里都有亲情聊天室，但利用率很低，为什么？因为在一个公共空间里，有的时候值班老师就在旁边，没有一个私密空间，导致爸爸妈妈跟孩子打电话就像例行任务一样，问问你考试成绩怎么样，吃不吃得饱穿不穿得暖，除此之外，很难再有跟孩子更深入的对话了，很多孩子接到父母的电话都不知道该说什么。长期的分隔两地，孩子和父母之间本来就缺少陪伴的基础，平时电话如果再没有有效的沟通，长久下来，亲子关系就会疏远，孩子感受不到父母的关心就容易出现心理问题。

——湖南省某公益机构同事

这一代接受九年义务教育的孩子，他们的父母大都很年轻，都会用智能手机，交流方式早就不局限于打电话了，相比于交流介质，他们更需要的是属于自己的空间。这里的私密空间不仅仅是留守儿童需要，他们在外打工的父母更需要。

——四川省某公益机构同事

孩子年龄越大，对父母的思念就越强烈，平时可能并不会表露出来，但是内心的情绪需要一个发泄口。上个学期我的一节作文课的主题是写自己想对爸爸妈妈说的话，班上学生写得都很认真，有很多女孩子写着写着就哭了。

——湖南省安化县一线教师

亲子交流本身就是家庭教育的一部分，需要一个相对私密的空间，双方才能够更加坦诚相见，话题也才能够跳脱出吃饱穿暖学习成绩的"怪圈"，孩子能跟父母说点儿悄悄话，父母跟孩子也聊聊城市的生活，这才叫"交流"。而现在学校提供的亲情聊天室，每个孩子每周固定时间才能跟父母聊天，每次也就几分钟的时间，真的是"聊天室"吗？四川调研的时候，有NGO同事聊到亲情聊天室的时候就说，这一代读九年义务教育的孩子，他们的父母都用智能手机，交流方式早就不局限于打电话了，他们更需要的是一个属于自己的空间，能够通过电话也好、QQ也好，跟父母真正互动交流。这里的私密空间可能不仅仅是留守儿童需要，在外打工的父母也需要；它甚至可能都不是物理意义上的空间，更可能是心理意义上留给彼此的一个"我愿意摒弃外界喧闹，只想听你说说话"的时间段。这样的私密空间对于留守儿童这端来说，也许是一个私密的小房间加一部电话；对于外出打工父母那一端来说，也许同样是物理空间的建设，也许是关于"亲子交流"的教育，显然，目前阶段留守儿童端没有做得很完善，父母端仍然被忽视。

（四）专业社工的陪伴与辅导服务

社工室不仅仅是学生们玩耍娱乐的场所，它还有一个重要的隐藏功能：在社工室这样一个相对独立的空间里，学生们能够跟我们说说心里话，找我们诉诉苦水,聊聊小思绪,吐槽一下每天的生活,好吃的零食,和谁谁刚闹别扭了,或者喜欢哪个班里的谁……

——甘肃省驻校社工

留守儿童和离异家庭的孩子需要持续的个案跟踪和辅导,一线教师和支教老师的教学任务重,压力大,乡村师资力量本来就匮乏,很难有精力去做长时间的个案追踪,对于专业的社工服务有极其强烈的需求;另外,不只是学生,一线的乡村老师和支教老师也需要专业的社工服务,缓解他们的职业倦怠感。

——云南省支教老师

所以给"留守儿童"贴标签,格外关注他们的心理健康,是因为他们的成长过程中缺少父母的陪伴,在父母因为各种原因没有办法回归家庭的情况下,寻找可替代的抚育和陪伴方式是缓解问题的一个途径。留守儿童大多是隔代监护,不可否认爷爷奶奶的教育理念已经落后,而且他们很难短时间内调整自己的教育方式;其他诸如代养人监护、独自生活的留守儿童更面临生活抚育和陪伴缺失的问题。关于留守儿童生活抚育及监护的替代性方案,下一节会详细介绍,就陪伴而言,专业社工的陪伴与辅导服务也许会成为缓解留守儿童亲情缺失带来的心理问题的有效方法。目前,已经有公益组织进行驻校社工模式的探索,这部分社工经过培训入驻学校,他们不进入主课程体系,没有成绩、升学率等压力,专业的社工身份之外,他们更像是孩子们的大朋友,陪伴他们成长,听他们倾诉和表达,疏解他们的困惑。其实,具备很好专业技能的社工,能够同时扮演心理咨询师、校园矛盾调解员、课业辅导老师等一系列角色,而因为有了长期陪伴的基础,社工进入每一个角色都能够得心应手,有时甚至会事半功倍。

现在的驻校社工还是公益组织在牵头,未来是否有可能向广东模式转换,即依托专业的社工机构,政府机关或者事业单位购买社工岗位,社工机构负责定向输出社工并进行培训督导。

四、监护与抚育

对家长或监护人的培训和咨询:父母的作用无可替代,监护人素质直接影响留守儿童的成长,对他们的培训"势在必行",关键是"谁"提供培训以及如何保障监护人参与度

专业的代理家长等替代监护服务:当父母和监护人在留守儿童成长过程中发挥不了应有的作用时,高素质的代理家长是一个相对理想的替代方案

社会监护:留守儿童监护需要更多社会力量的参与,让社会监护真正发挥"监护"的作用,而不仅仅是监测反馈机制

（一）对家长或监护人的培训和咨询

留守儿童管理难度很大，主要因为现在的留守儿童都是隔代抚养，家里老人的教育理念落后，对孙辈学习上的帮助几乎是零。隔代抚养存在通病，他们对于留守儿童的抚育呈现两极分化，要么批评打骂，棍棒教育；另一种就是溺爱，金钱补偿。有些爷爷奶奶不理解学校，认为把孩子交给学校就所有事情都是学校的责任，学习成绩不好、行为偏差都是学校的问题，我曾经用一个等式来描述家庭教育的重要性：5+2=0，在学校教育5天，回家两天教育成果都归零。

——湖南省某学校校长

有些农村家长在县城租房陪读，孩子白天上课，妈妈闲着无所事事，孤独空虚，就逐渐沉迷于打麻将或者广场交际舞，反而置孩子生活不顾，甚至有离家弃子出走的情况，导致家庭走向崩溃，这种情况不在少数。

——甘肃省某公益机构同事

亲子分离、父母家庭教育缺失，是留守儿童产生心理健康问题的原因之一，但关键问题不在于分离本身，而在于替代父母（即监护人）对待儿童的关心程度能否补偿和代替亲生父母。留守儿童的各种监护类型及监护人的教育方式中存在的问题也可能是导致留守儿童产生一些心理健康问题的原因。通过实证调查之后的数据分析发现，留守儿童的几种监护类型并不能完全代偿亲生父母，尤其是隔代和上代监护。

——高亚兵《不同监护类型留守儿童与普通儿童心理发展状况的比较研究》

家庭教育是孩子教育中重要的环节，但留守儿童由于父母外出打工，家庭教育很大程度上是缺失的，很多外出打工的父母对孩子教育只停留在口头上，会关心孩子的学习成绩，但并不能落实到行动上，单纯认为学习是老师的责任；给孩子打电话也往往只是嘘寒问暖，并不能对孩子心理、人格方面进行教育和影响，甚至有的父母很少给孩子打电话，亲子沟通非常少。留守儿童的实际监护人多是爷爷奶奶，隔代监护教育观念上的落后会对孩子成长产生负面影响。无可避免，祖辈的文化水平有限，学业教育上确实无法发挥很大的作用，但是基本的心理沟通、日常照料方面很多监护人也都是不合格的，在这种情况下，加强对留守儿童家长和监护人的培训并定期提供教育咨询成为必须。但这项需求仍然存在供给主体的问题，在湖南调研过程中，了解到湖南省很多农村学校在试行家长学校，即通过教育系统对留守儿童家长进行教育培训，以期待能够让家庭教育承担起孩子品格塑造和行为习惯养成的职能。在具体执行过程中面临很多实际困难，比如说教育系统资源紧缺，学校无力兼顾家长学校的具体执行；另外一方面，监护人本身的意识问题、身体状况以及家庭客观因素导致参与度低等。在甘肃调研过程中，了解到西部阳光农村发展基金会的驻校社工项目中的社工除了依托学校给孩子提供专业的社工服务，还主动开家庭教育方法的座谈会，为提升监护人教育素养做努力。

家庭教育对孩子的成长影响很大，现阶段留守儿童父母缺位，替代监护人的素质和教育方式直接影响孩子的心理、健康等状况，所以提升家长或监护人的素质，尤其是关于如何教育孩子的培训尤为重要，现阶段满足这一需求的关键是明确供给主体和提高监护人参与度的合理方案。

（二）社会监护

我们学校老师都包片，几个老师一组，划片区进行家访，除了了解留守儿童生活上、心理上的状况，我们还负责给留守儿童家庭排除安全隐患，比如遇到家里电线老化要帮忙整改；村里有水塘的我们要负责修围栏防止学生下水出现危险。如果孩子出现问题，我们老师要第一时间向上级汇报。

——贵州省一线乡村教师

中国儿童福利示范项目在示范区同时实践了"县政府牵头、多部门联动"和"县—乡—村"两种多部门合作的儿童福利服务递送机制，实现了服务递送的"最后一公里"。这两个递送机制一个为横向链接，一个则是纵向链接，横向的部门合作确保了儿童福利服务内容的全面性，纵向的部门合作确保了儿童福利服务递送的高效性。儿童福利主任搭建起了县、乡镇级政府与儿童家庭之间联系的桥梁，将信息和服务有效递送，可以保证将服务延伸到每一名儿童的身边。基本实现了儿童福利的适度普惠。

——中国儿童福利示范项目简介

不单单是留守儿童家庭，即便是非留守儿童家庭，父母在家庭教育环节中依旧是缺位的；学校教育承担了家庭教育、社区教育的大部分职能，老师在教学职能之外还承担了家访、留守儿童摸底排查等一系列任务，但即便如此，留守儿童监护体系还是欠完善。在家庭教育难以发挥作用，学校教育负担过重的情况下，社会监护也许是缓解当前留守儿童极端问题频发的很好补充。越来越多关注留守儿童生存状况的组织意识到这个需求，民政部与中国公益研究院开展"百县千村"基层儿童福利服务体系建设试点项目，通过村儿童福利主任实现儿童福利服务的落地，同时全面建立儿童信息报告监测反馈机制，真正起到社会监护的作用；另一方面，很多NGO组织也在积极寻找切入点，驻村/驻校社工的工作内容之一，也是社会监护极其重要的补充。

（三）专业的代理家长等替代监护服务

由政府主导，社会各界志愿者代理留守儿童父母，从学习、生活、心理和思想上对留守儿童进行引导和帮助的一系列活动，满足了孩子们对心灵沟通的渴望，让留守儿童生活上多了一些关爱，情感上多了一些交流，学习上多了一些辅导；目前代理家长多为下岗的民办教师，将来也会成为市场化趋势下自觉的产物。

——叶敬忠《关爱留守儿童——行动与对策》

五、卫生与健康

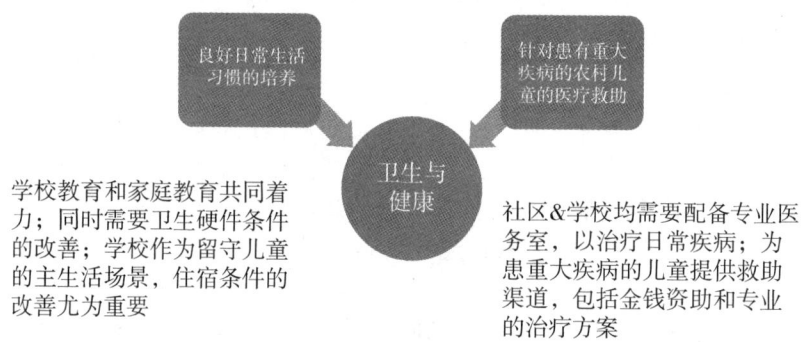

学校教育和家庭教育共同着力；同时需要卫生硬件条件的改善；学校作为留守儿童的主生活场景，住宿条件的改善尤为重要

社区&学校均需要配备专业医务室，以治疗日常疾病；为患重大疾病的儿童提供救助渠道，包括金钱资助和专业的治疗方案

（一）良好日常卫生习惯的培养

美丽小学的孩子们平时在学校寄宿，老师会慢慢培养他们良好的生活卫生习惯，比如说饭前要洗手，睡前要洗脚。这群孩子周末回家就会跟爷爷奶奶说，我们在学校的时候每天晚上睡觉前要洗脚，我回家也要洗脚，你也得洗脚。你看，学校教育通过孩子这个纽带，向家庭、社区渗透，我们家访的时候听到这些，真的很欣慰。

——云南楚雄州东瓜镇美丽小学校长

学校宿舍住的都是初中生，共有三层，第一层是男生和生活老师的宿舍，第二层是女生宿舍，第三层是教师宿舍。晚自习结束学生会去食堂打热水，运气好的可以打到，运气不好就只有打冷水回宿舍用电水壶烧开。走访女生宿舍时，学生刚好在洗脚，因为学校没有公共浴室，也没有洗澡间，只能在宿舍完成。很多学生最大的心愿是学校有个浴室。

——甘肃省陇南市驻校社工

良好日常卫生习惯的培养是家庭教育和学校教育共同的职责，在实地调研过程中，我们发现日常卫生习惯的养成是乡村儿童共性的需求，需要切实可行的解决方案。顶新基金会在重庆试点"4+1项目"成效明显，其中"4"是四方面的教育，包括思想品德、人格品质、心理情感以及行为养成教育，"1"是儿童的身体健康，在行为养成教育中涵盖了文明礼仪、个人卫生、生活行为教育等。通过"4+1项目"试点学校老师对学生变化的访谈来看，良好的卫生习惯养成规范了孩子的行为习惯，增强了他们独立自主、自律自制的生活能力。寄宿制学校的普及也让我们意识到另外一个问题，学生想要养成良好的日常卫生习惯，除了日常的行为养成教育之外，还需要硬件条件的改善。不可否认，甘肃省因其地理位置和气候的原因，在卫生条件尤其是用水条件上格外差一些，对于卫生习惯养成的硬件需求也更迫切一些。但寄宿制学校如此普及的情况下，留守儿童的主生活场景局限在学校里，相应的对寄宿条件的改善有了更高的要求，比如浴室、可饮用热水、充足的床位等。

（二）针对患有重大疾病的农村儿童的医疗救助

跟随贵州省某志愿者组织的义工前去受资助的留守儿童家里探访，车开到不能再往前开的地方停了下来，我们一行人跟随小姑娘 A 一路沿着崎岖的山路步行。路程过半，有一个弯着腰的小女孩笑盈盈地迎面而来，原来是 A 提前给家里打过电话，家里最小的妹妹出门迎接。A 的爸爸两年前肝硬化肝癌过世，家里只有妈妈带着 4 个孩子，最大的儿子在读初三，成绩很好，还有 3 个女儿，最小的 10 岁，就是出来迎接我们的小妹妹，年龄适合却没有上学是因为脊柱结核，腰一直没有办法挺直，想要治疗手续费用需要 10 万元。家里的女主人是个很开明温暖的妈妈，她极其重视孩子教育问题，希望孩子都能够好好读书，也希望能够出去打工赚钱治好小女儿的病，但是考虑到家里有 3 个女孩子，自己长时间出去怕孩子受欺负，于是选择留在家里，日子过得清贫了些，但如此坚强而伟大的母亲，是孩子的最大财富。

——贵州省调研

对于很多生活困难的家庭，孩子生病时往往因为没钱治疗便只有忍着，有时候家长也会采用一些当地的土办法来治疗孩子感冒、咳嗽等常见疾病。这样的治疗方法，尤其得到了那些隔代监护人的青睐。而孩子的监护人（无论母亲、祖辈还是其他人）普遍反映，在孩子的父母外出务工之后，一旦生重病，自己内心就会特别焦虑，并感觉到压力很大。一方面，附近要有诊所还好一点，如果附近没有看病的地方，他们就特别害怕不能让孩子得到及时的治疗而给孩子带来生命危险；另一方面，如果孩子生重病，治疗费用将会是一个庞大的数字，留守在家的监护人生活上本来就很拮据，这笔费用就将成为一个很大的威胁。

——中国农业大学人文与发展学院教授叶敬忠

在调研过程中，看到很多学校都配备了心理咨询室，且不论心理咨询室是否空有其表，利用率有多高，但至少有这样的硬件配置存在，相比较而言，很少看到有学校配备医务室。其实不单单是学校，社区里也应该配备诊所和专业的医生，治疗孩子的日常疾病，防止由于祖辈医疗观念落后延误治病时机导致孩子病情加重。另外，对于患有重大疾病的留守儿童而言，治疗费确实是家庭的重大负担，这部分留守儿童对于医疗救助的需求极为迫切。除了直接的金钱资助之外，更需要的是专业的治疗方案，这就需要能够有效连接资源的公益机构，使得留守儿童患有重大疾病的时候能够快速找到求助对象，并且为他们链接到专业的医疗资源。中华少年儿童慈善救助基金会设立的儿童紧急救助热线 9958、红十字会的天使计划都在关注贫困农村儿童的生命与健康，但实际农村儿童或监护人很少知道并能够在有需要的时候发起求助。为了满足这一需求，下一步应该考虑的是，如何让这些能够为患重大疾病的农村儿童提供救助的机构和项目的真正普及。

附录1 简版需求列表

人身安全教育（包括交通安全、用电安全、防溺水、防火等）
校园霸凌预防及应对
网络安全教育
食品安全教育
专业的心理咨询服务
心理健康知识讲座
学前教育学费减免
可及的学前教育项目（民间组织的学前教育项目）
理财教育
生理卫生及防性侵教育
素质拓展教育（包括艺术学科教育、乡土文化教育等）
良好的阅读引导和优质的书籍
课后的课业辅导
住校生课余生活的丰富
数量充足的任课老师
整体素质更高的教师群体
寄宿制学校专门的生活老师
寄宿制学校寄宿条件的改善（浴室、寝室等）
有质量的职业教育
专业社工的陪伴与辅导服务
社会监护（老师、社工或村干部定期家访，搜集留守儿童的生活状况，并联系相关部门解决问题）
对监护人或家长的培训和咨询
免费的法律援助
监护人法律意识和维权意识的培养
定期体检并给予营养健康建议（包括膳食、视力矫正等）

续表

良好日常卫生习惯的培养
针对患有重大疾病的农村儿童的医疗救助
失范留守儿童回归社区后的协助矫正
社区儿童娱乐场地及设施完善
朋辈社交技能提升

第三篇
农村留守儿童需求解决路径的现实状况分析

中国农村留守儿童公益导航研究报告与手册(上)

第三篇　农村留守儿童需求解决路径的现实状况分析

中国农村留守儿童问题作为一个近 10 年来新生的社会问题已凸显。据统计，父母双方外出务工的留守儿童目前已达 902 万人，现在和未来还在不断产生（甚至形成代际传递）。这是一个在极端缺乏或较少享受正常的父母家庭亲情、关爱、教育和监护的环境中生长起来的、数量最为庞大的儿童群体，加上已经长大成人的曾经的留守儿童，这一人群将对中国的未来，包括经济、社会、文化以及政治发展产生影响。

农村留守儿童问题的真正解决，既亟须政府继续完善更全面务实、有效可行的配套政策与制度性安排，以及真正加大资源的投入，社会资源与社会力量的介入和影响也不可或缺。近年来，关注和帮助留守儿童的民间公益组织在逐步增多，策划和实施了多种类型的、针对性不同的公益项目，为留守儿童送去温暖和成长支持。但由于信息不对称、社会认知渠道有限、资源不能有效配置等多种因素制约，一线实践的民间公益组织少为人知，获取资源的渠道和机会稀缺，致其项目的覆盖面、可及性、持续力及效果、投资影响力都远远不能适应实际需求，更难以达到带来改变的目标。

本书下册旨在甄别和呈现国内公益组织就农村留守儿童的需求或面临的问题所采用的解决方案。项目征集了全国各地的与农村留守儿童相关的公益慈善项目 160 个，从中筛选出 88 个进入项目名录。同时，我们选取了一部分代表不同行动实践的项目作为案例（共 23 个）[①]，重点呈现项目对乡村儿童尤其留守儿童面临的主要问题及其需求的辨析与回应、项目干预路径的选择与设计、项目的核心工作内容、资源调动，以及项目的产出与初步成效等情况。解决方案以不同的运作模式、干预方式、解决问题的路径、推动改变的行动等多元视角，为政府、社会

---

① 本文中"案例"的概念界定：本文没有对全部入选项目做有效性评估，只是从中选取了一部分，体现的是现实情况下针对需求的解决方案中比较有代表性、可供参考和借鉴的模式和表现形式，没有强调突出典型及示范效应，因此，本文中的"案例"，不是一般意义上的"案例研究"。

和公益行业提供可参考、复制和推广的改善途径与行动解决方案，并期望能够启发出更加创新的、有效的解决方案，帮助所有关注农村留守儿童群体的人和企业寻找到可以投入的方向和渠道，以引导资源有效、专业地运用于公益推动社会改变的需求。

23个留守儿童项目案例具体内容以及88个项目名录，请见本书下册。

主要研究发现

研究团队对项目针对回应需求、解决问题设计了12个分类，供参加项目征集的机构进行填报。通过对汇集的国内专注留守儿童议题的88个公益项目进行的统计分析及拣选的23个具有代表性的个性化实践（案例），我们发现，50%以上的项目旨在回应留守儿童心理关怀、安全教育、课业辅导、课外兴趣拓展、亲子关系改善、家庭教育等方面的需求，而且多数项目的目标与设计都面向两种及以上的需求。其中，关注留守儿童心理健康的机构逾70%；分别有五成以上的机构希望通过项目的实施，能够回应留守儿童面临的安全教育、课业辅导/课外活动、亲子教育3个方面问题；近半项目希望对留守儿童在艺术教育、人格培养等方面的需求有所回应；20%—24%的项目包含了助学、助养支持及儿童合法权益保障的内容；13%的项目在针对相关研究与政策倡导方面发挥作用；工作内容涉及早教/学前教育、疾病救助的项目均不到10%。

为了便于阅读者大体了解项目的全貌，针对各项目对留守儿童需求的辨识，结合项目的核心内容、干预路径等，我们尝试将项目分为软性服务和硬服务两个大类，并进一步将之归于4个类别：

1. 留守儿童教育服务类（61个，占比70%）；
2. 家庭教育与亲子关系类（7个，8%）；
3. 乡村社会服务体系类（11个，占比12%）；
4. 资源资助类（9个，10%）。

我们还就这4个类别归纳了9种相应的干预模式。这些项目呈现的最突出的特点是，以提供软性干预服务为主，即针对留守儿童群体及其父母或其他监护人提供以多样性的、软性的教育服务为主要特征的项目占90%，仅有10%的项目针对农村留守儿童群体及其成长环境（如家庭、学校、社区）需求，提供以款物援助为主要特征的干预服务。

在项目覆盖面上，我们对名录中的88个项目进行不完全统计发现，项目覆盖了全国31个省、自治区、直辖市的820余个区县；项目直接进入了3 500余所学校、530余个乡镇/社区或村（多数项目深入至村）、10间工厂，提供相关服务。

在项目的资源动员方面，针对机构的留守儿童类项目的资源动员方式，研究团队选择了两个观察点：利用腾讯乐捐平台发动网络筹款；项目获政府采购。统计发现，34%的项目借助了腾讯99公益日及常规乐捐平台进行资源动员，40%的项目曾获政府的采购服务，社会化动员略低于政府资助。

从项目的实施机构来看，88个项目所涉及的88个机构的注册类型分别为：民非或社会服务机构52%，社会团体21%，基金会18%，剩余9%为非民政注册的其他机构，含工商注册的社会组织、综合农业合作社、志愿者协会注册的机构等。此外，围绕需求解决方案的案例，我们还分别针对农村留守儿童项目（15个）以及基础项目（8个）这两类案例，按照其干预类型，针对的主要问题/需求，以及主要回应方案，以表格形式进行了提炼和归纳，试图一目了然地呈现不同项目所采用的干预模式的主要特点，供读者借鉴。

第一章

关于农村留守儿童公益项目的情况分析

通过对汇集的国内专注留守儿童议题的 88 个公益项目进行的统计分析及拣选的 23 个具有代表性的个性化实践,我们有以下发现。

1. 项目回应留守儿童需求情况

名录收录的 88 个项目,50% 以上的项目旨在回应留守儿童心理关怀、安全教育、课业辅导、课外兴趣拓展、亲子关系改善、家庭教育等方面的需求。

研究团队对项目针对需求解决问题设计了 12 个分类,供参加项目征集的机构进行填报(可多选),表 1-1 显示了对这一信息的统计情况。

表 1-1 项目回应需求情况统计

针对的需求	项目数量	占项目总数的百分比(%)
儿童心理关怀/辅导/咨询	62	70
课业辅导/课外兴趣拓展/课外活动	48	55
安全教育(食品/交通/居家/自然灾害/网络/防性侵/防拐卖等)	46	52
亲子沟通/亲子关系改善/家庭教育	45	51
素质和能力—其他教育(个人情感智力人格/人与自然/人与社会等)	40	45
素质和能力—艺术教育(音乐/舞蹈/戏剧/绘画/文学艺术欣赏/阅读习惯培养等)	38	43
助学(学校硬件建设/学费资助等)	19	22
助养(学习、生活品/视力改善等服务捐助)	21	24
儿童合法权益保障	18	20
相关研究与政策倡导	11	13

续表

针对的需求	项目数量	占项目总数的百分比（%）
早期/学前教育	7	8
疾病救助	7	8

从表 1-1 可以看出，一个项目单独回应一种需求的情况较少，多数项目的目标与设计都面向两种及以上的需求。其中，关注留守儿童心理健康的机构逾 70%，分别有五成以上的机构希望通过项目的实施，能够回应留守儿童面临的 3 个方面问题：安全教育、课业辅导/课外活动、亲子教育。43%—45% 的项目希望对留守儿童在艺术教育、人格培养等方面的需求有所回应；20%—24% 的项目包含了助学、助养支持及儿童合法权益保障的内容；13% 的项目在针对相关研究与政策倡导方面发挥作用；工作内容涉及早教/学前教育、疾病救助的项目均不到 10%。

2. 项目采取的干预模式分布情况

为了便于大体了解名录项目的全貌，依据项目信息并结合机构官网等宣传内容，针对各项目对留守儿童需求的辨识，结合项目的核心内容、干预路径等，我们尝试进行了分类，将项目按软性服务和硬服务两个大类进行区分，并进一步归于 4 个类别、9 种干预模式，见表 1-2。

表 1-2 项目干预模式分类

两个大类	4 个类别	9 种项目模式	数量	百分比（%）
软服务类项目	留守儿童教育服务类项目	成长教育类	27	31
		驻校社工类	5	6
		陪伴服务类	18	20
		安全健康教育类	6	7
		志愿服务类	5	6
	家庭教育与亲子关系类	家庭教育与亲子关系类	7	8
	乡村社会服务体系类	社会监护与信息体系建设类	3	3
		在地专业能力建设类	8	9
硬服务类项目	资源资助类	资源资助类	9	10

留守儿童教育服务类（61个，占比70%）：以留守儿童的各类教育服务需求为主要切入点实施项目，我们将其细分为以下5种干预模式：

➢ 成长教育类项目（27个，31%），以留守儿童心理、情感、人格、人际交往、素质与能力建设等为主线，提供相对专业的疏导、教育等服务。

➢ 驻校社工类项目（5个，6%），强调以驻校社工模式，服务于留守儿童的成长教育与陪伴服务需求。

➢ 陪伴服务类项目（18个，20%），主要提供课业辅导、丰富多彩的课外活动或兴趣引导（如手工、美术、观影、游戏等）、安全健康教育等，以陪伴性成长为主要目的服务，以弥补隔代监护能力不足等问题。

➢ 安全健康教育类项目（6个，7%），专注留守儿童的食品营养与安全、日常居家安全（火、电等）、户外安全（交通溺水）、自然灾害自护、性侵拐卖预防等主题，提供教育服务，主要针对隔代监护能力不足等问题。

➢ 志愿服务类项目（5个，6%），以开展各类关爱公益活动为主，关注并同时诉求社会关注留守儿童心理及给予社会关爱。

乡村社会服务体系类（11个，占比12%），强调构建乡村在地留守儿童乃至整个乡村儿童群体的社会监护、服务体系，以及在地专业人才与机构的发育成长，我们将其细分为两种干预模式：

➢ 社会监护与信息体系建设类项目（3个，3%），项目侧重定位于构建留守儿童群体（实际多扩展至农村所有未成年人群体）社会监护网络，或建设留守儿童信息库，同时为围绕这些群体的需求提供具体的多样化干预。

➢ 在地专业能力建设类项目（8个，9%），主要以涵养在地专业人才（如学校心理健康辅导老师、学校及乡村儿童社工），以及在地社工服务机构为主要目标，同时针对留守儿童群体的需求开展服务。

家庭教育与亲子关系类（7个，8%），服务对象更倾向于瞄准留守儿童的父母或其他监护人，多聚焦于为其提供亲子关系等家庭教育。

资源资助类（9个，10%），主要针对留守儿童及其成长环境——家庭/学校/社区提供款物援助，同时关注并诉求社会关注留守儿童心理及给予社会关爱。

由表1–2分类及其数据可知，90%的项目（79个）针对留守儿童群体及其父母或其他监护人，提供以多样性教育服务为主要特征的软性干预服务。仅有10%的项目（9个）针对留守儿童群体及其成长环境（如家庭、学校、社区）需求，提供了以款物援助为主要特征的干预服务。这是项目呈现的最突出的特点。此外，从图1–1、图1–2和图1–3，分别可以看出项目干预的不同类型比例，包括软硬服务，项目干预类别和模式，以及项目干预瞄准对象等信息。

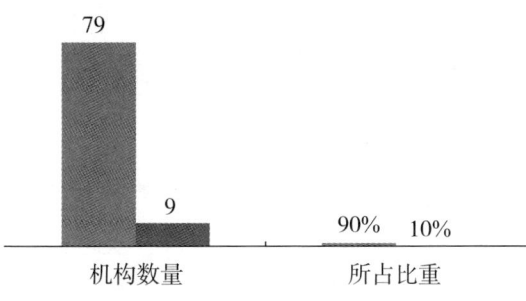

图 1-1 项目干预类型：软硬服务

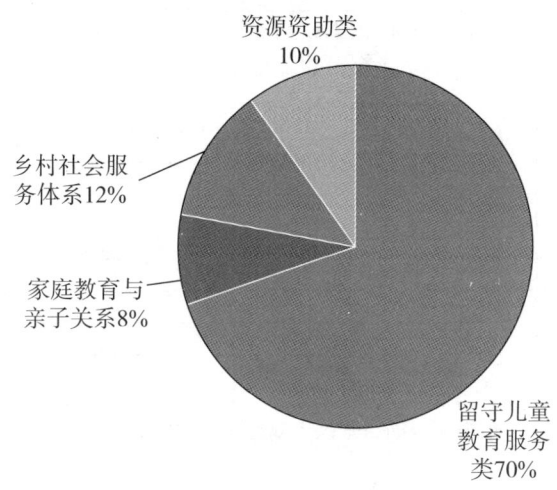

图 1-2 项目干预类别

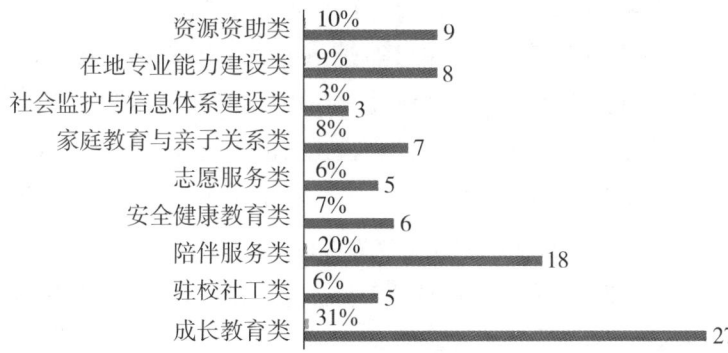

图 1-3 项目干预模式

3. 项目干预（或合作）对象的分布情况

根据图1-4所呈现的数据统计可以看出，88个项目中的绝大多数都是围绕留守儿童群体这个核心，针对多个目标对象入手实施干预，以求问题与需求的解决或改善。

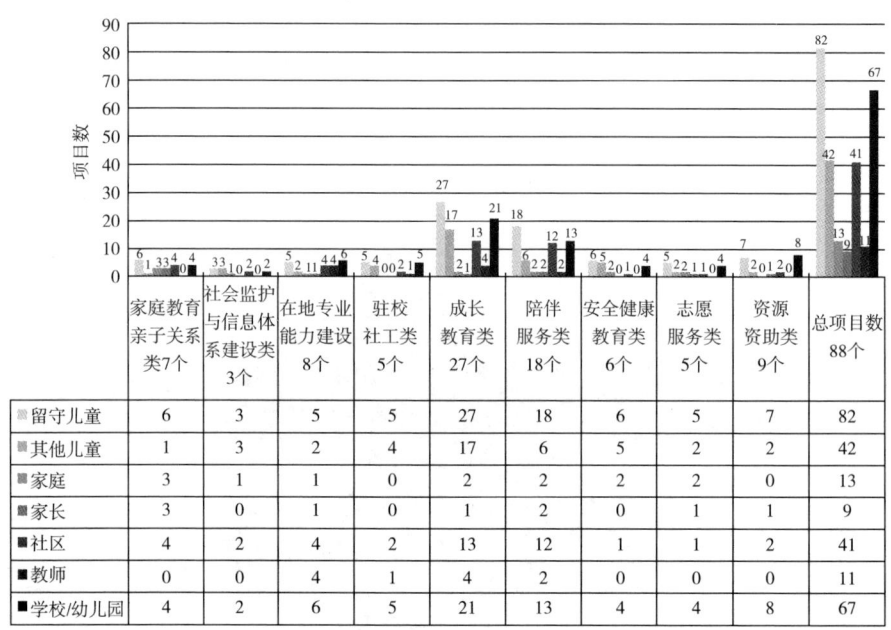

	家庭教育亲子关系类7个	社会监护与信息体系建设类3个	在地专业能力建设8个	驻校社工类5个	成长教育类27个	陪伴服务类18个	安全健康教育类6个	志愿服务类5个	资源资助类9个	总项目数88个
留守儿童	6	3	5	5	27	18	6	5	7	82
其他儿童	1	3	2	4	17	6	5	2	2	42
家庭	3	1	1	0	2	2	2	2	0	13
家长	3	0	1	0	1	2	0	1	1	9
社区	4	2	2	4	2	13	12	1	1	2	41
教师	0	0	4	1	4	2	0	0	0	11
学校/幼儿园	4	2	6	5	21	13	4	4	8	67

图1-4 项目干预（或合作）对象的分布

除了留守儿童外，项目的干预对象还包括以其他困境儿童为主的农村儿童、留守儿童的家庭、其外出务工的父母、所在的农村社区、学校/幼儿园，还有教师。其中学校和社区作为留守儿童最集中的、非此即彼的生活与学习环境，是公益项目集中发力的目标对象，分别有67个项目切入学校，41个项目切入社区。与留守儿童共同在同一场景中生活的其他儿童，既有各自需要面对的问题，更经常面临共同的问题，特别是很多公益机构都慎重避免给留守儿童贴标签的情况，因此，有一半的项目都将更广泛的农村儿童也作为目标对象。但是，与留守儿童最直接相关的群体——外出务工的家庭、家长，以及与学龄留守儿童接触最多、影响最大的群体——教师，则较少成为项目干预或合作的对象（分别为22和11个项目），只有极少数项目完全以这两个群体作为目标对象，通过影响他们而间接影响留守儿童。

4. 项目覆盖面

对名录中的 88 个项目进行不完全统计发现，项目覆盖了全国 31 个省、自治区、直辖市的 820 余个区县；项目直接进入了近 3 500 所学校、530 余个乡镇/社区或村（多数项目深入至村）、10 间工厂[①]，提供相关服务。

5. 项目动员资源情况

依据信息获取的便利及准确性，研究团队从两个方面对机构的留守儿童类项目资源的动员方式进行了观察统计：利用腾讯乐捐平台发动网络筹款；项目获政府采购。统计结果见表 1-3。

表 1-3 项目获取资源情况

类别	项目数量	百分比（%）
参与腾讯 99 公益日及常规乐捐平台	30	34
未参与腾讯 99 公益日及常规乐捐平台	58	66
曾获政府购买	35	40
未获政府购买	53	60

6. 项目的实施机构情况

（1）类型。88 个项目共计 88 个机构的注册类型分别为，民非或社会服务机构 52%、社会团体 21%、基金会 18%，见表 1-4。

表 1-4 机构的注册类型

类型	机构数量	百分比（%）
民非或社会服务机构	46	52
社会团体	18	21
基金会（含专项基金）	16	18
非民政注册的其他机构	8	9

注：①非民政注册的其他机构，含工商注册的社会组织、综合农业合作社、志愿者协会注册的机构等；

②有两个项目分别由两个机构合作执行；

③在社会服务机构中，24 家机构按新出台的社会服务机构登记办法登记。

---

① 广州市映诺公益服务促进会的留守儿童热线项目，在一些国际品牌的 10 个供应链工厂开展了针对留守儿童（工人）父母的亲子沟通课程现场培训。

（2）注册地分布。对名录所涉88家机构的注册地分布所进行的统计如表1-5所示。

表1-5 机构的注册地分布

机构注册所在地	机构数量	百分比（％）	机构注册所在地	机构数量	百分比（％）
民政部	6	7	广东	3	3
四川	9	10	江西	3	3
北京	7	8	江苏	2	2
甘肃	7	8	辽宁	2	2
陕西	7	8	上海	2	2
安徽	7	8	湖南	2	2
河南	6	7	浙江	2	2
宁夏	5	6	福建	2	2
贵州	4	5	山东	1	1
广西	4	5	新疆	1	1
云南	4	5	重庆	1	1
—	—	—	黑龙江	1	1

第二章

解决方案案例概要

一、留守儿童项目案例

注：23个关注留守儿童项目案例的具体内容以及88个项目名录详情请见本书下册——《中国农村留守儿童公益导航研究报告与手册（下）》。研究团队归纳的相关项目干预模式见表2-1留守儿童项目的干预模式，以及表2-2基础项目的干预模式。

表 2-1 留守儿童项目的干预模式

项目与机构	干预类型	针对主要问题/主要需求	主要回应方案
1. 留守儿童热线 ◆广州市映诺公益服务促进会	家庭教育类 ——城乡两端介入，聚焦亲子有效沟通。	亲子沟通障碍。	1. 工厂端父母培训、咨询辅导，提升沟通意识、技巧； 2. 乡村学校对儿童提供身心健康教育及指导沟通技巧。
2. 建设留守儿童社区支持系统试点与培训 ◆中国滋根乡村教育与发展促进会	社会监护体系建设类 ——构建以社区为基础，学校、村庄、家庭相互合作的留守儿童支持网络。	农村家庭"原子化"，导致留守儿童缺乏有能力的支持主体。	1. 支持构建社区支持系统——学校同伴支持、家长学校、村庄妇女/老年人组织、及家、村、校互动网络。 2. 村庄合作社经济项目支持家长在家生计。
3. 以社区为本的儿童保护机制试点 ◆陕西妇源汇社会性别发展中心	社会监护网络类 ——构建以社区为本的儿童保护机制，提供保护、服务与干预。	留守儿童家庭、学校照顾缺顾，社区无服务支持，面临较高的多重风险。	1. 推动以构建社区为本、由一系列儿童保护政策、服务组成的儿童保护网络，及横向覆盖学校、家庭、社区的交叉预防、教育系统，"自下而上"的儿童保护机制，为相关方和参与各方提供技术工具、培训指导等支持。 2. 对留守及各级风险儿童提供教育、支持和干预。

续表

项目与机构	干预类型	针对主要问题/主要需求	主要回应方案
4. 童伴计划 ◆ 中国扶贫基金会	社会监护网络类 ——建立村级留守儿童监护网络。	政府儿童福利服务体系缺乏直达儿童身边的服务网络，难以保障有效落实。	1. 建立村级留守儿童监护网络，链接至地方政府构建的儿童福利服务体系。 2. 链接其他资源，回应项目村儿童的各方面需求。 3. 探索农村留守儿童福利与权益保障的有效途径，为政府政策落地提供参考。
5. 湖南基层儿童福利服务体系试点工作督导 ◆ 湖南李丽心灵教育中心	社会监护网络类 ——以机构软性服务角色，介入全国基层儿童福利服务体系建设试点。	1. 试点农村儿童福利主任缺乏专业能力和资源整合力； 2. 留守儿童心理健康。	1. 专业与专家团队承担试点工作培训、业务指导与督导，开展示范性儿童服务活动。 2. 依据试点留守儿童需求信息，针对性提供多方面专业服务。
6. 睦邻行动 ◆ 爱德基金会	在地专业力量建设类 ——培训教师成为多重角色，并建立复制机制，调动社区资源。	1. 留守等困境儿童群体心灵困境； 2. 儿童成长地社会支持系统——家庭、同伴、学校，社区有很大缺陷。	1. 选择教师提供专业培训、督导，实现多重角色转换，组建在地培训师团队。 2. 支持学生睦邻小分队开展各项活动，助儿童实现自我增能（自信心、社会交往能力、抗逆力）。 3. 启动社区"支持网络"。

续表

项目与机构	干预类型	针对主要问题/主要需求	主要回应方案
7. 开心屋 ◆ 陈香梅公益基金会	在地专业力量建设类 ——培训教师成为心理学游戏操作师并建立复制机制。	1. 留守儿童安全感、资格感严重不足，从孤独走向封闭乃至抑郁或暴力的风险。 2. 项目及支撑项目的心理应用技术需可持续发展。	1. 儿童干预策略：链接专业团队，针对"孤独"源头，专业开发心理学游戏，全方位提升留守儿童安全感和资格感，开启其生命动力系统。 2. 探索项目可持续发展模式/策略：建立在地教师专业培养体制，复制更多心理学游戏操作师，保障项目的可持续发展。
8. 稻田里的守望者 ◆ 盘州市社会义工联合会	驻校社工类 ——本土机构的职业（驻校）社工+专业义工方式。	1. 留守儿童自身发展需求需长期专业社工工作服务。 2. 本土社工缺乏实践经验和能力提升平台，缺乏长期持续有效的专业支持。	1. 以"职业（驻校）社工"+"专业义工"方式，为乡村学校儿童提供针对发展性需求的专业服务。 2. 强化培育本土化社工人才。 3. 倡导，推动当地乡村学校推广"一校一社工"制度。
9. 陪伴成长·驻校社工 ◆ 北京市西部阳光农村发展基金会	驻校社工类 ——招募并培训志愿者担任驻校社工，深度干预。	1. 农村寄宿学生面临长期单调无味的寄宿生活。 2. 学校教育看护责任与压力增大但缺乏有效能力建设，导致其留守儿童的身心全面成长需被系统性忽视。	1. 驻校社工陪伴成长。以丰富的课程/活动，支持学生社会化成长多样性需求；以关怀/爱和陪伴呵护，助学生度过人格发展关键期。 2. 教师深度陪伴成长，提供专业、实用、接地气、可持续的公益培训。 3. 延伸至学前幼儿教育，探索偏乡学前教育机构建设、运营方式，提供便利和快乐的学前教育机会。

续表

项目与机构	干预类型	针对主要问题/主要需求	主要回应方案
10. "童行携力"留守儿童抗逆力提升计划 ◆安庆市全人社会工作发展中心	成长教育类——以抗逆力为核心主线，到校"社工+"多元服务模式。	1. 针对：留守儿童较多心理创伤，缺乏生活信心与目标，社会融入障碍及遭受歧视、虐待等风险。 2. 需求：需要学习、掌握应对各种困扰的方法、技巧，并接受良好的心理疏导服务。	打造"社工+"多元化服务模式：运用社工专业方法及技巧，以"抗逆力"为核心，儿童案例为本，到校社工服务为立足点，提供抗逆力核心课程、案例辅导，社工信箱，及安全/青春期/临考减压主题教育，有目标导向性地解决需求，体验防性、发展性的特定成长，并协助群体及个体解决成长中适应性问题。
11. 情暖山区·农村留守儿童关爱（岳西）服务 ◆岳西县毛尖山乡留守儿童服务中心/安庆市众木社工服务中心	成长教育类——驻村社工+双社互动合作模式。	项目多留守儿童，其中离异、单亲家庭突出，面临的最核心问题：人身安全、心理问题、心灵与精神教育不足、社会支持网络体系不健全。	采用"双社互动"合作模式，即"本土公益组织+社工组织"依托本土社工者长期驻扎乡村，引进专业社工平台，以"陪伴"理念为基础，以专业的价值理念和实务手法，介入农村地区留守儿童问题，提供全方位解决该地留守带来的关出问题。

续表

项目与机构	干预类型	针对主要问题/主要需求	主要回应方案
12. 山区高危困境儿童早期干预 ◆宝鸡新星流浪儿童援助中心	成长教育类 ——困境儿童长期介入模式。	1. 超过2/3的困境儿童，部分来自特困、重大变故家庭，部分厌学/辍学儿童来自缺乏有效监护的留守儿童家庭。 2. 学校儿童安全教育缺失并被家庭监护人忽视，是农村儿童性侵风险的重要成因。	对山区高危困境儿童早期干预，从源头预防高危儿童盲目流入社会，陷入困境。 1. 在周边山区寄宿制中小学，依标准筛选已有问题表现或潜在风险儿童，以专业社会工作方法，进行早期干预并长期跟踪服务。 2. 专业社工在学校以"参与式"课堂方式开展预防儿童性侵安全教育。
13. 新一千零一夜歌路营 ◆	成长教育类 ——介入学校，提供信息化、专业、多元的心理教育内容和产品。	留守儿童和寄宿生大量出现（农村寄宿儿童3276万，1/3留守儿童），学校管理人员与管理经验相当匮乏，学生出现大量心理健康问题，特别是睡前普遍出现孤独恐惧、哭泣、尿床、噩梦情况；对学校睡前管理形成较大压力。	1. 学生综合干预策略（学校介入）：通过开发专业多元的心理教育内容和产品，以综合干预工具和方法进入学校（睡前故事、晨起音乐故事、视频心理故事、WHY课堂小视频）。 2. 校长干预策略（县域介入）：提供资源、内容全方位技术、方案支持；支持特色校园文化建设和管理能力提升。 3. 项目运营模式策略：由项目目标准化和可持续发展模式，到项目规模化发展策略运用。

续表

项目与机构	干预类型	针对主要问题/主要需求	主要回应方案
14. "食育"推动计划 ◆首都保健营养美食学会	安全健康教育类 ——切入食育健康教育。	国内食育教育缺位,学生缺乏正确的健康教育,尤西部偏远贫困地区农村儿童、留守儿童,很少有机会接触到其他渠道的正确的健康意识/知识教育。	1. 干预策略:瞄准幼儿园和小学阶段学生(行为习惯建立最佳阶段)及家长,提供食育健康教育。 2. 项目实施策略:研发食育教学内容;建构食育师资网络(志愿者定点授课、学校教师、偏远山区志愿者定点授课,在校教师授课)。
15. 留守儿童的蓝信封 ◆广州市海珠区蓝信封留守儿童关爱中心	陪伴服务类 ——大学生与留守儿童一对一书信陪伴。	蓝信封所回应的社会问题是"留守儿童情感缺失的问题",即在父母长期不在身边的情况下,留守儿童感情倾诉渠道容易受限,倾诉机会较少,导致留守儿童归属感和安全感下降,成为心理健康隐患和问题行为的重要诱因。此问题的具体表现是:亲情缺失下的留守儿童经常具有更强烈的倾诉欲望。当倾诉需求得不到满足时,厌学情绪、暴力倾向、孤僻性格较为容易形成,如倾诉需长期得不到满足,将诱发厌学辍学、暴力倾向到犯罪行为、忧郁性格到自杀倾向等一系列问题行为。	聚焦于青春期早期的留守儿童(10—16岁),蓝信封书信陪伴项目通过系统培训志愿者,让志愿者和留守儿童用一对一长期(至少1年半)书信的方式构建朋辈群体,为留守儿童提供社会支持,引导留守儿童健康快乐成长。

二、基础项目案例

表2-2 基础项目的干预模式

项目与机构	干预类型	针对主要问题或风险/主要需求	主要回应方案
1."一公斤盒子" ◆爱聚公益创新机构	乡村教育类 ——介入学校，创新教育。	1.乡村资源匮乏，教育内容、形式落后，大量孩子无法获得公平的学习机会。 2.乡村学生数量与需求巨大，教育公益资源珍贵稀缺。	1.通过创新设计低成本、易复制，并可让多方资源相互协助的创新教育公益产品／项目——"一公斤盒子"系列产品，并不断优化，为乡村老师、支教志愿者提供改变教学方法和拓展教育内容的完整教学工具包。 2.通过教育设计课程培训，让老师和志愿者更易设计出有趣的课程，最终达到对最受益群体学生干预，公益资源更大化地惠及乡村学生。
2.满天星公益图书馆 ◆满天星青少年公益发展中心	乡村教育类 ——建设并活化乡村小学图书馆。	欠发达地区的乡村小学，图书馆藏书残旧且复本率高，大部分不适合儿童阅读；缺乏图书馆管理和利用意识，使用率低；图书馆管理老师缺乏图书馆管理知识，对学生的阅读指导和阅读活动经验。	1.通过配置并推动开放图书馆活动、教师培训，阅读推广活动，并提高阅读兴趣、习惯。 2.机构指导和支持，充分赋能学校师生，使其作为图书馆及阅读活动自主运营主体。

续表

项目与机构	干预类型	针对主要问题或风险/主要需求	主要回应方案
3. 乡村儿童财商教育 ◆ 上海百特教育咨询中心	乡村教育类 ——介入学校，聚焦财经素养教育。	1. 1/5的留守儿童20年后成为主要社会劳动力。 2. 留守儿童面对缺乏有效照顾、关爱与正确引导的家庭与社区环境，资源匮乏、质量差的学校教育，对其生活、学习带来的负面影响将不具有有效的回应能力，面临心理、学习、成长困境，辍学率高。	1. 干预目标：有效提升应对环境负面影响的能力（自立自信、自主选择、自我负责、人生规划能力）顺利参与现代经济和社会生活。 2. 经系统性能力建设的学校教师将财商系列教育产品递送到儿童。
4. 儿童防性侵课程 ◆ 女童保护基金	安全教育类 ——介入社区/学校，开展防性侵教育，推动法律和制度完善。	1. 儿童防性侵教育严重缺失，尤其家长监护的缺失及防范意识、知识缺乏。 2. 儿童防性侵法律和制度需要完善。	1. 开展防性侵讲座（儿童版+家长版）。 2. 推动法律和制度完善（如推动将防性侵安全教育纳入教育系统常态化教学等）。
5. 儿童保护项目 ◆ 儿童乐益会	安全教育类 ——介入社区，儿童暴力伤害问题的系统性解决方案。	1. 中国传统家庭结构转变，使家庭保护功能逐渐弱化。 2. 政府与社会为儿童提供暴力伤害预防、干预与服务的机制尚不完善，忽视事件屡现。调查发现16岁以下儿童中每4名儿童中就有3名遭受过不同形式的暴力——身体、精神、性暴力和忽视。	1. 儿童保护研究倡导先行（提供理论依据与国际经验支持等）。 2. 在试点地区建立儿童保护工作队伍，探索工作机制，提高专业服务能力。 3. 在试点地区开展系列"拒绝针对儿童的暴力"主题宣传倡导活动，提升相关方等意识，预防儿童暴力伤害事件发生。

续表

项目与机构	干预类型	针对主要问题或风险/主要需求	主要回应方案
6. 悦动童年——儿童早期发展项目 ◆ 儿童乐益会	乡村教育类——介入乡村幼儿园，幼儿园教育系统解决方案。	1. 农村地区学前教育服务及其质量尤为不足：教师能力素质不高，缺乏在职培训机会等；整体学历不高，幼儿园教育呈现"小学化"特征（课程安排、教学方法与内容、评估方式等整体模仿小学）。 2. 农村留守儿童群体相关的社会问题。	1. 以运动和游戏为切入口，从幼儿园一日常规入手改进，为农村幼儿教师提供在职培训与督导。 2. 结合改善幼儿园管理，为教师能力建设提供支持环境。 3. 在农村打造运动特色示范园，推动质量提升。
7. 互满爱未来希望幼儿班——互满爱人与人国际运动联合会（瑞士）云南代表处	乡村教育类——长期深入社区的学前教育公益项目。	3—6岁是培养习惯、形成早期人格及为学习与人交往的关键期。学前教育应作为基础教育公平的起点。而西部农村县、乡镇入园率不到30%，偏远地区更低。为贫困儿童创造更公平的教育平台，从根本上避免贫困儿童成长为贫困成人。	长期深入社区，为偏远农村儿童提供优质学前教育服务。以教育为切入点，通过对贫困儿童早期教育的干预，投资农村社区人力资本建设，同时解放社区妇女劳动力。

续表

项目与机构	干预类型	针对主要问题或风险/主要需求	主要回应方案
8. 禾趣计划 ◆北京农禾之家咨询服务中心	乡村综合发展类——推动乡村本土新主体的乡土教育，并将其作为获取经济、社会、文化效益的途径。	1. 教育问题：农村儿童教育系列问题——农村家庭与学校教育被城市化打工潮使家庭教育缺失，隔代教育担忧；优秀乡土文化传统被忽视，乡土教育匮乏；各种农村支教的短期性、外来性，城市性无法成为有效、可持续的实践。2. 新路径需求：需要探索一条共享生产发展、重建乡村互助关系网络、可持续的农村本土综合发展途径。	1. 聚焦乡村儿童社区教育策略：以本土蓬勃兴起的农村新主体——农民组织为主体，达到教育本土化、长期性。2. 链接社会导师与志愿者资源，补充丰富乡村资源；以生活化、自然性、实践性等社区教育形式带给乡村儿童身边的、生活的发现和创造。3. 通过儿童及儿童生产教育带动和影响整个乡村社区的改变，将乡村生产发展与社区走向综合性服务紧密结合，推动农民组织走向经济、社会、文化效益，寻找将之转化为经济、社会、文化效益的途径。

第四篇
农村留守儿童政策与资助资源

中国农村留守儿童公益导航研究报告与手册（上）

第四篇　农村留守儿童政策与资助资源

本篇由政策和资助资源两部分组成。政策部分主体为"中国留守儿童关爱保护的发展和政策演变"报告。资助资源部分则介绍了一部分资助留守儿童公益组织的政府、基金会、国际组织和企业情况。

中国农村留守儿童政策与资助资源部分主要针对关心留守儿童成长的一线行动者。在政策层面，一方面梳理国家、地方的关爱保护政策发展脉络，明确政策倡导的空间和可能。另一方面行动者可根据机构的服务范围、服务对象及自身的需求，按照信息和政策的分类查找本篇中的相关政策，再根据备注了解详细情况。在资助层面，行动者则可根据当地的实际情况和留守儿童的需求查找相关机构，从而争取更多的国内和国际资助保障广大乡村留守儿童的权利，促进他们的福利和成长。

本篇同样适合关注留守儿童项目的捐赠方。捐赠方可借此明确行动者急需的支持和资源，政府与社会的合作空间和条件等。

第一章

中国留守儿童关爱保护的发展和政策演变

随着农村人口向城市流动,大量农村留守儿童及其客观发展需求刚性出现。中央和地方政府就留守儿童关爱保护工作出台了一系列措施。如何在政策设计和实施层面满足规模巨大的留守儿童的各类发展需求,成为当前和未来一个时期内需要解决的重大社会问题,也是对各级政府执政能力的重要检验。本报告通过对留守儿童关爱保护政策文本、要点的梳理,对留守儿童关爱保护政策的出台、实施状况及实施效果进行了分析,并提出了相应的对策建议。

1978年12月,中共中央召开了十一届三中全会,确立了我国改革开放的路线、方针和政策。

2002年11月,在党的十六大报告中,第一次将改变城乡二元经济结构、统筹城乡经济社会发展、解决"三农"问题作为"全面建设小康社会的重大任务"。

2004年5月,教育部基础教育司召开了"中国农村留守儿童问题研究"研讨会,标志着留守儿童问题正式进入政府的工作日程。

2006年3月,中共中央发布《关于解决农民工问题的若干意见》,充分肯定了外出务工人员的社会贡献,明确保障外出务工人员子女平等接受义务教育的权利。

2007年7月,全国妇联等七部门发布《关于贯彻落实中央指示精神,积极开展关爱农村留守流动儿童工作的通知》,拉开关注留守儿童行动序幕。

2013年11月,十八届三中全会审议通过了《中共中央关于全面深化改革若干重大问题的决定》(以下简称《决定》),该《决定》将"以人为本,促进人的全面发展"作为全面深化改革的指导思想,明确提出"城乡二元结构是制约城乡发展一体化的主要障碍",强调"让广大农民平等参与现代化进程、共同分享现代化成果"是深化改革的重要目标之一。值得注意的是,该《决定》首次写入"健全农村留守儿童的关爱服务体系",通过法律和政策保障留守儿童和随迁子女的权利,标志着留守儿童问题获得国家高度重视。

2016年2月,中共中央发布《关于加强农村留守儿童关爱保护工作的意见》，是以农村留守儿童关爱保护为切入点的第一份系统性地明确未成年人保护政策措施和工作机制的国务院文件。

20世纪80年代后期，中国进入改革开放高速发展时期，外出务工人口数量急速增加，留守儿童的各类发展需求日益凸显，引起了政府、研究者、媒体和社会层面的广泛关注。国家面向留守儿童关爱和保护的政策，包括教育、营养卫生和安全保护等方面，2006年来不断发展深化。留守儿童关爱保护政策植根于流动人口政策的发展，并伴随着新型城镇化建设、扶贫攻坚、随迁子女就地入学、返乡创业等系列政策的推进而不断深入。在诸多出台背景、指导思想、起草原则、实施效果并不相同的政策影响下的农村留守儿童是否获益？如何获益？哪些方面获益？他们的未来是怎样的？为正确认识农村留守儿童群体，寻求有效的解决方案，从理论与实践行动结合的角度对现有留守儿童政策进行反思是十分必要的。

本篇将梳理中央和地方政府留守儿童关爱保护政策演变脉络，通过定性的描述和分析，试图呈现留守儿童政策落地工作的特点和趋势，尝试帮助行动者了解相关政策，以更积极主动地把握自身行动的方向与策略。

本篇的研究资料主要来自两方面：2016年10—12月，留守儿童公益导航项目组在中西部九省实证调查和田野访谈中获得的信息；从网络和书刊中搜集的有关各地关爱农村留守儿童的信息。

一、留守儿童关爱保护政策发展演变

（一）中央政策法规

2004年5月底，教育部基础教育司召开了"中国农村留守儿童问题研究"研讨会，这次研讨会标志着留守儿童问题正式进入政府的工作日程，成为留守儿童问题的报道、研究和干预"升温"的重要推力（谭深，2011）。

1. 对留守儿童基本权利的政策意见

2006年，国务院颁布了《关于解决农民工问题的若干意见》（［2006］5号文件）（以下简称《意见》），该《意见》首次提出，农民工进城务工，是中国现代化的必然要求，并制定了18项具体政策（如就业服务和技能培训、社会权益保护和社会保险等）以解决农民工问题（张一名，2009）。

该《意见》第二十一条，是最早涉及留守儿童教育权利的政策规定："输出地政府要解决好农民工托留在农村子女的教育问题"。该政策充分肯定了外出务工人员的社会贡献，明确保障外出务工人员子女平等接受义务教育的权利。

为回应上述《意见》，卫生部要求加强适龄农民工子女免疫工作。教育部重点回应留守儿童的寄宿需求，并要求建立教育和监护体系。

2. 进一步关爱保护留守儿童的政策

2012年贵州毕节儿童垃圾箱取暖身亡事件，2015年贵州毕节儿童集体服毒事件，引起党和政府高度重视及社会广泛关注，相继做出一系列应急安排。

结合农村留守儿童家庭监护缺乏有效监督、救助保护机制不健全、关爱服务体系不完善等薄弱环节和制度短板，2016年2月，国务院颁发《关于加强农村留守儿童关爱保护工作的意见》。这是中央政府第一份专门针对留守儿童关爱保护的系统性政策文件，明确留守儿童保护的政策措施和工作机制，包括落实责任部门，部署政府负担的工作经费，并强调要积极引导社会资金投入。这意味着，国家从完善关爱服务体系和健全救助保护机制两个方面，开始对留守儿童现象做出有针对性的政策考虑和系统性的制度设计，见表1–1，表1–2。

表1-1 对留守儿童基本权利的政策意见

序号	政策名称	颁布时间	政策要点
1	《国务院关于解决农民工问题的若干意见》	2006.1	1. 输出地政府要解决好农民工托留在农村子女的教育问题。 2. 农民工已成为产业工人的重要组成部分。大量农民工进城务工或在乡镇企业就业，对我国现代化建设做出了重大贡献；尊重和维护农民工的合法权益，消除对农民工的歧视性规定和体制性障碍，使他们和城市职工享有同等的权利和义务。 3. 大力发展面向农村的职业教育。农村初、高中毕业生是我国产业工人的后备军，要把提高他们的职业技能作为职业教育的重要任务。 4. 中央和地方各级财政要加大支持力度。
2	《卫生部关于贯彻落实〈国务院关于解决农民工问题的若干意见〉的通知》	2006.4	1. 加强农民工疾病预防控制和适龄儿童免疫工作。 2. 把农民工子女预防接种工作纳入当地免疫规划，采取有效措施提高国家免疫规划疫苗的接种率。
3	《教育部关于实施教育系统贯彻落实〈国务院关于解决农民工问题的若干意见〉的实施意见》	2006.5	农村劳动力输出规模大的地方人民政府要把做好农村"留守儿童"教育工作与农村寄宿制学校建设结合起来，满足农村"留守儿童"在内的广大农民工子女寄宿需求。教育行政部门和学校要充分调动各方面力量，建立农村"留守儿童"教育和监护体系。针对农村"留守儿童"的实际，开设生存教育、安全与法制教育、心理健康教育等方面的地方和校本课程，帮助他们学会自我管理、自我保护和自我调节。

续表

序号	政策名称	颁布时间	政策要点
4	《国务院关于进一步推进户籍制度改革的意见》	2014.7	1. 全面放开建制镇和小城市落户限制。有序放开中等城市落户限制。合理确定大城市落户条件。严格控制特大城市人口规模。 2. 扩大基本公共服务覆盖面。保障农业转移人口及其他常住人口随迁子女平等有受教育权利；将随迁子女义务教育纳入各级政府教育发展规划和财政保障范畴；逐步完善并落实随迁子女在流入地接受中等职业教育免学费和普惠性学前教育政策以及接受义务教育后参加升学考试的实施办法。 3. 加强基本公共服务财力保障。建立财政转移支付同农业转移人口市民化挂钩机制。完善促进基本公共服务均等化的公共财政体系，逐步理顺事权关系，建立事权和支出责任相适应的制度，中央和地方按照事权划分相应承担和分担支出责任。
5	《国务院关于进一步做好为农民工服务工作的实施意见》	2014.9	建立健全农村留守儿童、留守妇女和留守老人关爱服务体系。实施"共享蓝天"关爱农村留守儿童行动，完善工作机制，整合资源，增加投入，依托中小学、村民委员会普遍建立关爱服务阵地，做到农村学前教育，有志愿者服务。继续实施学前教育行动计划，加快发展农村学前教育，着力解决留守儿童入园需求。全面改善贫困地区薄弱学校基本办学条件，加快农村寄宿制学校建设，实施农村义务教育学生营养改善计划，促进学校寄宿生生活补助政策，优先满足留守儿童寄宿需求。落实中小学阶段家庭经济困难寄宿生生活补助政策。实施农村义务教育学生营养改善计划，开展心理关怀等活动，帮助留守妇女解决生产、生活困难。加强农村"妇女之家"建设，培育和扶持妇女互助合作组织，帮助留守妇女解决生产、生活困难。加强农村"妇女之家"建设，培育和扶持妇女互助合作组织，帮助留守妇女解决生产、生活困难。全面实施城乡居民基本养老保险制度，努力保障农村老年人生活。建立健全农村留守老人关爱服务体系，发挥农村社区综合服务设施关爱留守老人的社会福利管理、社区有效衔接，生活解决、社会救助制度、发展适合农村特点的养老服务、留守妇女和留守儿童、保障留守儿童、留守老人的安全。发挥农村社区综合服务设施关爱留守老年人社会治安功能（民政部、全国妇联会同发展改革委、教育部、公安部、财政部、人力资源社会保障部、共青团中央负责）。

118

续表

序号	政策名称	颁布时间	政策要点
			1. 要结合"农村寄宿制学校建设工程"和"中西部农村初中改造工程"的实施,加强寄宿制学校建设,优先满足留守儿童的寄宿学习需求,并努力为他们提供良好的学习、生活和监护条件。在核实教师编制和核拨教育经费时,要对接收留守儿童较多的学校给予倾斜。鼓励建立留守儿童动态监测机制和档案库,及时掌握、分析留守儿童的学习、生活情况。学校组织教师、学生与留守儿童建立帮扶帮困制度,特别要重点帮扶思想品德有偏差、心理素质有异常,学习生活有困难的留守儿童。要根据留守儿童实际,开发有关校本课程,加强自我保护、安全、法制、心理健康等方面的教育。
6	全国妇联等七部门《关于贯彻落实中央指示精神,积极开展关爱农村留守流动儿童工作的通知》	2007.7	2. 要充分发挥乡镇(街道)基层组织,村(居)民自治组织,民政助理员和社会热心人士的作用,加强对农村留守儿童特别是有过流浪经历的留守儿童的关爱和保护。要完善跟踪回访制度,及时发现帮助农村留守流动儿童解决生活、学习上的困难。建立和实施农村最低生活保障制度,要将符合条件的留守儿童全部纳入低保范围,符合五保供养条件的留守儿童,要为其提供五保供养服务。符合当地规定的农村留守儿童医疗救助条件的农村留守儿童及其家庭看病难看病贵问题。要联合有关部门,在城乡社区建设留守儿童服务中,有效解决困难农村留守儿童及其家庭提供针对性的指导和服务。要联合有关部门,防止其外出流浪。对已经外出流浪的农村留守流动儿童,民政部门要给予及时救助,并在查清其家庭情况后,联系其监护人,将其护送返乡。
			3. 要广泛动员社会各界,积极开展"代理妈妈""手拉手关爱留守儿童""留守小队""爱心之家""留守儿童托管中心"等关爱活动,加快"爱心之家"建设,推动构建留守儿童教育监护网络,逐步建立关爱留守流动儿童的长效机制。

表1-2 进一步关爱保护留守儿童的政策

序号	政策名称	颁布时间	政策要点
1	教育部等五部门《关于加强义务教育阶段农村留守儿童关爱和教育工作的意见》	2013.1	1.切实改善留守儿童教育条件。①优先满足留守儿童教育基础设施建设。留守儿童集中的地区,要通过科学规划建设农村寄宿制学校,优先满足留守儿童寄宿需求。努力实施好农村义务教育薄弱学校改造计划和初中校舍改造工程,使农村寄宿制学校或教学点有安全卫生的饮用水,有安全卫生的教室、宿舍、食堂、厕所、浴室等办学条件得到明显改善,确保每名寄宿生有一个标准床位。提高义务教育阶段农村寄宿制学校公用经费,加快建立农村寄宿制学校经费保障机制,为寄宿制学校配备必要的生活教师。不断健全各项管理制度,提高基础设施的利用水平。②优先改善留守儿童营养状况。集中连片特殊困难地区及其他实施的营养改善项目中,要建立留守儿童营养状况改善档案,优先保障营养改善计划实施的营养需求。要安排膳食结构,切实改善留守儿童吃饭问题。还未实施营养改善计划的地区,要积极创造条件,合理安排膳食结构,切实解决留守儿童在校吃饭问题。③先保障留守儿童交通需求。留守儿童集中的地区,要充分考虑留守儿童数量和分布状况,合理设置学校或教学点,优先保障留守儿童能够就近走读入学,减少上下学交通风险。对于上下学交通困难以解决的地区,要合理规划公共交通,为留守儿童上下学提供交通条件。对于公共交通难以满足的地区,要创造条件提供校车服务,加强安全管理,保障留守儿童优先乘坐。 2.不断提高留守儿童教育水平。①加强留守儿童受教育全程管理。地方教育行政部门和学校在新学期学生报到时,要认真做好留守儿童入学管理工作,全面了解留守儿童学籍变动情况,将保障留守儿童按时入学作为控辍保学的重要内容。全面建立留守儿童档案,将父母外出务工情况和监护人变化情况一并登记并及时更新,准确掌握留守儿童信息。为有针对性地开展留守儿童管理服务工作提供支持。将留守儿童关爱和教师培训内容,重点提高班主任照料留守儿童的能力。注重发挥少先队和共青团组织作用,将关爱留守儿童成长纳入各项活动。

续表

序号	政策名称	颁布时间	政策要点
续上	教育部等五部门《关于加强义务教育阶段农村留守儿童关爱和教育工作的意见》	2013.1	②加强留守儿童心理健康教育。学校要重视留守儿童心理健康教育,将其作为重要内容纳入教学计划。在举办体育、艺术、社会实践等活动时,要引导留守儿童积极参与,缓解其孤独情绪,营造关爱留守儿童心理的校园氛围。班主任和心理教师生情感沟通交流,努力弥补留守儿童家庭温暖的缺失。主动回应留守儿童心理诉求,不断加强留守儿童密切关注留守儿童思想动向、主动回应留守儿童心理诉求,不断加强留守儿童家庭温暖的缺失。对学习困难的留守儿童进行有针对性的辅导,激发其学习兴趣,不断提高自主学习能力。在学校工作的各个环节中,要注意方式方法,避免将留守儿童标签化。 ③加强留守儿童法制安全教育。学校要加强留守儿童安全教育,组织安全演练,提高防范意识,增强留守儿童自救自护、应急避险能力。预防溺水、煤气中毒、食物中毒等意外事故和深入保护未成年人保护法。开展法制宣传、普及法律知识,增强留守儿童的法制意识。推进保护留守儿童的法制建设。进一步完善和深入开展未成年人保护法。开展法制宣传、普及法律知识,增强留守儿童的法制意识。及早发现和纠正个别留守儿童的不良行为,预防留守儿童违法犯罪现象发生。预防和打击侵害留守儿童人身财产权利的违法犯罪行为,保护留守儿童合法权益。加强人防、物防、技防,切实维护学校周边秩序,保障学生人身安全。 ④加强家校联动组织工作。留守儿童集中的学校和班级组建家长委员会时,要遴选热心留守儿童工作的家长或监护人参加。家长委员会要引导外出务工家长以各种方式关心留守儿童,协助学校加强留守儿童教育,支持、推动学校对学习和生活困难的留守儿童进行特殊帮扶,努力化解留守儿童成长中遇到的困难和烦恼。要发挥家长学校的作用,加强对留守儿童家长、监护人的家庭教育指导服务,增强其做好家庭教育的意识和能力。会同有关部门通过建立家庭责任监督制度,督促父母履行监护责任。减少父母同时长期回家探望等形式,强化留守儿童父母监护责任,逐步从根本上缓解留守儿童家庭环境缺失问题。

续表

序号	政策名称	颁布时间	政策要点
2	《教育部关于开展农村留守儿童教育关爱情况自查工作的通知》	2015.7	1. 教育行政部门自查主要内容 ①工作部署推动情况。主要包括：出台政策、召开会议、财政投入、专项行动、督导检查等工作情况。 ②改善教育条件情况。主要包括：优先满足留守儿童寄宿需求、用餐需求、交通需求等工作情况。 ③加强教育管理情况。主要包括：摸清底数，建立档案，学籍管理、控辍保学、心理健康、法制安全教育，以及家校联动等工作情况。 ④构建关爱服务机制情况。主要包括：支持家庭教育、社区关爱服务、社会关爱活动等工作情况。 ⑤面临的困难和问题。梳理问题，分析原因，提出下一步工作考虑和建议。 2. 农村中小学校自查主要内容 ①是否在留守儿童档案，在全国中小学生学籍信息管理系统中标识，全面掌握留守儿童信息，并及时更新。 ②是否建立寄宿管理、安全管理、卫生管理、餐饮管理、控辍保学等相关工作制度，满足留守儿童生活、学习需要。 ③是否有针对性地开展心理健康教育、法制安全教育；是否建立留守儿童之家或其他活动场所，加强关爱服务。 ④是否开展结对帮扶，对特殊困难留守儿童采取针对性帮扶措施。 ⑤是否注重家校联动，定期开展家访，与家长或其他监护人经常沟通联系。

续表

序号	政策名称	颁布时间	政策要点
3	《国务院关于加强农村留守儿童关爱保护工作的意见》	2016.2	《意见》提出建立完善家庭、政府、学校、社会齐抓共管的农村留守儿童关爱服务体系。一是依法提出了强化家庭监护主体责任，加强家庭监护指导监督等措施。二是明确县、乡镇人民政府和村（居）民委员会、乡镇人民政府（街道办事处）通过定期走访、全面排查、重点核查等方式，及时掌握农村留守儿童基本情况，加强家庭监护指导，确保农村留守儿童得到妥善照顾。三是强调教育部门和学校关爱保护监护责任，明确了农村留守儿童学习教育、心理健康、生活照顾、安全管理、控辍保学等方面的具体措施。四是要求农村留守儿童及其家庭提供期日间照料、家庭教育指导等关爱服务，积极为农村留守儿童及其家庭提供假期日间照料、家庭教育指导等关爱服务。五是通过政府购买服务等方式，支持和推动社会力量为农村留守儿童提供专业服务，支持社会组织、志愿服务组织等社会力量为农村留守儿童提供专业服务，同时发挥市场机制作用，支持社会组织、爱心企业举办农村留守儿童托管服务机构。
4	民政部等三部门《关于开展农村留守儿童摸底排查的通知》	2016.3	开展农村留守儿童摸底排查工作方案。
5	民政部等八部委《关于全国开展农村留守儿童"合力监护、相伴成长"关爱保护专项行动的通知》	2016.11	①守住底线。杜绝无监护，打击遗弃，落实家庭监护责任。②力争2017年底，所有农村留守儿童有效监护，同时落实保护：失学辍学、无户籍。

3. "留守儿童"写入儿童发展纲要、人口规划与人权行动计划（表1-3）

2011年，国务院出台《中国儿童发展纲要（2011—2020年）》，强调建立和完善农村留守儿童服务机制，加强对留守儿童心理、情感和行为的指导，提高留守儿童家长的监护意识和责任。

2014年，国务院出台《国家贫困地区儿童发展规划（2014—2020年）》，要求优先满足留守儿童就学、生活和安全需要。

2016年，国务院出台《国家人权行动计划（2016—2020年）》，强调加大对农村留守儿童的关爱保护力度。

4. "留守儿童"写入中央《决定》（表1-4）

2013年11月，"健全农村留守儿童的关爱服务体系"首次写入《全面深化改革的决定》，通过法律和政策保障留守儿童和随迁子女的权利，标志着留守儿童问题获得国家高度重视。

（二）专题政策法规

与留守儿童紧密相关的各类教育、营养与卫生、安全保护、社会救助等国家政策梳理如下。

1. 教育（表1-5 "留守儿童"教育相关政策）

就教育部门的政策来说，主要体现在完善学校寄宿条件，"两免一补"的资助（详见扶贫版块）等。

（1）充实义务教育阶段的学校寄宿条件。逐步改善农村寄宿制学校的宿舍、食堂、厕所、浴室、饮用水等住宿设施设备，并确保每名寄宿生有一个标准床位，特别要优先满足留守儿童的寄宿需求。

（2）加强对农村贫困地区留守儿童的"两免一补"资助工作，也就是免收贫困地区学童的学杂费和书本费，同时提供寄宿费的补助。

本节所摘录的政策中，正文均含"留守儿童/学生"关键词（国务院《关于深入推进义务教育均衡发展的意见》含"留守学生"）。

2. 营养与卫生（表1-6 "留守儿童"营养与卫生相关政策）

国家对留守儿童营养健康的重视，最主要的政策措施是针对连片特殊困难地区及留守儿童集中地区，提供弱势学童免费营养午餐，合理安排膳食结构，改善学童饮食营养状况，降低留守儿童营养不良发生率。

第四篇 农村留守儿童政策与资助资源

表 1-3 "留守儿童"写入人口规划与儿童发展纲要相关政策

序号	政策名称	颁布时间	政策要点
1	《国务院办公厅关于印发〈人口发展"十一五"和 2020 年规划〉的通知》	2006.12	加大对弱势儿童群体的社会保障力度，使孤残儿童、流浪儿童、单亲家庭和特困家庭儿童、留守儿童得到更多的社会关怀和救助。
2	《国务院办公厅关于印发〈中国妇女发展纲要〉和〈中国儿童发展纲要〉的通知》	2011.7	建立和完善流动儿童与留守儿童服务机制。积极稳妥推进户籍制度改革和社会保障制度改革，逐步将流动人口纳入当地经济社会发展规划。建立 16 周岁以下流动儿童登记制度，为流动儿童享有教育、医疗保健等公共服务提供基础。整合社区资源，完善以社区为依托、面向流动人口家庭的管理服务网络，增强服务意识，提高服务能力。健全农村留守儿童服务机制，加强对留守儿童心理、情感和行为的指导，提高留守儿童家长的监护意识和责任。
3	《国务院办公厅关于印发〈国家贫困地区儿童发展规划（2014—2020年）〉的通知》	2014.12	1. 新生儿出生健康。 2. 儿童营养改善。 3. 儿童医疗卫生保健。 4. 儿童教育保障。 5. 特殊困难儿童教育和关爱。 健全留守儿童关爱服务体系。加强农村寄宿制学校建设，优先满足留守儿童就学、生活和安全需要。学校对留守儿童受教育实施全程管理，注重留守儿童心理健康教育和来情关爱，及早发现和纠正个别留守儿童的不良行为。引导外出务工家长以各种方式关心留守儿童。强化父母和其他监护人的监护责任并提高其监护能力，加强家庭教育指导服务，健全留守儿童关爱服务体系。组织乡村干部和农村党员对留守儿童进行结对关爱服务。开展城乡手拉手等活动，支持为农村学校捐建手拉手红领巾书屋，建设流动少年宫，丰富留守儿童精神文化生活。

续表

序号	政策名称	颁布时间	政策要点
4	国务院新闻办公室《国家人权行动计划（2016—2020年）》	2016.9	坚持儿童优先原则，强化政府和社会保障儿童权益的责任，全面实现《中国儿童发展纲要（2011—2020年）》目标。关爱困境儿童。全面构建覆盖市、县、乡镇（街道）、社区四级儿童福利和保障服务体系，实施县级儿童福利机构和未成年人保护机构建设规划。健全困境儿童保障制度。进一步完善孤儿保障制度。提高受艾滋病影响儿童和服刑人员未满18周岁子女的生活、受教育、医疗等权利保障水平，加大对农村留守儿童的关爱保护力度。

表1-4 "留守儿童"写入中央《决定》相关政策

序号	政策名称	颁布时间	政策要点
1	《中共中央关于全面深化改革的决定》	2013.11	建立更加公平可持续的社会保障制度。健全农村留守儿童、妇女、老年人关爱服务体系，健全残疾人权益保障，困境儿童分类保障制度。
2	《中共中央 国务院关于全面深化农村改革加快推进农业现代化的若干意见》	2014.1	加强对农村留守儿童、留守妇女、留守老年人的关爱和服务。

续表

序号	政策名称	颁布时间	政策要点
3	中共中央办公厅、国务院办公厅《深化农村改革综合性实施方案》	2015.11	推进形成城乡基本公共服务均等化的体制机制。……加强农村留守儿童、妇女、老人关爱服务体系建设。规范基本公共服务标准体系，促进城乡区域基本公共服务标准水平统一衔接可持续、完善综合监测评估制度。鼓励地方开展统筹城乡的基本公共服务制度改革试点。
4	《中华人民共和国国民经济和社会发展第十三个五年规划纲要》	2016.3	1. 实施儿童发展纲要。强化对未成年人生存权、发展权、受保护权、参与权的依法保障和社会责任。完善未成年人监护制度，构建未成年人关爱社会网络，健全社区未成年人保护与服务体系。消除童工现象。制定实施青年发展规划，营造良好成才环境，促进学校教育、家庭教育、社会教育协调互动，培养青少年勤学、修德、明辨、笃实的良好品质，激发青少年活力和创造力。加强学校及周边社会治安综合治理，严厉打击危害未成年人身心健康的违法犯罪行为。加强未成年人心理健康引导，有效预防未成年人犯罪。鼓励青少年更多参与志愿服务和社会公益活动。 2. 社会关爱发展行动计划——关爱儿童健康发展。为困境儿童提供生活照料、心理辅导等服务，提供农村留守儿童特殊关爱，加强儿童福利、未成年人保护等设施建设，"儿童之家"覆盖90%以上的城乡社区。帮助农村贫困家庭幼儿接受学前教育
5	十八届中央委员会《决胜全面建成小康社会 夺取新时代中国特色社会主义伟大胜利》(十九大报告)	2017.10	完善社会救助、社会福利、慈善事业、优抚安置等制度，健全农村留守儿童和妇女、老年人关爱服务体系。

表1-5 "留守儿童"教育相关政策

序号	政策名称	颁布时间	政策要点
1	《国家中长期教育改革和发展规划纲要（2011—2020年）》	2010.7	1. 着力保证留守儿童入园。 2. 建立健全政府主导，社会参与的农村留守儿童关爱服务体系和动态监测机制。加快农村寄宿制学校建设，优先满足留守儿童住宿需求。
2	《教育部关于印发〈全国教育系统开展法治宣传教育的第七个五年规划（2016—2020年）〉的通知》	2016.7	重视加强对留守儿童、随迁子女、不良行为青少年等群体的法治教育和服务支持，更好地维护青少年学生的合法权益，预防和减少违法犯罪行为发生。
3	《教育部关于加强中小学网络道德教育抵制网络不良信息的通知》	2010.1	加强重点关注和引导。各地教育行政部门和中小学要指导班主任、心理健康教育教师通过适当方式，加强与学生的沟通交流，及时发现异常情况，对有沉溺网络、行为举止异常或学习成绩突然下降等学生要及时进行疏导和教育。要十分关心进城务工人员随迁子女和留守儿童的学习与生活，深入了解他们在校外的学习和生活状况，切实加强对他们的校外生活进行有效监管。校外活动场所要面向广大青少年学生，特别是进城务工人员随迁子女和留守儿童，组织开展丰富多彩的活动，让他们感受到社会大家庭的温暖。
4	《教育部关于全面启动实施"教学点数字教育资源全覆盖"项目的通知》	2012.11	具备网络接入条件的还应配备摄像头，利用网络建立亲子热线，满足教学点留守儿童与外出打工父母的交流需要。

续表

序号	政策名称	颁布时间	政策要点
5	《教育部关于做好中小学生学籍信息管理系统全面应用工作的通知》	2014.8	加强留守儿童管理，建立动态登记监测制度。为招生入学提供支撑，控制义务教育学生无序流动，遏制超大规模高中学校，规范招生入学秩序和办学行为。提高关爱和服务水平。
6	《教育部关于印发〈中等职业学校德育大纲（2014年修订）〉的通知》	2015.1	家庭和社会在德育中具有特殊重要作用。学校要通过家长委员会、家长学校、家长接待日、家访等，密切与家长联系，指导和改进家庭教育，促使家长协助配合学校开展德育工作。要特别关心单亲家庭，经济困难家庭，留守儿童家庭、流动人口家庭的子女教育。
7	《国务院关于进一步完善城乡义务教育经费保障机制的通知》	2015.11	组织保障一优化教育布局，深化教育改革。各地要结合人口流动的规律、趋势和城市发展规划，及时调整教育布局规划。将民办学校纳入本地区教育布局规划，科学合理布局义务教育改革。加快探索建立乡村小规模学校办学机制和管理办法，建设并办好寄宿学校，慎重稳妥撤并乡村学校，努力消除城镇学校"大班额"，保障当地适龄儿童就近入学。加强义务制教育民办学校管理。深化教师人事制度改革，健全城乡教师和校长交流机制，健全义务教育治理体系。加强留守儿童教育关爱。
8	《国务院关于当前发展学前教育的若干意见》	2010.11	创造更多条件，着力保障留守儿童入园。发展农村学前教育要充分考虑农村人口分布和流动趋势，合理布局，有效使用资源。

续表

序号	政策名称	颁布时间	政策要点
9	《国务院关于深入推进义务教育均衡发展的意见》	2012.9	解决学校撤并带来的突出问题。加强农村寄宿制学校建设和管理。学校撤并后学生需要寄宿的地方，要按照国家或省级标准加强农村寄宿制学校建设，为寄宿制学校配备教室、学生宿舍、食堂、饮用水设备、厕所、课堂等设施和聘用必要的管理、服务、保安人员，寒冷地区要配备安全适用的取暖设施。有条件的地方应为学校配备心理健康教师。要科学管理学生作息时间，培养学生良好生活习惯，开展符合学生身心特点、有益于健康成长的校园活动。加强寄宿制学校安全管理和教育。各地人民政府要认真落实《校车安全管理条例》，切实保障学生上下学交通安全。要通过增设农村客运班线及站点，增加班车班次，缩短发车间隔，设置学生专车等方式，满足学生的乘车需求。公共交通不能满足学生上学需要的，要组织提供校车服务。严厉查处违反送学生车辆超速、超员和疲劳驾驶等违法行为，坚决制止采用低速货车、三轮汽车、拖拉机以及拼装车、报废车等车辆接送学生。高度重视并逐步解决学校撤并带来的"大班额"问题。各地要通过新建、扩建、改建学校和合理分流学生等措施，使学校班额符合国家标准。班额超标学校不得再接收其他学校并入的学生。对教育资源较好的学校的"大班额"问题，要通过实施学区管理、建立学校联盟、探索集团化办学等措施，扩大优质教育资源覆盖面，合理分流学生。
10	教育部等三部门《关于全面改善贫困地区义务教育薄弱学校基本办学条件的意见》	2013.12	留守儿童学习和寄宿需要得到基本满足，村小学和教学点能够正常运转。

续表

序号	政策名称	颁布时间	政策要点
11	《教育部关于教师参与志愿服务活动的指导意见》	2014.9	丰富志愿服务内容。中小学教师可将农村留守儿童、城市随迁子女、困难家庭学生、残疾和学习有困难学生，以及薄弱地区教师作为主要服务对象，积极开展免费学习辅导、巡回支教、课前课后或假期义务值守、儿童安全知识宣讲、科学知识普及、城市教师对口帮扶农村教师等形式多样的志愿服务活动。高校教师可在知识服务、科技服务下乡进社区、文化宣传、政策咨询、业培训等方面，积极开展科技文化医疗服务下乡活动、科技成果惠民生、专业对口支援交流、生态环境保护、社会调查和政策建议、扶危济困、应急救援等服务到学校、社区及服务活动，为国家经济和社会发展提供智力支持和技术服务。退休教师可到学校、关心下一代农村薄弱地区，开展青少年革命传统教育、教学技能传帮带、传统文化弘扬等志愿服务活动。
12	教育部等三部门《关于加强新时期中小学图书馆建设与应用工作的意见》	2015.5	工作目标。到2018年，结合全面改善贫困地区义务教育薄弱学校基本办学条件、中西部农村初中校舍改造工程等重大项目实施，有条件地区按照学校建设标准补充新建图书馆，改善不达标图书馆。不具备条件的农村中小学教学点要建有图书柜、图书角。丰富学生课后生活，特别要为家庭贫困学生、寄宿制学校学生、农村留守儿童提供便利读书条件。各地教育部门要在每年教育经费预算中安排中小学图书馆藏资源购置经费，并向农村学校和薄弱学校倾斜。要结合学校图书馆标准化建设，围绕中小学图书馆建设工作目标和主要任务，制定资金筹措计划。积极拓宽办馆渠道，鼓励中小学图书馆建设、社会团体和公民个人以各种方式支持中小学图书馆建设，规范捐赠程序，明确责任与义务，确保捐赠馆藏和接受建工程质量。

续表

序号	政策名称	颁布时间	政策要点
13	《教育部关于加强家庭教育工作的指导意见》	2015.10	要特别关心流动儿童、留守儿童、残疾儿童和贫困儿童，以城乡儿童活动场所为载体，鼓励和支持各类社会组织发挥自身优势，广泛开展适合困境儿童特点和需求的家庭教育指导服务和关爱帮扶。倡导企业履行社会责任，支持志愿者开展志愿服务，引导社会各界共同参与，逐步培育形成家庭教育社会支持体系。
14	《教育部等九部门关于进一步推进社区教育发展的意见》	2016.7	加强农村居民家庭教育指导，为农村留守妇女提供社会生活、权益保护、就业创业等方面的教育培训。重视开展农村留守儿童、老人和各类残疾人的培训服务。
15	《教育部关于做好中小学生课后服务工作的指导意见》	2017.2	1. 课后服务要优先保障留守儿童、进城务工人员随迁子女等急需服务群体。单位和教师给予适当补助，严禁以课后服务名义乱收费。 2. 通过"政府购买服务""财政补贴"等方式对参与课后服务的学校、单位和教师给予适当补助，严禁以课后服务名义乱收费。

表1-6 "留守儿童"营养与卫生相关政策

序号	政策名称	颁布时间	政策要点
1	《中华人民共和国母婴保健法》	1994.10	1. 国家对边远贫困地区的母婴保健事业给予扶持。 2. 医疗保健机构应当为公民提供婚前保健服务。 3. 医疗保健机构应当为育龄妇女和孕产妇提供孕产期保健服务。 4. 医疗保健机构为产妇提供科学育儿、合理营养和母乳喂养的指导。

续表

序号	政策名称	颁布时间	政策要点
续上	《中华人民共和国母婴保健法》	1994.10	5. 各级人民政府应当采取措施，加强母婴保健工作，提高医疗保健服务水平，积极防治由环境因素所致严重危害母亲和婴儿健康的地方性高发病性疾病，促进母婴保健事业的发展。 6. 医疗保健机构依照本法规定开展婚前医学检查、产前诊断以及施行结扎手术和终止妊娠手术的，必须符合国务院卫生行政部门规定的条件和技术标准，并经县级以上地方人民政府卫生行政部门许可。严禁采用技术手段对胎儿进行性别鉴定，但医学上确有需要的除外。
2	《卫生部办公厅特殊人群计划免疫工作管理方案》	1998.3	本方案中特殊人群是指计划免疫服务过程中，需要采取特殊措施发现和免疫的人群，包括：流动儿童、超生儿童和特殊地区的儿童。
3	教育部等十五部门《农村义务教育学生营养改善计划实施细则》等五个配套文件的通知	2012.5	省级常规统计报表含受益县、市名单、学校办学类型、学校受益学生人数、寄宿生人数、享受"一补"人数、留守儿童人数、外来务工人员子女人数、补助标准、补助总额、不同供餐模式受益学生数及其汇总数据。
4	国家卫计委等六部门《关于保障儿童用药的若干意见》	2014.5	1. 加强药品质量监管。做好安全性、有效性和质量可控性审核，严格技术要求，完善研发评估标准，严格生产流通和使用全过程监管，严厉打击制售假劣药品的行为，强化责任追究。不断完善药品不良反应监测和应急机制。 2. 规范处方行为，引导合理使用。各级各类医疗机构要参照国家处方集、基本药物临床应用指南和处方，推进药品使用管理信息化，提高科学诊疗和合理用药水平。发挥医师作用，规范处方行为，加强抗菌药等重点药品应用管理和评价，建立用药处方、医嘱点评制度，将点评结果作为医师定期考核绩效管理依据，确保儿童用药合理使用。

续表

序号	政策名称	颁布时间	政策要点
续上	国家卫计委等六部门《关于保障儿童用药的若干意见》	2014.5	3. 加强合理用药宣传，提高全民健康意识。加大新闻宣传和健康教育力度，坚持正确的舆论导向，积极开展多形式多样的儿童合理用药宣传和健康教育活动。普及医学科学及安全用药知识，引导公众形成良好用药观念和习惯，提高社会安全用药意识，最大限度保障儿童用药安全，维护儿童健康权益。
5	《精神卫生社会福利机构基本规范》	2014.9	为精神障碍患者中的特困人员、流浪乞讨人员、低收入人群、复员退伍军人等特殊困难群体服务。
6	国家卫计委等六部门《关于加强儿童医疗卫生服务改革与发展的意见》	2016.5	1. 推进优质儿童医疗资源下沉。通过组建医院集团、医疗联合体、对口支援等方式，促进优质儿童医疗资源下沉。 2. 鼓励社会力量举办儿童专科医疗机构。引导和鼓励社会力量举办儿童医院、儿科诊所，形成多元办医格局，满足多样化儿童医疗卫生服务需求。 3. 开展贫困家庭儿童医疗救助。全面实施贫困地区新生儿疾病筛查项目，完善城乡医疗救助制度，加大贫困家庭儿童医疗救助力度，做好与城乡居民基本医保、大病保险、疾病应急救助等制度的衔接，进一步提高儿童重大疾病救治费用保障水平，减少贫困家庭因病致贫、因病返贫。
7	《国务院关于做好农村留守儿童关爱保护工作的通知》	2016.5	1. 加强农村留守儿童健康管理服务内容。各地要落实好国家基本公共卫生服务项目中的0—6岁儿童健康管理服务内容。对农村留守儿童监护人进行营养喂养、疾病预防等方面的科学指导。继续实施贫困地区儿童营养改善项目，推进农村义务教育学生营养改善计划。加大儿童预防接种工作力度，提高免疫规划工作质量。对农村留守儿童较为集中的学校加强疫情监测，及时做好疫情处置。结合医疗服务下乡活动、卫生应急"进社区、进企业、进学校、进农村、进家庭"工作，帮助农村留守儿童及其家属掌握基本卫生常识和技能，提高卫生应急意识和自救互救能力。

续表

序号	政策名称	颁布时间	政策要点
续上	《国务院关于做好农村留守儿童健康关爱保护工作的通知》	2016.5	2. 做好农村留守儿童强制报告、医疗救治、评估帮扶等工作。按照《意见》的要求，相关部门对在工作中发现的农村留守儿童脱离监护单独居住生活或失联、疑似遭受家庭暴力、疑似遭受意外伤害或不法侵害等情况，必须强化履行监护责任。各级医疗机构及工作人员要树立强制报告意识，协助相关部门做好农村留守儿童的强制报告工作。做好农村留守儿童基本医疗保障工作，开展相关部门对收治遭受意外伤害或遭受侵害等农村留守儿童健康状况评估等工作。配合相关部门落实好农村留守儿童医疗救助。 3. 强化农村留守儿童健康教育工作。按照健康扶贫工程要求，在部分贫困地区启动实施农村留守儿童健康教育项目，探索农村留守儿童健康教育的有效策略和方法，研究制定农村留守儿童健康核心信息，推进儿童友好型示范社区建设。配合中小学校和农村社区开展心理健康教育及心理疏导。各地要结合健康素养促进行动，根据农村留守儿童的特点和需求，有针对性地开展科学喂养、营养膳食指导、卫生习惯与健康行为、青春期性与生殖健康、心理健康、意外伤害预防与自我防护等方面的健康教育活动，提升农村留守儿童及其家长的健康意识和水平。 4. 提升农村留守儿童家庭发展能力。各地卫生计生部门和疾病预防控制机构、妇幼保健、计划生育指导服务机构为外出务工人员及其家属提供医疗保健、疾病预防控制和计划生育服务。加强人口国情和计划生育法规政策宣传，引导家庭负责任、有计划地生育，落实计划生育奖励扶助政策。在"新家庭计划"、"圆梦女孩志愿行动"、"科学育儿和青少年健康发展"等活动中，将农村留守儿童及其家庭作为重点服务对象，加强对家庭成员的指导及服务。

续表

序号	政策名称	颁布时间	政策要点
续上	《国务院关于做好农村留守儿童关爱保护工作的通知》	2016.5	5. 加强农村留守儿童信息采集和健康状况监测评估。不断完善全员人口数据库,积极配合民政、教育、公安等部门做好农村留守儿童的信息采集、登记和数据共享等工作。以突出预防为主的指导方针,依托卫生计生服务网络,开展农村留守儿童健康状况监测评估工作,及时掌握农村留守儿童健康问题和需求。加强对农村留守儿童身心健康问题的研究,为完善相关政策和措施提供支撑。
8	《国家卫生计生委办公厅关于启动实施贫困地区农村留守儿童健康教育项目的通知》	2016.9	1. 增强农村留守儿童家长的监护意识和健康意识,提升留守儿童的健康素养和健康水平。 2. 制定留守儿童健康教育核心信息,开发健康传播工具包,并与联合国儿童基金会在部分地区对农村留守儿童推行健康教育外展服务(送服务上门)模式。
9	《国家卫生计生委等二十二部门关于加强心理健康服务的指导意见》	2016.12	1. 全面加强儿童青少年心理健康教育。学前教育机构应当关注和满足儿童心理发展需要,保持儿童积极的心理情绪状态,让儿童感受到尊重和接纳。特殊教育机构要针对学生身心特点开展心理健康教育,注重培养学生自尊、自信、自强、自立的心理品质。中小学校要重视学生的心理健康教育,培养学生积极乐观、健康向上的心理品质,促进学生身心可持续发展。高等院校要积极开设心理健康教育课程,重视心理健康教育活动,重视提升大学生的心理调适能力,保持良好的社会适应能力,开展自杀预防、开展心理危机干预,培养良好的行为习惯等组织心理与学校、家庭、社会携手,开展“培育积极的心理品质,培养关心留守儿童,流动儿童心理健康,为遭受学生欺凌和校园暴力、家庭暴力、性侵犯等关心青少年提供及时的心理援助和创伤干预(教育部牵头,民政部、共青团中央、中国残联按职责分工负责)。

136

续表

序号	政策名称	颁布时间	政策要点
续上	《国家卫生计生委等二十二部门关于加强心理健康服务的指导意见》	2016.12	2.关注老年人、妇女、儿童和残疾人心理健康。各级政府及有关部门尤其是老龄办、妇联、残联和基层组织要将老年人、儿童和残疾人心理健康服务作为工作重点。充分利用老年大学、老年活动中心、基层老年协会、妇女之家、残疾人康复机构、有资质的社会组织等多种途径，为空巢、失能、失智、丧偶、留守老年人、妇女、儿童、残疾人和计划生育特殊家庭提供心理健康辅导，情绪疏解，悲伤抚慰，家庭关系调适等心理健康服务，丰富广大老有条件的地区适当扩展老年文体活动，组织开展健康有益的老年文体活动，丰富广大老年人精神文化生活。在老年人生病住院、家庭出现重大变故时及时关心看望。加强对孕产期、更年期等特定时期妇女的心理关怀，对遭受性侵犯、家庭暴力等妇女及时提供心理援助。加强对流动、留守妇女和儿童的心理健康帮助，婚姻家庭纠纷调解等积极开展婚姻家庭辅导服务。发挥残疾人社区康复协调员、助残社会组织作用，依托城乡社区综合服务设施，康复经验交流等服务。通过开展"志愿助残阳光行动""邻里守望"等亲友提供助残活动，为残疾人提供心理帮助、护理院、养老机构、残疾人福利机构，康复机构要积极引入社会工作者、心理咨询师等力量开展心理健康服务（民政部、全国妇联、中国残联、全国老龄办按职责分工负责）。

3. 安全保护（表 1-7 "留守儿童"安全保护相关政策）

国家对留守儿童安全保护的相关政策以《儿童权利公约》为指导，以《未成年人保护法》为基础，试图搭建家庭保护、学校保护、社会保护、司法保护网络，具体保护层面以反对拐卖、预防性侵、防溺水、校舍、消防、食品、上下学交通、学生欺凌与暴力等为重点。

2014年，教育部颁布的《义务教育学校管理标准（试行）》，对学校安全做出系统规定。

4. 社会救助（表 1-8 "留守儿童"社会救助相关政策）

我国没有出台专门的留守儿童社会救助政策，该项工作涵盖在特困人员救助、困境儿童保障工作中。

5. 扶贫（表 1-9 与"留守儿童"相关的扶贫政策）

2005年2月，国务院出台《关于加快国家扶贫开发工作重点县"两免一补"实施步伐有关工作的意见》，要求对农村义务教育阶段贫困家庭学生实行"两免一补"（免书本费、免杂费、补助寄宿生生活费）政策，并加快对国家扶贫开发工作重点县的实施步伐。

2016年11月，国务院出台《"十三五"脱贫攻坚规划》，要求推动各地通过政府购买服务、政府购买基层公共管理和社会服务岗位、引入社会工作专业人才和志愿者等方式，为"三留守"人员提供关爱服务。

6. 支持社会组织参与留守儿童服务（表 1-10 与"留守儿童"相关的社会组织发展政策）

2012年召开的中共十八大，首次提出"加快形成政社分开、权责明确、依法自治的现代社会组织体制"，对中国社会组织建设和发展具有界碑意义。自2012年起，中央财政每年安排2亿元专项资金用于支持社会组织参与社会服务，民政部将为农村留守儿童等未成年人提供关爱服务和救助保护的社会组织列为项目重点资助范围之一。

2012年9月，组织部、民政部等六部门颁布的《"三区"人才支持计划社会工作专业人才专项计划实施方案》规定，从2012年到2020年，通过每年引入外来社工专才和培养当地社工专才的方式，为"三区"提供服务，重点人群中包括农村留守人员，并明确了引入和培养工作的资金保障。

近年来，民政部还会同财政部等部门印发了《关于支持和规范社会组织承接政府购买服务的通知》《关于政府购买社会工作服务的指导意见》，31个省份均出台了政府购买社会组织服务的办法和措施。

第四篇 农村留守儿童政策与资助资源

表1-7 "留守儿童"安全保护相关政策

序号	政策名称	颁布时间	政策要点
1	《儿童权利公约》（联合国大会通过1989.11）	1991.12	《公约》规定世界各地所有儿童应该享有的生存权、受保护权、发展权、参与权。
2	《中华人民共和国未成年人保护法》（2012.10新修）	1991.4	1. 家庭保护、学校保护、社会保护、司法保护、法律责任。 2. 父母或者其他监护人应当创造良好、和睦的家庭环境，依法履行对未成年人的监护职责和抚养义务。 3. 父母或者其他监护人应当关注未成年人的生理、心理状况和行为习惯，以健康的思想、良好的品行和适当的方法教育和影响未成年人，引导未成年人进行有益身心健康的活动。 4. 父母因外出务工或者其他原因不能履行对未成年人监护职责的，应当委托有监护能力的其他成年人代为监护。 5. 全社会应当树立尊重、保护、教育未成年人的良好风尚，关心、爱护未成年人。 6. 各级人民政府应当保障未成年人受教育的权利，并采取措施保障家庭经济困难的、残疾的和流动人口中的未成年人等接受义务教育。
3	《国务院办公厅关于印发中国反对拐卖人口行动计划（2013—2020年）的通知》	2013.3	1. 在流动、留守妇女儿童集中地区发挥妇女热线、巾帼志愿者等互助小组、妇女维权站点、妇女之家等功能，提高流动、留守妇女儿童反拐能力（全国妇联负责，民政部、文化部、财政部、广电总局配合）。 2. 加强流动、留守儿童及其监护人反拐教育培训（教育部、公安部、全国妇联负责）。
4	《民政部关于开展未成年人社会保护试点工作的通知》	2013.5	1. 保护困境儿童（贫困、流浪、失学、辍学、留守、流动儿童）。 2. 政策命令+政府采购等。

139

续表

序号	政策名称	颁布时间	政策要点
5	教育部等四部门《关于做好预防少年儿童遭受性侵害工作的意见》	2013.9	1. 教育学生特别是女学生提高自我保护意识和能力。 2. 要加强对边远地区、山区学校、教学点的排查。 3. 教育、公安、共青团、妇联、家庭、社会六位一体的保护中小学生工作机制,做到安全监管全覆盖。
6	最高法等四部门《关于依法惩治性侵害未成年人犯罪的意见》	2013.10	针对未成年人实施强奸、猥亵犯罪的,应当从重处罚,具有下列情形之一的,更要依法从严惩处:对不满12周岁儿童、农村留守儿童,严重残疾或者精神智力发育迟滞的未成年人,实施强奸、猥亵犯罪的。
7	《民政部关于开展第二批全国未成年人社会保护试点工作的通知》	2014.7	拓展救助保护工作对象,以流浪未成年人救助保护制度为基础,将救助保护对象延伸至困境未成年人,包括……缺乏有效关爱的留守流动未成年人、因家庭贫困难以顺利成长的未成年人,以及自身遭遇重残重病等特殊困难的未成年人。
8	《教育部义务教育学校管理标准(试行)》	2014.8	建立切实可行的安全与健康管理制度。 ①积极借助政府部门、社会力量、专业组织,构建学校安全风险管理体系。组织教职工学习有关安全工作的法律法规,落实《中小学校岗位安全工作指南》。 ②建立健全学校安全卫生管理制度和活动安全,采取切实措施,确保学校严格执行国家校车安全管理制度。有校车的学校严格执行国家校车安全管理制度,确保学生人身安全、食品饮水安全,设施安全。 ③制订突发事件应急预案,预防和应对溺水、交通事故、校园暴力、自然灾害和公共卫生事件。

续表

序号	政策名称	颁布时间	政策要点
续上	《教育部义务教育学校管理标准（试行）》	2014.8	2. 建设安全卫生的学校基础设施。 ①配备保障学生安全与健康的基本设施和设备，落实人防、物防和技防等相关要求。 ②将校舍安全信息等录入国家教育信息管理系统并及时更新，定期对校舍、食堂、厕所、体育场地和器材、消防设施、饮用水设施等进行检查，及时消除安全卫生隐患。校舍安全隐患要向主管部门及时书面报告。 ③设立卫生室或保健室，按要求配备专兼职医务人员，落实日常卫生保健制度。 ④设置安全警示标识和安全、卫生教育宣传橱窗，定期更换宣传内容。 3. 开展以生活技能为基础的安全教育。 ①有计划地开展生命教育、防灾减灾教育、禁毒和预防艾滋病教育。 ②普及疾病预防、饮食卫生常识以及生长发育和青春期保健知识。 ③落实《中小学幼儿园应急疏散演练指南》，提高师生应对突发事件和自救自护能力。
9	最高法等四部门《关于依法处理监护侵害未成年人权益行为若干问题的意见》	2014.12	本意见所称监护侵害行为，是指父母或者其他监护人实施性侵害、出卖、遗弃、虐待、暴力伤害未成年人，教唆、利用未成年人实施违法犯罪行为，胁迫、诱骗、利用未成年人乞讨，以及不履行监护职责严重危害未成年人身心健康等行为。 人民法院、人民检察院、公安机关、民政部门应当加强与妇儿工委、教育部门、卫生部门、共青团、妇联、关工委、未成年人住所地村（居）民委员会等的联系和协作，积极引导、鼓励、支持法律服务机构、社会工作服务机构、公益慈善组织和志愿者等社会力量，共同做好受监护侵害的未成年人的保护工作。

续表

序号	政策名称	颁布时间	政策要点
续上	最高法院等四部门《关于依法处理监护人侵害未成年人权益行为若干问题的意见》	2014.12	被申请人有下列情形之一的，人民法院可以判决撤销其监护人资格： 1. 性侵害、出卖、遗弃、虐待，暴力伤害未成年人，严重损害未成年人身心健康的； 2. 将未成年人置于无人监管和照看的状态，导致未成年人面临严重伤害危险，经教育不改的； 3. 拒不履行监护职责长达6个月以上，导致未成年人流离失所或者生活无着的； 4. 有吸毒、赌博、长期酗酒等恶习无法履行监护职责或者因服刑等原因无法履行监护职责，且拒绝将监护职责部分或者全部委托给他人，致使未成年人处于困境或者危险状态的； 5. 胁迫、诱骗、利用未成年人乞讨，经公安机关和未成年人救助保护机构等部门3次以上批评教育拒不改正，严重影响未成年人正常生活和学习的； 6. 教唆、利用未成年人实施违法犯罪行为，情节恶劣的； 7. 有其他严重侵害未成年人合法权益行为的。
10	最高法院等四部门《关于依法办理家庭暴力犯罪案件的意见》	2015.3	针对未成年人实施强奸、猥亵犯罪的，应当从重处罚。具有情形之一的，更要依法从严惩处。对不满12周岁的儿童、农村留守儿童、严重残疾或者精神智力发育迟滞的未成年人，实施强奸、猥亵犯罪的。 对强奸、猥亵犯罪有7种情节从重处罚，对于强奸已满14周岁未成年少女的，人民法院在审判实践中一般也酌定从重处罚。《意见》第25条从试点、犯罪地点、犯罪主体、犯罪手段、犯罪对象、犯罪后果、行为人的一贯表现等方面，对从重处罚情节做了具体规定，体现依法严惩的刑事政策。这七种未成年人，更要依法从严惩处（摘要）是： 对不满12周岁的儿童、农村留守儿童、严重残疾或者精神智力发育迟滞的未成年人，实施强奸、猥亵犯罪的；

续表

序号	政策名称	颁布时间	政策要点
11	《教育部关于防范假期学生溺水事故的预警通知》	2016.7	对留守儿童和农民工随迁子女,要建立学校和家长(委托监护人)之间畅通的联系方式及夫爱帮扶体系,切实提高学生(委托监护人)和学生预防溺水的警惕性和自觉性,做到暑期防溺水安全不"放假"。
12	《国务院教育督导委员会办公室关于加强中小学(幼儿园)安全工作的紧急通知》	2017.4	要以防溺水、校舍、消防、食品、上下学交通、学生欺凌与暴力等为重点进行排查。

表1-8 "留守儿童"社会救助相关政策

序号	政策名称	颁布时间	政策要点
1	《中华人民共和国社会救助暂行办法》	2014.2	教育救助根据不同教育阶段需求,采取减免相关费用、发放助学金、安排勤工助学等方式实施,保障教育救助对象基本学习、生活需求。
2	《国务院关于进一步健全特困人员救助供养制度的实施意见》	2016.2	对象:城乡老年人、残疾人以及未满16周岁的未成年人,同时具备以下条件的,依法纳入特困人员救助供养范围:无劳动能力,无生活来源,无法定赡养抚养扶养义务人或者其法定赡养抚养扶养义务人无履行义务能力。具体认定办法由民政部负责制定。

续表

序号	政策名称	颁布时间	政策要点
续上	《国务院关于进一步健全特困人员救助供养制度的实施意见》	2016.2	内容：基本生活条件＋疾病救治＋住房补贴＋教育补助。鼓励群众团体、公益慈善等社会组织、社会工作服务机构和事业单位、志愿者等社会力量参与特困人员救助供养工作。鼓励运用政府和社会资本合作（PPP）模式，采取公建民营、民办公助等方式，支持供养服务机构建设。加大政府购买服务和项目支持力度，落实各项财政补贴、税收优惠和收费减免等政策。引导、激励公益慈善组织、社会工作服务机构，以及社会力量举办的养老、医疗等服务机构，为特困人员提供专业化个性化服务。
3	《国务院关于加强困境儿童保障工作的实施意见》	2016.6	贫困儿童（生活、就医、就学等）、残障儿童（康复、照料、融入等）、家庭监护导致安全侵害（遗弃、虐待、意外及不法伤）侵害）。

表1-9 与"留守儿童"相关的扶贫政策

序号	政策名称	颁布时间	政策要点
1	《国务院关于加快国家扶贫开发工作重点县"两免一补"实施步伐有关工作的意见》	2005.2	对农村义务教育阶段贫困家庭学生实行"两免一补"（免书本费、免杂费、补助寄宿生生活费）政策，并加快对国家扶贫开发工作重点县的实施步伐；中央免费教科书实行政府采购制度，由省级教育、财政部门委托有资质的政府采购机构进行统一采购、发行等环节的费用。

续表

序号	政策名称	颁布时间	政策要点
2	《国务院关于进一步动员社会各方面力量参与扶贫开发的意见》	2014.11	①打造扶贫公益品牌。继续发挥"光彩事业""希望工程""幸福工程""母亲健康快车""贫困地区儿童营养改善""春蕾计划""集善工程""爱心包裹""母亲水窖""行动计划"等扶贫公益品牌效应,积极引导社会各方面资源向贫困地区聚集,动员社会各方面力量参与"雨露计划"、扶贫小额信贷和易地扶贫搬迁等扶贫开发重点项目,不断打造针对贫困地区留守妇女、儿童、老人、残疾人等特殊群体的一对一结对、手拉手帮扶等扶贫公益新品牌。 ②推进政府购买服务。加快推进面向社会购买服务,支持参与社会扶贫的各类主体通过公开竞争的方式,积极参加政府面向社会购买服务工作,政府部门择优确定扶贫项目和具体实施机构,支持社会组织承担扶贫服务项目的实施。
3	《中共中央 国务院关于打赢脱贫攻坚战的决定》	2015.11	健全留守儿童、留守妇女、留守老人和残疾人关爱服务体系。对农村"三留守"人员和残疾人进行全面摸底排查,建立翔实完备、动态更新的信息管理系统。加强儿童福利院、救助保护机构、特困人员供养机构、残疾人康复设施和社区儿童之家等服务设施和队伍建设,不断提高管理服务水平。建立家庭托养机构,社区基层组织,政府和社会力量相衔接的留守儿童关爱服务网络。加强对未成年人的监护。健全发现报告、应急处置、帮扶干预机制,帮助家庭重病重残等困境儿童的福利保障体系。加大贫困残疾人康复工程、特殊教育、技能培训、托养服务实施力度。对低保家庭残疾人解决实际困难,全面建立困难残疾人生活补贴和重度残疾人护理补贴制度。针对残疾中的老年人、未成年人、重度残疾人等重点救助对象,提高救助水平,确保基本生活。引导和鼓励社会力量参与特殊群体关爱服务工作。

续表

序号	政策名称	颁布时间	政策要点
4	《国务院关于印发〈"十三五"脱贫攻坚规划的通知〉》	2016.11	完善"三留守"人员服务体系。组织开展农村留守儿童、留守妇女、留守老人摸底排查工作。推动各地通过政府购买服务、政府购买社会服务岗位、引人社会工作专业人才和志愿者等方式，为"三留守"人员提供关爱服务。加强留守儿童关爱服务队伍和站点建设，建立留守儿童救助保护机制和社会保护和权益保护工作。研究制定留守老年人关爱服务政策措施，推进农村社区日间照料中心建设，提升农村特困人员供养服务机构托底保障能力和服务水平。支持各地农村幸福院等社区养老服务设施建设和运营，开展留守老年人关爱行动。加强对"三留守"人员的生产扶持、生活救助和心理疏导。进一步加强对贫困地区留守妇女技能培训和居家灵活就业创业的扶持，切实维护留守妇女权益。 专栏5 社会工作专业人才和志愿者 1.社会工作专业人才服务贫困地区系列行动计划。实施社会工作专业人才服务"三区"行动计划，每年向边远贫困地区、边疆民族地区和革命老区选派1000名社会工作专业人才，为"三区"培养500名社会工作专业人才。积极实施农村留守人员残疾人与社会关爱行动，城市流动人口社会融入计划、特困群体社会工作关怀行动、发达地区与贫困地区牵手行动，重大自然灾害与突发事件社会工作服务支援行动，支持社会工作服务机构和社会工作者为贫困地区农村各类特殊群体提供有针对性的服务（政府购买服务、政府购买基层公共管理和社会服务岗）。

续表

序号	政策名称	颁布时间	政策要点
续上	《国务院关于印发〈"十三五"脱贫攻坚规划〉的通知》	2016.11	2. 脱贫攻坚志愿服务行动计划。实施扶贫志愿者行动计划，每年动员不少于1万人次到贫困地区参与扶贫开发，开展扶贫志愿服务工作。以"扶贫改变"志愿者行动项目、"邻里守望"志愿服务行动、扶贫志愿服务品牌培育行动等为重点，支持有关志愿服务组织和志愿者选择贫困程度深的建档立卡贫困村，科技领域开展精准志愿服务行动。贫困户和特殊困难群体、任教育、医疗、文化、以空巢老人、残障人士、农民工及困难职工、留守儿童等群体为重点，开展生活照料、困难帮扶、文体娱乐、技能培训等方面的志愿帮扶活动。通过政府购买服务、公益创投、社会资助等方式，引导支持志愿服务组织和志愿者参与扶贫志愿服务，培育发展精准扶贫志愿服务品牌项目（政府购买服务、公益创投、社会资助）。
5	教育部等六部门《教育脱贫攻坚"十三五"规划》	2016.12	发展学前教育。省级统筹学前教育资金向贫困县倾斜。以县为单位编制学前教育规划，通过举办公办幼儿园、幼儿园等，构建学前教育体系，重点保障留守儿童。加大特殊群体支持力度，建立建档立卡等贫困家庭留守儿童台账，构建家庭、学校、政府和社会合力等关爱服务网络。在农村留守儿童集中地区加强农村寄宿制学校建设，促进寄宿制学校合理分布，提高农村留守儿童入住率。支持和指导中小学校对农村留守儿童受教育情况实施全过程管理，加强心理健康教育，帮助监护人掌握农村留守儿童学习情况，提升监护人责任意识和教育管理能力。

民政部将以中央财政支持社会组织参与社会服务项目为切入点，以上述政策文件为依据，进一步推动各地通过政府购买服务方式，发挥社会组织、社会工作专业服务机构的积极作用，为包括农村留守儿童在内的未成年人提供监护指导、心理疏导、行为矫治、社会融入和家庭关系调适等专业服务。

表 1-10　与"留守儿童"相关的社会组织发展政策

序号	政策名称	颁布时间	政策要点
1	教育部等十五部门《关于开展经常性助学活动的意见》	2003.9	1. 经常性助学活动主要资助农村义务教育阶段家庭经济困难的学生，优先资助农村家庭经济困难学生和残疾学生，适当兼顾其他困难学生。 2. 经常性助学活动捐助资金，主要用于补助受援学生的书本费、杂费和寄宿学生的住宿费、伙食费以及非义务教育阶段家庭特别困难学生的学费等开支。各级政府受为党政机关、社会团体、企事业单位和个人捐资助学或设立助学项目提供便利条件，欢迎境外热心农村义务教育公益事业的组织和个人捐资助学。对纳税人通过非营利的社会团体和国家机关向农村义务教育的捐赠（资金），可在应纳税所得额中全额扣除。对捐资助学贡献较大的个人或单位予以表彰。
2	组织部、民政部等六部门《关于印发〈边远贫困地区、边疆民族地区和革命老区人才支持计划社会工作专业人才专项计划实施方案〉的通知》	2012.9	1. 含三留人员。 2. 培育当地社工人才。 3. 项目申报采购方式。

续表

序号	政策名称	颁布时间	政策要点
3	《民政部关于建立儿童福利领域慈善行为导向机制的意见》	2014.2	1. 面向事实无人抚养儿童、残疾儿童、患大病重病儿童、患罕见病儿童、艾滋病病毒感染儿童等儿童、留守儿童、贫困家庭儿童、孤儿、流浪儿童、流动儿童等。 2. 帮助儿童解决基本生活方面的需求，也满足儿童在教育、医疗、安全、心理健康、社会融入等方面的需要。
4	《国务院关于加强和改进党的群团工作的意见》	2015.7	有针对性地开展创业就业、心理疏导、大病救助、法律援助、婚恋交友、居家养老等服务，特别是要做好对困难职工、留守儿童、妇女儿童、归难侨、残疾人等群体的帮扶，对高等学校毕业生、留学回国人员、农民工的服务。 通过项目招聘、购买服务等方式吸引社会工作人才、专家学者、社会组织等力量参与服务群众工作。
5	《民政部关于鼓励实施慈善款物募用分离 充分发挥不同类型慈善组织积极作用的指导意见》	2015.10	慈善款物募用分离是指在款物募集方面有优势的慈善组织（以下简称资助型组织）负责慈善资金的募集和管理、开展活动，通过募用使用适度分离和不同慈善组织之间慈善服务型组织（以下简称服务型组织）运作项目，开展活动，通过募用使用适度分离和不同慈善组织之间的分工协作，提升慈善款物使用效率的一种做法。 鼓励资助型组织和服务型组织通过以下方式实施募用分离： 1. 协议委托。 2. 公益招投标。 3. 联合劝募。 4. 公益创投。

续表

序号	政策名称	颁布时间	政策要点
6	中共中央办公厅国务院办公厅印发《关于改革社会组织管理制度促进社会组织健康有序发展的意见》	2016.8	大力培育发展社区社会组织。①降低准入门槛。对在城乡社区开展为民服务、养老照护、公益慈善、促进和谐、文体娱乐和农村生产技术服务等活动的社区社会组织，采取降低准入门槛的办法，支持鼓励发展。对符合登记条件的社区社会组织，优化服务，加快审核办理程序，并简化登记程序。对达不到登记条件的社区社会组织，按照不同规模、业务范围，成员构成和服务对象，由街道办事处（乡镇政府）实施管理，加强分类指导和业务指导。鼓励在街道（乡镇）成立社区社会组织联合会，发挥管理服务协调作用。②积极扶持发展。鼓励依托街道（乡镇）综合服务中心和城乡社区服务站等设施，建立社区社会组织综合服务平台，为社区社会组织提供组织运作、活动场地、活动经费、人才队伍等方面支持。采取政府购买服务、设立项目资金、补贴活动经费等措施，加大对社区社会组织扶持力度，重点培育为老年人、妇女、儿童、残疾人、失业人员、农民工、服刑人员未成年子女、困难家庭、严重精神障碍患者、有不良行为青少年、社区矫正人员等特定群体服务的社区社会组织。有条件的地方可探索建立社区社会组织孵化机制，设立孵化培育资金，建设孵化基地。鼓励社会力量支持社区社会组织发展。③增强服务功能。发挥社区社会组织在社会治理中的积极作用，推动建立多元主体参与的社区治理格局。鼓励社区社会组织开展社区公共事务和公益事业，居民互助、纠纷调解、平安创建等社区活动，组织社区居民参与社区公共事务和公益事业，促进社区和谐稳定。支持社区社会组织承接社区公共服务政府委托事项，开展社区志愿服务。建立社区社会组织与社区建设、社会工作联动机制，促进资源共享、优势互补，把社区社会组织建设成为增强社区自治和服务功能，吸纳社会工作人才的重要载体。

续表

序号	政策名称	颁布时间	政策要点
7	《民政部、教育部、财政部、共青团中央、全国妇联关于在农村留守儿童关爱保护中发挥社会工作专业人才作用的指导意见》	2017.7	《意见》明确了社会工作专业人才在农村留守儿童关爱保护中的主要任务： 一是协助做好救助保护工作。协助开展农村留守儿童的家庭组成、监护照料、人学就学、身心健康等情况进行调查随访，对农村留守儿童的家庭农村留守儿童得到妥善照料。协助做好应急处置工作。协助做好无人监护或疑似遭受家庭暴力或其他受虐行为、及时发现报告重点对象进行核查，确保农村留守儿童得到妥善照料。协助做好临时监护照料工作。帮助农村留守儿童及其家庭链接社会救助、社会福利和公益慈善资源，相关社会组织和志愿者等社会力量为农村留守儿童及其家庭提供物质帮助和关爱服务。引导公益慈善力量、相关社会组织和志愿者等社会力量为农村留守儿童及其家庭提供物质帮助和关爱服务。 二是配合开展家庭教育指导。协助开展农村留守儿童监护法制宣传和家庭暴力预防教育，对农村留守儿童父母、受委托监护人开展家庭教育指导，引导其正确履行抚养义务和监护职责。配合调解和能力建设服务。引导外出务工家长关心留守儿童，关系调适和代际沟通、关系调适和能力建设服务。引导外出务工家长关心留守儿童，增进家庭亲情关爱，帮助农村留守儿童通过电话、视频等方式加强与父母的情感联系和亲情交流。 三是积极开展社会关爱服务。协助中小学校和农村社区做好安全教育，帮助农村留守儿童健康教育，及早发现并纠正心理问题，提供心理援助，成长陪伴和危机干预服务，疏导心理压力和负面情绪，促进农村留守儿童心理、人格健康发展，增强农村留守儿童社会适应能力。协助做好农村留守儿童社会关爱服务。协助预防和处置意外伤害事故，掌握预防意外伤害的常识。协助做好农村留守儿童心理良行为实施早期介入和行为干预，对有不良行为的留守儿童实施早期介入和行为干预，帮助其纠正偏差行为。

二、留守儿童关爱保护的地方实践

在展开留守儿童关爱保护地方实践的论述之前,首先以教育政策为例,回顾地方政府对流动儿童的教育政策演变。流动儿童和留守儿童其实是同一个群体,其角色经常在变动中(杨东平,2016)。

2001年,我国明确提出"以流入地区政府管理为主,以全日制公办中小学为主"的"两为主"政策。各地落实"两为主"政策的实践,大致经历了从被动应对、改善,到扩大公共服务乃至制度变革的过程(杨东平,2016)。"两为主"政策的具体实现见表1–11所示的内容。

表1–11 地方政府(流入地)流动儿童教育政策的变化

项目	有限管理	改善公共服务	制度变革
政策管理	制定管制性政策文件	出台改善性政策文件	将流动人口教育纳入事业规划,列入财政预算
公办学校	设置公办学校高门槛、复杂手续	降低门槛、简化手续,提高公办学校就读比例	探索积分制入学政策,大城市提高入学门槛
财政政策	实行借读费	减免借读费、免除学杂费、对学校提供补贴	将打工子弟学校转为民办学校,提供学前教育管理
打工子弟学校	将流动儿童教育和打工子弟学校纳入管理	使打工子弟学校逐渐合法化、规范化;提供专项资助、奖励、教师培训	异地高考,户籍制度改革
开放性政策		开放中职、普通高中教育	

资料来源:《中国流动儿童教育发展报告(2016)》。

为提高自身的合法性,中央政府出台了最能够充分体现"公平正义"的"两为主"政策;流出地政府因此被"豁免了"部分义务教育责任;流入地政府面对多方的巨大压力,虽然心有不甘但也只能"消极抵抗"。最终结果是,由于缺乏相应的政策配套资源,中央政府"两为主"的政策遂被流入地政府束之高阁,而作为社会弱势群体的非户籍常住人口子女,则大多只能"以民办学校为主"就学(葛新斌,2007)。

2014年,我国又将"两为主"提高到"两纳入",即将常住人口纳入区域教育发展规划,将随迁子女纳入财政保障范围。但是各地政策落地效果参差不齐。教育部统计数据显示,近年来全国义务教育阶段农民工随迁子女人数,2010年为1 167.17万人,2012年为1 393.87万人,2014年为1 294.73万人。义务教育阶段流动儿童在城市公办学校就读比例,2009年为78.2%,2011年为79.2%,

2014 年为 79.5%。仍有两成多超过 200 万的流动儿童未能进入公办学校，只能在民办学校或条件简陋的打工子弟学校就读（秦红宇，2017）。

需要讨论的是，为什么中央政府已经在政策上要求给予流动留守儿童同等待遇而事实上他们享受不到？为什么不同城市的流动留守儿童会有不同的社会政策待遇？哪些因素影响地方治理行为？中央与地方治理的关系是怎样的？

（一）地方治理与流动留守人群发展

作为流动人口管理与服务的主体，政府并不是同质性的、没有差别的，而是一个分层的、有不同利益追求取向的体系。不同层级政府在对待农村流动人口城市融合问题时的态度和行为存在差别。具体来说，在我国的特殊政治情境中，国家并非想象的那样是一体的，而是由多层次分级的政府构成，即在中央政府的集权下，中央政府通过一级政府向老百姓输送服务（每个公民获得的权利），但是在这样的输送过程中，不同层级政府都有一定的权力操作空间，在许多情况下，地方政府不完全是一个简单的输送者，而是拥有政策"解读和变通"的空间和权力。所谓"解读"是指地方政府根据自己的兴趣、利益对中央政策做出解释或理解，变通就是基于解读而采取的行动或做法。当前至少存在着三种解读和变通机制，即试验、悬置和预设。地方政府就有可能按照自己的意愿和利益，表现出不同的政策取向和偏好，建构性地执行中央政策，撷取和落实有利于本地的中央政策，而悬置或通过预设解构了其他方面的政策，从而影响中央政府的有关努力（王春光，2014）。

我国的政府层级是这样的：中央政府—省级政府（副省级政府）—地级市政府（副地级市政府）—县市级政府（副县市级政府）—乡镇、街道政府—社区（行政村）居委会。在政府的 9 个层级体系中，与农村流动人口直接互动的是乡镇、街道和社区（行政村）居委会。调查表明，县市级政府的决策解读、具体化和执行对农村流动人口的公民权获得的影响最具体、最明显和最直接。在不同县市，农村流动人口的具体处境大不同，与此同时，在城市范围，街道的作用相对小一些，而市、区政府的影响最直接、明显（王春光，2014）。

影响不同层级政府对待外来（包括外省和本省）农村流动人口的决策意图和行动因素包括政府治理理念，治理理念可能受制于经济结构和社会传统，但是有时候它也能发挥相当大的独立影响；本地经济结构：第二、第三产业是否发达、企业规模、所有制类型以及行业结构等经济结构因素；社会传统：语言、生活方式、地方观念等；流动人口现状，包括文化教育构成、来源地组成、聚居和居住方式、从事的行业类型等也影响着地方政府的治理行为（王春光，2014）。

探讨不同层级政府对中央农村流动人口政策落实的影响因素，还需要考虑该省流动人口以跨省流动为主，还是以省内流动为主，即外来农村流动人口来自本省其他市区，还是外省市区。

根据国家统计局《2016 年农民工监测调查报告》，我国农民工规模、分布及流向呈现如下特征，一是农民工总量继续增加，增量主要来自本地农民工；二是西部地区农民工人数增长最快，吸纳能力逐步增强；三是外出农民工增速继续回落，跨省流动农民工继续减少。

分区域看，东部地区跨省流动的农民工占17.8%，比上年提高0.4个百分点；中部地区跨省流动的农民工占62%，比上年下降0.5个百分点；西部地区跨省流动的农民工占52.2%，比上年下降1.3个百分点；东北地区跨省流动的农民工占22.9%，比上年下降2.3个百分点。由表1-12可知，中部地区、西部地区的农民以跨省流动为主，东部地区、东北地区的农民以省内流动为主，结合不同地区具体省份，见表1-13。

表1-12　2016年外出农民工地区分布及构成

单位：万人

按输出地分	外出农民工总量			构成		
	外出农民工	跨省流动	省内流动	外出农民工	跨省流动（%）	省内流动（%）
合计	16 934	7666	9268	100.0	45.3	54.7
东部地区	4 691	837	3854	100.0	17.8	82.2
中部地区	6290	3897	2393	100.0	62.0	38.0
西部地区	5350	2794	2556	100.0	52.2	47.8
东北地区	603	138	465	100.0	22.9	77.1

表1-13　外出务工人员输出地区分布简表

输出情况	跨省流动为主	省内流动为主
东部地区		北京、天津、河北、上海、江苏、浙江、福建、山东、广东、海南
中部地区	山西、安徽、江西、河南、湖北、湖南	
西部地区	内蒙古、广西、重庆、四川、贵州、云南、西藏、陕西、甘肃、青海、宁夏、新疆	
东北地区		辽宁、吉林、黑龙江

东部地区经历商品化和市场化水平相对较高，本地福利较好，对外省农村流动人口开放幅度小。对本省农村留守人群态度相对积极，如江苏省10余个城市均通过政府公益创投方式服务留守人群。

中部、西部地区地方政府财政开支相对紧张，部分省市以中央财政专项资金扶持款服务本省农村留守人群。

东北地区经济发展面临诸多困难，急需更多的劳动力为其服务，而其外来农村流动人口大多是省内的，这就使其有更多的理由让流动人口享受到同等的社会政策。换言之，外省农村流动人口流入越少的地方政府，越倾向于出台有利于流动人口的利好政策，如黑龙江省早在2013年就规定进城务工人员随迁子女可就地参加高考。

当然，同一地区内的不同省份，由于地理位置、区域发展水平和城市定位等原因，对待流动留守人群的政策偏好也存在不同。

教育现代化的历史研究和现实观察均表明，一般而言，教育问题本身较难真正成为一个国家议事日程上的中心议题，从而获得优先解决。而在更多时候，只有当教育问题被表达为"政治问题"之后，或被认为具有较大的政治效用之后，才能进入主政者的决策视野而获得解决。农村教育投入机制的变迁，也优先遵循着政治逻辑被不断建构出来（葛新斌，2008）。

1994年的分税制改革改变了税收分成制度，中央政府获得大部分税收，地方政府承担的教育、医疗、社会保障等公共财政支出增大。据国务院发展研究中心调查，现在农村的义务教育经费中央政府只负担2%，省地两级负担11%，县级负担9%，78%的经费要由乡镇这一级来负担（陆学艺，2007）。在目前我国的教育投入行为是直接由各个层级的行政官员作决策（葛新斌，2008）。

由于中央政府与地方政府之间权力和资源再分配方面的困难，面对中央政府的留守儿童关爱号召，地方政策一般在国家层面政策基础上，根据本地实际情况提出完善措施和细则，但是地方政府尤其是县、乡（镇）级政府落实政策动力不足。

地方政府落实中央关爱保护留守儿童政策的主要步骤如下：

1.省级政府统一规划部署，出台本省留守儿童关爱保护政策。一般由各省民政厅牵头组成起草组，在认真学习领会国务院文件、省领导批示精神、客观分析本省现实情况，并征求相关部门意见基础上，先形成《实施意见》初稿。之后分别征求省委宣传部、教育厅、公安厅、财政厅、人社厅等有关部门意见，经过反复协调修改，形成该《实施意见》。根据本省现实情况出台有针对性、适用性和有效性政策的省份并不多，如贵州省对留守儿童群体的总体规划是精准帮扶，2015年11月，出台《贵州省留守儿童教育精准关爱计划（2015—2020年）》，并通过"雁归兴贵"政策从源头上减少留守儿童数量，支持返乡就业创业。

2.各地级市出台加强关爱留守儿童的实施规划和指导意见，开展并完成留守儿童摸排工作，召开落实加强关爱留守儿童政策的座谈会。不同地级市关注侧重点不同，一般由市民政局和地方妇联牵头，协调各部门落实具体政策。具体政策内容大多以物资捐助和人员培训为主，偏重硬件建设和投入。

3.部分县、乡（镇）级政府出台留守儿童关爱工作的实施方案和执行计划。在我国农村义务教育"以县为主"的管理体制下，县级政府在留守儿童成长过程中扮演重要角色。相较10年前，很多政策仍然停留在文件和口号上，这是一大进步。以合肥市庐江县盛桥镇为例，合肥市出台《关于进一步加强全市农村留守儿童之家管理使用养护工作的指导意见》，庐江县出台《关于印发庐江县农村留守儿童服务管理工作实施方案的通知》《关于印发庐江县留守儿童之家后续管理和维护工作制度的通知》，盛桥镇出台《2016年度关爱农村留守儿童工作计划》《关于调整关爱留守儿童协调小组的通知》等。

有待改进之处：

1.多数省份依照中央号召，省级留守儿童关爱文件与中央文件大部分条文相同或没有展开、补充，缺乏特别针对本地城市融入、外出务工返乡，根本解决留守儿童问题的相关政策。

2.政府牵头实施的项目延续性不强。在对比2014—2016年的政府项目时，几乎没有延续超过两年的，大多数项目都是一次性捐赠，一次性培训教师或对学生进行心理辅导。

3.具体执行效果较少有记录和评估。村级留守儿童之家、留守学生之家普遍存在这种情况。2006—2011年，四川省某地级建成1 000多个留守学生之家，但是没有实际使用情况的反馈。

4.各地参与留守儿童项目的社会力量并不均衡，省会城市较为集中，省内其他地区大多数都是由地方妇联、关工委、民政局实施关爱项目。省与省之间也存在较大差异。

（二）省级政府出台地方细化政策

2016年2月，国务院颁发《关于加强农村留守儿童关爱保护工作的意见》。这是中央政府第一份专门针对留守儿童关爱保护的政策文件，对这一工作做出了比较全面的政策规定，不仅明确责任部门，还对政府负担的工作经费做出部署，并强调要积极引导社会资金投入。

2016年12月底，在贯彻落实《国务院关于加强农村留守儿童关爱保护工作的意见》方面，已有31个省份出台了实施意见，并建立了领导协调机制。下面以该《意见》为例，对28个省份在国务院文件基础上做出的细化进行摘要。

（三）地方政策特色

1. 东部地区（北京、天津、河北、上海、江苏、浙江、福建、山东、海南）

北京强调发挥家庭教育主体作用，指导、支持、监督家庭履行教育职责。各级政府要广泛开展适合困境儿童和留守儿童特点和需求的家庭教育指导服务和关爱帮扶，培育家庭教育社会支持体系。

天津规定拒不履行监护职责6个月以上导致农村留守儿童生活无着的，其近亲属、村（居）民委员会、区民政部门等要按照《最高人民法院 最高人民检察院 公安部 民政部印发〈关于依法处理监护人侵害未成年人权益行为若干问题的意见〉的通知》（法发〔2014〕24号）等有关规定，依法向人民法院提出撤销监护人资格，另行指定监护人的申请。

河北要求健全政策保护体系。各市（含定州、辛集市，下同）要将农村留守儿童关爱保护工作纳入当地经济社会发展规划，结合实际制定保障农村留守儿童关爱保护工作良性运行的政策措施。各市、县要逐步建立完善农村留守儿童关爱保护制度并抓好落实，有条件的要完善农村留守儿童基础保护设施建设，经济欠发达地区在制定相应政策时要对农村留守儿童关爱保护予以倾斜，确保农村留守儿童的合法权益得到保障。

上海强调要充分利用各类载体和渠道，对外出务工的本市农村户籍人员，进行《中华人民共和国民法通则》《中华人民共和国未成年人保护法》《上海市未成年人保护条例》等法律法规和《意见》等政策的宣传教育，教育父母履行照顾、保护未成年子女的法定义务。根据上海市作为外来务工人员流入地的特点，在外来务工人员集中的建筑安装、家政服务、医院护工、养老护理、美容健身等相关行业，开展法制宣传和家庭教育指导，引导未成年人父母自觉履行监护责任。

江苏对低龄留守儿童保护做了细化规定：3岁以下儿童的父母应与其共同生活或父母一方留家照料，3—6岁儿童应入园接受学前教育，学龄儿童必须接受义务教育。

浙江强调县级政府落实、完善基层儿童福利督导服务体系。县级政府要加强儿童福利指导中心、儿童福利督导工作站（点）建设，进一步完善基层儿童福利督导服务体系，解决农村留守儿童关爱保护"最后一公里"的问题。要重点加强村（社区）儿童福利督导员队伍建设，以村（社区）为单位，落实1—2名儿童福利督导员，负责掌握本区域内农村留守儿童及其家庭基本状况信息并登记建册，做好信息定期排查、即时报送等工作；负责督查、协助儿童福利各项政策的落实，为本区域内农村留守儿童及其家庭提供指导、咨询服务；对农村留守儿童遭遇突发变故时组织给予及时帮扶，并第一时间向民政、公安等相关部门报告。要加大资源整合力度，加强信息技术手段的运用，实现农村留守儿童信息在家庭、儿童福利督导员、儿童福利督导工作站（点）、儿童福利指导中心及民政部门之间有效递送。

福建要求把农村留守儿童关爱保护工作与当前的脱贫攻坚、保障民生工作结合起来，实施精准扶贫、精准脱贫，促进农民脱贫致富，从源头上逐步减少农村留守儿童数量。

山东要求加大心理健康教育专业队伍建设力度，到2017年年底，每所义务教育阶段学校至少配备1名心理健康辅导教师或接受过心理健康指导培训的兼职教师，实现心理健康辅导常态化、全覆盖。实施"乡镇幼儿园建设项目"，每个乡镇至少建设1所公办中心幼儿园，每个社区建设1所达到省定办园标准的幼儿园，依托农村定点小学和教学点附设幼儿园，或按照"大村独办、小村联办、服务半径1.5公里"的原则建村办幼儿园，实现公共学前教育资源全覆盖，满足适龄儿童就近接受学前教育的需求。

支持农民工返乡创业方面，山东规定对吸纳农村留守儿童家庭成员就业30人以上或带动10户以上的各类经营主体，在用地保障、财政政策、银行贷款等方面给予重点支持。通过政府购买部分公益岗位，安排农村留守儿童困难家庭成员就业。支持建档立卡贫困户的农村留守儿童困难家庭，利用特色产业扶贫基金、小额贷款扶贫担保基金等发展特色种养和加工业。

海南规定对分散居住在贫困山区、生活条件恶劣的农村留守儿童家庭，要通过整体搬迁等方式进行帮扶，逐步减少农村儿童留守数量。

2. 中部地区（山西、安徽、江西、河南、湖北、湖南）

山西强调按照省政府办公厅《关于支持农民工等人员返乡创业的实施意见》（晋政办发〔2015〕112号）精神，围绕该省产业转型升级，鼓励支持具备一定资金、技术和管理经验的农民工根据需求创业兴业。加快发展地方优势产业和特色经济，借力"互联网+"发展农村电商经济，开辟返乡创业新空间。

安徽在大力推进农民工市民化方面，强调进一步落实土地承包经营权、宅基地使用权、集体资产收益分配权，初步建立农民工市民化促进机制，为其监护照料未成年子女创造更好条件。

江西规定大力发展县域经济特别是乡村经济，实施创业回归工程。大力发展地方优势特色产业，加快产业集聚区发展，充分发挥产业集聚区吸纳农民工就业的主渠道作用；加大对乡镇和农村建设用地的支持力度，推动中小企业、劳动密集型产业、农副产品加工业、电商企业等在乡镇落地建设；推动农村土地流转、土地入股和土地托管，发展现代农业、休闲观光农业和乡村旅游。

河南要求在农村留守儿童较为集中的学校、村委会、社区建设留守流动儿童之家、爱心家园，力争3年内基本实现农村留守儿童关爱服务阵地全覆盖。农村留守儿童之家、爱心家园等关爱服务设施建设，要按照有统一标牌、有固定场所、有完善设备、有人员管理、有儿童档案、有活动计划、有活动台账、有经费保障的标准，强化建设和使用管理，提高经济效益和社会效益。农村留守儿童关爱服务阵地建设要与基层文化中心建设结合起来，发挥基层文化中心的多重服务保障作用。

湖北强调要切实加强对农村留守女童的保护，对遭受性侵女童，司法机关应依法从重从快立案查处。要严厉打击使用童工的企业和雇主，帮助儿童回归家庭和正常生活。对农村留守儿童遭遇重特大疾病、交通事故、火灾、意外伤害等突发性、临时性困难时，及时给予临时救助。

湖南规定强化司法干预。对实施家庭暴力、虐待或遗弃农村留守儿童的父母或受委托监护人，公安机关应当给予批评教育，必要时予以治安管理处罚，情节恶劣构成犯罪的，依法立案侦查。对于监护人性侵害、出卖、遗弃、虐待、暴力伤害农村留守儿童导致其身心健康严重损害的；将留守儿童置于无人监管和照看状态导致其面临危险且经教育不改的；或者拒不履行监护职责6个月以上导致留守儿童流离失所或者生活无着的；有吸毒、赌博、长期酗酒等恶习无法正确履行监护职责或者因服刑等原因无法履行监护职责，且拒绝将监护职责部分或者全部委托给他人，致使农村留守儿童处于困境或者危险状态的；胁迫、诱骗、利用农村留守儿童乞讨，经公安机关和未成年人救助保护机构等部门3次以上批评教育拒不改正，严重影响农村留守儿童正常生活和学习的；或者教唆、利用农村留守儿童实施违反犯罪行为，情节恶劣的，其近亲属、村（居）民委员会、县级民政部门等有关人员或者单位要依法向人民法院申请撤销监护人资格，另行指定监护人。

3.西部地区（内蒙古、广西、重庆、四川、云南、陕西、甘肃、青海、宁夏、新疆）

内蒙古自治区要求加快推进"红领巾梦想号"关爱留守儿童服务平台创建工作，有效发挥少先队组织在维护留守儿童权益中的作用；逐步探索、建立观护制度，为遭受家庭暴力、虐待、侵害的留守儿童和其他儿童提供心理辅导和测评服务。

广西壮族自治区强调公办义务教育学校要普遍对农民工未成年子女开放，不得收取择校费、赞助费或变相收费。

重庆对特殊留守儿童进行了细分，包括生活困难农村留守儿童、残疾农村留守儿童、农村留守女童等重点对象，要随时跟踪掌握情况，及时实施救助保护。并细化了群团组织关爱优势，包括共青团要组织广大团员、少先队员和青年志愿者，依托城乡社区市民学校实施"四点半课堂""七彩假期""流动少年宫"等项目，开展"手拉手""欢乐星期六"等活动；通过"青少年维权在线""12355"青少年服务平台，开展农村留守儿童心理干预和个案帮扶。妇联要组织爱心父母、志愿者团队等，开展"结对帮扶""恒爱行动""春蕾圆梦行动"等关爱活动；依托"家庭教育流动学校""重庆家庭教育网"等载体开展家庭教育服务，提升留守儿童父母和监护人家庭教育水平；通过"12338"妇女儿童维权热线和法律服务团队，为农村留守儿童及家长提供心理咨询和维权服务；通过牵头与其他群团组织联手打造"爱心童享筑梦行动"，实现需求与服务有效对接。

四川鼓励共青团加强农村留守儿童法治教育、自护教育和自强教育，通过争取专项资金、实施公益项目等方式，整合引导社会资源开展关爱服务（责任单位：省总工会、团省委、省妇联、省残联、省关工委）。

云南计划到2017年，实现符合寄宿规定的农村留守儿童学生小学80%在校寄宿、初中100%在校寄宿。到2017年，每所义务教育阶段学校至少配备1名专（兼）职心理健康辅导教师；到2020年，全省寄宿制中小学都拥有标准的心理健康辅导室。逐步普及高中阶段教育，率先对建档立卡贫困家庭学生实施普通高中、中等职业教育免除学杂费，让未升入普通高中的初中毕业生都能接受中等职业教育。加强民办学校对农村留守儿童的关爱和教育工作，加大职业技能提升计划和贫困户教育培训工程实施力度，鼓励职业院校和技工学校招收贫困家庭子女，确保贫困家庭劳动力至少掌握一门致富技能。

在提升农民工家庭帮扶方面，云南要求对已经申领居住证的外来务工人员随迁未成年子女，学前教育、义务教育入学应与当地户籍学生一同实行划片免试就近入学和对口直升。公办义务教育学校要普遍对农民工未成年子女开放，与城镇户籍学生混合编班统一管理，提高农民工子女入读公办学校的比例。通过财税、专项补助等优惠政策助力民间办学、有条件的用工企业办学，吸纳农民工随迁子女上学，有效解决务工人员未成年子女上学、随迁生活等后顾之忧。

陕西要求妇联要依托妇女之家、儿童之家等活动场所，为农村留守儿童和其他儿童提供生活托管、亲情抚慰、安全管护等关爱服务，通过"春蕾计划""安康计划"等公益项目给留守儿童家庭相应帮扶。

甘肃规定各地要结合建设幸福美好新甘肃这一重大使命，围绕实施精准扶贫、联村联户为民富民行动和新农村建设等项目工程，积极统筹各方资源，推动和加强未成年人保护管理机构、寄宿制学校、儿童福利机构、日间照料中心等关爱保护设施建设，切实满足留守儿童入学需求和临时监护照料等需求，逐步实现县级未成年人保护机构、农村和学校"留守儿童之家"全覆盖，让农村留守儿童共享改革发展成果。

青海要求强化农村牧区留守儿童医疗保护，做好基本医疗保险、居民大病保险与医疗救助制度的有效衔接，做好疾病应急救助工作，持续做好"明天计划""包虫病治疗项目"等工作，提高农村牧区留守儿童医疗保障水平（省民政厅、省卫生计生委、省公安厅、省教育厅、省人力资源社会保障厅、省住房城乡建设厅，各市、州人民政府）。

宁夏回族自治区注重县级政府落实情况，要求县级民政部门及救助管理机构应根据当地实际情况，推进未成年人保护中心项目建设，以市、县（区）"未成年人社会保护中心"为基础，设立"基层社区农村留守儿童关爱保护中心（儿童之家）"，在农村留守儿童较多的乡（镇）设立临时救助站（点），依托区域优势，借助社会专业工作和基础较好的社区，发展民间留守儿童社会工作关爱服务机构，不断健全完善未成年人社区保护网络。

新疆强调乡镇人民政府（街道办事处）和村（居）民委员会要加强对监护人的普法宣传、"去极端化"宣传教育、民族团结教育、监护监督和指导，督促其履行监护责任，督促家庭确保适龄儿童入学，提高监护能力。要充分发挥村级组织阵地作用，利用阵地科教娱乐设施为农村留守儿童营造学习、娱乐场所；各级"访民情惠民生聚民心"工作组要协助乡镇、村"两委"做好农村留守儿童关爱保护工作。教育部门和学校要加强社会主义核心价值观宣传教育，深入开展"去极端化"教育，引导学生抵御宗教极端思想渗透，牢固树立"五个认同"。

4. 东北地区（辽宁、吉林、黑龙江）

辽宁对各项留守儿童关爱保护工作的省厅级牵头单位做了明确规定。如（省财政厅、省民政厅）各级人力资源社会保障部门要加强救助管理机构岗位设置的管理工作，科学合理设置救助管理机构工作岗位，根据《国务院办公厅关于加强和改进流浪未成年人救助保护工作的意见》（国办发〔2011〕39号）精神，落实好救助管理机构的工作人员工资倾斜政策。

吉林强调计划生育协会要发挥计生网络优势，通过中国计生协和国际计生联、联合国教科文组织开展的青春健康项目，让留守儿童健康安全地度过青春期，发动志愿者和会员，从多个角度关爱留守儿童。

黑龙江要求成立关爱农村留守儿童社会工作者协会，建立关爱农村留守儿童基金，建立社会工作者和志愿者服务农村留守儿童的补助保障机制。

卫生院、社区卫生服务中心要为辖区内居住的0—6岁儿童免费提供新生儿家庭访视、满月健康管理、婴幼儿健康管理、学龄前儿童健康管理和预防接种等基本公共卫生服务，对其中0—36个月儿童免费中医调养。对辖区内居住的0—6岁儿童免费提供健康教育资料和个体化健康教育，并建立健康档案。以县（市、区）为单位，0—3岁儿童系统管理率要保持在85%以上，7岁以下儿童健康管理率要保持在85%以上。与留守儿童家庭签约，免费提供家庭医生式服务。要强化农村基本公共服务，提高农村各种公共服务资源投放规模和利用效率，支持、促进农村留守儿童关爱服务机构发展，使农村留守儿童享受更多公共服务。

（四）创新行动

留守儿童关爱保护工作不仅要靠自上而下的顶层设计，也要依靠自下而上的地方探索和实践。在各地的留守儿童关爱保护工作中，贵州的精准关爱计划和河南许昌的司法保护意见出台成为值得关注的亮点。

2015年6月，贵州省出台《关于进一步加强农村留守儿童关爱服务工作的紧急通知》。2015年8月，中共贵州省委办公厅、贵州省人民政府办公厅印发《关于进一步加强留守儿童困境儿童关爱救助保护工作的实施意见》。2015年11月，贵州省教育厅出台《贵州省留守儿童教育精准关爱计划（2015—2020年）》，贵州省对留守儿童群体的总体规划是精准帮扶，并通过"雁归兴贵"政策从源头上减少留守儿童数量，支持返乡就业创业。

2017年1月，河南省许昌市出台司法《关于加强农村留守儿童司法保护的意见》，是一部以留守儿童为主体的市级司法保护文件。该《意见》着重强化对农村留守儿童监护人的监督，对实施家庭暴力、虐待或遗弃农村留守儿童的监护人，情节恶劣构成犯罪的，监督公安机关依法立案侦查。对于性侵留守儿童的，检察机关要快捕快诉，从严惩处。《意见》要求，检察机关对于成年人性侵害、拐卖、绑架、遗弃、虐待、暴力伤害农村留守儿童，以及教唆、胁迫、诱骗、利用农村留守儿童实施违法犯罪行为等严重侵害农村留守儿童合法权益、危害其身心健康的犯罪，应当依法快捕快诉，从严惩处，并做好对法院判决情况的监督工作。

三、执行部门分工与协作

（一）国家层面（表1-14　农民工工作会议、农村留守儿童关爱保护工作会议简表）

2006年以来，为切实做好农民工、农村留守儿童工作，加强部门间的协调配合，先后由国务院、全国妇联、民政部牵头，组建部际联合会议。联席会议制度规定了会议主要职责、成员组成、议事规则。

2016年，由民政部牵头，针对留守儿童问题由27个部门组成的部际联席会议，并对各成员单位的职责分工做出明确规定。（表1-15　农村留守儿童关爱保护工作建立部际联席会议各成员单位职责分工列表）。

2017年10月10日，民政部"全国农村留守儿童信息管理系统"正式启用，该系统包括数据录入、审核报送、汇总分析等功能模块，实现了与最低生活保障信息系统、建档立卡贫困户信息系统、残疾人信息管理系统的数据共享，为开展农村留守儿童数据更新、比对核实、组合查询、定期通报、实时报送等工作提供了可靠的平台支撑和有效的技术保障，对建立翔实完备的农村留守儿童信息台账，推动社会资源的有效对接，实现对留守儿童的精准关爱、精准帮扶、精准保护具有十分重要的意义。民政部要求各地民政部门须在2017年11月底前完成农村留守儿童的信息采集录入、审核报送工作，这意味着我国将逐步建立起翔实完备的农村留守儿童信息台账，关爱留守儿童的基础设施建设得以进一步加强。

表1-14 农民工工作会议、农村留守儿童关爱保护工作会议简表

时间	会议名称	召集部门	成员单位数量	具体成员单位
2006.3	国务院农民工工作联席会议	国务院	31个部门和单位	国务院办公厅、发展改革委、教育部、科技部、公安部、监察部、民政部、司法部、财政部、劳动保障部、建设部、农业部、文化部、卫生部、人口计生委、人民银行、国资委、税务总局、工商总局、统计局、安监管总局、法制办、国研室、扶贫办、西部开发办和中宣部、中农办、高法院、全国总工会、共青团中央、全国妇联。
2006.10	农村留守儿童专题工作组/留守儿童会议办公室	全国妇联	12个部门	国务院农民工工作联席会议办公室、全国妇联、教育部、公安部、民政部、财政部等。
2016.4	农村留守儿童关爱保护工作部际联席会议制度	民政部	27部门	民政部、中央综治办、中央农办、中央网信办、发展改革委、教育部、公安部、司法部、农业部、卫生计生委、人力资源社会保障部、住房城乡建设部、财政部、统计局、法制办、税务总局、新闻出版广电总局、妇儿工委办公室、扶贫办、全国人大常委会法工委、最高人民法院、最高人民检察院、全国总工会、共青团中央、全国妇联、中国残联和关工委。

表1-15 农村留守儿童关爱保护工作建立部际联席会议各成员单位职责分工列表

单位	中央综治办	中央农办	中央网信办
职责	督促指导各地将农村留守儿童关爱保护工作纳入社会治安综合治理考核重要内容。在年度考核中，按《健全落实社会治安综合治理领导责任制规定》，对认真开展农村留守儿童关爱保护工作、责任落实到位、工作成效明显的地区给予表彰奖励，措施不实、造成严重后果的地区严格进行责任督导和追究。	督促指导各地将农村留守儿童关爱保护工作予以安排部署，将农村留守儿童关爱保护工作纳入新农村建设大局和美丽乡村建设规划。	指导中央重点新闻网站、主要商业网站通过微博、微信、客户端开展形式多样的未成年人保护法律法规和政策措施专项宣传活动，引导未成年人父母自觉履行监护责任，强化强制报告主体的法律意识。建立农村留守儿童舆情监测预警和应对机制，客观审慎报道农村留守儿童事件，营造家庭、学校、政府和社会齐抓共管的关爱保护氛围。依法清理网上侵害未成年人身心健康的有害信息，营造绿色网络生态。引导网络公益平台、相关网络社会组织积极参与农村留守儿童关爱保护。

续表

单位	全国人大常委会法工委	最高人民法院	最高人民检察院
职责	配合法律提案单位做好《中华人民共和国未成年人保护法》等法律的修订工作，健全未成年人保护工作体制，强化家庭监护监督干预政策，明确部门职责定位，建立未成年人行政保护和司法保护衔接协作机制，为开展包括农村留守儿童在内的未成年人保护工作提供有力法律保障。	指导地方各级人民法院及时受理并依法办理涉及农村留守儿童权益保障的案件，进一步加强农村留守儿童司法权益保障工作，为处于无人监护或者遭受侵害等困境的农村留守儿童指定监护人，确保农村留守儿童得到妥善监护照料，严厉惩处各类侵害农村留守儿童权益的犯罪，依法追究失职父母以及其他侵害人的法律责任。配合做好《中华人民共和国未成年人保护法》等法律法规的修订工作，及时出台完善相关司法解释，为开展包括农村留守儿童在内的未成年人司法保障工作提供司法保障。	指导全国检察机关充分履行检察职能，依法惩处各类侵害农村留守儿童权益的犯罪，依法追究失职父母以及其他侵害人的法律责任。对检察环节涉罪留守儿童加大对逮捕、起诉工作的指导监督力度。对检察环节涉罪留守儿童进行教育、感化、挽救，保护救助被害留守儿童，积极参与爱留守儿童综合治理工作。严厉查处相关领域国家工作人员失职渎职犯罪，强化对公安、法院以及其他相关部门开展未成年人保护工作的法律监督。及时制定相关司法解释，规范性文件，为开展包括农村留守儿童在内的未成年人保护工作提供司法保障。

续表

单位	民政部	教育部	公安部
职责	督促指导各级民政部门切实承担农村留守儿童关爱保护工作牵头责任，推动地方建立政府领导，民政牵头，教育、公安、司法行政、卫生计生等部门和妇联、共青团等群团组织参加的农村留守儿童关爱保护领导协调机制，及时研究解决工作中的重大问题。督促各级民政部门在会同有关部门开展摸底排查的基础上，健全信息报送机制，指导乡镇人民政府（街道办事处）建立翔实完备、动态更新的农村留守儿童信息台账；指导村（居）民委员会、社会工作服务机构、救助管理机构、福利机构及其工作人员树立强制报告意识，及时向乡镇人民政府（街道办事处）民政部门或公安机关报告工作；民政部门要组织开展监护干预工作，为临时监护照料的农村留守儿童及其家庭提供政策指导和技术支持；指导将符合条件的农村留守儿童等未成年人纳入有关社会救助、社会福利政策保障范围；指导各地安置公安机关护送的农村留守儿童，及时接收安置公安机关转送的农村留守儿童。加快孵化培育社会工作服务专业服务机构、公益慈善类社会组织、志愿服务组织，通过政府购买服务等方式支持为农村留守儿童等未成年人提供关爱服务，对贡献突出的社会组织给予奖励。统筹推进农村留守儿童关爱保护和未成年人社会保护工作。	指导地方各级教育行政部门做好农村留守儿童关爱工作，督促中小学校对农村留守儿童受教育情况实施全程管理，加强教育关爱，帮助农村留守儿童加强与父母的情感联系和亲情交流。指导各地加强寄宿制学校建设，促进寄宿制学校合理分布，提升管理服务水平，加强对农村留守儿童相对集中学校教职工的专题培训，提高班主任和宿舍管理人员关爱照料农村留守儿童的能力。指导各地教育行政部门和中小学校开展控辍保学工作，落实免费义务教育和教育资助政策，确保农村留守儿童不因贫困及其工作人员树立报告意识，幼儿园及其失学。督促指导学校普遍对农民工未成年子女开放，通过政府购买服务等方式支持农民工未成年子女在普惠性民办学校接受义务教育。落实和完善符合条件的农民工子女在输入地参加中考、高考政策。	督促指导各地公安机关做好包括农村留守儿童在内的未成年人权益保护工作，及时受理强制报告主体报告的信息，第一时间出警调查，有针对性地采取应急处置措施，做好带离护送，调查取证，协助就医，鉴定伤情，批评教育，立案侦查等工作。督促指导各地公安机关依法追究失职父母或侵害未成年人的法律责任，严厉惩处各类侵害农村留守儿童的犯罪，及时表扬和奖励主动报告信息的群众和社会组织；及时向乡镇人民政府（街道办事处）通报应急处置情况，配合做好农村留守儿童安全处境、监护情况等调查评估工作。配合教育行政部门指导和协助中小学校完善安防设施、技防措施，加强校园安全管理，做好法制宣传和安全教育，预防、制止侵害农村留守儿童人身安全的案件发生。做好户籍制度改革，有序推进符合条件的进城务工人员及家属落户，加快推进户籍人员及家属落户，为其监护照料未成年子女创造条件。

续表

单位	发展改革委	司法部	财政部
职责	加大投入，完善基本公共服务体系，加大设施建设力度，将救助管理机构、福利机构、农村寄宿制学校建设纳入相关专项规划，逐步完善场所设施条件，满足农村留守儿童临时监护照料需要和入学需求。	指导各级司法行政机关通过以案释法、社区普法、针对重点对象开展法治宣传教育等多种形式，深入宣传未成年人保护法律法规和政策措施，引导未成年人父母自觉履行监护责任，强化强制报告法律主体的法律意识；积极引导法律服务人员为农村留守儿童合法权益受到侵害的农村留守儿童及其家庭提供法律援助和法律服务等专业服务。	指导各级财政部门优化和调整支出结构，多渠道筹措资金，支持做好农村留守儿童关爱保护工作。指导各级财政部门将农村留守儿童关爱服务，支持进城务工农民工随迁子女在普惠性办学接受义务教育列入政府购买服务目录，指导支持民政等有关部门通过政府购买服务等方式引导社会工作专业服务机构、公益慈善类社会组织、志愿服务组织为农村留守儿童提供专业服务。指导各级财政部门落实经费减免优惠政策，支持社会组织、爱心企业依托学校、社区综合服务设施率办农村留守儿童托管服务机构，引导社会资金支持农村留守儿童关爱保护工作。落实财政、金融等优惠扶持政策，落实减税降费政策，为农民工返乡创业就业提供便利条件。

167

续表

单位	人力资源社会保障部	住房城乡建设部	农业部
职责	推动落实国务院关于支持农民工返乡创业就业的一系列政策措施。指导各地人力资源社会保障部门广泛宣传农民工劳动力政策，加强农村劳动力技能培训，有针对性地推荐就业用工岗位信息或创业项目信息。	指导各地住房城乡建设部门将符合住房保障条件的农民工及其家属纳入保障范围，通过实物配租、公共租赁住房或发放租赁补贴等方式，满足其家庭的基本居住需求。	推动落实国务院关于支持农民工返乡创业就业的一系列政策措施，大力培育家庭农场、农民合作社等新型经营主体，依托新型职业农民培育工程加强农村劳动力技能培训，广泛开展各类实用技术培训、咨询、示范和推广服务。稳步推进农村承包地确权登记颁证，切实保障外出务工农村劳动力土地权益。

单位	卫生计生委	税务总局	新闻出版广电总局
职责	指导医疗机构及其工作人员树立强制报告意识，开展强制报告工作。指导医疗机构及时接收救治遭受侵害或意外伤害的农村留守儿童，协助做好农村留守儿童伤情鉴定、身心健康状况评估等工作。指导各地卫生计生部门和卫生防疫、妇幼保健、计划生育指导服务机构为外出务工人员及其家属提供保健、卫生防疫和计划生育服务。指导推动各地医疗机构开展医疗服务下乡活动，帮助农村留守儿童及其家属掌握急救等基本卫生常识。	指导各级税务部门落实税费减免优惠政策，支持社会组织、爱心企业依托学校、社区综合服务设施举办农村留守儿童托管服务机构。指导各级税务部门落实定向减税和普遍性降费政策，为农民工返乡创业就业提供便利条件。	指导各地新闻出版广电部门加强未成年人保护法律法规和政策措施宣传教育，开展形式多样的宣传护责任，强化强制报告的法律意识。指导新闻出版和广播电视媒体客观审慎报道农村留守儿童事件，广泛宣传报道未成年人权益保护先进典型，营造家庭、学校、政府和社会共同抓好的关爱保护氛围。

续表

单位	统计局	法制办	扶贫办
职责	指导各地统计部门将农村留守儿童、妇女、老人纳入人口普查、抽样调查等有关调查范围，调查、了解农村"三留守人员"的基本状况。	配合做好《中华人民共和国未成年人保护法》等法律的修订工作，建立理顺未成年人保护工作体制，强化家庭监护监督干预政策，明确部门职责定位，构建行政保护和司法保护协作机制，细化失职父母或侵害未成年人的处罚措施，为开展农村未成年人保护工作提供支持和保障。	指导各地扶贫工作机构将农村留守儿童、妇女、老人关爱服务工作纳入扶贫攻坚工作的重要内容，将建档立卡的农村留守儿童及其家庭纳入精准扶贫项目的重点支持范围。

单位	妇儿工委办公室	全国总工会	共青团中央
职责	依托妇儿工委工作机制督促各级地方政府妇儿工委按照《中国儿童发展纲要（2011—2020年）》和《国务院关于加强农村留守儿童关爱保护工作的意见》精神，做好农村留守儿童关爱保护工作。对农村留守儿童关爱保护工作成效显著的地区和部门经验及时予以宣传和推广。	通过开展送温暖、金秋助学、农民工平安返乡和女职工关爱行动等品牌活动，加强对农民工特别是新生代农民工、女性农民工的人文关怀，帮助他们解决生活困难，加强亲情关爱。	广泛动员广大团员青年、少先队员、青年志愿者开展多种形式的农村留守儿童关爱服务和互助活动，为农村留守儿童提供假期日间照料、课后辅导、心理疏导等关爱服务。加强农村留守儿童关爱保护志愿者队伍建设，组织开展以农村留守儿童关爱保护为主题的志愿服务行动。

续表

单位	职责
全国妇联	依托妇女之家、儿童之家等活动场所,为农村留守儿童和其他儿童提供假期日间照料、课后辅导、心理疏导等关爱服务,加强对农村留守儿童父母、受委托监护人的家庭教育指导,引导他们及时关注农村留守儿童身心健康状况,加强亲情关爱。
中国残联	组织开展农村留守残疾儿童康复等工作。依托残疾人综合服务设施,为农村留守残疾儿童提供假期日间照料、心理疏导等关爱服务。
中国关工委	组织动员广大老干部、老战士、老专家、老教师、老模范离退休老同志开展多种形式的农村留守儿童关爱服务和互助活动,协同做好农村留守儿童的关爱服务工作。

资料来源:《民政部关于印发农村留守儿童关爱保护工作部际联席会议第一次全体会议纪要及成员单位职责任务分工和2016年工作要点的函》。

（二）各省落实

为贯彻落实国家留守儿童关爱保护政策，各省先后建立联席会议制度。以四川省为例，2016年12月，四川建立留守儿童关爱保护工作联席会议制度，由30个部门和单位组成联席会议。四川省提出落实部门联动责任：

民政部门要发挥牵头组织和统筹协调作用，会同相关部门开展摸底排查、督促检查、评估考核，指导、督促乡（镇）人民政府（街道办事处）、村（居）民委员会和社会工作服务机构、救助管理机构、福利机构等服务机构及社会组织做好发现报告、定期走访、重点核查、监护监督、关爱救助、临时监护照料等工作。

教育部门及学校要落实控辍保学目标责任制、联控联保机制和辍学学生登记、劝返复学、定期排查制度；指导加强留守儿童家庭教育，协助留守儿童加强与父母的情感联系和亲情交流；完善教职工值班、学生宿舍安全管理等制度，强化校园安全防范，帮助留守儿童提高防范侵害意识和自我保护能力；教育督导部门要将学校留守儿童教育关爱工作纳入责任督学日常督导范围。

公安机关要配合开展摸底排查，落实救助保护机制，督促强化家庭监护主体责任，依法严厉打击、严密防范侵害农村留守儿童和随父母进城儿童的违法犯罪行为；协助加强校园安全管理，做好法制宣传和安全教育；大力推进户籍制度改革，有序推进符合落户条件的进城务工人员及家属落户。

司法行政部门要宣传未成年人保护法律法规和政策措施，引导法律服务人员为合法权益受到侵害的农村留守儿童及其家庭提供法律援助和法律服务等专业服务。

其他有关部门根据工作职责共同做好农村留守儿童关爱保护工作。

此外，在加强机构队伍建设方面，四川省要求：

县级以上民政部门应明确承担农村留守儿童关爱保护职责的工作机构，配备工作力量；相关部门要加强农村留守儿童关爱保护工作队伍建设，配齐配强工作人员，强化专业培训，提高专业服务能力。

乡（镇）、村（居）民委员会要建立相应的关爱保护工作队伍，农村留守儿童数量多的乡（镇）须明确1—2名工作人员专门负责，村（居）民委员会要明确1名专（兼）职儿童福利主任。

着力推进"童伴计划"、"快乐学校"等关爱保护农村留守儿童项目试点，通过政府购买服务和设置公益岗位、聘用专业社工、吸纳志愿者、灵活用工等途径，充实救助管理机构、福利机构、乡（镇）和村（居）民委员会的关爱保护工作力量，确保留守儿童关爱保护工作事有人干、责有人负（责任单位：省编办、人力资源社会保障厅、民政厅、财政厅、教育厅、团省委、省妇联、省残联、省关工委）。

对执行机构做政策分析，包含执行机构的特性（如执行机关层级的高低、资源的可使用性、管理制度与方法、组织文化与组织气候等）、垂直与水平间的沟通协调与整合活动，政策执行的监督（如行政监督、立法监督、司法监督、政治监督等行政立法监督、行政裁量监督等），执行人员的意向、能力与对政策目标的共识与沟通程度，领导管理技术（如目标管理、参与管理、适应性领域、计划评核术等），公私部门间的沟通和协力关系等，都需要加入执行网络互动的思考（廖俊松，2015），有待进一步讨论。

四、学者评价与反思

（一）学者评价

与20世纪80至90年代相比，目前对流动人口的政策在管理和服务两个维度上更加平衡，流动人口被纳入到越来越多的公共服务项目之中。在国家层面上已经开始通过户籍制度改革等措施探索解决流动人口问题。但是当前流动人口政策体系中仍然存在重点和基本方向上的偏差，没有建立在公平的基础上，没有完全摆脱重管理、轻服务的模式，缺乏长期目标等明显缺陷（关信平，2014）。

由于留守儿童问题本质的隐晦性，利益相关群体组织力量的薄弱，缺乏有效的政治沟通管道与有力的代言人，涉及层面复杂，有效对策难寻，解决之道并非政府价值观之理性考量等因素，1980年出现的留守儿童问题，推迟至2006年才进入政府议程（廖俊松，2015）。

2006年以来发布的这些政策行动仍多被批评为局部性、片面性的残补措施。迄今为止中央政府还没有制定一个专门针对农村留守儿童教育与管理的完整政策；各地留守儿童政策实施基本处于自发阶段，很多县还没有制定针对留守儿童教育与管理的政策，对留守儿童的关爱仅仅停留在文件中和口号上；缺乏留守儿童具体权利保护的条款和可操作性程序规定，对留守儿童集中地区的农村及学校建设之财政支持依然不足，在地区之间和学校之间存在巨大不平衡性；户籍制度的阻碍也没有减少，宣传示范意义大于可实践性（雷万鹏，2007；廖俊松，2015）。

导致留守儿童政策落实不到位的原因：第一，留守儿童政策实施缺乏有效评估机制。从政策评估机制看，目前对地方政府官员业绩评估或者对教师年度考核中，是否关爱留守儿童以及关爱留守儿童的成效还没有成为一项评估指标。第二，留守儿童政策实施缺乏财力保障。当地政府在财力有限的情况下解决这类问题的动力不足、积极性不高。第三，推行公共服务均等化的过程中，各地方政府受到不小阻力，包括当地居民和外来人口之间的矛盾，义务教育发展的不平衡等（雷万鹏，2007；温来成，2016）。

近年来，中央层面逐步开始重视社会层面的建设，但在地方政府的具体操作中，仍过于强调城市化和看得见的经济效益，没有真正认识到社会问题和人的代价。现在财政的投入更多是考虑产出，创造经济效益和GDP增长，在留守人群方面的投入很难带来直接效益，我们仍没有清晰认识到人的发展与物质增长之间的关系，实际上并没有把以人为本放到主要方面，仍是作为辅助，排在第二位或者第三位，有经济能力的时候就说两句，没能力就算了（叶敬忠，2015）。

如果只是将留守人群作为独立问题，很难解决，因为留守儿童等表面看只是一个群体，其实背后与国家的发展方向有关，与教育政策等也有关。解决留守人群问题归根结底还是要调整城乡关系，乡村同样应该有很好的基础设施和文化，关键是如何看待村庄和村庄里的人。如果真想改善，其实也不会太难。最起码，以汲取乡村资源为目标的发展政策应该停止，不能看重乡村土地，就把农民都赶到上楼。值得反思的是，政府近年出台的部分调节城乡关系的政策更加强化了农村自身的衰败（叶敬忠，2015、2016）。

关爱留守儿童的最终目标是要改善城乡二元结构下严重失衡的社会福利制度，需要在国家层面对社会分配制度、城乡福利差距、户籍和学籍管理制度、高考制度进行调整，设计出一套与国家经济发展相匹配的社会基本福利制度（才吉多让，2011）。

（二）反思

城镇化是人类社会发展的必然趋势，也是落后的农业国向现代化工业国转变的必由之路。目前，我国城镇化正在快速推进，今后相当长一段时间是我国城镇化发展的关键时期。由于长期形成的二元结构及由此衍生的制度、法规、政策、社会心理都不可能在短期内改变，因此留守流动儿童问题将长期存在（全国妇联，2013）。

2016年我国城镇化人口达7.93亿，常住人口城镇化率上升到57.35%，实际户籍人口的城镇化率达到41.2%。按照国家新型城镇化规划要求，深入推进以人为核心的新型城镇化，新工人融入城镇是关键。

让几亿新工人在就业地城镇安居，从工棚、地下室上楼，举家团聚才是城镇化。解决农民进城的"本金"是最核心所在。如果保持传统城镇化的四类主体（地方政府、城中村和城郊农民、开发商、城市居民）利益不动，城镇化的主体就没有进城的"本金"。如果没有资金来源，不管中央怎么号召，地方还是沿着传统城镇化的路径执行。因此，新型城镇化方案须具体且可操作。同理，如果国家财政没有安排经费，拿出资金来配套推进户籍改革，这个户籍改革就是空的（华生，2013）。

2017年10月10日，民政部"全国农村留守儿童信息管理系统"正式启用，这标志着我国将逐步建立起翔实完备的农村留守儿童信息台账，关爱留守儿童的基础设施建设得以进一步加强。10月18日，党的十九大报告中再次强调"完善社会救助、社会福利、慈善事业、优抚安置等制度，健全农村留守儿童和妇女、老年人关爱服务体系。"解决留守儿童问题应当具备更宏观的视野，不同户籍、人口、教育、返乡等相关政策之间需要协调、配合，县、乡镇人民政府和村民自治组织、居民自治组织也应当给予更多支持，从而避免政策向好，落实受阻的结果。

附表　国家与各省《关于加强农村留守儿童关爱保护工作的意见》信息列表

序号	国家/省份	文件名称	发文字号	发布日期
1	国家	《国务院关于加强农村留守儿童关爱保护工作的意见》	国发〔2016〕13号	2016年2月14日
2	北京市	《北京市人民政府关于加强困境儿童和留守儿童保障工作的实施意见》	京政发〔2016〕58号	2016年12月13日
3	天津市	《天津市人民政府关于加强农村留守儿童关爱保护工作的实施意见》	津政发〔2016〕25号	2016年12月5日
4	上海市	《上海市人民政府关于加强本市农村留守儿童关爱保护工作的实施意见》	沪府发〔2016〕87号	2016年9月30日
5	重庆市	《重庆市人民政府关于加强农村留守儿童关爱保护工作的实施意见》	渝府发〔2016〕27号	2016年7月13日
6	河北省	《河北省人民政府关于加强农村留守儿童关爱保护工作的实施意见》	冀政发〔2016〕30号	2016年6月14日
7	山西省	《山西省人民政府关于加强农村留守儿童关爱保护工作的实施意见》	晋政发〔2016〕33号	2016年7月13日
8	辽宁省	《辽宁省人民政府关于加强农村留守儿童关爱保护工作的实施意见》	辽政发〔2016〕43号	2016年7月10日
9	吉林省	《吉林省人民政府关于加强农村留守儿童关爱保护工作的实施意见》	吉政发〔2016〕34号	2016年9月5日
10	黑龙江省	《黑龙江省人民政府关于加强农村留守儿童关爱保护工作的实施意见》	黑政发〔2016〕20号	2016年6月30日
11	江苏省	《江苏省人民政府关于加强农村留守儿童关爱保护工作的实施意见》	苏政发〔2016〕104号	2016年8月9日

续表

序号	国家/省份	文件名称	发文字号	发布日期
12	浙江省	《浙江省人民政府办公厅关于加强农村留守儿童关爱保护工作的实施意见》	浙政办发〔2016〕50号	2016年5月19日
13	安徽省	《安徽省人民政府关于加强农村留守儿童关爱保护工作的实施意见》	皖政〔2016〕69号	2016年7月25日
14	福建省	《福建省人民政府关于加强农村留守儿童关爱保护工作的实施意见》	闽政〔2016〕44号	2016年10月15日
15	江西省	《江西省人民政府关于加强农村留守儿童关爱保护工作的实施意见》	赣府发〔2016〕31号	2016年7月22日
16	山东省	《山东省人民政府关于贯彻国发〔2016〕13号文件加强农村留守儿童关爱保护工作的实施意见》	鲁政发〔2016〕17号	2016年6月20日
17	河南省	《中共河南省委 河南省人民政府关于加强农村留守儿童关爱保护工作的实施意见》		2016年5月11日
18	湖北省	《湖北省加强农村留守儿童关爱保护工作实施方案》	鄂政发〔2016〕37号	2016年7月20日
19	湖南省	《湖南省人民政府关于加强农村留守儿童关爱保护工作的实施意见》	湘政发〔2016〕17号	2016年8月15日
20	海南省	《海南省人民政府关于加强农村留守儿童关爱保护工作的实施意见》	琼府〔2016〕92号	2016年9月30日
21	四川省	《四川省人民政府关于进一步加强农村留守儿童关爱保护工作的实施意见》	川府发〔2016〕56号	2016年12月5日

续表

序号	国家/省份	文件名称	发文字号	发布日期
22	云南省	《云南省人民政府关于加强农村留守儿童关爱保护工作的实施意见》	云政发〔2016〕52号	2016年6月28日
23	陕西省	《陕西省人民政府关于加强农村留守儿童关爱保护工作的实施意见》	陕政发〔2016〕32号	2016年7月20日
24	甘肃省	《甘肃省人民政府关于进一步加强农村留守儿童关爱保护工作的实施意见》	甘政发〔2016〕66号	2016年7月18日
25	青海省	《青海省人民政府关于加强农村牧区留守儿童关爱保护工作的实施意见》	青政〔2016〕84号	2016年11月16日
26	内蒙古自治区	《内蒙古自治区人民政府关于加强农村牧区留守儿童关爱保护工作的实施意见》	内政发〔2016〕75号	2016年6月30日
27	广西壮族自治区	《广西壮族自治区人民政府关于加强农村留守儿童关爱保护工作的实施意见》	桂政发〔2016〕49号	2016年10月12日
28	宁夏回族自治区	《宁夏回族自治区人民政府关于加强农村留守儿童关爱保护工作的实施意见》	宁政发〔2016〕57号	2016年6月18日
29	新疆维吾尔自治区	关于印发《贯彻落实国务院关于加强农村留守儿童关爱保护工作意见的实施方案》的通知	新政发〔2016〕121号	2016年11月21日

参考文献

1. 雷万鹏. 中国五省留守儿童报告［EB/OL］. http: //blog.sina.com.cn/s/blog_a765ab6501014fhn.html.

2. 关信平. 中国流动人口问题的实质及相关政策分析［J］. 国家行政学院学报, 2014.

3. 周东旭, 叶敬忠. 谁来拯救凋敝乡村的留守人群［EB/OL］, http: //opinion.

caixin.com/2015-06-13/100819028.html.

4. 谭深. 中国农村留守儿童研究述评［J］. 中国社会科学，2011（1）：138-150.

5. 刘诗萌. 全国农村留守儿童902万九成以上在中西部省份［N］. 中国产经新闻报，2016-11-16.

6. 中国农村留守儿童达902万人四川湖南等省份超70万［EB/OL］. http://www.chinanews.com/gn/2016/11-09/8058089.shtml.

7. 全国妇联课题组. 我国农村留守儿童、城乡流动儿童状况研究报告，2013年5月.

8. 全国平均城镇化率57.35%，京津沪达到发达国家水平［EB/OL］. http://www.askci.com/news/chanye/20170606/14362599752.shtml.

9. 廖俊松. 留守儿童教育模式的政策研究［M］. 台北：元照出版公司.2015.

10. 2016年中国户籍人口城镇化率已达到41.2%［EB/OL］. http://news.xinhuanet.com/politics/2017-02/12/c_1120451243.htm.

11. 华生. 重新审视城镇化的推进路径［EB/OL］. http://www.caogen.com/blog/Infor_detail/49682.html.

12. 葛新斌."两个为主"：演进、问题与对策［J］. 教育理论与实践，2007（8）.

13. 陆学艺. 科学发展观：统筹城乡发展破解"三农"难题［EB/OL］. http://news.163.com/07/1105/09/3SHBSQHE000120GU.html.

14. 杨东平. 中国流动儿童教育发展报告［M］. 北京：社会科学文献出版社，2016.

15. 华生. 户籍制度改革恐又一次流于口号［EB/OL］. http://www.caogen.com/blog/Infor_detail/54895.html.

16. 袁汝婷. 沈洋探访流动儿童：受教育条件差超八成存健康问题［EB/OL］. http://news.youth.cn/jsxw/201706/t20170606_9982400.htm.

17. 民政部《关于印发农村留守儿童关爱保护工作部际联席会议第一次全体会议会议纪要及成员单位职责任务分工和2016工作要点的函》［EB/OL］. https://wenku.baidu.com/view/89c96437aef8941ea66e0598.html.

18. 毕节留守儿童死亡事件引关注：家长监管不力或被撤销监护资格［EB/OL］. http://kid.qq.com/a/20160328/021863.htm.

19. 王春光. 中国地方治理与农村流动人口的公民权实现问题［J］. 社会政策评论，2014.

20. 全国农村留守儿童信息管理系统正式启用［EB/OL］. http://www.mca.gov.cn/article/zwgk/mzyw/201710/20171000006198.shtml.

21. 实录：习近平总书记在党的十九大的报告［EB/OL］. http://news.youth.cn/sz/201710/t20171018_10888424.htm.

第二章

留守儿童资助资源

留守儿童资助资源部分介绍了一部分资助留守儿童公益组织的政府、基金会、国际组织和企业情况。适合读者包括：

（1）关心留守儿童的基层行动者。行动者可根据当地的实际情况和留守儿童的需求，结合各机构的服务范围，按照信息和资源的分类进行查找，确定需要向哪些机构寻求帮助，再根据手册了解详细情况，从而争取更多的国内和国际资源来保障广大乡村留守儿童的权利，促进他们的福利和成长。

（2）关注留守儿童项目的捐赠方。捐赠方可借此明确行动者急需的支持和资源，政府与社会的合作空间和条件等。

本章内容来自机构网站、博客、年报等公开信息，更新至2017年8月。

一、国内资助型基金会

1. 中国扶贫基金会

机构简介：中国扶贫基金会成立于1989年，是在民政部注册的全国性公募基金会。2007年、2013年均被民政部评为全国5A级基金会，2016年9月，被民政部首批认定为具有公开募捐资格的慈善组织。

资助领域：改善卫生健康条件、促进教育公平、推动农村社区发展、开展灾害人道救援。

工作成效：截至2016年年底，累计筹措扶贫资金和物资248.67亿元，受益贫困人口和灾区民众2 908.72万人次。

项目执行情况：2016年，全国31省（市/区）、868县、238所大学，423.84万人次受益；国际项目5.6万人次受益，见表2-1。

表 2-1　中国扶贫基金会留守儿童相关资助示例

项目名称	我决定民生爱的力量——ME 公益创新资助计划
发起单位	由中国民生银行与中国扶贫基金会共同发起
资助总额	每年投入不少于 1000 万元
资助领域	社区发展、教育支持、卫生健康、环境保护、文化保护五大领域
资助重点	具创新性、有发展潜力及社会影响力的组织和项目，关注和支持公益领域的创新实践及社会影响力的打造。
评选方式	评选工作通过项目申报、项目评审、现场答辩及网络投票的方式进行。根据项目申报领域分为社区发展、教育支持、综合（文、环、卫）三组分别独立评选。根据"执行力""创新性""持续性""影响力"4 个评审维度进行评审打分。
资助标准	综合项目答辩及网络投票得分，每年评选出不少于 20 个项目给予 50 万元的 ME 公益创新资助基金，用于支持所申报的公益创新项目执行。

ME 公益创新资助计划每年 9 月进行发布，自 2015 年 9 月起为第一届，如今已开展两届，共支持了 41 个公益创新项目。2017 年 9 月将开启第三届 ME 公益创新资助计划。其中，教育支持领域重点支持儿童及青少年的教育问题的改善，教育质量的提升，如留守儿童、流动儿童及青少年发展等方向。两届中与留守儿童、流动儿童相关的项目见表 2-2。

表 2-2　ME 公益创新资助计划（2015—2016 年）

第一届 ME 公益创新资助计划（2015 年）		
1	教育支持	广东省担当者行动教育发展中心	"班班有个图书角"甘肃省宕昌县乡村儿童阅读陪伴成长计划
2	教育支持	青海格桑花教育救助会	格桑花"在观影中成长"项目
3	教育支持	北京歌路营文化发展有限公司	新一千零一夜——农村住校留守儿童睡前故事
4	教育支持	绵阳市涪城区为乐志愿服务与研究中心	加油！乡村夏令营——乡村孩子自助成长计划
5	教育支持	北京乐知自胜教育咨询中心有限责任公司	打工子弟学校教师行动与成长支持

续表

		第二届 ME 公益创新资助计划（2016年）	
1	教育支持	北京音画梦想社会工作事务所	北京音画梦想社会工作事务所
2	教育支持	广州市海珠区蓝信封留守儿童关爱中心	留守儿童的蓝信封
3	教育支持	兰州市七里河区西湖文化服务中心	流动人口妇女儿童社区文化教育支撑服务项目
4	教育支持	上海百特教育咨询中心	留守儿童的生计启蒙班
5	教育支持	上海闵行区活力社区服务中心	流动儿童及家庭综合服务项目

资料来源：中国扶贫公益基金会网站、项目信息。

2. 北京市亿方公益基金会

机构简介：亿方公益基金会（Yifang Foundation）是2013年在北京市民政局正式注册的非公募基金会，其定位为资助型基金会。

资助理念：人本、专业、创新、前瞻。重点资助民间公益项目，促进社会公平、社会创新，推动中国公益行业专业化水平的提高。

资助重点：亿方公益基金会重点资助公益研究与社会企业两大领域。在项目领域上选择教育、公益行业发展和养老3个领域的研究项目进行资助。（相关信息见表2-3北京亿方公益基金会留守儿童相关资助示例）。

资助回顾：

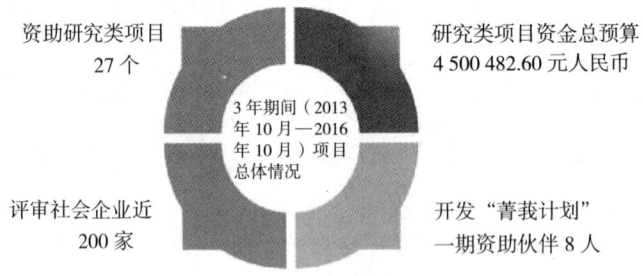

图2-1 资助回顾

资料来源：北京市亿方公益基金会网站。

表2-3 北京市亿方公益基金会留守儿童相关资助示例

资助领域	资助项目	合作机构	评审标准	资助金额（元）	预期产出
公益研究	新一千零一夜——农村住校生睡前故事科学评估计划研究项目。该研究项目是基于歌路营在2013年开发的专门针对农村住校生的"新一千零一夜——农村住校生睡前故事"所开展。通过对该项目的科学评估，取得关于项目开展效果科学准确的结论和证据，以期向省级乃至中央相关部门进行建议调整，促进项目推广及农村寄宿制学校政策的改变，最终为更大范围的农村住校生带来身心状况的改变。项目预计周期为2.5年，在2—3个省的80—90所样本学校开展调查。项目由北京大学中国教育财政科学研究所及地方教育部门共同参与。	北京歌路营文化发展有限公司	亿方公益基金会项目评审分为初筛、一审、二审3个环节，其中初筛环节重点考察申请项目是否符合基金会资助理念及方向，研究内容是否为当前社会迫切需要介入的社会议题等；一审环节重点考察申请人的专业性及执行能力；二审环节重点考察申请项目的匹配程度及执行方案的可行性。	300 000.00	1.《新一千零一夜》全面而科学的项目效果研究结果及建议报告；2. 80—90所农村寄宿制学校约16 000名农村住校生收听上《新一千零一夜》睡前故事；3. 歌路营团队开展新课后教育项目评估方案设计。
	留守儿童公益导航研究项目。该研究项目通过进一步调研和辨析留守儿童的真实需求，筛选有针对性的、有效解决问题的社会公益方案，汇集相关政策和资源信息，完成《中国农村留守儿童公益导航研究报告与手册》，目的是以研究成果推动更广泛的社会力量与资源投入，推进更有效解决问题，带来改善和改变的行动。	陈香梅公益基金会汇行公益支持专项基金		200 000.00	《中国农村留守儿童公益导航研究报告与手册》

3. 中华少年儿童慈善救助基金会

机构简介：中华少年儿童慈善救助基金会成立于2010年1月12日，是具有民间性质的全国性公募基金会。

业务范围：对困难少年儿童实施生存、医疗、心理、技能和成长救助；创办"儿童村"，建立"少儿服务之家"，设立学习"自强奋进奖"，开辟"慈善救助通道"；对少年儿童问题进行调查研究；开展海内外少年儿童慈善救助交流活动；在国内外募集慈善救助资金和物资；以资助和能力建设等方式支持民间慈善公益组织实施少年儿童服务项目。

救助领域：生存救助、医疗救助、心理救助、技能救助、成长救助。

工作成果：截至2016年年底，共救助全国30个省、市、自治区的困境少年儿童共250余万人，见表2-4。其中，童缘项目评审标准及评估指标分别见表2-5童缘联合劝募计划项目评审标准，以及表2-6童缘联合劝募计划项目评估指标一览。

表2-4 中华少年儿童慈善救助基金会留守儿童相关资助示例

资助领域	成长救助
资助项目	"起点工程"项目。 项目定位于0—6岁儿童早期教育领域，重点关注农村贫困地区的学龄前留守儿童，以民间的方式广泛动员海内外力量和社会资源，通过在农村贫困地区打造标准化的幼儿班，让幼儿在游戏中快乐成长，获得自由多元化的发展。 项目从教学硬件配备升级和教师发展两大模块着手，为学龄前儿童创建安全卫生的学习生活环境，让孩子享受高质量的学前教育。
资助项目/机构	2016年，支持互满爱人与人国际运动联合会（瑞士）云南办公室，青海海东市宗喀慈善协会，项目组，贵州文化薪火乡村发展基金会。
捐出资金数量	2016年，项目募款：4 824 715.14元，募集物资：155 000.00元。
资金具体流向	2016年，项目资金支出3 272 922.35元，发放物资155 000元童鞋。项目支出为硬件设备升级和教师发展。
项目成效	2016年，项目通过建立起点幼儿园（班）、因地制宜救助的模式在云南、贵州、青海、四川、湖南、江西、甘肃、江苏8个省建立和支持91个幼儿园（班），受益儿童人数6140人。

续表

资助领域	成长救助
资助项目	"童缘"项目。中华儿慈会推出的资助型、支持型项目,旨在支持民间公益组织发展,以更好地开展困境儿童救助工作,让每一个孩子都成为幸运儿,通过整合社会资源,为民间公益组织搭建联合劝募的平台,提供公益宣传、资源对接、募款支持、能力建设等支持,推动其规范化管理和可持续发展。 童缘联劝项目重点支持技能、教育、环保、心理、社区等领域开展的针对少年儿童的公益项目,少年儿童的年龄界限为18岁以下。
资助项目/机构	截至2016年,童缘资助中心共帮助55家公益组织。其中,2016年童缘联劝项目共有18个。其中,童缘留守儿童项目情况如下:2016年5月,童缘召开留守儿童项目资助评审会,共资助10家公益组织的留守儿童项目。10家公益组织包括:北京上学路上公益促进中心、湖南李丽心灵教育中心、清华大学学生粉刷匠工作室、广州市海珠区蓝信封留守儿童关爱中心、广西爱心蚂蚁公益协会、长沙市岳麓区大爱无疆公益文化促进会、河南省福兴儿童公益基金会、安康儿童发展促进会、邯郸市青少年服务中心、重庆市永川区青益志愿者协会。 童缘企业合作项目(略)。 童缘其他项目(略)。
捐出资金数量	截至2016年年底,童缘项目募捐收入10 333 752.88元,其中,募款:10 111 652.88元,募集物资:222 100.00元(2 000个娃娃,32 000册图书)。 童缘项目资金支出7 317 961.67元 发放物资:222 100.00元(2 000个娃娃,32 000册图书)。 2016年5月,童缘召开留守儿童项目资助评审会,共资助10家公益组织的留守儿童项目,资助金额共计19万元。
资金具体流向	项目实施机构为服务受助对象,除提供资金与实务支持外,还有工作人员组织的相关活动,可能包括培训、咨询、夏令营等。
项目成效	据不完全统计,童缘联劝项目2016年开展活动769场,救助人数10 641人次,覆盖北京、上海、湖南、河南、陕西、广西、贵州、山东、浙江、江苏、广东、海南等省市。 2016年5月,童缘召开留守儿童项目资助评审会,共资助10家公益组织的留守儿童项目,资助金额共计19万元,直接受益的留守儿童人数为15 547人。

表2-5　童缘联合劝募计划项目评审标准

项目类别	分数	评选细则	分数
项目可行性	15分	1. 项目可操作性强 2. 项目结果可评估 3. 项目实施过程可控 4. 有详尽具体的执行方案	5分 5分 3分 2分
项目执行能力	15分	1. 团队管理机制完善 2. 项目参与人员能保证 3. 志愿者参与和管理机制健全 4. 调动社会资源的能力	4分 4分 3分 4分
透明公开与监督机制	15分	1. 项目执行与财务管理的公开机制 2. 监督机构、媒体、民众的监督机制健全 3. 有良好的项目反馈和投诉系统	5分 5分 5分
项目创意	20分	1. 创意点鲜明 2. 能解决社会基本问题 3. 有新闻价值	5分 10分 5分
项目可持续性	20分	1. 项目可持续开展 2. 项目可复制和推广 3. 项目可以带动其他资源一起投入 4. 项目能建立良好的募捐渠道和社会参与	5分 5分 5分 5分
社会效应	15分	1. 项目受益范围 2. 媒体参与度 3. 对民众有良好的影响和推动意义 4. 对政府政策、法律制定有良好的示范意义	4分 4分 4分 3分

评选标准：共6个方面，总分100分。

资料来源：《童缘联合劝募计划执行手册（2017年版）》。

表 2-6 童缘联合劝募计划项目评估指标一览

项目概况						直接受益情况				间接受益情况		直接影响人群数量	救助情况					志愿者投入				资源整合												项目成果
机构名称	项目名称	项目领域	项目人员数量	项目周期	服务地区	受益儿童类型	受益儿童数量	受益家长数量	受益家庭数量	间接受益群体类型	间接受益群体数量		救助现金金额	救助实物名称	救助实物数量	提供服务种类	提供服务时数	志愿者人次数	志愿者服务时数	志愿者培训时数	志愿者来源	网络募捐平台名称	网络募捐总额	捐赠企业名称	企业捐款总额	其他募款渠道捐款人数	其他募款渠道募款总额	合作媒体名称	媒体报道数量	政府支持单位名称	政府支持单位数量	其他资源支持类型	其他资源支持统计	

填写注意事项：本表格中所列各项，请各机构依照项目具体情况填写，项目中未曾涉及的项目不必填写。

指标说明：

➤ 项目领域（可多选）：指项目服务的领域，包括技能培训、教育、康复、环保、社区服务、生存、社会公平、医疗等；

➤ 直接受益群体：指项目活动直接资助、支持或服务的对象；

➤ 受益儿童类型（可多选）：贫困儿童、残疾儿童、留守儿童、流浪儿童、孤儿、问题儿童、大病儿童、智力障碍儿童、农民工子女、流动儿童等；

➤ 间接受益群体（可多选）：指非项目服务或资助的直接对象，但因项目活动而受益的群体，可能包括家长、社区居民、市民等；

➤ 直接影响群体：本指标主要适用于宣传倡导项目；

➤ 提供服务种类：指项目实施机构为服务受助对象，除提供资金与实物支持之外，还有工作人员组织的相关活动，可能包括培训、咨询、夏令营等；

➤ 项目成果可用一句话说明。

资料来源：《童缘联合劝募计划执行手册（2017年版）》。

4. 南都公益基金会

机构简介：南都公益基金会成立于 2007 年 5 月 11 日。南都基金会是经民政部批准成立的非公募基金会，业务主管单位为民政部。南都基金会原始基金 1 亿元人民币，来源于上海南都集团有限公司。

阶段性战略（2017—2019 年）：建设公益生态系统，促进跨界合作创新。

运作理念：南都基金会定位为资助型基金会，在整个公益行业的生态链中，是一个资金和资源提供者，扮演"种子基金"的角色。南都基金会通过资金支持来推动优秀公益项目和公益组织，带动民间的社会创新，实现支持民间公益的使命。

资助方向：发起、支持行业发展的宏观性项目，资助支持性机构、引领性机构和优秀公益人才的战略性项目，资助农民工子女教育、灾害救援等特定公益领域的项目，同时开展指导资助方向的战略性、政策性研究（表 2-7 南部公益基金会留守儿童相关资助示例）。

5. 心和公益基金会（原心平公益基金会）

机构简介：心和公益基金会是于 2008 年 9 月经民政部批准设立的非公募基金会。

资助领域：

核心项目一，从图书到阅读。倡导各类公益组织在儿童阅读推广领域积极开展合作，向农村和贫困地区的小学和初中捐赠优质图书，协助这些地区和学校持续推动和改善儿童阅读。

核心项目二，青年公益行动。推动在校大学生积极参加公益行动和志愿服务，提升大学生的社会责任感和公益行动力，发现和培养具有优秀职业精神和公益情怀、富有创造力的青年领袖。

项目影响：2016 年 7—9 月，心和基金会在"图书阅读项目"上资助了 121 所学校，共捐赠资金 1 214 606 元人民币，另单独捐赠图书 39 080 册（用于不提供资金的实物捐助项目）。

2015 年，心和基金会向 560 所学校和 19 个社区捐赠图书及阅读项目，当年在图书阅读项目（包含相应的教师成长项目）上的捐赠金额是 982.15 万元人民币。截至 2015 年年底，心和基金会 7 年来累计向全国 2 761 所学校及 155 个社区捐赠了图书阅读项目（表 2-8 心和公益基金会资助示例）。

表 2-7 南都公益基金会留守儿童相关资助示例

资助领域	资助项目及简介	资助项目/机构	捐出资金数量	资金具体流向
规模化社会创新（中国好公益平台）	景行计划（2012—2016） 景行计划借鉴战略性投资的理念，为有潜力产生大规模、系统性社会影响的公益机构提供 3—5 年资金、非资金等深度的机构支持，协助机构更快突破能力瓶颈，扩大社会影响力。 2016 年 12 月，依据南都公益基金会新的战略规划，景行计划升级并入中国好公益平台项目。	陕西妇源汇性别发展培训中心	1 275 113.70 元	提供"目标明确、使用灵活"的长期的、着眼于机构发展的资金。资金用途将根据机构需求量身定制，资助期在 3 年及以上，资助总额 100 万—150 万元。
		北京市西部阳光农村发展基金会	1 400 000.00 元	
		歌路营	1 500 000.00 元	

资料来源：南都公益基金会网站。

表2-8 心和公益基金会资助示例

序号	项目名称	资助机构	资金流向	资助地域
1	班班有个图书角	担当者行动	乡村基础教育调查工作，建立标准化设计的、精心配置全新、优质课外图书的图书角。	全国。
2	未来英才夏令营	担当者行动	在已经建立图书角的项目受助学校中选择一批图书角管理规范的学校，召集优秀的大学生志愿者到这些学校和孩子们一起开展为期7—9天的"未来英才夏令营"活动。	全国。
3	六和图书阅读项目	六和公益	为合作学校提供优秀的图书，并为合作学校的老师提供有效的专业辅导与支持。	安徽省六安市霍邱县、贵州省遵义市道真县、正安县，安徽省淮南市寿县、河南省新密市。
4	微笑图书室	微笑图书室	成立图书交流平台，捐赠图书等。	全国（河南鹿邑县、甘肃省东乡族自治县第一中学、甘肃省张掖市高台县新坝镇中心小学、山东单县故事小屋）。
5	蒲公英乡村图书馆	爱心传递慈善基金会	志愿者培训，图书馆建设等。	蒲公英乡村图书馆（安徽阜南苗马塘）、蒲公英乡村图书馆（安徽颍州清河）、安徽临泉王楼图书馆、广西藤县窑洞图书馆、安徽临泉赵庄图书馆、安徽阜南李坑图书馆。

续表

序号	项目名称	资助机构	资金流向	资助地域
6	智慧之舟	心教育社区青少年发展中心	针对12—18岁的青少年,透过外展训练及体验式学;为乡村学校提供符合儿童兴趣的阅读资源,打造开放的书香校园环境,培养乡村教师提升阅读教学技能等。	
7	益博WHYNOT图书馆	易博公益	开办图书馆等。	云南省昭通市镇雄县。
8	亲近母语	亲近母语	在"亲近母语"课题实验的基础上建立起来的儿童阅读与母语教育专业机构,集儿童阅读研究、课程研发、出版推广、活动策划、专业培训、图书营销、信息服务于一体,以儿童本位思想,探索新课程改革环境下儿童阅读的方法和途径,开发和建设亲近母语理念下的儿童阅读新课程,以儿童阅读为基点,打造书香校园,建设书香中国。	
9	大学生暑期支教项目	萤火助学	1. 每个志愿者到项目的往返路费(两次、火车硬座标准汽车费)、项目点的食宿费用、意外保险、团队部分活动经费及药品费。 2. 对每个志愿者提供培训支持,并帮助志愿者建设团队。 3. 为志愿者参与活动创作优秀的音乐、影像(纪录片)、文学作品推广展示等。	南京樱洲书房、南京和园学堂、扬州桐园学堂。

续表

序号	项目名称	资助机构	资金流向	资助地域
10	满天星公益图书馆	满天星青少年公益发展中心	建立图书馆和开展阅读推广活动	中国欠发达地区选择图书资源匮乏的乡村小学。
11	乡村学生梦想书屋	真爱梦想公益基金会	每间梦想书屋的建设运营成本共计1万元,包括书屋的建设费用与运营费用。	全国。
12	梦想书架项目	山城志愿者服务总队	针对重庆区县乡村小学图书资源严重匮乏的学校,通过建设班级梦想书架的方式,为每个班配置专用书架和60本优质课外图书。	重庆。
13	梦想课程教练计划	灯塔计划	基金会组织"初级梦想课程教练",分组分批下乡亲临各地"梦想中心"学校,专门对学校"梦想课程"全体授课教师进行为期5—7天的现场指导与培训。	全国。
14	中学图书捐赠	圆梦的手	1. 为贵州、四川农村贫困地区的小学和初中捐赠优质图书; 2. 培训教师,协助学校持续推动儿童阅读、写作; 3. 进行理财教育。	贵州省、四川省。
15	班级图书角	麦田教育基金会	图书购买、阅读推广等。	全国。

资料来源:心和公益基金会博客。

6. 北京市西部阳光农村发展基金会

机构简介：北京市西部阳光农村发展基金会是 2006 年 5 月 26 日在民政部门登记成立的民间基金会。机构期望整合专业资源，带动本地参与，通过多元志愿服务及行业支持，使西部儿童享受优质教育。基金会的工作扎根贫困偏远山区，以县域为单位，逐个突破，通过陪伴教师成长、儿童成长、建设阳光童趣园等公益项目真正改善西部农村教育品质。目前主要项目点在甘肃陇南地区。

资助项目：农村儿童学前教育支持；县域基础教育质量提升及多元教师培训；农村寄宿制学校驻校社工；初创期教育公益组织支持平台；大学生支教及青年人公益行动力培养；贫困代课教师及学生资助；"备灾仓库建设"等项目（表 2-9 北京市西部阳光农村发展基金会留守儿童相关资助示例）。

7. 上海联劝公益基金会

机构简介：上海联劝公益基金会是一家资助型公募基金会，成立于 2009 年。

联劝致力于用联合劝募的方式，向企业和公众进行公益宣导，拉近公益与公众的距离，引导公众和企业支持公益；联劝坚持募用分离，支持靠谱的社会服务机构发展专业；并履行监督问责职能，持续地推动民间公益健康可持续发展。

资助目标：促进民间公益组织互相合作、可持续的发展合作，希望公益伙伴的项目逐渐清晰专业，形成模式并通过与其他机构分享实现规模化，让更多需要帮助的人受益。

可持续：帮助公益伙伴实现资金来源的多元化，提升公益伙伴的社会资源调动能力，实现可持续发展。

主要领域：儿童、妇女、助老、教育、环境、动植物、助残、医疗健康、扶贫帮困、社区发展、公益行业支持、文化及其他等 13 个领域。

累计支持民间公益组织 909 个，累计支持民间公益项目 1 136 个。（相关信息见表 2-10 上海联劝公益基金会 2016 年主要资助计划；表 2-11 上海联劝公益基金会 2015 年儿童领域主要项目资助列表；表 2-12 上海联劝公益基金会 2015 年社区发展领域主要项目资助列表；表 2-13 上海联劝公益基金会 2015 年教育领域主要项目资助列表）。

表 2-9 北京市西部阳光农村发展基金会留守儿童相关资助示例

资助领域	资助项目	资助机构	捐助资金数量	资金具体流向	项目地域/成效
农村学前教育支持项目	阳光童趣园	儿童乐益会中国办公室 Lo Ying Shek Chi Wai Foundation 培青基金 施用青基金有限公司 深圳市社会公益基金会 同济慈善会 北京永青农村发展基金会 老罗和他的朋友们教育科技（北京）有限公司 志愿者零星捐赠 新联康（中国）有限公司员工集体捐赠 汇丰银行（中国）有限公司员工 汇丰银行 南都公益基金会 长安福特汽车有限公司 Rockefeller Philanthropy Advisors 北京陇峰公益基金会 北京十月初五影视传媒有限公司 中国扶贫基金会等	累计资助约867万元（据公开数据统计）	1. 硬件配置。项目为农村地区幼儿园提供适宜幼儿使用的硬件设施，包括大型硬件桌、室内硬件桌椅、水杯、水杯架、保温桶、电视等，并对幼儿活动场地进行修缮和改造，使其成为适合幼儿开展活动的环境，为幼儿创造良好的学习和生活氛围。 2. 活动方案配套。方案为幼儿园配套幼儿用书、教师用书、幼儿活动材料，包括完整详细的教师教案与幼儿活动使用的材料，使农村教师拿起教案即可开展活动。 3. 教师培养。项目开展集中教师培训、幼儿园入园教研、外出访问等形式多样的教师培养活动，提高教师专业技能，培养教师教育理念，为陇南地区幼儿教育培养自己的幼教队伍。 4. 家园互动。在幼儿园内开展家长会、家长讲座、亲子运动会等活动，培养监护人教育理念与教育方式，增进幼儿园与家庭教育目标一致，为幼儿创造良好的教育和生活环境。	阳光童趣园项目起源于甘肃白银，扎根于甘肃省陇南地区，为陇南地区3~6岁幼儿创造良好生活环境。截至2014年5月，阳光童趣园项目支持幼儿园78所。

续表

资助领域	资助项目	资助机构	捐助资金数量	资金具体流向	项目地域/成效
陪伴成长	驻校社工	汇丰银行 中国香港乐施会 中国深圳市社会公益基金会 上海益优青年服务中心 苏州春苗投资管理有限公司等	2011年预启动花费约40万元；2012—2015年项目3年期共筹集资金260万元；2013—2014投入康县40万元	1. 提升儿童各方面素质，提高学生学习兴趣，协助儿童心灵健康成长。 2. 帮助社工解决工作及自身心理方面的问题，提高社工的专业技巧，使社工自身获得成长。 3. 开发出标准化的社工培训体系及社工活动课程，探索及完善农村寄宿制学校驻校社工工作模式，并带动更多公益组织一起行动。	甘肃陇南成县、礼县、康县。
西部农村教育与文化发展	桥畔计划	河北·春风青少年能力发展中心 河北·邢台市小牛顿俱乐部 北京·益合家家长联合会 湖南·祁东县家庭教育指导中心 云南·明德志愿服务中心 广东·中山市丰苗公益传播中心 广东·觉表图书室 广西·巴别梦想家 北京·自然阅读 北京·音画梦想社会工作事务所	每年每机构最高6万元的非限定经费支持	机构工作人员工资，贫困地区学校设施，学生生活及学习方面服务。	全国。

续表

资助领域	资助项目	资助机构	捐助资金数量	资金具体流向	项目地域/成效
西部农村教育与文化发展	桥畔计划（2016—2017年）	四川·壹个村小 四川·彝缕阳光 江苏·爱家乡图书馆 浙江·瑞安市黑眼睛公益发展中心 贵州·贵阳同在城市扶困融人中心 广东·广州新南社会发展中心 青海·海东市宗喀慈善协会 北京·学愿桥 云南·青虫计划 陕西·仁爱儿童援助中心	每年每机构最高6万元的非限定经费支持	机构工作人员工资，贫困地区学校设施、学生生活及学习方面服务。	全国。

资料来源：北京市西部阳光农村发展基金会网站。

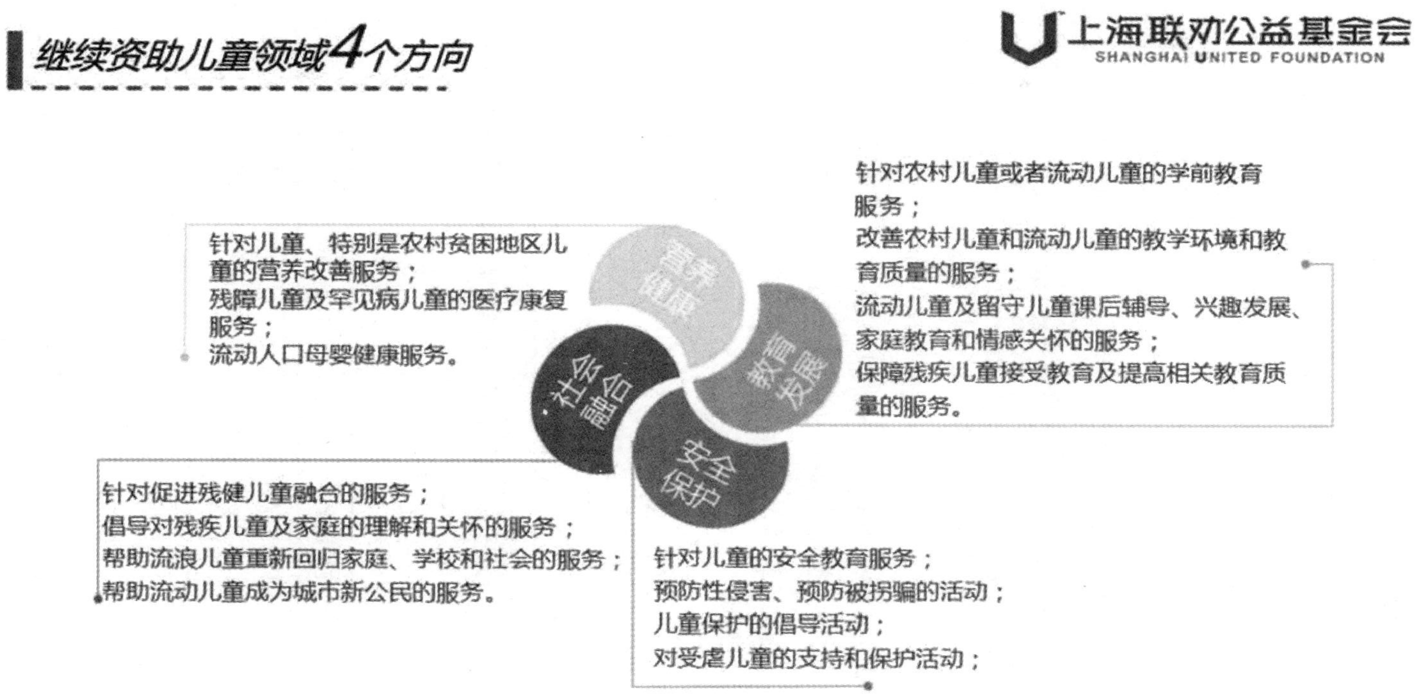

第四篇 农村留守儿童政策与资助资源

上海联劝公益基金会

继续资助儿童领域4个方向

针对农村儿童或者流动儿童的学前教育服务；
改善农村和流动儿童的教学环境和教育质量的服务；
流动儿童教育及留守儿童课后辅导、兴趣发展、家庭教育和情感关怀的服务；
保障残疾儿童接受教育及提高相关教育质量的服务。

针对儿童的安全教育服务；
预防性侵害、预防被拐骗的活动；
儿童保护的倡导活动；
对受虐儿童的支持和保护活动；

四个方向：教育发展、安全保护、营养健康、身份平等

针对儿童，特别是农村贫困地区儿童的营养改善服务；
残障儿童及罕见病儿童的医疗康复服务；
流动人口母婴健康服务。

针对促进残健儿童融合的服务；
倡导对残疾儿童及家庭的理解和关怀的服务；
帮助流浪儿童重新回归家庭、学校和社会的服务；
帮助流动儿童成为城市新公民的服务；

图2-3

资料来源：上海联劝公益基金会网站。

195

表2-10 上海联劝公益基金会2016年主要资助计划

项目	金额（人民币元）	项目数	机构数
U积木计划	5 060 799	46	40

联劝"U积木计划"希望通过资助儿童领域民间公益组织，让每一个0—18岁儿童健康成长、平等发展。资助方向为0—18岁儿童的营养健康、教育发展、安全保护、社会融合4个领域，而长三角地区流动儿童是资助工作的重点。

"U积木计划"针对以上社会问题的回应策略聚焦于社区活动中心的建设和有效运营，以及相关的安全保护教育；提供更多的综合素养教育机会，尤其是一些与生活技能相关的内容，从而提升这些儿童未来生存和竞争的能力；通过为提供家庭教育培训和促进亲子关系的服务，改善其父母家庭教育的行为和理念。在学校和社区的支持有限的情况下，让家庭成为孩子持续健康成长的重要力量。

过去6年，联劝累计资助了21个省的116家公益机构203个儿童公益项目，累计资助金额超过2 600万元，部分项目持续多年得到联劝资助，超过33万儿童和青少年受益。资助流程遵循公开公正原则，邀请捐赠人参与项目评审，自主决定善款流向并参与监督问责。

表2-11 上海联劝公益基金会2015年儿童领域主要项目资助列表

共123个项目，总金额14 166 594.40元

序号	项目名称	善款接收机构/个人
1	西南民族地区农村寄宿制学校留守女童青春期健康教育项目	中国滋根乡村教育与发展促进会
2	新一千零一夜——农村住校生睡前故事项目	北京歌路营文化发展有限公司
3	彩色童年儿童成长项目资助	祁县国仁农村文化发展中心
4	提高民和偏远贫困少数民族地区1 500名女童和监护人的性安全意识和保护能力防止女童性侵犯项目	青海省民和星光救助会
5	以社区为基础的农村地区儿童营养健康综合发展项目	互满爱人与人国际运动联合会（瑞士）云南办公室
6	四川布拖县农村未来希望幼儿班项目	互满爱人与人国际运动联合会（瑞士）云南办公室

续表

序号	项目名称	善款接收机构/个人
7	贵州基础教育改善项目	上海百特教育咨询中心
8	乡土艺术教育项目	上海浦东新区禾邻社区艺术促进会
9	45分钟的未来项目	长沙市朝晖青少年安全指导服务中心
10	农家女留守女童性安全教育项目	北京农家女文化发展中心
11	留守儿童驻校社工项目	广州市海珠区蓝信封留守儿童关爱中心
12	留守儿童成长计划项目	平顶山市志愿者协会
13	禾趣计划	北京农禾之家咨询服务中心
14	安徽太阳伞童成儿童安全性教育项目	安徽太阳伞儿童慈善救助中心
15	护苗行动农村困境儿童关爱项目	榆林市青少年社会工作者协会
16	山区校园安全及驻校社工发展示范项目	汉中新星儿童成长援助中心
17	呵护花蕾保护女童身心健康爱心计划项目	甘肃省应用心理学协会
18	天使之旅项目	长沙市工之友服务中心
19	满天星公益乡村图书馆质量提升计划大湾片区项目	广州市海珠区满天星青少年公益发展中心
20	乡村留守儿童自然体验成长计划项目	重庆市万州区薄荷社会工作服务中心
21	安全健康保护伞助力儿童成长项目	郑州市和勤青年志愿互助中心
22	困境未成年人家长支持网络建设项目	成都市锦江区爱有戏社区文化发展中心
23	一人一本项目	广东省麦田教育基金会
24	麦田伴行项目	广东省麦田教育基金会
25	新一千零一夜农村住校生睡前故事项目	北京歌路营文化发展有限公司
26	为山里孩子送健康杯等项目	南宁善客文化交流有限公司
27	一所村校圆他们梦想等项目	宜宾市春苗公益助学中心
28	留守儿童的梦想图书馆等项目	郑州市郑东新区和乐社会工作服务中心
29	蒲公英乡村图书馆等项目	上海浦东新区塘桥蒲公英儿童发展中心
30	新教育项目	江苏昌明教育基金会

续表

序号	项目名称	善款接收机构/个人
31	乡村童园	宜宾市春苗公益助学中心
32	少年社图书资助	广东省麦田教育基金会
33	楚雄柳丰完小改造教学条件	牟定县天台中心小学
34	让留守儿童安全快乐项目	青神县乡村妇女儿童合作发展促进会
35	2015年广东新兴公益图书馆质量提升	广州市海珠区满天星青少年公益发展中心
36	满天星公益图书馆青海化隆三期项目	广州市海珠区满天星青少年公益发展中心

注：从123个项目中，摘录36个留守儿童服务项目。

表2-12　上海联劝公益基金会2015年社区发展领域主要项目资助列表

共79个项目，总金额2 632 403.70元

序号	项目名称	善款接收机构/个人
1	儿童安全乐园项目	重庆渝中区巴渝公益事业发展中心
2	关爱孤困留守儿童手拉手活动	重庆市大足区慈善会
3	关爱农村留守儿童建设希望家园项目	麻城市宋埠镇农村财务服务中心
4	关爱农村留守儿童建立假日学堂项目	麻城市宋埠镇农村财务服务中心

注：从79个项目中，摘录4个留守儿童服务项目。

表2-13　上海联劝公益基金会2015年教育领域主要项目资助列表

共6个项目，总金额5 527 068.82元

序号	项目名称	善款接受机构/个人
1	雷励中国贵州新大本营前期调研等项目	上海杨浦区雷励青年公益发展中心
2	为中国而教等项目	北京为华而教公益发展中心
3	乡土艺术教育等项目	上海浦东新区禾邻社区艺术促进社
4	博世助学金项目	涟水县财政局等机构
5	黑苹果青年汇等项目	上海零点青年公益创业发展中心
6	用原创绘本留住中国乡土文化资助	上海浦东新区禾邻社区艺术促进社

资料来源：上海联劝公益基金会网站。

8. 浙江敦和慈善基金会

机构简介：浙江敦和慈善基金会成立于 2012 年 5 月 11 日，是一家资助型基金会，业务主管单位为浙江省民政厅。

资助领域：敦和基金会主要关注国学传承、慈善文化、公益支持三大公益领域。以国学引领公益，以公益贯彻国学；资助重点锁定文化领域，即弘扬国学；次重点为国学与公益的重叠区域；兼顾公益领域。

资助领域之间的关系：以核心资助领域为中心，各资助领域相互支持，逐步实现协同发展，最终达到相辅相成——所有资助成为一个有机整体，指向同一目标，遵循同一逻辑，共享同一灵魂。

资助影响：截至 2017 年 4 月 30 日，敦和基金会共资助项目 370 个，资助金额达 3.472 亿元，其中国学传承项目 71 个，慈善文化项目 27 个，公益支持项目 272 个。

留守儿童相关资助示例如下：

敦和自 2015 年起对中国发展研究基金会进行资助，3 年来的良好合作，资助和打造了"慧育中国""山村幼儿园计划""反贫困与儿童发展国际研讨会"等颇具口碑及影响力的项目，资助款项累计达 2 400 万元。

围绕儿童早期、学前教育以及政策的倡导和交流合作，着力注重提高儿童早期发展水平。

2017 年合作内容：

1. "慧育中国。儿童早期养育试点项目"致力于为贫困地区 6—36 个月幼儿提供早期养育指导和营养干预服务；

2. "山村幼儿园计划"旨在帮助 3—6 岁婴幼儿获得质优、可及的学前教育；

3. "反贫困与儿童发展国际研讨会"是国内儿童发展领域每年一度的盛会，来自海内外的政府部门、学术机构、社会组织、国际组织等各界代表齐聚在此，讨论该领域的重要问题。

儿童中心特聘专家项目主要致力于基金会儿童发展团队的能力打造和提升。敦和基金会成立 5 年来，在关爱困境儿童方面一直不遗余力（表 2-14 浙江敦和慈善基金会困境儿童相关资助示例）。

表 2-14　浙江敦和慈善基金会困境儿童相关资助示例

序号	项目名称	合作伙伴
1	童伴计划	中国扶贫基金会
2	希望厨房	中国青少年发展基金会
3	爱心衣橱	
4	资助型项目资助计划	中华儿童慈善救助会
5	向阳花浙江贫困家庭儿童意外伤害救助	浙江省青基会

续表

序号	项目名称	合作伙伴
6	梦想教室	上海真爱梦想基金会

资料来源：浙江敦和慈善基金会网站。

注：通过"敦和公益优才计划""活水计划"及"浙江省农村青年创业脱贫精准帮扶计划"等项目，通过各公益伙伴间接为困境儿童带来力所能及的帮助，期望能用自身的资源和影响力，为困境儿童的健康、教育、成长带来积极改变。

9. 福建省正荣公益基金会

机构简介：正荣公益基金会由正荣集团捐资于2013年3月成立，基金会致力于搭建专业透明的综合性跨界公益平台，关注城市社区营造、公益行业推动、城市文化创新三大领域，以"专业、透明、高效"的运作理念，实现资源的高效整合，构建良性公益生态系统。

目前，正荣公益基金会运作的主要项目有：你好社区——城市社区营造项目，禾平台——社区基金会支持项目，早安市集——城市文化创新项目，和众筹——公益筹款服务项目，正荣微公益——公益创新实验项目，武汉力量＆正荣专项救灾——专项公益基金项目等。

和平台是聚焦国内二三线城市初创期公益组织的天使投资平台。

2016年，和平台由正荣公益基金会、南都公益基金会、敦和基金会共同出资230万元，由正荣公益基金会具体执行。

和平台秉承"创新、灵活、有效"的资助理念，支持平台型公益组织的发展，并通过平台型组织面向一线初创期的公益组织（项目）提供小额资金、培训和咨询等公益服务，推动区域多元公益力量生长（表2-15 福建省正荣公益基金会2016年项目合作的平台组织、合作资金一览表）。

表2-15 福建省正荣公益基金会2016年项目合作的平台组织、合作资金一览表

正式合作机构					
地区	项目名称	项目对接人	非限定经费（元）	小额项目经费（元）	合作单位
福建	福建和平台	林炉生	93 000	60 000	福州美和公益事业发展中心
陕西	陕西和平台	廖瑾	61 538	160 800	陕西纯山公益事业服务中心
江西	江西和平台	彭海惠	78 000	80 000	南昌益心意公益服务中心
宁夏	宁夏和平台	甘草	71 500	118 000	宁夏青年社会创新发展中心
安徽	安徽和平台	蒋倩	103 440	87 950	安徽益和公益服务中心

续表

正式合作机构					
地区	项目名称	项目对接人	非限定经费（元）	小额项目经费（元）	合作单位
残障	有人和平台	蔡聪	69 807	101 000	有人杂志
环保	成蹊和平台	吴昊亮	83 750	150 000	合一绿学院
	小计		561 035	757 750	
尝试性合作机构（小额资助首次合作对象）					
山东	山东和平台	张巧玲	87 605	63 400	ISD（爱山东）公益创新空间
贵州	贵州和平台	甘泉	6 000	84 000	贵阳市乌当区汇能公益支持发展中心
吉林	吉林和平台	于海波	47 000	114 000	长春心语志愿者协会
	小计		140 605	261 400	
	总计		701 640	1 019 150	

资料来源：福建省正荣公益基金会 2016 年度报告。

10. 深圳壹基金公益基金会

机构简介：壹基金是李连杰先生 2007 年 4 月创立的创新型公益组织，2011 年 1 月作为中国第一家民间公募基金会落户深圳。

资助领域：壹基金的公益愿景为"尽我所能，人人公益"。壹基金战略模式为"一个平台+三个领域"，即搭建专业透明的壹基金公益平台，专注于灾害救助、儿童关怀与发展、公益支持与创新。

灾害救助：壹基金在自然灾害的灾前、灾中、灾后的三个阶段开展防灾减灾、备灾救灾、安置重建三方面的工作，对中国常规多发的中小型洪涝、地震、凝冻、干旱等灾害和突发重大灾害进行持续的人道主义赈灾行动，使灾区儿童及弱势群体重获有保障、有尊严的生活。同时通过支持民间公益组织、学术机构开展项目，提升灾害应对与管理能力，有效促进行业发展，完善政府相关政策。

儿童关怀与发展：通过支持民间公益组织和鼓励儿童参与项目活动，重点关注贫困和灾害多发地区的儿童及其他特殊需要儿，聚焦保障权利和实现潜能方面所面临的问题，帮助他们获得有尊严的生活和全面发展的机会。

公益支持与创新：力图用开放的视角和创新的思路研究中国公益行业在快速发展期所面临的问题，探索创新的解决方案，携手民间公益组织共同实现可持续发展（表 2-16 深圳壹基金公益基金会留守儿童相关资助示例）。

表 2-16 深圳壹基金公益基金会留守儿童相关资助示例

项目名称	捐赠机构	资助金额	资金具体流向	项目地域
儿童平安计划	270家民间公益组织（开展技能培训、筹款、救灾、筹资等）	—	开展适合农村儿童的安全教育课程和开发相应的教育资源，为儿童开展课程及发放应急包，开发《校园风险排查手册》《校园应急疏散演练手册》《减灾示范校园主题活动手册》《校园应急物资管理手册》，邀请日方减灾专家开展教师培训及减灾示范课，支持学校整改安全隐患开展应急演练与减灾主题活动，并为学校配备应急物资和设备。	全国
净水计划	本地公益组织与学校合作（项目县模式，联合管理，当地政府与公益伙伴共同参与）	—	为贫困农村地区提供校园净水设备，开展水与卫生健康培训。	全国14个省（自治区、直辖市）
壹乐园	当地公益伙伴	—	音乐教室改造，提供运动游乐设施，培训教师，支持音乐、体育活动开展。	中西部贫困农村地区，新疆、甘肃、宁夏、陕西等省（自治区、直辖市）的偏远地区，四川雅安、甘肃岷县、云南鲁甸、西藏喀则等受灾地区。
温暖包	地区分别筹款，枢纽机构的选择	—	温暖包	

壹乐园公益计划以儿童发展和保护为核心，包含音乐教室，运动汇和儿童服务站三个子项目。音乐教室和运动汇通过互动游戏的方式，促进社会组织支持乡村地区小学音乐和体育教育质量，帮助灾后乡村地区儿童在快乐中发展潜能。儿童服务站通过支持社会组织建立灾后社区或灾后儿童服务空间，为农村留守儿童及受灾害影响儿童提供课外活动、安全教育、卫生健康教育及社会心理支持等专业服务，确保儿童受保护和发展的基本权利。

资料来源：深圳壹基金公益基金会网站。

二、关注留守儿童群体的部分国际组织

部分在华国际组织也关注留守儿童问题，相关信息见表2-17关注留守儿童群体的部分国际组织。

表2-17 关注留守儿童群体的部分国际组织

序号	资助机构	资助领域	资助地域
1	英国救助儿童会	致力于帮助中国儿童获得良好的卫生保健、教育和保护	北京、云南、西藏、新疆、四川、上海、贵州、广东、广西、云南、青海、陕西、安徽
2	国际计划	儿童早期养育与发展，儿童保护，以儿童为中心的灾害风险管理	陕西、北京、云南、宁夏
3	美国福特基金会	基础教育，帮助小学至大学各年龄段的孩子能上学、上好学	基础教育的地域重点在农村、西部、老少边穷地区以及沿海城市的流动儿童，高等教育的地域重点在中部和西部地区
4	美国惠黎基金会	积极扶持亚洲贫困地区的基础教育，特别帮助那些在经济、社会地位或身体条件都处于不利地位的学龄儿童完成基础教育	内蒙古、山西、河北、河南、湖北、湖南、广东、广西、江西、江苏、陕西、云南、贵州、四川、青海
5	加拿大儿童乐益会	儿童保护、儿童福利、儿童健康、儿童及青少年教育、儿童社会融入	安徽、北京、重庆、甘肃、广东、广西、贵州、河北、河南、湖北、湖南、江苏、青海、陕西、新疆、四川、云南等
6	中国香港乐施会	学校援建、志愿者支教、教师培训、乡土课程开发、双语教学打工子女教育等项目，探索西部地区和打工子女教育的经验模式并推广，促进教育均衡发展因地制宜推行多元的文化素质教育	云南、贵州、广西、甘肃、广东、陕西、四川和北京
7	李嘉诚基金会	培育奉献文化，推动教育改革，支持医疗发展	主要集中在广州

续表

序号	资助机构	资助领域	资助地域
8	陈一心家族基金会	重点资助两大领域，包括：儿童阅读及图书馆发展、青少年课外体验式教育。亦支持推广优质儿童文学及推动公益机构行业的发展	包括北京、上海、江苏、安徽、云南、中国香港、非洲加纳
9	中国香港徐氏家族慈善基金会	基金会支持社会公益慈善，推动积极正面及可持续发展的公益组织和项目	中国内地
10	中国澳门巴迪基金会	重点关注生活在农村地区的妇女和青少年的能力建设	中国内地
11	中国澳门同济慈善会	教育（学前教育、基础教育、其他教育）、公益行业发展、青年人才培养等	中国内地包括：北京、云南、四川、陕西、河南、辽宁、江西、安徽等二十多个省份

注：境外法出台后，境外组织在华资助的领域和范围随之发生调整。
资料来源：北京市西部阳光农村发展基金会 教育领域公益组织名录。

中国农村留守儿童公益导航
研究报告与手册
（下）

北京沃启公益基金会公益导航项目团队　编著

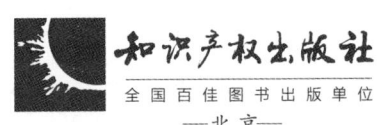

全国百佳图书出版单位
—北京—

图书在版编目（CIP）数据

中国农村留守儿童公益导航研究报告与手册：上下/北京沃启公益基金会公益导航项目团队编著. —北京：知识产权出版社，2019.11
ISBN 978-7-5130-6543-6

Ⅰ.①中… Ⅱ.①北… Ⅲ.①农村—儿童教育—研究报告—中国 Ⅳ.①G61

中国版本图书馆 CIP 数据核字（2019）第 232949 号

责任编辑：高　超　　　　　　　　　责任校对：谷　洋
封面设计：罗文涛　　　　　　　　　责任印制：刘译文

中国农村留守儿童公益导航研究报告与手册（下）
北京沃启公益基金会公益导航项目团队　编著

出版发行：知识产权出版社有限责任公司		网　　址：http://www.ipph.cn	
社　　址：北京市海淀区气象路50号院		邮　　编：100081	
责编电话：010-82000860 转 8383		责编邮箱：morninghere@126.com	
发行电话：010-82000860 转 8101/8102		发行传真：010-82000893/82005070/82000270	
印　　刷：三河市国英印务有限公司		经　　销：各大网上书店、新华书店及相关专业书店	
开　　本：720mm×1000mm　1/16		印　　张：16.5	
版　　次：2019年11月第1版		印　　次：2019年11月第1次印刷	
字　　数：352千字		总 定 价：128.00元	
ISBN 978-7-5130-6543-6			

出版权专有　侵权必究
如有印装质量问题，本社负责调换。

前言

中国农村留守儿童问题作为一个近10年来新生的社会问题已凸显。据统计，父母双方外出务工的留守儿童目前已达902万人，现在和未来还在不断产生，甚至形成代际传递，这是一个在极端缺乏或较少享受正常的父母家庭亲情、关爱、教育和监护的环境中成长起来的、数量最为庞大的儿童群体，加上已经长大成人的曾经的留守儿童，这一人群将对中国的未来，包括经济、社会、文化以及政治发展产生影响。

农村留守儿童问题的真正解决，亟须政府继续完善更全面务实、有效可行的配套政策与制度性安排和资源的真正投入，社会资源与社会力量的介入和影响也不可或缺。近年来，关注和帮助留守儿童的民间公益组织在逐步增多，策划和实施了多种类型的、针对性不同的公益项目，为留守儿童送去温暖和成长支持。但由于信息不对称、社会认知渠道有限、资源不能有效配置等多种因素制约，一线实践的民间公益组织少为人知，资源紧缺，获取资源的渠道和机会稀缺，致其项目的覆盖面、可及性、持续力及效果、投资影响力都远远不能适应实际需求，更难以达到带来改变的目标。

为此"公益导航"项目推出了《中国农村留守儿童公益导航研究报告与手册》，旨在甄别和呈现国内公益组织就农村留守儿童的需求或面临的问题所采用的解决方案。

本手册由以下两部分内容组成：

第一篇，农村留守儿童需求解决方案案例，拣选并比较系统深入地梳理了部分具有代表性的个性化实践。案例选择的依据，是聚焦农村留守儿童项目，适当兼顾相关项目的原则，将案例分为两类。第一类项目称为"农村留守儿童需求解决方案案例"，以农村留守儿童为主要服务目标；第二类项目称为"基础项目案例"，关注更为广泛的农村及农村儿童（其中包括农村留守儿童）问题，两类项目的入选数量比例约为2∶1。

在案例的选择方面，经过了搜集、初筛和二次筛选过程，我们结合了业界有多年资助实战经验的项目官员、研究者、观察者、实践者的推荐信息，以及项目机构参与案例的意愿，并对留守儿童项目采用的干预模式进行了平衡。我们针对部分入选的案例开展了实地调查，围绕真实运营、代表性、开放性3个维度来进行衡量，然后按照一定的框架进行系统梳理。

这些案例可以比较细致地反映出，以提供公益慈善服务为主的社会组织为回应留守儿童群体的需求，解决或改善包括留守儿童在内的乡村儿童群体的问题所采取的行动、探索与努力。

第二篇，农村留守儿童公益项目名录囊括了88个公益慈善项目。名录的信息搜集流程包括基本信息搜集、项目征集、筛查、确认与按逻辑框架梳理等几个步骤。我们采用了公开征集的方式，尽可能争取全面覆盖全国的农村留守儿童项目，同时要求项目机构提供真实且能够比较清晰地呈现出每个项目概貌、特质的关键信息，便于使用者对每一个具体项目有一定认识和辨别。截至2018年9月底（信息填报终止时间），共征集项目信息160多个，经筛查符合基本要求的项目90个，经项目机构确认，进入名录的项目有88个。

本项目名录能够帮助读者根据比较清晰的分类快速找到感兴趣的项目，并从其呈现的项目核心信息中，大体了解公益慈善界就农村留守儿童社会问题已经或正在进行的探索与行动的样貌。

本方案手册的目标和基本价值定位于帮助相关利益方以及政府、媒体和其他社会公众等，快速了解与留守儿童各项需求相对应的解决方案，进而采取相应行动：

➤根据自己的资源状况或要求，选择项目与机构以及参与方式；
➤可参考或按照手册给出的解决方案或模式，复制项目，惠及更多儿童；
➤对于已有解决方案，可进一步创新改进、本地化等，提升项目水平和有效性；
➤对于留守儿童的某些需求还没有有效回应的，可自行或聘请、联合其他力量共同设计、创新和实践新的解决方案。

我们清醒地意识到，根本性解决农村留守儿童的方法是促成他们与父母永久性团聚共同生活，但这在很长一段时期内都不可能实现，也不可能有一种比较全面的替代性方案。因此，我们排除由于政策、体制、社会经济大环境的原因，仅靠社会力量暂时无力改变的状况，从具体的、局部的、依靠社会力量有可能推动改善和改变的需求入手，分类寻求能够从某个视角或某些方面发挥作用的解决方案。

实际上，我们编撰解决方案手册的最终目的，是希望能够推动有效的公益行动，强调为解决农村留守儿童问题所选择的行动方式，必须非常注重回应的有效性，带来改善乃至改变。因此，通过解读和推荐部分案例，尝试推动建立起支持有效公益项目的新方式、新路径，是我们希望本手册达到的最大核心价值所在。

目录

前言 ········· I

第一篇　农村留守儿童需求解决方案案例 ········· 001

第一类　农村留守儿童需求解决方案案例 ········· 003
 "情暖山区"·农村留守儿童关爱（岳西）服务项目 ········· 003
 "童行携力"留守儿童抗逆力提升计划 ········· 007
 山区高危困境儿童早期干预项目 ········· 011
 "新一千零一夜" ········· 016
 以社区为本的儿童保护机制试点项目 ········· 020
 湖南基层儿童福利服务体系试点工作督导项目 ········· 026
 乡村儿童财商教育项目 ········· 030
 "食育"推动计划 ········· 035
 "陪伴成长·驻校社工"项目 ········· 039
 留守儿童热线项目 ········· 044
 "童伴计划"项目 ········· 048
 建设留守儿童社区支持系统试点与培训项目 ········· 051
 "开心屋"项目 ········· 056
 睦邻行动 ········· 061
 留守儿童心理陪伴项目 ········· 065

第二类　基础项目案例 ········· 072
 一公斤盒子 ········· 072

稻田里的守望者 …………………………………………………… 076
儿童保护项目 …………………………………………………… 081
禾趣计划 ………………………………………………………… 085
儿童防性侵课程 ………………………………………………… 090
满天星公益图书馆 ……………………………………………… 095
互满爱未来希望幼儿班 ………………………………………… 099
悦动童年——儿童早期发展项目 ……………………………… 104

第二篇 农村留守儿童公益项目名录 …………………………… 109

第一类 家庭教育与亲子关系 …………………………………… 111
幸福家庭种子师资培养计划 …………………………………… 112
"爱与共，心相守"——留守儿童家庭教育项目 …………… 113
亲情家书传真情 ………………………………………………… 115
我爱我家 ………………………………………………………… 116
映诺留守儿童热线项目 ………………………………………… 118
益成长——农村留守儿童关爱计划 …………………………… 120
留守儿童"筝福营"行动 ……………………………………… 121

第二类 社会监护与信息/报告体系建设 ……………………… 123
童伴计划 ………………………………………………………… 124
以社区为本的儿童保护机制试点项目 ………………………… 126
宁夏困境儿童信息库 …………………………………………… 128

第三类 在地专业能力建设 ……………………………………… 130
禾趣计划 ………………………………………………………… 131
睦邻行动 ………………………………………………………… 132
暖心护童——关爱留守儿童种子师资培训 …………………… 134
绿色共享·助教行动 …………………………………………… 135
三区社会工作专业人才支持计划（内黄县）项目 …………… 136
"三区社会工作专业人才支持计划"项目 …………………… 137
"三区"社工人才支持计划服务项目 ………………………… 139
开心屋好老师工程——留守儿童地区教师能力建设及心理支持
　　试点项目 …………………………………………………… 140

第四类 驻校社工 ………………………………………………… 143
陪伴成长——驻校社工 ………………………………………… 144
甘肃东乡族自治县大树学区留守儿童驻校社工项目 ………… 145
农村寄宿制学校留守儿童陪伴成长项目——社工妈妈 ……… 147

  稻田里的守望者 …… 148
  关爱农村贫困留守儿童社会工作服务项目 …… 149

第五类　成长教育 …… 152

  新一千零一夜农村寄宿留守儿童睡前故事 …… 153
  改变放牛娃的"钱途" …… 156
  阅读+（筑梦支教） …… 158
  糖果计划 …… 160
  山区困境儿童早期干预 …… 161
  那山成长营 …… 163
  护苗行动——农村困境儿童关爱计划 …… 166
  让明天更美好——困境留守学生精准帮扶社工服务项目 …… 167
  "富心少年"——关爱留守儿童公益夏令营 …… 169
  "阳光计划"农村留守儿童社会工作服务项目 …… 171
  "快乐启航　梦想飞扬"社区留守儿童项目 …… 172
  情暖万安，关爱农村留守儿童 …… 173
  让留守儿童生命起舞 …… 174
  "童行携力"留守儿童抗逆力提升计划 …… 175
  筑建留守儿童家园——彩虹乐园 …… 178
  和乐小公民计划 …… 180
  留守儿童身心教育陪伴 …… 180
  幸福人生与留守儿童相伴同行 …… 181
  首望留守儿童爱心服务站 …… 183
  "情暖山区"农村留守儿童（岳西）关爱服务项目 …… 184
  夹缝中的留守儿童——周末课业辅导 …… 187
  民间图书馆乡村家庭阅读点 …… 188
  春桃·青葵园——四川省绵阳市三台县新鲁镇留守儿童支援项目 …… 190
  关爱重庆留守青少年4+1模式 …… 192
  "小蜜蜂"游学计划 …… 193
  榕树根之家——孩子们身边的学习乐园 …… 194
  留守儿童早期干预 …… 197

第六类　陪伴服务 …… 199

  这里，梦开始的地方 …… 200
  他们的小天堂 …… 201
  壹乐园留守儿童服务站 …… 202
  留守儿童陪伴成长项目 …… 204
  困境儿童一对一 …… 205
  关爱留守儿童 …… 206

让爱陪伴，健康成长——关爱留守儿童项目 ………………………… 207
守护天使时光机 …………………………………………………………… 208
童伴计划 …………………………………………………………………… 209
呵护儿童，健康成长——关爱从化偏远山区农村留守儿童公益项目 … 210
大连阳光儿童成长乐园 …………………………………………………… 211
南塘合作社社区儿童图书馆 ……………………………………………… 212
壹乐园（社区）儿童服务站 ……………………………………………… 213
"妈妈指导员" 0—3 岁儿童家庭教育支持项目 ………………………… 215
子与时留守儿童陪伴成长计划 …………………………………………… 217
"关爱农村留守儿童"项目 ………………………………………………… 220
留守儿童的蓝信封 ………………………………………………………… 221
"Dream Up"创意发展——乡村艺术送教项目 ………………………… 223

第七类　安全健康教育 ……………………………………………………… 226
预防儿童性侵犯安全教育 ………………………………………………… 227
为留守儿童安全护航项目 ………………………………………………… 228
留守女童安全知识教育 …………………………………………………… 229
儿童安全书包 ……………………………………………………………… 230
关注留守儿童健康 ………………………………………………………… 231
"小蜜蜂"游学计划 ………………………………………………………… 232

第八类　志愿服务 …………………………………………………………… 234
为爱守护　筑梦童年 ……………………………………………………… 235
彩虹童伴计划：云霄关爱留守儿童公益项目 …………………………… 236
圆梦行动关注山区贫困留守儿童 ………………………………………… 239
共青团关爱留守儿童"乡伴童行"公益项目 …………………………… 239
关爱留守儿童"大手牵小手"夏令营 …………………………………… 241

第九类　资源资助 …………………………………………………………… 242
关爱留守儿童（一校一梦想） …………………………………………… 243
留守儿童圆梦起点 ………………………………………………………… 243
希望童园 …………………………………………………………………… 244
春苗之声——乡村校园广播计划 ………………………………………… 245
金色童年，益起摇摆 ……………………………………………………… 246
爱心汇聚一个家 …………………………………………………………… 247
留守儿童心理健康教育 …………………………………………………… 248
托克逊县慈善会农村留守儿童救助项目 ………………………………… 248
思源留守贫困儿童助学帮困项目 ………………………………………… 249

项目索引

（按机构注册地分类）

（*省份、自治区、直辖市均按首字母顺序排列）

民政部

留守儿童"筝福营"行动（中国人口福利基金会） …………………… 121
童伴计划（中国扶贫基金会） …………………………………………… 124
开心屋好老师工程——留守儿童地区教师能力建设及心理支持试点项目
（陈香梅公益基金会） ………………………………………………… 140
民间图书馆乡村家庭阅读点（北京大学教育基金会"民间图书馆
阅读推广基金"） ……………………………………………………… 188
关爱重庆留守青少年 4+1 模式（顶新公益基金会） …………………… 192
儿童安全书包（中国妇女发展基金会） ………………………………… 230

安徽省

"情暖山区"农村留守儿童（岳西）关爱服务项目（岳西县毛尖山乡
留守儿童服务中心）（安庆市众禾社工服务中心） ………………… 184
"童行携力"留守儿童抗逆力提升计划（安庆市全人社会工作
发展中心） ……………………………………………………………… 175
为留守儿童安全护航项目（安庆市阳光社会工作服务中心） ………… 228
金色童年，益起摇摆（阜阳市心公益社会工作服务中心） …………… 246
"关爱农村留守儿童"项目（安庆市经济技术开发区博仁社会
工作服务中心） ………………………………………………………… 220

北京

"爱与共，心相守"——留守儿童家庭教育项目（北京红枫妇女心理
咨询服务中心） ………………………………………………………… 113
禾趣计划（北京农禾之家咨询服务中心） ……………………………… 131
陪伴成长——驻校社工（北京市西部阳光农村发展基金会） ………… 144
新一千零一夜农村寄宿留守儿童睡前故事（歌路营） ………………… 153
糖果计划（北京市糖果儿童关爱中心） ………………………………… 160
关注留守儿童健康（首都保健营养美食学会） ………………………… 231
子与时留守儿童陪伴成长计划（北京子与时教育咨询有限公司） …… 217

重庆

关爱农村贫困留守儿童社会工作服务项目（重庆市江津区大同社会
　　工作服务·中心）……………………………………………… 149

福建

情暖万安，关爱农村留守儿童（三明市阳光社会工作服务中心）…… 173
彩虹童伴计划：云霄关爱留守儿童公益项目（云霄县彩虹公益联合会）… 236

甘肃

暖心护童——关爱留守儿童种子师资培训（甘肃海钰心理文化研究院）…… 134
甘肃东乡族自治县大树学区留守儿童驻校社工项目（甘肃兴邦社会工作
　　服务中心）…………………………………………………… 145
农村寄宿制学校留守儿童陪伴成长项目——社工妈妈（甘肃鸿泽社会
　　工作服务中心）……………………………………………… 147
这里，梦开始的地方（甘肃沁源社会工作服务中心）………………… 200
他们的小天堂（庆阳市阳光志愿者协会）……………………………… 201
壹乐园留守儿童服务站（平凉众益农村社区发展协会）……………… 202
圆梦行动关注山区贫困留守儿童（甘肃省陇南市康县义工联合会）… 239

广东

映诺留守儿童热线项目（广州市映诺公益服务促进会）……………… 118
呵护儿童，健康成长——关爱从化偏远山区农村留守儿童公益项目
　　（广州市从化区惠从社会工作服务中心）………………………… 210
留守儿童的蓝信封（广州市海珠区蓝信封留守儿童关爱中心）……… 221

广西

和乐小公民计划（广西和乐社会工作服务中心）……………………… 180
"小蜜蜂"游学计划（广西爱心蚂蚁公益协会）………………………… 193
春苗之声——乡村校园广播计划（安利广西志愿者协会）…………… 245

贵州

稻田里的守望者（盘县社会义工联合会）……………………………… 148
留守儿童身心教育陪伴（遵义市翼梦助学促进会）…………………… 180
关爱留守儿童（一校一梦想）（大方县大爱萤火公益联合会）………… 243
留守儿童圆梦起点（大方县大爱萤火公益联合会）…………………… 243

河南

三区社会工作专业人才支持计划（内黄县）项目（安阳市欣和社会工作
　　服务中心） ··· 136
"三区社会工作专业人才支持计划"项目（商丘市宏阳社会工作服务中心）··· 137
"三区"社工人才支持计划服务项目（郑州市金水区尚和社会工作服务
　　中心） ··· 139
"阳光计划"农村留守儿童社会工作服务项目（兰考县正心社会工作发展
　　中心） ··· 171
"快乐启航　梦想飞扬"社区留守儿童项目（河南省兰考县启航社会工作
　　服务中心） ··· 172
留守儿童心理健康教育（河南星火志愿团） ··························· 248

湖南

"富心少年"——关爱留守儿童公益夏令营（湖南李丽心灵教育中心）········ 169
筑建留守儿童家园——彩虹乐园（保靖沃土农村综合发展协会）············· 178

黑龙江

共青团关爱留守儿童"乡伴童行"公益项目（黑龙江省青少年发展
　　基金会） ··· 239

江苏

益成长——农村留守儿童关爱计划（南京同心未成年人保护与服务中心）··· 120
睦邻行动（爱德基金会） ··· 132
让留守儿童生命起舞（新教育研究院新生命教育研究所，新教育基金会）··· 174

江西

首望留守儿童爱心服务站（万安县韶口乡首望留守儿童关爱服务中心）······ 183
壹乐园（社区）儿童服务站（江西省家乐社会工作服务中心）··············· 213
关爱留守儿童"大手牵小手"夏令营（文港镇志愿者服务协会）··············· 241

辽宁

大连阳光儿童成长乐园（大连市妇女联合会/大连市妇女儿童发展基金会）··· 211
为爱守护　筑梦童年（辽宁省高校公益联合会） ························· 235

宁夏

- 宁夏困境儿童信息库（宁夏穆斯林慈善公益基金会）……128
- 留守儿童陪伴成长项目（银川市明达青少年发展中心）……204
- 困境儿童一对一（同心霞光公益慈善发展中心）……205
- 留守女童安全知识教育（同心霞光公益慈善发展中心）……229
- 爱心汇聚一个家（固原市西吉县思源残疾儿童助学中心）……247

四川

- 我爱我家（雅安市民爱社会工作服务中心）……116
- 那山成长营（北川大鱼青少年公益发展中心）……163
- 让明天更美好——困境留守学生精准帮扶社工服务项目（成都市双流区青少年社会工作协会）……167
- 守护天使时光机（泸州市益生励志协会）……208
- 春桃·青葵园——四川省绵阳市三台县新鲁镇留守儿童支援项目（绵阳市涪城区启创社会工作服务中心）……190
- 关爱留守儿童（芦山县爱之家社会工作服务中心）……206
- 让爱陪伴，健康成长——关爱留守儿童项目（石棉县社会工作者协会）……207
- "妈妈指导员"0—3岁儿童家庭教育支持项目（成都爱达迅社会工作服务中心）……215
- "Dream Up"创意发展——乡村艺术送教项目（四川青神县乡村妇女儿童合作发展促进会）……223

山东

- 幸福人生与留守儿童相伴同行（济南市幸福人生心理健康服务中心）……181

陕西

- 以社区为本的儿童保护机制试点项目（陕西妇源汇性别发展中心）……126
- 阅读+（筑梦支教）（陕西筑梦公益发展中心）……158
- 山区困境儿童早期干预（宝鸡新星流浪儿童援助中心）……161
- 护苗行动——农村困境儿童关爱计划（榆林市青少年社会工作者协会）……166
- 夹缝中的留守儿童——周末课业辅导（汉中新星儿童成长援助中心）……187
- 童伴计划（武功红太阳学校）……209
- 预防儿童性侵犯安全教育（宝鸡新星流浪儿童援助中心）……227

深圳

- 幸福家庭种子师资培养计划（深圳市幸福家家庭研究院）……112

新疆
托克逊县慈善会农村留守儿童救助项目（托克逊县慈善会）……………… 248

云南
榕树根之家——孩子们身边的学习乐园（榕树根儿童教育公益机构）……… 194
留守儿童早期干预（个旧市尚武儿童关爱中心）………………………… 197
希望童园（昭通市青少年发展基金会）…………………………………… 244
思源留守贫困儿童助学帮困项目（玉溪市"阳光076"志愿者驿站）……… 249

浙江
亲情家书传真情（浙江省妇女儿童基金会）……………………………… 115
绿色共享·助教行动（浙江绿色共享教育基金会）……………………… 135

负责本报告和手册的研究与撰写的公益导航团队成员为：

耿和荪　刘海英　曹阳　段俊英　王静

第一篇
农村留守儿童需求解决方案案例

第一类

农村留守儿童需求解决方案案例

"情暖山区"·农村留守儿童关爱（岳西）服务项目

岳西县毛尖山乡留守儿童服务中心｜安庆市众禾社工服务中心

一、机构概览

1. 岳西县毛尖山乡留守儿童服务中心（以下简称服务中心）

成立时间：2007年8月

办公地点：安庆市岳西县毛尖山乡板舍村

全职员工人数：1人，兼职员工人数：2人

年度总支出预算（2017年）：24.3万元

项目服务区域：岳西县毛尖山乡板舍村

机构简介：

机构始建于2005年6月，2007年8月在岳西县民政局注册登记。旨在满足本乡留守儿童生活照顾、行为管教、学习辅导、思想引导、安全保障等需求，并对留守儿童开展学习辅导、思想教育、生活服务等，使留守儿童能安心生活和学习。

2. 安庆市众禾社工服务中心（以下简称众禾社工）

成立时间：2015年8月12日

办公地点：安庆市迎江区孝肃路220号（安庆市社工组织孵化基地6楼610/611室）

全职员工人数：3人，兼职员工人数：3人

年度总支出预算（2017年）：20万元

项目服务区域：安庆市大观区、岳西县毛尖山乡

机构简介：

2015年8月在安庆市民政局注册登记。一家专向服务于农村儿童心理发展与教育、农村社区发展的公益性服务组织。

二、项目概览

覆盖范围：安徽省安庆市岳西县毛尖山乡板舍村
全职员工人数：3人，兼职员工人数：4人
年度总支出预算（2017年）：24.3万元
项目过去一年的资金构成：100%政府采购

项目针对的问题及其解决方案

1. 针对的问题

板舍村涵盖19个村民组，580户，2 239人。全村小学阶段留守儿童人数达70人，年龄主要集中在7—12周岁，就读于板舍村上舍小学1—6年级。父母大多在江西、浙江、上海、合肥、北京等地务工，其中离异、单亲家庭现象在该地尤为突出。这些留守儿童最核心的问题表现在人身安全得不到保障，心理问题凸出，社会支持网络体系不健全，心灵与精神教育不足等问题。

2. 解决方案

采用"双社互动"，即"本土公益组织+社工组织"合作模式，依托良好的本土公益组织平台，引进专业社会工作者长期驻扎乡村，以专业的价值理念和实务手法，介入农村地区留守儿童问题。以"陪伴"理念为基础，长期驻村社工为农村留守儿童提供家庭走访、心理咨询、"免费午餐"、课业辅导、驻校支教、安全教育等服务，全方位解决该地留守带来的突出问题。

三、核心工作内容

项目以服务中心为载体，以托管的50名留守儿童为服务主体，通过驻村社工开展农村留守儿童生活照料、心理疏导、课业辅导、情感交流、提供上下学接送等关爱服务，满足留守儿童精神、生活和社会需求，以专业服务帮助本村的留守儿童健康成长。

1. 提供免费住宿及"爱心午餐"服务

为板舍村有需要的50名留守儿童（以下简称中心留守儿童）提供免费住宿；为板舍村上舍小学儿童每周提供5天"爱心午餐"，关注饮食安全，提高饮食水平。

2. "四点半课堂"

面向中心留守儿童，服务内容主要包括课后作业辅导、兴趣培训小组（音乐课堂、体育活动、手工制作等），不断培养留守儿童学习兴趣，提高儿童综合素养和能力。

3. "敞开你的心扉"心理疏导服务

在项目执行过程中，挖掘有潜在心理问题的留守儿童个案，组织专业心理咨询师、社会工作者开展个案辅导服务，并通过一对一心灵沟通与辅导、家庭探访等方式，缓解儿童成长期的负面情绪，治疗潜在心理问题。

4. "你好吗？"亲情连线服务

针对中心留守儿童，每周至少组织一次连线活动，即通过电话或微信、QQ视频等方式，与其父母取得联系，加强儿童与父母的情感联系和亲情交流。此外中心负责人、社工及时将儿童近期的生活、学习等情况反馈给父母及临时监护人，保持彼此之间的专业联系，增强彼此的信任感。

5. "手拉手·安全乡村"计划

（1）针对在校留守儿童，每周五开展一次"安全总动员"主题课程。加强儿童自我认知，并教授如何与陌生人沟通，暑期防溺水，在危机情境下的自我保护等；

（2）在板舍村开展儿童安全保护的宣传活动，提高社区村民对留守儿童安全问题的重视，形成和谐、安全的社区氛围；

（3）项目社工/志愿者为居住距离较远的留守儿童提供上下学接送服务，保证留守儿童的人身安全。

四、项目干预方式

1. 对最终受益人（中心留守儿童）的干预

社会资源链接，与多方共同解决社区在读留守儿童免费午餐需求，课外作业辅导，阅读活动，娱乐活动，亲子关系改善。

2. 对最终受益人（中心留守儿童）家庭的干预

"社工＋心理咨询师"的模式介入，家庭心理情绪辅导，"亲情连线"服务，改善并增强亲子关系。

3. 对乡村儿童（含所有留守儿童）的干预

"陪伴"理念下的社工支教服务，与其建立多层次专业互动关系；"社工＋学校"的手段，与校方共建留守儿童学生校内外安全体系；专业心理咨询师及社会工作者开展个案辅导服务。

五、项目成果

1. 过去一年直接受益的人数

自 2016 年 6 月项目启动以来，直接受益人数 200 人以上，包括留守儿童及其家庭。

2. 过去一年直接受益人发生的改变，或者所解决的问题

项目直接服务社区内在读留守儿童。通过项目介入前后对比观察发现，项目满足了儿童及家庭的部分物质经济需求；留守儿童心理、情绪有较大改善；学习主动性明显增强，儿童成绩也在逐步提高；与家庭父母及监护人之间的亲情关系，变得更为紧密；儿童同辈群体间的社会支持网络逐步建立，群体关系更加和谐、友善。

项目得到了社会各界的关注与支持。政府相关部门领导多次到村了解项目执行情况，关注当地儿童生活改善现状。一些企业、高校大学生为留守儿童提供了

学习用品捐赠，城市体验、暑期支教公益服务。

3. 项目推广到其他机构的情况以及政府采购的情况

两机构实施的多个留守儿童项目先后获得了安徽省及国家民政部门的服务采购。

六、项目发展历程

2005年6月，服务中心创始人刘磊先后筹集资金30余万，初创留守儿童服务中心；

2008—2013年12月，服务中心持续性开展本土留守儿童公益服务，推动并带来社会对本土留守儿童及公益组织的关注和支持；

2014年1月—2015年12月，依托服务中心平台，先后参与并落地实施了以留守儿童为服务群体的国家级重点项目，开启"平台+项目支持"的服务模式；

2015年8月—2016年6月，众禾社工以农村"三留守"为主要服务领域，扎根农村，服务农村；

2016年6月—2017年8月，服务中心申报承接"情暖山区"农村留守儿童（岳西）关爱服务项目，并引进众禾社工两名驻点（村）社工、一名督导负责项目一线服务执行与管理。尝试开启"双社互动"模式，打开当地城乡公益服务组织间的合作新思路。

七、未来项目发展计划

1. 要做的主要事情

（1）争取更持续的社会资源支持，提供可持续服务；

（2）巩固"双社互动"模式，开展组织间深度合作。

2. 未来一年项目总支出预算（2018年）：15万元

八、项目团队与合作伙伴

1. 项目团队骨干成员专业能力/经历说明

项目总负责人，刘磊，服务中心主任，从事本土留守儿童服务12年。获"安庆好人""安庆优秀五四青年""全国道德模范提名"等荣誉称号。

项目督导，汪明，负责督促和指导驻村社工项目执行。众禾社工负责人，淮南师范学院社工专业，助理社工师，从事社工服务3年。

驻村社工，唐余霞，负责一线项目执行工作，长期驻村开展服务。安徽大学社工专业研究生毕业，助理社工师，从事社工服务1年。

留守儿童个案心理咨询，储昭信，特聘心理咨询师（兼职），中科院在读博士，心理咨询师二级。

2. 合作伙伴

项目主要合作方：

安庆市众禾社工服务中心：项目通过购买该中心2—3名社工及督导岗位，长期驻村，提供一线驻点社工服务，负责项目主要执行工作。

安徽省民政厅：提供了购买服务。

九、项目主要风险及控制

风险：深入山区农村开展服务，工作人员及服务对象存在一定的交通及人身安全风险。

应对：探访服务须结伴而行；团体服务优先考虑天气、场地、交通工具等安全因素。

十、受益人生命故事

陪伴下快乐成长

刚上一年级的小哲（化名）6岁，板舍村典型的留守单亲儿童。父亲迫于生计，常年在外地打工，早年间离婚的母亲也已去往他乡，极少回来看望孩子。小哲一直由奶奶照料。

记得社工第一次家访时，小哲种种表现给我们留下了很深的印象。远远地看到我们后，便匆忙躲进房间里，自己盘弄小玩具，也一直在躲开我们的问答，似乎一点也不愿和我们说话，显得非常腼腆、害羞，是自卑还是害怕接触陌生人？我们渴望了解这个小男孩。

小哲其实是一个天性活泼可爱的小男孩，但单亲、贫困、隔代照顾的家庭环境，让他缺失了同龄孩子本应享有的父母的爱与呵护，也使得他显得格外封闭与自卑，把快乐埋藏在了心里。驻村社工通过一次次的入户走访、个案辅导与小组工作坊介入，那个原本封闭自我、不善交际的他，慢慢放下自我保护的堡垒，敞开心扉，学会了沟通与坦诚，学会了主动和尊重。

也正是这种多重角色，使社工与孩子直接保持了较好的互动，建立起稳定的专业关系，让原本两个陌生的"外来客"逐渐得到了孩子们及其家庭的认同和尊重。

"童行携力"留守儿童抗逆力提升计划
安庆市全人社会工作发展中心

一、机构概览

成立时间：2013年12月

总部办公地点：安徽省安庆市迎江区孝肃路220号

全职员工人数：5人

预算（2017年）：20万元

机构的项目服务区域：安徽省安庆市

机构简介：

2013年安庆市民政局注册。作为社会工作专业机构，立足安徽中部地区，服务于安庆本土，关注留守儿童等困境儿童服务工作，致力于青少年社会工作事务，加强儿童保护和权益维护，促进儿童全面发展和提高儿童社会参与意识。承接国家民政部社会组织参与社会服务示范项目两项、安徽省民政厅购买服务项目7项。获第四届中国慈善公益项目大赛社会创新项目百强、明善公益榜·年度最具捐赠价值公益项目等荣誉。安徽师范大学等4所高校社工专业实习基地。

二、项目概览

覆盖范围（省、市或县）：安徽省安庆市

全职员工人数：5人，兼职员工人数：2人

年度预算（2017年）：20万元

项目过去一年的资金构成：政府采购80%，其他捐赠20%

项目针对的问题及其解决方案

1. 针对的问题

安徽省留守儿童84.17万人，位居全国第五，安庆市留守儿童10.43万人，位居全省第三。留守儿童通常面临心理创伤、缺乏生活信心与目标、社会融入障碍以及遭受歧视、虐待等问题。他们迫切需要学习与掌握应对各种困扰的方法、技巧，接受良好的心理疏导服务。

2. 解决方案

运用社会工作的专业方法及技巧，以"抗逆力"为核心，儿童个案为本，到校社工服务为立足点，回应群体的一般性需求，有目标导向性地解决群体预防性、发展性的特定需求，恢复个体和家庭抗逆力复原因子，构建发展出学校、家庭和社区三位一体的支持体系，协助群体解决成长中的适应性问题。

三、核心工作内容

1. 抗逆力训练营

发挥社会工作专业优势，进行"抗逆力"核心干预（即借鉴环境——个体策略模型，运用抗逆力小组动力理论、综合人类行为与社会环境理论，设计一套符合留守儿童成长支持系统，以"抗逆力"提升为核心目标，恢复个体、学校和家庭抗逆力复原因子），开展自我认识、情绪管理、目标解决和人际协作四个主题的小组训练课程。

2. 到校社工群体针对性服务

专业社工长期进驻（每周两天进入）留守儿童聚集学校，以群体需求识别和匹配为服务基点，除提供抗逆力专项课程外，开展安全、青春期、"减压"等主题教育。

3. 个案辅导

运用社会工作个案方法和理念，开展一对一的个案辅导服务，建立学校—家庭—社区的服务支撑，就服务中呈现情感受挫、心理抑郁或孤独、社会交往封闭等明显倾向的个体进行针对性地服务。

4. 社工信箱

整合社会、社区志愿者资源，建立心灵驿站，招募书信大使，提供长期书信往来服务，以建立留守儿童自我表达与倾诉渠道，增强自信心、健康、快乐地成长。

四、项目干预方式

1. 对最终受益人留守儿童群体（含其他在校学生）的干预

"抗逆力"核心干预（自我认识、情绪管理、目标解决、人际协作）；安全自护、青春期适应教育；开设社工信箱。

2. 对困境儿童（含留守儿童）个体的干预

需求挖掘（情感受挫、心理抑郁或孤独、社会交往封闭等明显倾向），个案辅导，提供救助慰问金。

五、项目成果

1. 过去一年直接受益的人数

2016年4月—2017年4月本项目服务周期内，以抗逆力小组辅导为主服务于留守儿童962人，7 696人次。此外，进行个案辅导30人、150人次，救助慰问205人。

2. 过去一年直接受益人发生的改变，或者所解决的问题

项目的开展对提升留守儿童的自尊、人际交往与社会支持等方面的能力尤其解决问题的应对能力有着重要的作用，而留守儿童在训练营小组中的互动，更能帮助其认识到自己、他人眼中的自己的优势和能力，从而能够在以后的成长中更好地应对生活中的挫折和困境。问卷调查显示，90%以上的留守儿童觉得抗逆力训练营活动内容丰富且能够增强与他人的合作。

3. 项目推广到其他机构的情况，以及政府采购的情况

本项目与安庆团市委、市民政局联合开展，纳入2016年安庆市公共服务采购项目，2017年服务优化，以宜秀区杨桥中心学校和五横初级中学为学校服务平台中心，辐射学校所在社区、家庭。

六、项目发展历程

2015年，进行留守儿童群体的本地化调研与服务探索。

2015年9月—2016年6月，承接执行省民政厅公益创投项目，通过音乐培养等方式关注留守儿童群体。

2016年，承接中央财政支持项目，在安庆市3区6县留守儿童聚集的16个

学校，开展"抗逆力"主题小组、个案辅导服务。

2017年2—5月，在2016年横向服务基础上，进行纵向服务探索。在两所学校设立社工服务点，开发到校社工岗位，在满足服务对象一般性需求的基础上，进行有目标导向性的特殊化需求干预。以"抗逆力"为核心，提供抗逆力专项课程、个案辅导和社工信箱等，打造"社工+"多元化服务模式。

七、未来项目发展计划

1. 要做的主要事情

（1）根据机构战略规划，机构服务于安庆本土，立足于安徽中部地区，关注留守儿童等困境儿童服务工作，致力于青少年社会工作事务，加强儿童保护和权益维护，促进儿童全面发展和提高儿童社会参与意识。

（2）链接、整合各街道、社区资源，让服务走进社区，以社区为依托，以留守儿童为主体，构建儿童友好社区，拓展服务主体，由特殊群体服务深化为普惠式服务。

（3）对接校外未成年人心理健康中心等资源，进行专业的心理健康辅导，促进其全面、健康成长。

2. 未来一年项目预算（2018年）：40万元

八、项目团队与合作伙伴

1. 项目团队骨干成员专业能力/经历说明

项目研发及项目团队管理：申莉，机构总干事兼督导。社工专业，中级社工师，从事社工工作10年。

项目专家团队：夏寅生，安庆师范大学心理学专业讲师，主要关注心理临床个案咨询，青少年发展中心咨询员；安民兵，安庆师范大学教授，主要研究青少年社会工作；严春鹤，安庆师范大学教授，主要研究残障儿童领域。

项目执行团队：初级社工师王丹丹、许姗姗、潘云，分别在儿童领域个案实务、学校实务、志愿者服务方面有着较为丰富的经验。

2. 合作伙伴

项目主要合作方：

安庆市/区/县民政局、团委，宜秀区教育局、五横初级中学、杨桥中心学校及附小，为项目实施的开展提供了最大化的支持与配合。特别是项目通过政府购买服务等方式，有利于稳定并专业化建立社会化帮扶工作机制，着力解决农村留守儿童在生活、监护、成长过程中遇到的困难和问题。

项目主要资助方：安庆市民政局

九、项目主要风险及控制

风险：跨地区开展服务，服务对象、社工、青年志愿者在活动开展期间及交通安全方面有一定的风险。

应对：优先考虑并充分把握好天气、场地、交通工具等安全方面的因素，做好应急预案。

风险：由于服务对象自身原因或与不可抗力因素导致意外事件的发生，项目将会面临一定的法律风险。

应对：开展服务前，加强对成员招募和遴选工作，以减少项目客观存在的法律风险。

十、受益人生命故事

"第一天来到'抗逆力'训练营，我很胆小，但是在活动中，听同学们笑、讲，我觉得很开心，现在敢于表现自己了，变得更加勇敢了，希望这个活动能继续开展。"这是来自"抗逆力"训练营学员小 W 的留言。

小 W 在当地一所初中读书，留守儿童。在参加训练营的过程中，发现小 W 性格较内敛，不善于表现自己。社工便引导小 W 慢慢地尝试主动和其他组员交流，随着时间流逝，小 W 有很大改变。

在后期与其班主任沟通了解到，小 W 上学期比较腼腆内向，很少与人交流，上课沉默，几乎不发言，成绩偏中下。参加抗逆力训练营后，性格明显有所改善，能积极参加体育活动，与同学们接触也更广泛，上课敢于开口发言，做事主动性增加，期中成绩也大幅度上升，进入班级前五名，年级前十名。

山区高危困境儿童早期干预项目

宝鸡新星流浪儿童援助中心

一、机构概览

成立时间：2006 年
总部办公地点：陕西省宝鸡市金台区宝平路 49 号宝鸡市救助管理站院内
全职员工人数：18 人
年度总支出预算（2017 年）：142.64 万元
机构的项目服务区域：陕西省宝鸡市千阳县、太白县、麟游县、凤县、陇县
机构简介：
2006 年在宝鸡市民政部门登记成立，国内首个地方性、全天候专业从事流浪儿童援助及保护工作的社会服务机构。中心致力于为流落宝鸡地区的流浪儿童和被社会边缘化的其他困境儿童提供心理辅导、教育引导、危机介入、技能培训、生活帮助等专业化服务，旨在使其走出困境，获得平等的生存、受教育和成长发展的机会，重塑自信与重获应对生活挑战的能力，融入主流社会。

二、项目概览

覆盖范围：宝鸡市千阳县、太白县、麟游县、凤县、陇县等

全职员工人数：4人，兼职员工人数：0人
年度总支出预算（2017年）：22.7万元
项目过去一年的资金构成：政府采购39.3%；其他捐赠60.7%；自营收入0%

项目针对的问题及其解决方案

1. 针对的问题

机构长期一线工作统计数据显示，超过2/3的困境儿童部分来自特困家庭、有重大变故的家庭，他们多存在家人病残智障、长年患病，或单亲、父母服刑等家庭结构不完整等现象。部分由于父母常年在外务工长期和孩子分离，对孩子缺少关爱，缺乏交流，导致亲情缺失，家庭监护不力，致使部分留守儿童缺乏自信心，不善沟通，学习方法不当且缺乏适时引导，进而出现厌学，重则辍学而盲目地流入社会等问题。此外，学校对性安全教育的缺失，叠加大量农民进城务工，尤其父母监护的缺失以及隔辈亲属等监护人对儿童性安全教育的忽视，成为农村儿童，特别是留守儿童性侵问题和风险的重要成因。

2. 解决方案

在宝鸡周边山区寄宿制中小学，针对困境儿童问题，依标准筛选出有某种问题表现或潜在风险的困境学生，以个案辅导、小组活动等专业社会工作方法，开展早期干预并长期跟踪服务。针对儿童群体性安全教育普遍缺失，进入学校以"参与式"课堂方式开展预防儿童性侵安全教育。

三、核心工作内容

1. 困境儿童个案工作

针对山区困境儿童中具体服务对象的个性化需求，社工通过专业化的社会工作，链接社会资源，帮助其低保申请、户籍办理、物资援助、心理咨询、现金支持等，使其摆脱困境。

2. 困境儿童小组工作

为具有同质性的山区困境儿童从小学至初中毕业持续开展"成长互助"小组形式的社会工作服务。中小学生通过参与丰富多彩的主题小组活动，以彼此分享、分担、支持、教育等动力，增强自信心、提升沟通能力，为其赋能，从而带来组员态度和行为的改变。同时，将援助物资以激励形式给予小组成员，维护受助者的尊严。

3. 预防儿童性侵犯安全教育培训

与山区寄宿制中小学进行交流沟通，推动项目进入学校；在每所项目点学校皆采取前期需求评估、课程开展实施（三节课）、后期跟进三阶段工作方式。培训课程采用"参与式"授课方式——老师引导，受益对象分小组互动，师生共同参与的新模式，引导受益对象认识自己的身体，学会处理人际关系，共同探讨如何预防性侵犯，如何更好地保护自己。

四、项目干预方式

1. 对最终受益人山区困境儿童的干预

个案心理辅导：针对高危困境儿童。

社会工作小组活动：针对同质性困境儿童，从小学到初中毕业跟踪服务；物资援助，对困境程度较深的儿童进行支持性的成长服务和生活学习补助；链接资源，提供技能培训和就业帮助。

2. 对最终受益群体山区中、小学生的干预

参与式课堂方式，开展预防儿童性侵犯安全教育培训。

五、项目成果

1. 过去一年直接受益的人数

山区困境儿童早期干预项目140人，预防儿童性侵犯安全教育培训593余人。

2. 过去一年直接受益人发生的改变，或者所解决的问题

截至2017年5月，中心开展的山区困境儿童早期干预项目已覆盖了宝鸡市千阳、陇县、凤县、太白、麟游5县13所中小学。调查显示，95%以上接受山区困境儿童早期干预的继续接受了九年制义务教育或升入高一级学校继续学习，比2016年又提升了10%，见表1-1。

截至目前，中心已在陕西省宝鸡市千阳县、太白县，宝鸡市金台区的11所中小学开展了预防儿童性侵犯安全教育培训项目。后期问卷及结构式访谈显示，90%以上参加预防儿童性侵犯安全教育培训项目课程的儿童掌握了安全教育培训的知识。

3. 项目推广到其他机构的情况，以及政府采购的情况

项目已成功推广至陕西新星另外4家机构，宝鸡新星与这4家机构的相关项目均接受了政府的采购。

表1-1 2016年推广至其他机构项目受益人情况

援助中心	山区困境儿童早期干预项目	预防儿童性侵犯教育项目
渭南新星困境儿童	171人，98.83%的受助儿童继续接受了九年义务教育。	164人，87.39%的受益对象清楚并了解自己的身体，所有的受益对象都认为学习自我保护知识是有收获的。
汉中新星儿童成长	32人，无人辍学。	162人，87%的学生认为收获很多。
长安新星儿童成长	80人，97.5%的受助儿童继续接受九年制义务教育。	130人，80%的受益对象通过课程在知识和认识上有明显的改善。
铜川新星儿童成长	90人，98%的受助儿童继续接受九年制义务教育。	114人，83%的受益对象通过课程在身体安全认识和自我保护知识掌握方面有明显的改善。

六、项目发展历程

2008 年开始,在开展站内流浪儿童救助同时启动外展工作,对山区高危困境儿童提供早期干预服务,从源头预防高危儿童盲目流入社会、陷入困境。

2008 年,先后获世界银行、加拿大儿童乐益会、美国全球儿童基金、日内瓦基金、中华少儿慈善救助基金会等国内外机构的资金和专业技术支持。

2012 年,3 次获得中央财政支持社会组织示范项目资金支持。

2013 年,在陕西渭南市、汉中市、西安市长安区、铜川市等地设立陕西新星系独立法人机构,实现了项目的规模化、跨区域发展。

2014 年,针对中小学生开展预防儿童性侵害的安全教育。2016 年将此课程推广至陕西新星渭南、汉中、长安、铜川各机构。

七、未来项目发展计划

1. 要做的主要事情

(1) 持续地针对山区困境儿童开展服务,如小组工作、个案服务、监护人教育理念提升培训、主题夏令营,安全培训系列课程等丰富多彩的活动。链接更多的社会资源改善困境儿童社会支持系统。

(2) 将预防儿童性侵安全教育培训服务扩展至更多区域。

(3) 开展预防校园暴力安全教育培训。

(4) 近年来传销越发猖狂,未成年人深受其害,计划在山区学校开展预防传销课程,减少儿童受骗陷入困境。

2. 未来一年项目总支出预算(2018 年):25.3 万元

八、项目团队与合作伙伴

1. 项目团队骨干成员专业能力 / 经历说明

王维杰,为项目的设计、执行及管理提供核心支持。中心执行主任、助理社会工作师。曾任国际机构"无国界医生组织"儿童事务部主管,有 16 年 NGO 一线儿童工作经验和丰富的项目执行管理经历。

冯金金,预防儿童性侵培训项目"参与式"授课方式的课件开发、讲师团队培训。心理咨询师、助理社会工作师。曾任"无国界医生组织"项目官员助理和外籍心理专家翻译。10 余年的 NGO 工作经历为其在儿童心理咨询、小组工作积累了丰富经验。

谭晓羽,为项目的课程设计与实际执行提供技术支持与践行保障。社会工作与心理学双重专业学习背景,国家二级心理咨询师、助理社会工作师。具有丰富的个案干预与小组带领实战经验。

王桂玲,机构外部专家。宝鸡市东风路中学校长,国家二级心理咨询师,长期一线教学经验为安全课程与学校的对接、课程的设计、授课过程中课堂的把控技巧、学生互动等提供了大量的技术支持。

2. 项目主要合作方：

各项目县、区教育局：积极支持项目在当地学校的落地。

项目学校：为困境儿童的识别提供了重要信息，并为服务对象的实地入户评估担当了向导。为预防儿童性侵安全教育培训项目进驻校园，特别是为"参与式"授课方式提供了极大的便利，保障了服务传递模式不走样。

3. 项目主要捐赠方

基金会或其他社会组织：世界银行、加拿大儿童乐益会、美国全球儿童基金、日内瓦全球基金、中华少儿慈善救助基金会。

社会捐款：腾讯99公益等网上筹款平台。

九、项目主要风险及控制

风险：知识产权侵权纠纷。

控制：谨慎使用外部培训参考资料，在保障培训专业性原则下，以原创和针对受益群体特质设计课程。

十、受益人生命故事

到底是什么原因让孩子觉得生活没有了意义？

小锋的母亲患有先天性神经官能症，父亲身体不好。作为山区持续帮扶的困境儿童，宝鸡新星从2010年开始一直给予救助及跟踪服务。

2016年夏，外展老师像以往那样带着学习生活所需来到小锋家中，在与孩子交谈中感觉到孩子面临很大的心理压力。因不善言辞，小锋在老师到达之前就写了一封求助信。信中说"我是一个心理有疾病的人"，"我甚至觉得自己变得精神分裂"，"感觉自己没有活着的价值和意义了"……看到这些，工作人员觉得既震惊又担忧，到底是什么让孩子觉得生活没有了意义？

中心决定对小锋开展正式的心理咨询工作。小锋因自小家境贫寒，加之母亲的病情时好时坏，成为村里人茶余饭后的议论话题，父亲因此常和同村人发生口角，每每争吵后回到家就会将众多负面情绪发泄到小锋身上。小锋无人倾诉也无法应对，压力倍增却无处宣泄，日积月累形成了消极负面的强迫表现。经心理咨询师初步预估，认为小锋所处的状态已经不是心理辅导层面可解决，计划将其转介到专业的心理治疗机构。检查结果显示"重度强迫症伴随中度抑郁、焦虑症状"。

经过3个多月的持续治疗，小锋的病情有了明显的疗效。但医生认为仍需心理治疗，持续吃药。由于其家庭无法承担此项开销，中心为其进行长期医疗援助，不定期地与其沟通，给予心理支持。现小锋的精神状态已渐渐好转，与同辈群体之间的关系良好发展。今年18岁的他已是高中学生，学习成绩优异。

"新一千零一夜"
歌路营

一、机构概览

成立时间：2008年11月22日

总部办公地点：北京

全职员工人数：12人

年度总支出预算（2017年）：800万元

服务区域：27省（自治区、直辖市）、152地市、366区县

机构简介：

于2008年在北京注册登记。作为一家教育公益组织，歌路营聚焦于农村寄宿制留守儿童的成长教育问题。运用信息化等多元手段，通过专业多元的心理教育内容和产品，补充农村寄宿制学校多时段、多场景下的教育空白，改变学校软性环境，促进寄宿留守儿童心理健康成长，增强弱势学生群体享受优质教育机会。

二、项目概览

覆盖范围：27省（自治区、直辖市）、152地市、366区县

全职人员数量：12人，兼职人员数量：1人

年度总支出预算（2017年）：700万元

项目过去一年的资金构成：公众32.41%，基金会32.03%，企业28.68%，政府6.85%。

项目针对的问题及其解决方案

1. 针对的问题

中国农村寄宿儿童3 276万，其中1/3为留守儿童。面对留守儿童和寄宿生大量出现，学校管理人员与管理经验都处在相当匮乏的状态，学生出现大量令人担忧的心理健康问题。特别是在睡前，普遍出现孤独恐惧、哭泣、尿床和噩梦的情况，也对学校睡前管理形成较大压力。

2. 解决方案

根据农村学生心理特征和需求，尤其寄宿留守儿童心理问题，由专业少儿编辑、教育心理工作者和专业播音主持人开发、录制睡前故事等综合工具，陪伴住校的孩子，以改善他们的身心健康。

三、核心工作内容

针对农村寄宿留守儿童心理问题，用信息化等多元手段，通过专业多元的心理教育内容和产品，以综合手段进行回应，主要包括：

1. 新一千零一夜

由专业少儿编辑、教育心理工作者和专业播音主持人开发、录制，用每天一个 15 分钟的睡前故事，陪伴寄宿儿童在生动有趣的故事中入睡，以改善其身心健康。

2. 好音乐有故事

精选全球 120 首儿童音乐，配合恰当的故事解说，在每天清晨学生起床时播放，让寄宿儿童在音乐享受中开启美好的一天。

3. 心理故事课

针对寄宿留守儿童自我认识、人际交往、情绪管理、社会适应 4 大类、39 类常见问题，设计开发了 120 堂心理视频课。每一课中由老师带领学生充分理解心理视频故事内容，并配合故事疗愈问题与学生深入互动。

4. WHY 课堂

利用学校现有场地、教室及设备，形成开放空间，以语文、科学、社会等新课标为基础，开发内容紧贴教材的 6—8 分钟小视频。通过丰富的视频和图片资料帮助学生深入理解教材内容，有效将抽象问题转化成具体的视觉形象，同时大大补充了知识视野，促使学生产生学习兴趣。

5. 校长激励计划

以县域为单位，提供校长 1—2 年的长程培训，并从学生生活技能培养、心理健康教育、宿舍教室环境美化、体育游戏活动开展、校园信息文化建设、自主阅读 6 个方面提供资源和内容的全方位技术和方案支持，同时支持学校开展富有特色的校园文化建设和管理能力提升。

四、项目干预方式

对学校，每个宿舍安装一个高品质的小喇叭；对学生，每天睡前提供一个温暖的睡前故事；每天起床提供一个美妙的儿童音乐故事；对老师，提供 10 节故事教学在线视频培训课程；提供每月 2 期电子教育资讯。

五、项目成果

1. 过去一年直接受益的人数：2255 所农村寄宿制学校 63 万名寄宿学生。

2. 过去一年直接受益人发生的改变，或者所解决的问题。

2015—2017 年，北京大学教育财政科技研究所对本项目进行科学评估，选取 2 省 5 县 137 所学校进行大规模评估，覆盖学生超过 17 000 人。在一学期干预后，2016 年中期评估数据显示，显著降低了寄宿留守儿童的抑郁风险，其中高抑郁风险学生比例从 28.22% 下降至 14.58%；显著降低了寄宿留守儿童的校园被霸凌比例，被他人欺凌学生比例下降 7.06%。

3. 项目推广到其他机构以及政府采购的情况

已和全国各地 50 多家公益组织合作，推广到他们服务的农村学校。四川团省委、广西百色市教育局、四川广元市教育局等政府部门对本项目进行了采购或者资金配比等投入。

4. "新一千零一夜"奖项

2017年，入选北京大学光华管理学院管理案例、哈佛大学肯尼迪政府学院教学案例。

2016年，获得南都公益基金会中国好公益平台"品牌创建机构"奖。

2015年，入围"责任中国"年度公益行动奖。

六、项目发展历程

2012年3月：甘肃调研发现农村寄宿留守儿童睡前心理困境和痛点。

2012年8月："新一千零一夜"正式立项。

2013年3月—2014年3月：项目原型试点与评估阶段。以重庆43所学校试点为主，通过不断调整完善项目流程和产品内容，快速迭代出项目初步产品模式，并通过评估验证了项目的效果。

2014年4月—2015年年底：项目初步标准化和可持续发展模式探索阶段。通过各种模式与合作探索，发展项目学校1 000所，验证了项目在用户市场的接受和欢迎程度，完善了项目的运营模式。

2016年：项目规模化探索前期阶段，将项目学校扩展至2 010所。通过探索，建立了广泛而多元的合作方式和渠道。

2017—2020年：项目规模化发展阶段。在进一步不断快速迭代和优化项目的基础上，将项目继续标准化、模块化，预计服务学校数量扩展至10 000所（200万—300万学生）。

七、未来项目发展计划

1. 要做的主要事情

（1）项目规模化：在进一步不断快速迭代和优化项目的基础上，将项目继续标准化、模块化，预计服务学校数量扩展至10 000所（200万—300万学生）。

（2）项目标准化：将项目进一步优化和标准化，并在全国建立广泛的公益组织合作，通过与在地组织的分工合作，将项目进行各地的复制推广和执行，建立起寄宿留守儿童心理问题共建的平台。

（3）管理信息化：搭建对学校、合作伙伴及项目的监控、管理、追踪的信息化管理系统，提升项目的透明度、管理效率和能力。

2. 未来一年项目总支出预算（2018年）：800万元

八、项目团队与合作伙伴

1. 项目团队骨干成员专业能力/经历说明

陆晓娅，歌路营联合创始人、理事长、首任总干事。1991年创办青春热线，开始从事心理咨询和心理健康教育。中国心理学会注册心理督导师。

杜爽，歌路营联合创始人。中国心理学会注册心理咨询师，清华大学心理咨询中心咨询师，美国咨询师认证管理委员会全球职业规划师（GCDF）认证培训师。1997年加入青春热线，开始从事心理咨询师工作。

梅冬，歌路营总干事。2005年加入英国玛丽斯特普国际组织中国代表处，所负责的中学项目入选联合国规划署"最佳实践项目集"。2010年加入歌路营。

2. 合作伙伴

（1）项目主要合作方（共同实施项目的机构）

政府：四川团省委、广西百色市教育局、河北张家口市教育局等。

NGO：陕西圆融、山西野娃娃、六合公益、乐施会、宣明会、美丽中国、麦田教育基金会、中国香港沃土、微笑图书馆、担当者行动、满天星、滋根、仪陇乡村促进会、爱心纳雍等。

（2）项目主要捐赠方

企业：阿里巴巴、京东、中国民生银行、2345、三夫、美国银行、长安俱乐部、中国建筑装饰装修材料协会、SAP等。

基金会：中国扶贫基金会、众爱慈善商店、中国澳门同济慈善会、亿方公益基金会、联劝基金会、三一基金会接力中国专项基金等。

政府：四川团省委。

九、项目主要风险及控制

风险：开发出来的有声音频内容易被盗版。

应对：从灌制技术上进行保护，开发专属播放器，并对故事进行加密处理。

十、受益人生命故事

案例1 何丽璐（化名），一名12岁的广西女孩，三年级的时候因为离家远，而且爸爸妈妈去广东打工，她开始了在学校的寄宿生活。因为想爸爸妈妈，晚上睡觉前常常会哭。五年级的时候，宿舍里装了一个小喇叭，每天晚上传出一个叫作"新一千零一夜"的故事，从那以后，慢慢地丽璐就不再哭泣了。丽璐说，听故事让自己的作文变得不再干巴巴，还学会了很多做人的道理。

案例2 韦小红（化名），一名11岁广西女孩，一直以来成绩都非常优异，但让老师担心的是她话少、孤僻、没有朋友，即便是同寝室的同学她也不说话。2015年，学校开播了新一千零一夜睡前故事，小红非常喜欢，而且听得非常认真。一天早上，同寝室的室友们正在讨论昨晚听到的故事"清华大学校长梅贻琦"，她觉察到室友们描述的情节有错误，就忍不住插嘴了，并复述了这个故事。室友们被她完整清晰的讲述吸引了，并请她每天给大家重复昨晚的故事。就这样，小红和室友们成了好朋友。她说，她要特别感谢新一千零一夜睡前故事，让她人生中第一次交到了朋友……

以社区为本的儿童保护机制试点项目
陕西妇源汇社会性别发展中心

一、机构概览

成立时间：2008 年 8 月

总部办公地点：陕西西安市和平路 93 号世纪广场杏园公寓 5A

全职员工人数：16 人

年度总支出预算：700 万元

项目服务区域：陕西省山阳县、合阳县、蒲城县，宁夏回族自治区西吉县、平罗县及其他省市的 8 个县。

机构简介：

于 2008 年在陕西省民政厅注册的社会服务机构；2013 年获 4A 等级公益组织资质。机构愿景：与妇女一起，联合社会所有力量，致力缔造一个资源共享、机会平等、没有性别歧视的社会。机构使命：扎根社区，推动农村妇女发展；立足西部，促进公民社会成长。主要工作领域：妇女和农村可持续发展、儿童保护与发展、公益组织促进与发展。

二、项目概览

覆盖范围：陕西省山阳县中村镇

全职员工人数：2 人，兼职员工人数：3 人

年度总支出预算：99 万元

项目过去一年的资金构成：政府购买 0%，其他捐赠 100%，其他收入 0%。

项目针对的问题及其解决方案

1. 针对的问题

全国妇女联合会和联合国儿童基金会的数据显示，2010 年全国有 6100 万 17 岁及以下的儿童留守在家。2016 年 11 月，民政部发布我国摸底排查农村留守儿童 902 万人，这是按照"父母双方均在外务工或一方在外务工另一方没有抚养能力"的标准，首次摸底排查出的农村留守儿童数量。这些儿童中的一部分自信心较低，在家庭及学校中都缺乏合适的照顾，农村社区几乎没有服务或支持；他们面临较高的遭受虐待、暴力、忽视以及缺乏恰当照料的风险。他们的情绪和社交发展可能会滞后于城市生活的同龄人，精神难免承受着较多的痛苦。留守儿童自杀的极端个案故事偶有见诸报端，同样有证据显示留守儿童有更大的风险步入犯罪歧途。

2. 解决方案

项目从 3 个层面——"自上而下"的儿童保护工作体系和支持机制，"自下

而上"的以社区为本的儿童保护网络,横向覆盖家庭、学校和社区的交叉预防及教育系统——建立干预机制,推动形成以社区为本的、由一系列的儿童保护政策和村、镇、县三级儿童保护与服务组成的儿童保护工作体系,并对各相关方、参与方提供培训、指导等支持。

三、核心工作内容

从 3 个层面建立干预机制,推动形成以社区为本的、由一系列的儿童保护政策和儿童保护服务组成的儿童保护机制,并提供相应支持。

1. 第 1 个层面,推动建立"自上而下"的儿童保护工作体系和支持机制

(1)成立县级儿童保护委员会。在县政府的支持下,由县妇儿工委协调各个政府职能部门,在县一级成立跨部门的"儿童保护委员会暨儿童保护专家联席会",处理严重个案。委员会由县教育、民政、卫计委、公安、司法、共青团、妇联等职能部门代表和医生组成。县妇联承担协调工作。针对上报的虐待和伤害儿童的个案以及其他侵犯儿童权益的事件,儿童保护委员会与儿童保护专家联席会议成员定期召开个案现场办公会,通过个案的处理,培养良好的工作关系、熟悉正常工作的机制,积累个案处理经验,最终成为支持儿童保护和社会工作的重要力量。

(2)镇级领导和干部协调支持项目的实施。由镇政府相关领导及镇妇女主任负责,协调项目村建立村级儿童关爱委员会;收集村级报告的面临风险儿童数据;协调支持村级志愿者开展项目活动。

(3)建立村级儿童关爱委员会。委员至少有 5 名成员组成,包括村领导、妇女干部、退休干部或老师、村医和爱心妈妈(欢迎和鼓励热心并有能力的家长或监护人加入)。主要职责:一线监控儿童情况,发现、识别、报告面临风险的儿童;为儿童提供紧急情况下的援助和支持。

(4)发展项目村社区志愿者。在村级儿童关爱委员会下,欢迎和鼓励热心并有一定能力的家长或监护人成为志愿者,协助开展相关工作。

(5)提供个案管理知识和技能培训。以"个案管理工作坊"形式,对村级儿童关爱委员会、县级儿童保护委员会成员进行培训。内容涵盖个案管理的知识以及个案处理的实践技巧,包括数据收集和管理、性别敏感和保密工作。

2. 第 2 个层面,建立"自下而上"的以社区为本的儿童保护网络

(1)建立儿童(不限于留守儿童)风险识别数据库。在村级儿童关爱委员会对村中所有儿童信息进行访查登记,根据访查资料等信息,机构社工和镇项目干部与村委员会一起分析每个儿童的情况,共同筛选面临风险的儿童,并入户访谈、评估。以此逐步建立起按高、中、低等级风险区分的儿童风险识别数据库。

(2)制订并实施儿童保护行动计划。机构社工和镇项目干部协助各项目村儿童关爱委员会，形成一份儿童保护行动计划（即解决本村儿童问题和需要的行动计划），解决由委员和村民提出的急需解决的儿童问题。行动计划为处于风险的儿童协调提供短期居住、食物、临时监护和看护支持等。委员会将会协助机构社工和镇项目干部调查或保护高危个案的处理。

（3）建立儿童保护报告制度，对面临伤害风险儿童进行登记、转介与相关干预。在遇到问题或危害严重的个案（包括但不限于身体虐待致伤、强奸、营养不良以及完全与父母失联、失去监护的儿童）时，即需警方及司法机关介入。由村儿童关爱委员会上报的个案，经镇项目干部和机构社工确认的个案将进入风险儿童登记和干预程序。镇领导协调相关部门提供协同救助和支持，解决问题。对于严重虐待事件，机构社工将跟进整个医院检查、警察调查和法院调查过程，为儿童安排庇护，必要时安排心理咨询师为儿童提供心理咨询。

（4）设立儿童紧急救助基金。项目对面临特殊困境，家长又不在身边、需要给予医疗、生活和上学等帮助的儿童，设立的小额救助基金。村儿童保护委员会、镇项目干部和机构社工将一起评估是否需要紧急救助。

（5）提供个案服务。妇源汇社工和各村儿童关爱委员会以及县级儿童保护委员会合作，为报告的个案提供个案服务。

3. 第3个层面，横向发展覆盖家庭、学校和社区的交叉预防及教育系统

（1）设立儿童保护热线。热线设立于机构县级办公室，由培训过的员工和志愿者负责接听、询问和记录报告的详细情况；社工负责评估报告的内容并进行相应的跟进。

（2）提升社区儿童保护意识。将儿童情况调查作为了解儿童的家庭情况及提升家庭儿童保护意识的绝佳机会。项目制作的印刷材料在家访时发出。内容涉及家长/监护人的义务、儿童基本需求与权利。

（3）建设村级儿童乐园。由各村委会提供房间，项目提供家具、书籍及活动器材，建成的村儿童乐园作为儿童课后及周末玩耍学习的场所。村委会需协调人员负责日常的管理、开放记录和维护。机构提供培训，并协助村关爱委员会及其志愿者定期组织活动：儿童辅导、儿童活动、亲子活动及父母或监护人儿童养育经验分享。

（4）进入校园，建立学校和社区儿童保护的交叉报告机制，开展校园"零欺凌"活动。项目在建立社区儿童保护网络的同时，同步在项目村的小学、幼儿园和初中，建立学校和社区儿童保护的交叉报告机制。学校的教师和主管生活的副校长是发现、识别和报告伤害儿童事件的第一责任人。在幼儿园，针对3—8岁儿童，以预防为主，通过亲子游戏活动和代币制，替代以打骂为主的教育方式。

针对9岁以上或小学四至六年级儿童，通过夏令营/户外营、体验式学习活动和校园"零欺凌"活动，以降低同伴间的暴力和校园欺凌事件的发生。社工采用在学校开展反校园欺凌宣讲、小学高年级和初中"070"主题班会、"070"校

园海报大赛和展览以及戏剧表演等方式，营造"零欺凌"校园文化；对校方应对已发生的校园欺凌的策略提出建议和实施方案。对发现有欺凌行为的学生，通过行为矫正或心理疏导方式开展个案辅导，帮助学生学习与同伴沟通的技能和自我表达的方式，提升情绪辨认和管理能力。结合在学校的实践，社工正在整理编写一套反校园欺凌的教师手册和学生手册。

四、项目干预方式

1. 对最终受益群体儿童（含留守儿童）的干预

儿童风险识别与需求评估：通过调查、家访、评估及报告、热线等机制。

儿童紧急救助：提供医疗、生活和上学等帮助。为处于高危的个案（严重儿童伤害案例，如虐待、性侵、青少年犯罪等案件），提供转介、干预等服务。为处于高危风险的儿童协调提供短期居住、食物、临时监护和看护、转介支持等。对处于低风险的儿童，专业社工提供相应的成长小组和面向团体的宣传、倡导活动等服务。以村儿童乐园形式，提供周末活动场所，在兴趣学习、群体活动中帮助儿童认识自我，学习沟通和自我管理。幼儿园及小学、初中开展多种形式的主题活动，进行个案管理，在为儿童提供服务的同时，预防和降低学校欺凌、虐待、伤害儿童的风险。在幼儿园和小学低年龄段运行代币制，帮助学生养成良好的行为和习惯。

2. 对地方政府主导的正式儿童保护系统的干预

协助建立"自上而下"的儿童保护个案处理和支持机制。成立县级儿童保护委员会，形成定期儿童保护专家联席会议工作机制，倡导与推动县级政府职能部门建立儿童紧急救助基金。

提供技术服务：儿童风险干预等级划分；相应干预措施等。提供个案管理知识和技能培训（县级儿童保护委员会成员）。

3. 对以社区、学校为基础、民间主导的非正式的儿童保护系统的干预

"自下而上"地建立了以社区为本的儿童保护网络。协助建立社区（村级）儿童关爱委员会，合作建立留守儿童风险识别数据库，合作建立风险儿童发现、识别、报告、登记、转介、服务，为社区志愿者提供通讯补贴，为村镇相关工作成员和志愿者提供培训。

"自下而上"的家庭、学校和社区的交叉预防及教育活动。对家庭、学校、社区提供儿童保护意识教育，设立社区儿童保护热线，捐助儿童乐园活动物品，协助儿童乐园及学校开展各类预防及教育活动。

五、项目发展历程

2016年7月启动，在5个行政村和驻地幼儿园、学校试点；

2017年6月进行年度回顾，形成下一年度项目实施方案和计划。第二年项目计划扩展到10个行政村。项目周期第三年，计划于2019年6月结束。

六、项目成果

1. 过去一年直接受益的人数

2 205 名儿童，354 名家长和老师；另有 3 200 人次儿童来乐园参加活动和玩耍。

2. 过去一年直接受益人发生的改变，或者所解决的问题。

对 5 个项目村 1974 名儿童进行访查登记。确定 21 名儿童接受个案服务，包括因故未报户口及处于身体、情感遭受虐待、忽视的儿童。

12 个家庭 18 名中、高危儿童开始接受社工有针对性的辅导和服务。

超过 30 名村儿童关爱委员会成员接受面临风险儿童的发现、识别和报告培训，能初步识别哪些儿童面临伤害风险。

在县级层面，建立了跨部门儿童保护协调机制。协调委员会的专家已经发挥作用，参与处理和应对 18 起严重伤害儿童权利的事件。

5 个村级儿童乐园于 2016 年 10 月开放，在周五放学及周末，为乡村儿童尤其乐园周边的儿童提供了一个安全友好的玩耍场所，也给家长创造了交流的空间。

村级志愿者经过培训，目前有 9 名志愿者能够在乐园开展儿童活动。

社工在 4 所学校和 1 所幼儿园开展服务，老师和接受服务的儿童喜欢并乐于参与不同形式的主题活动。

开设儿童保护热线，增加了儿童保护的方式和渠道；在 5 个行政村建立了面临伤害风险儿童的数据库。

在学校、社区开展的各种形式的主题预防或干预活动，在一定程度上降低了学校及社区发生儿童伤害、虐待、被欺凌的风险。

动员和培养了农村社区包括村领导、村医、教师和志愿者妈妈的志愿者队伍。

通过近一年的试点工作，初步建立了纵向从县、乡/镇到村逐级负责的，横向覆盖家庭、学校和社区的交叉儿童保护监护网络，加强了儿童保护的发现、识别、报告体系和干预机制。有效的儿童保护网络正在建立。社会组织的介入，为建立上述体系和网络提供了能力建设、服务与管理等方面的支持，提供了一定的可复制的示范样本。

七、未来项目发展计划

1. 要做的主要事情

（1）扩大试点规模。由第一年 5 个行政村扩展至 10 个行政村。优化干预方案，将在原计划基础上，结合 5 个村的试点进行调整。扩大个案服务规模，由第一年预计 30—50 名，在第二、三年扩展到每年 100—120 名。

（2）在三年探索的基础上，总结紧急救助基金的使用和管理办法，推荐政府职能部门建立类似的儿童紧急救助基金，或者发动公众捐款建立长期稳定基金。

（3）与县政府、妇联一起编写山阳县儿童工作个案集。个案集将与专业人士分享个案服务的实践经验，并提交政府相关部门，为制定儿童福利和保护政策提供参考。

2. 未来一年项目总支出预算（2018 年）：72 万元

八、项目团队与合作伙伴

1. 项目团队骨干成员专业能力 / 经历说明

项目团队包括两名全职专业社工，一名儿童保护和发展顾问，2 名兼职社工组成，他们均有 3 年以上儿童服务工作经历。2017 年 6 月计划进行的中期回顾将邀请外部资深评估专家且长期从事儿童保护和发展工作。

张俊，机构主任，副教授，有超过 16 年儿童工作经验。

张爱英，儿童保护和发展专家。监测项目活动、督导在学校和社区为儿童提供的社工服务；参与个案辅导以及项目合作伙伴关系发展。

2. 合作伙伴

项目主要合作方：

山阳县妇儿工委，负责协调政府部门，链接分布在不同部门、碎片化的儿童保护职能和资源，在县级层面形成儿童保护机制。

山阳县政府，为工作团队提供办公场地，并委派政府干部协助开展项目活动。

项目主要捐赠方：境外资金 100%。

九、项目主要风险及控制

风险：项目资金来自境外机构，新的境外非政府组织管理条例和规定要求活动开展前提前备案，如果未能完成报备和审批程序，不能开展活动。

应对：了解国家最新政策，按照相关规定尽早与资助方沟通，办理相关备案和审核程序；以便按照项目计划开展活动。

十、受益人生命故事

上小学六年级的嘉嘉（化名）一度是个让老师和校长都有点担心的男孩。几年前父母离异后，嘉嘉随父亲生活，父亲常年外出打工，母亲也很少看望嘉嘉，只有爷爷照顾他。缺少父母的陪伴，嘉嘉变得焦躁不安，敏感易怒，常与同学产生矛盾，做出一些"出格的举动"。

2016 年 7 月，嘉嘉参加了夏令营活动。在活动的头两三天，嘉嘉和同组的同学因以往的"旧怨"颇深，总是针锋相对，社工头疼不已。经过讨论，我们决定在夏令营期间为嘉嘉创造化解矛盾，学习如何与同学交往的机会。

在一次团体挑战中，嘉嘉单打独斗屡屡失败，终于领悟到与人合作的重要，首次与小伙伴"不计前嫌"地拉起了手。闭营前一天，社工和志愿者准备了戏剧演出，让孩子们通过观赏思考自己日常与同学的交往。演出结束后，我们发现几个孩子聚在一个角落里，原来是嘉嘉的同学在主动向他道歉，孩子们情绪都很激动，嘉嘉背过身，偷偷抹了一把眼泪。

湖南基层儿童福利服务体系试点工作督导项目

湖南李丽心灵教育中心

一、机构概览

成立时间：2010年

总部办公地点：湖南省长沙市天心区青园街道湘园社区居委会三楼

全职员工人数：15人

年度总支出预算（2017年）：122.5万元

项目服务区域：湖南省长沙市、怀化市、常德市、衡阳市

机构简介：

由2007年"感动中国"人物李丽创办，2010年省民政厅注册。秉承"让更多的人心灵富有"的使命及"治未病"的工作理念，通过深入学校和社区常态化地开展社会工作服务，帮助青少年群体特别是孤儿、留守儿童、农民工子女和所谓的"问题"孩子心理补钙，助其实现心灵的富有，倡导让"心理扶贫"成为新常态。先后荣获"民政部首批企业社会工作试点单位""全国先进社会组织""全国百强社会工作服务机构"和"第三届湖南慈善奖"。

二、项目概览

覆盖范围：湖南省怀化、常德、长沙3个市、16个区县、70个村

全职员工人数：5人

年度总支出预算（2017年）：40.45万元

项目过去一年的资金构成：政府采购69%、其他捐赠31%、自营收入0%

项目针对的问题及其解决方案

1. 针对的问题

针对民政部在湖南的基层儿童福利服务体系试点项目中村儿童福利主任专业能力不足、资源整合力较弱的问题，以及部分留守儿童集中的社区凸显的留守儿童心理健康问题。

2. 解决方案

发挥机构专家团队作用，协助试点地区做好试点工作的计划制定、人员培训、业务指导工作，开展示范性儿童服务活动；支持引导社会力量参与试点地区儿童福利服务，利用试点区儿童相关信息，为有需要的儿童提供心理疏导、精神关爱、成长辅导、权益维护等专业服务。

三、核心工作内容

1. 组织专家队伍，为村儿童福利主任开展线上线下技能培训

组建项目专家团队，为湖南基层儿童福利服务体系试点村 70 名儿童福利主任开展分片区集中线下培训，从理论知识、服务技巧等方面提升儿童福利主任服务能力。同时，根据其需求，通过电话、QQ、微信等信息化平台进行一对一指导，分区域分小组定期开展线上督导，并定期开展微信群线上课程培训等远程专业支持。

2. 监督指导儿童福利主任常规工作

协助做好儿童福利主任工作计划的制定和任务分配；指导儿童福利主任完成日常工作计划、总结及其他工作记录，并进行监督、总结和考核；指导项目试点村"儿童之家"的建设和使用；协调各方资源支持儿童福利主任开展工作；指导他们开展困境儿童个案服务；教导儿童福利服务的知识，掌握专业服务的工作方法和技巧；指定专家支持和协助他们适应和处理服务工作中所带来的挫折、不满等负面情绪，增强自我能力，提升满足感和价值感，促进工作的认同。

3. 深入"儿童之家"试点区县进行实地考察指导

组织专家分区域下点进行实地考察指导，在试点地区对儿童福利主任开展小组及一对一督导。组织各试点地区的工作经验的分享与交流会，帮助福利主任解决在工作过程中遇到的实际问题，提升福利主任的工作能力和工作效率。

4. 开展示范性儿童服务活动

定期组织专家下点，针对项目村困境儿童开展小组活动、成长教育等服务；选取留守儿童较多的中学，开展集中式、全面性的夏令营活动，以丰富留守儿童暑期生活，陪伴留守儿童健康成长。此举意在充分整合社会专业、爱心资源，在扩充项目"儿童之家"服务的同时，也为当地福利主任送去专业的工作模式的参考和观摩，更好地促进其开展工作。

四、项目干预方式

1. 对儿童福利主任的干预

儿童服务理念和意识的提升；儿童服务技巧的干预；同伴群体的交流、互动与支持。

2. 对试点村的干预

村级儿童福利保障体系与报告网络的建立；儿童成长环境的改善；社会资源的有效引入。

3. 对儿童的干预

协助落实相应福利补助；开展主题活动丰富课余生活；协助改善家庭教育环境；关注和改善其心理健康问题。

五、项目成果

通过湖南基层儿童福利服务体系试点工作,系统开展了对70名村儿童福利服务主任的专业培训、监督指导等服务,助力试点工作取得了以下成绩:实现儿童之家标准化建设,打造了70个安全的儿童活动场地;在70个试点村开展了入户摸底调查,有针对性地落实了70%以上的儿童需求,为1.5万名以上儿童提供福利服务。

引入价值超过13万的爱心物资,有针对性地在试点社区进行发放。

开展专业性社工服务,围绕课内教学延伸、富心课堂、传统文化教育、社团课程、户外拓展实践、安全教育六大主体,开展了40多堂丰富多彩的课程,有效解决了孩子们存在的心理困惑和成长的阶段性问题,引导孩子们养成了良好的学习和行为习惯,提升了孩子的自信,增强了孩子们的人际交往能力,有效促进了孩子们的心理健康。

六、项目发展历程

2015年8月,在衡阳市祁东县留守儿童密集的太和堂镇开展第一期"富心少年"夏令营服务。

2015年9月—2016年5月,为有效缓解留守儿童突出的心理贫困问题,在湖南湘西、衡阳等地留守儿童密集的小学推广"富心课堂"服务。

2016年6月,将项目前期服务提炼升级,从零散性服务改为地区针对服务,并获省民政厅政府购买服务支持,启动湖南省基层儿童福利服务体系建设试点工作督导项目,并对试点村70名儿童福利主任开展培训,提升其专业意识和能力。

2016年8月,在项目试点怀化市通道县中团村开展"富心少年"关爱留守儿童公益夏令营示范性活动。

2017年5月,启动示范性活动模板研制工作,以活动执行教案形式指导村儿童福利主任开展主题性活动。

七、未来项目发展计划

1. 要做的主要事情

(1)继续开展儿童福利主任常规工作指导。

(2)组织社工分区域下点对"儿童之家"进行实地考察,对儿童福利主任开展小组及一对一督导。

(3)定期组织社工团队下到项目试点针对试点村困境儿童开展小组活动、成长教育等服务,同时为当地福利主任送去专业的工作模式的参考和观摩,促进基层儿童福利服务工作更好地开展。

(4)利用试点地区儿童信息,拓宽儿童之家服务内容,通过实地走访,选取留守儿童等困境儿童较多的试点,依托学校或者社区(村)开展乡村公益夏令营活动，实施专业社工服务，促进试点村留守儿童等困境儿童的全面发展。

2.未来一年项目总支出预算（2018年）：约50万元

八、项目团队与合作伙伴

1.项目团队骨干成员专业能力/经历说明

万强，机构执行主任，中级社工师。拥有多年青少年社工服务经验，连续两年主导了中心设计与执行的中央财政特殊青少年群体帮扶项目；连续多年主导了中心设计与执行的针对农村儿童心灵成长的公益夏令营、学校服务项目。

机构另有1名中级社工师，2名助理社工师参与了本项目的执行。

2.合作伙伴

项目主要合作方：湖南省民政厅

项目主要捐赠方：中华少年儿童慈善救助基金会、恒泰长财证券有限责任公司

九、项目主要风险及控制

风险：村儿童福利主任的职业精神不足；试点社区/村配合度低。

应对：采取线上线下培训，并由社工定期就有关工作进行交流，项目实施严格的工作流程管控；建议政府配套相关建设费用给试点社区/村，各级民政系统配合进行项目管控。

十、受益人生命故事

案例1 12岁的小霞（化名）是中团村的一名留守儿童，不太喜欢说话，总习惯以沉默示人。参与到我们活动中的她虽然每一次上课都很认真，但沉默的她让社工和志愿者也有些头痛。虽然她也知道自己这样的状态不太好，想融入集体，却始终没有勇气。

还好，开营后没几天她居然有了变化。作为"人际交往"小组组员的她，社工通过系统的活动带领，让她慢慢地大胆起来。在"学会赞美"活动中，社工设计了"戴高帽"的小游戏，戴上帽子的组员要接受全体组员的赞美和夸奖。当小霞戴着帽子听到"人很善良""特别勤快""很孝顺"这些从未想到过的夸赞时，她笑得特别开心。在接下来的活动中，她破天荒地多次主动举手想要去夸奖别人，沉静的湖面似乎在那一刻被突然打破了。我们看到，她的脸上多了笑容，甚至在课堂上会主动举手，课间也开始融入集体游戏。

案例2 龙金翠，怀化市通道县溪口镇北堆村妇女主任，兼任北堆村儿童福利主任。作为福利主任的她对村里孩子们的情况都了如指掌，也会经常走家串户地去落实孩子的需求。不过，一开始对于儿童之家每月要开展的主题活动总觉得有些苦恼，多次提到不知可以开展一些什么活动。为此项目督导建议她可以因地制宜开展具有当地特色的活动，并推荐了一些可复制的活动给她。不久，龙主任就自主组织开展了一场活动，根据儿童不同的年龄阶段，她设计了"无敌风火轮"和"珠行万里游戏"，两个活动充分发挥就地取材的功能，利用废旧纤维袋

做成了"风火轮",用竹子制作成"珠行万里"的管道,让孩子们体验了一个别样的"六一"活动。

乡村儿童财商教育项目
上海百特教育咨询中心

一、机构概览

成立时间:2009 年

总部办公地点:上海市普陀区凯旋北路 1555 弄 58 号 102 室

全职员工人数:52 人

年度总支出预算(2016 年):1 165 万元

项目服务区域:15 省 / 自治区 / 直辖市、40 个市 / 县

机构简介:

中心是中国最大的儿童财经素养教育组织,CYFI 国际儿童及青少年金融教育联盟、AFLATOUN 国际儿童储蓄基金会、WISE 世界教育创新中心、AVPN 亚洲公益创投联盟的成员。服务内容聚焦于财商教育和创业教育。受益对象为主要来自于中低收入家庭 3—25 岁的儿童和青少年。百特教育的使命,帮助孩子自立自信。

二、项目概览

覆盖范围:云南省文山州广南县、贵州省毕节市纳雍县

全职员工人数:5 人,兼职员工人数:5 人

年度总支出预算(2017 年):20 万元

项目过去一年的资金构成:政府采购 0%,其他捐赠 100%

项目针对的问题及其解决方案

1. 针对的问题

全国有 6100 万名农村留守儿童。这些儿童在家庭和社区面临缺乏监护人有效照顾、关爱和正确的引导,在学校面临教育资源匮乏、教育质量差的双重压力。导致其在生活和学习中面临着巨大挑战。他(她)们大多敏感、懂事,但不快乐且自卑,自我约束能力欠缺,学习生活单一,辍学率高。对生活、学习环境带来的负面影响缺乏有效的回应能力。

2. 解决方案

百特品牌阿福童财商系列公益教育产品以不同阶段和维度的介入作为干预服务的媒介,在给予教师系统性能力建设、提升其教学能力的过程中,将干预服务有效递送给乡村留守儿童。培育乡村留守儿童自立自信,自主选择,自我负责,在有限的资源中学会选择,为自己的人生做规划的能力,帮助留守儿童有效提升

应对环境带来的负面影响的能力,从而有机会或顺利参与现代经济和社会生活中。

随着百特公益产品的不断完善,服务的递送模式将更加多元化,通过教师引导及儿童自主游戏及阅读等多条途径并行或区分先后进入顺序实施干预。

三、核心工作内容

1. 与项目地各级教育局(广南县教育局、纳雍县教育局)、学校建立深度合作关系。

2. 对当地教师开展系统的能力建设培训,搭建教师线上线下成长网络体系。

在参与培训的教师中,选择部分有充足内驱力的当地教师作为"种子教师"予以重点培训,从教学理念和教学方法上予以充分支持,并为其将项目内容与学科知识的融入、展示等提供更加专业的指导。

3. 以教师作为服务输送的渠道,将经过实践积累的阿福童社会理财系列公益产品。

阿福童社会理财课程教材、阿福童系列活动、游戏盒子(五大模块财商兴趣课:认识和探索自我、权利与责任、储蓄与消费、计划与预算、社会及商业创业)作为媒介,通过参与式课堂、情景式体验活动和游戏等方式,让留守儿童在小组学习、情景式、参与式和游戏化的教学中认识自我,学习权利与责任,学会合理储蓄及理性消费,会做预算,为自己未来做出规划。

4. 开发轻便化的产品进行直接干预,从财商意识启蒙到态度和行为改变,形成不同阶段和层次的干预模式。

儿童桌游,孩子可在课后、兴趣班中由小组自我完成和学习。通过完成完整学年的游戏活动,支持留守儿童学会规划自己的未来,学会在有限的资源中做出恰当的选择,成为自立、自信、会选择、懂规则,能够应对和参与未来经济社会的公民。

四、项目干预方式

面向乡村的留守儿童,百特教育以3个维度进入学校,3个维度相辅相成,从浅入深,每个阶段从浅层干预到深层干预,层层递进,配搭相应的阿福童财经素养教育公益产品乡村版进入社区,综合形成乡村儿童阿福童财商实验室。

1. 对最终受益群体乡村儿童及留守儿童的干预

第1个维度:提供阿福童悦读书包+阿福童桌游,进行儿童财商启蒙教育。孩子形成4人行动学习小组,通过合作阅读和财商桌游的方式自主学习和互助合作,对财商教育的基本概念和意识打下基础。

第2个维度:体验式学习方式。在学校及社区中,对儿童开设阿福童财商体验活动,使他们对财商知识和基本技能有进一步的认识,并对其日常行为引起干预。

第3个维度:系统的财商能力培养。通过培养乡村教师在学校中开设阿福童财商培养课程和行为改变的系统，培育乡村留守儿童自立自信，自主选择，自我负责，在有限的资源中学会选择，为自己的人生做规划，帮助留守儿童有效提升应对环境带来的负面影响的能力，从而有机会顺利参与现代经济和社会生活中。

2. 对乡村学校教师、家长和当地社工的干预

对学校老师、社区社工、家长等能在学校和社区中开展儿童服务的人员进行培训，成为阿福童大使，有能力在学校和社区组织开展阿福童财商体验活动。

给予当地老师系统的能力建设，提升老师教学能力，使之有能力开设阿福童财商培养课程和行为改变的系统，将干预服务有效递送给乡村留守儿童。

五、项目成果

1. 项目一年间直接受益的人数

直接受益儿童 4 400 人，参与教师约 142 人。

2. 项目一年间直接受益人发生的改变，或者所解决的问题

贵州项目实施第三方项目成效评估报告数据显示，衡量直接受益群体儿童改变的几个关键指标产生了下列变化：

儿童自信表现。经过一学期阿福童课程及参与式教学方法影响，有 25.9% 的学生在集体中表现出更加自信的状态，较前测增加了 2.7%。

儿童团队合作精神及能力。经过一学期的团队建设活动，学生们在合作意识与行为等方面均有明显提升，97.4% 的学生极具团队合作精神和能力，较前测增加了 6.9%。

良好行为习惯和对"财富"认知的扩宽。学生日常行为调查显示，常常出现良好行为习惯（如注意倾听、学会表达不同观点、对不公平说不、团队合作、保持冷静、乐于助人等）的学生比例由前测的 48.8% 到一学期后的 61.2%，增加了 12.4%。把"自己的努力"和"自己的学习能力""时间"等也纳入"财富"认知中的孩子明显增加。

3. 教师群体与个人的改变

调查显示，培训将项目的核心部分进行了准确的传递。50% 的教师对培训基本满意，87.5% 的培训内容得到受训者的重视。评估访谈发现参与项目教师在实践过程中对培训内容有更深入的思考，被调查教师对项目所希望传递的"儿童为中心"的教育理念和参与式教学方法的核心的理解都比较准确。

自我评估显示，教师个案在教学目标和教学时间管理方面有较大改进。个案教师课堂每一环节的目标完成率平均 68.14%，12 月份目标完成率平均在 92.25%，教师讲解用时明显减少，学生讲解、师生互动、小组讨论、学生自学、游戏或活动等占到课堂用时的大部分，尤其是学生自学和游戏及活动部分，占课堂时间的 74%。

培育了一批种子教师。如在贵州省项目区纳雍县左鸠戛乡五所学校各有 1—2 名种子教师，他们在自己的课堂和班级中探索性地运用新的教学方法和内容，给校内其他老师起到示范性的作用。

探索出本土特色的教学案例。在外来引入的基础上，百特的专业力量与当地教师的经验相结合，探索出了符合本地特色，又蕴含参与式教学方法的阿福童课程的教学案例。

获得了当地教育主管部门的重视和认可。在纳雍县左鸠戛乡开展一年的项目，尤其是当地教师的改变，得到了乡教育主管部门的认可和纳雍县教育局的重视，为此多次开会讨论项目的成效、影响以及改进的方式方法等，并于当年12月由县教育局组织县内骨干教师听课，使更多的老师了解项目的内容和执行的情况。

六、项目发展历程

2015年	2016年	2017年	2018年
开始探索在乡村开展面向留守儿童的社会理财教育；开始尝试同时通过教师培训，支持教师将参与式教学方法和阿福童课程引入到贵州纳雍县；2015—2016年在纳雍县5所项目学校开展阿福童课程和教师培训。	2016年，在执行贵州项目的经验基础上，同时结合在云南广南县与国际计划前期开展的初中阶段的青少年生活技能和社会理财项目的基础，将阿福童社会理财课程推广至小学15所学校。	2017—2018年，广南县项目将进一步实施和开展，同时在云南探索本土的项目推广及可复制模式；贵州项目将进一步在项目学校开展留守儿童社会理财课程；在贵州和云南的实践基础上摸索出了三个维度以阿福童社会理财系列公益教育产品为干预媒介的乡村留守儿童的改变模式。	

七、未来项目发展计划

1. 要做的主要事情

（1）进一步探索面向乡村留守儿童教育公益产品的本土化和深度化服务；

（2）进一步深入测量阿福童系列教育产品给儿童带来的意识、认知和行为上的改变，不断优化产品；

（3）不断地进行行动研究，探索出能够有效推广和复制的乡村儿童社会理财教育创新模式。

2. 未来一年项目总支出预算（2018年）：30万元

八、项目团队与合作伙伴

1. 项目团队骨干成员专业能力/经历说明

王胜，上海百特教育创始人及理事长，新教育基金会、荷兰国际儿童储蓄基金会等多家机构理事。本项目总顾问，整体布局项目的发展模式和发展规划。

陈虹，百特教育执行总干事，香港理工大学社会工作硕士，资深公益人士，为本项目的实施和开展提供整体的管理和统筹支持。

唐薇，百特教育高级培训师，国际儿童储蓄基金会认证国际培训师。为项目的实施提供教师能力建设整体方案咨询，开展教师参与式培训。

2. 合作伙伴

项目主要合作方：

云南广南县教育局、贵州纳雍县教育局及左鸠戛乡教管中心，整合政府行政资源，保障项目实施。

国际计划，为在广南县实施项目提供学校资源、在地资源支持。

爱心纳雍，为在纳雍县实施项目提供在地资源支持。

项目主要捐赠方：

中国扶贫基金会、腾讯99公益、联劝公益基金会、乐施会。

九、项目主要风险及控制

风险：项目团队撤出后，学校和老师是否会继续再开展相关的课程；项目资金的可持续，筹资的不确定性可能带来的项目资金有限，无法持续深入地带来改变。

应对：一是项目结束后，在资源和精力能够覆盖到的前提下继续支持当地教师的成长，如邀请还在继续开展阿福童社会理财课程的教师参加机构的教师骨干培训和培训师培训；或邀请参加国内国际教学交流研讨会议，交流中进一步深入认识儿童财商素养教育对儿童，尤其是面临资源匮乏儿童的重要性。二是进一步探索项目资金可持续的模式。

十、受益人生命故事

从2013年元月参加阿福童课程培训到2016年3年多的时间，我接受了6次培训。从不了解到了解再到喜欢。原来很内向的我与老师们开交流会、学习都是不敢说话。记得2013年贵阳培训时，小组讨论成果分享、展示、对其他小组评价等，我都被推发言。从那时起自己完全变了，哪怕是教育局领导听课，也不担心害怕了。

现在已有11年教龄的我，在学习培训后，感觉自己已能自信、积极主动地去实践。我要寻找一条路，学生喜欢、老师轻松的一种教学方法和班级管理方法，效果好的还会邀请其他老师一起做。

虽然在短时间内还看不到学生成绩明显提高，但已经看到学生的一些能力在变化。我把阿福童的小组合作、展示方法在语文、美术、音乐课上采用，对学生表达的意见，不再过多地评判对错，而是鼓励他们说出来。渐渐地，学生从开始的扭捏，退缩不前，到后来越来越多地主动上台展示，敢于表达自己的意见，甚至开始享受"表演"。过程中也大大地提升了学生的表达能力，有了合作意识，在合作中动手动脑。

班级管理中我也使用阿福童的方法，如做一件好事，给笑脸；也给孩子们参与班级、校园和自我管理的机会。现在诸如捡拾校园垃圾，打扫厕所，整理图书室，劝导同学远离危险（学前班小朋友爬树、爬水池等）等，学生们都很积极地参与。以前午饭后，我常在校园巡视，避免发生安全事故。现在孩子们可以自己管理自己，自己为自己的行为负责，同时也创设了更好的学习环境，过程中也培养了他们对学校和班级的归属感。以前管理学生的压力很大，现在的我可以多一些时间改作业、备课或休息了（纳雍县左鸠戛乡营盘小学李老师）。

"食育"推动计划

首都保健营养美食学会

一、机构概览

成立时间：1992 年
办公地点：北京市海淀区善缘街 1 号立方庭 1 段 210 室
全职员工人数：8 人
年度总支出预算（2017 年）：300 万元
项目服务区域：23 省（自治区、直辖市）66 市 / 县
机构简介：

由中国营养学泰斗于若木发起，首都相关从业人员自愿联合成立，1992 年在北京市民政部门登记注册。作为公益性社会团体，坚持营养科普，提高国民健康素养，做中国健康事业的推动者，在 2013 年被评为"4A"级社会组织。

二、项目概览

覆盖范围：23 省（自治区、直辖市）66 市 / 县
全职员工人数：5 人
年度总支出预算（2017 年）：150 万元
项目过去一年的资金构成：政府采购 55%，其他捐赠 45%

项目针对的问题及其解决方案

1. **针对的问题**

目前国内食育课程缺位，学生缺乏正确的健康意识和行为，而不良的生活方式正是导致慢病高发的主要原因。幼儿园和小学阶段是孩子行为习惯建立的最佳阶段，在这个时期进行健康教育能达到最好的效果。而西部偏远贫困地区，特别是农村儿童，很少有机会接触正确健康意识和知识的教育。

2. **解决方案**

研发食育教学内容；建构教育网络（志愿者服务站、学校教师）；针对学生及家长开展食育健康教育。

三、核心工作内容

1. **研发食育教学内容**

研发教材、教辅、工具等。

2. 建构食育师资团队（志愿者服务站、学校教师）

培养可以为学生及家长提供食育课程的师资力量。

（1）在全国各地建立志愿者服务站，并为服务站提供培训、课程等技术支持，指导其在当地开展食育课程。通过建立全国各地志愿者服务站的微信总群进行日常工作沟通和管理，促进不同地区之间分享课程、交流经验；邀请服务站参与食育论坛；通过微信群在线培训；组织服务站观摩、学习食育体系比较完善的学校经验。为全国食育从业者、志愿者提供交流沟通的平台。

（2）培养在校师资。项目提供课程培训及为期一年的督导服务，由地方教委牵头组织教师参与培训。

3. 由食育师资团队在幼儿园、小学针对学生，从理论、实操、实践开展食育健康教育，让学生从常识开始理解健康的因素，到实践中去感受自己动手丰衣足食的满足感。

（1）偏远山区定点授课，即项目团队成员与志愿者每年在同一区域、相同地点、同一学校，针对教师和学生开展有梯度的健康教育工作。

（2）在校教师授课，即由经培训的在校老师独立开展健康教育课程。

4. 对项目干预效果进行评估

为了解食育干预前后，农村小学生饮食习惯及行为改变，以及学生对食育的接受情况，为在农村小学中开展食育的可行性提供参考。项目整群抽取了河南省信阳市平桥区某村级小学作为食育干预试点校，采用问卷调查方法，通过测量被干预学生在营养知识、饮食习惯、食物摄入情况得分，评价学生饮食健康素养的水平，比较干预前后的素养改变程度。

5. 开展家长课堂

在开展学生课堂时同步召开家长课堂。改变学生是改变他们的未来，改变家长才能改变他们的现在。因幼儿园、小学阶段的家庭饮食多数依赖家长，所以在提升孩子健康意识的同时，也需提升家长的健康意识。家长课堂主要包括营养基础知识、日常饮食误区、厨房卫生安全、如何挑选包装食品等贴近生活的主题。

四、项目干预方式

1. 对最终受益群体幼儿及学生的干预

健康常识教育：学生从常识开始理解健康的因素。健康实操与实践教育：让学生体验动手的乐趣，劳动的艰辛，感受自己动手丰衣足食的满足感。

2. 对教师的干预

提供健康知识及课程培训，使其可独立开展健康教育课程。提供教学理念与方法培训，助其将健康知识蕴含于日常教育及可持续的教学过程中。提供督导服务，为期一年。

3. 对学生家长的干预

设立家长课堂，提供健康知识培训。

4. 对志愿者服务站的干预

提供健康知识及课程培训。

提供教学理念与方法、授课技巧培训。

五、项目成果

1. 过去一年直接受益的人数

共开展了 2 189 场学生食育健康课程，受益人数为 10.9 万人次。

2. 过去一年直接受益人发生的改变，或者所解决的问题

学生饮食健康素养水平干预前后比较的调查发现，参与研究的 121 名小学生中，92.6% 的学生表示喜欢食育课，认为营养饮食对健康很重要的学生由干预前的 73.6% 升高至 90%；被干预对象的营养知识素养较好者的比例由干预前的 20.7% 提高至 31.2%；具有较好吃早餐习惯的学生由干预前的 65.3% 提高至 76.1%，一般挑食的学生由 31.4% 下降到 24.8%，不挑食的学生由原来的 62.8% 上升至 67.0%；经常吃薯片的学生由 32.4% 下降至 19.1%，经常喝饮料的学生由 45.1% 下降至 32.7%，以上差异均具有统计学意义。可以说，食育项目对提高农村小学生的饮食健康素养有所帮助，是改善我国农村小学生营养状况的途径之一。

连续几年定期在学校开展食育健康课，培养了学校的食育老师，他们不仅自身掌握了更多的健康知识，而且基本具备了开展食育课程的能力。定期召开的家长课堂，让家长们对健康有了全新的认知。

北京志愿者团队截至目前有 214 人，为扩大项目传播、培养成为食育讲师储备了足够的人才。

3. 项目推广到其他机构的情况以及政府采购的情况

2016 年 1 月，与中国人口福利基金会合作开展留守儿童"筝福营"活动。基金会负责提供资金、组织活动等所有事情，项目组主要负责课程内容。

六、项目发展历程

2012 年 12 月，启动"关注西部留守儿童健康"公益项目。

2013 年，在甘肃省天水市汪川镇建立项目示范基地，在青海省互助县五十乡建立服务站，复制项目。

2014 年 3—7 月，筹建北京志愿者团队，储备师资力量，并在河南信阳郝堂宏伟小学开展第一所试点学校项目，在甘肃省庆阳市正宁县建立项目示范基地。

2014 年 9 月，项目更名为"食育"推动计划，成立教材编写团队；加入河南新县健康促进县建设项目。

2014 年 11 月，面向全国非营利健康类机构招募、建立志愿者服务站。旨在联合全国各地健康机构，共同促进我国的"食育"发展。

2015 年 4 月，开启食育项目志愿者师资培训计划。

2016 年 12 月，举办 2016 中国食育高峰论坛；正式发布"食育"教材一年级（上册）。

七、未来项目发展计划

1. 要做的主要工作

（1）做支持型公益，为学校提供健康教育内容及师资培训。

（2）研发"食育"教材，目前已出版一年级上册学生用书，计划于2017年年底，陆续出版完小学阶段一至六年级的所有学生用书及配套的教师用书。

（3）指导服务站在当地开展食育工作，派专家老师前去服务站进行培训，培养当地的食育师资。

2. 未来一年项目总支出预算（2017—2018年）：300万元

八、项目团队与合作伙伴

1. 项目团队骨干成员专业能力/经历说明

刘璐，项目负责人，学会副会长。从事营养5年多，多家媒体嘉宾及报刊撰稿人，"食育"教材执行主编，牵头筹划了项目的发展。

杨毅、毛春蕊、林萍萍、刘婷，项目执行者。基于营养、教育、外语等专业背景，在课程研发、教学技术、资料翻译等环节提供了有力的支持。

王旭峰，营养学硕士，为课程内容把关，同时也为项目提供资源。

2. 合作伙伴

（1）项目主要合作方：

河南省新县政府、新县教委及县其他所有职能单位负责人参与组成了新县健康教育与健康促进委员会，领导监督实施本项目，旨在创建全国健康促进示范县。

河南信阳平桥区教委，主要提供了部分项目经费，并组织教学、监督学校课程开展。

中国福利人口基金会提供了部分项目经费，并组织教学等。

（2）项目主要捐赠方

中国福利人口基金会、九阳希望厨房、个人捐款（腾讯99公益日众筹平台）。

九、项目主要风险及控制

风险：组织志愿者进入学校做健康教育，存在部分志愿者专业知识不扎实等情况。

应对：为参与项目的志愿者提供专业化培训。

风险：项目组带着志愿者一起去外地开展活动，会有一定的安全风险。

应对：活动前说明可能存在的安全风险，提高参与者的风险意识，为参与者购买意外保险等。

十、受益人生命故事

老师，您还记得吗？当初您给我们上课，其中的"吃不健康的零食等于害自己"这一条我可一直都记得,千真万确哦!谢谢上天,让我认识老师,对我的改变很大哦。

——来自学生文婵的短信

我们家孩子自从上了您的课就特别崇拜您,您说的话都能放在心上。这个孩子看着身体健康,实际上从小多病,从小不爱吃菜,身体缺少各种维生素,在家强制性地让他吃菜,看着勉强吃一点,为他吃菜的事我们家长特别苦恼,自从上了您的课他回家一口饮料不喝,还给我们讲了好多道理,我真的非常高兴!

——来自某学生家长的短信

接触食育知识两年有余,以往都是由北京营养师提供教案和课件。今天第一次独立自己备课做课件,现在再看孩子们开心的笑脸,忆起课后小聊,他们直白简单的话语和回答,感受到孩子们收获的不仅仅是美食,更多的是健康饮食的知识和习惯。感谢北京营养师朋友们带我进入新的领域,感谢孩子们的奇思妙想让我不断进步,最后也给自己一个小小的奖励,第一次独立构思给孩子们上了一节开心感恩的课。

——来自郝堂小学李老师的短信

"陪伴成长·驻校社工"项目
北京市西部阳光农村发展基金会

一、机构概览

成立时间:2006年5月26日
总部办公地点:北京
全职员工人数:14人
年度总支出预算(2017年):1 501万元
项目服务区域:主要包括甘肃、贵州、重庆等7省市
机构简介:
于2006年在北京市民政局注册登记,致力于推动教育公平,改善教育品质。10年来,一直耕耘在西部农村教育领域,开展阳光童趣园、陪伴成长·驻校社工、青葵花导师计划与桥畔计划等多个教育支持项目,以多元形式支持和帮助教师、学生及农村弱势人群自我提升,促使农村弱势群体拥有改变自己生活的勇气和能力。

二、项目概览

覆盖范围:甘肃省陇南市康县、礼县、成县、会宁县
全职员工人数:2人,兼职员工人数:2人

年度总支出预算（2017年）：160万元

项目过去一年的资金构成：政府采购0%，其他捐赠100%，自营收入0%

项目针对的内容及其解决方案

1. 针对的问题

自2009年秋开始，因撤点并校农村寄宿制学校作为一种教育政策的结果以极快的速度普及，成为贫困地区儿童求学的主要场所。学生为考试而学并伴随着长期单调乏味的寄宿生活；教师及学校管理人员长期陷于一天24小时在校工作和大大增加的教育、看护责任与压力中，并缺乏有效的能力建设。此种变化使处于成长关键期的儿童尤其是缺少亲情关爱的留守儿童，其身心全面成长的需求被系统性地忽视。

2. 解决方案

基于确信"教育最本质的作用是发生在人与人之间的交互渗透和影响"，选择深度干预策略。社工进驻寄宿制学校，与学校一起以丰富的课程和活动，关注学生社会化成长过程中的多样需求；以关怀和爱带给学生安全感、自信心和良好的朋辈关系；以陪伴与呵护，帮助学生度过人格发展的关键时期。

同时，对乡村教师进行深度的陪伴成长干预，提供专业、实用、接地气、可持续的公益培训。并延伸至学前幼儿，针对偏乡学前教育机构建设与运营方式进行探索，为儿童提供便利、快乐的学前教育机会。

三、核心工作内容

1. 实施"驻校社工"项目

培训与指导驻校社工学习，掌握社工工作方法，提升服务儿童的能力。

招募有一定学习背景的志愿者担任驻校社工（酌付生活津贴补助）。其间，结合青葵花导师计划为驻校社工志愿者提供合适的线上培训，并请专业督导进行集中培训，以及线上线下督导等方式，以提高驻校社工志愿者的服务质量与服务水平，并对工作中出现的疑点难点进行评估与指导。

选派社工志愿者长期驻点寄宿制学校，陪伴乡村儿童成长。

社工志愿者驻点服务期间，与学校和老师配合工作，设计、组织开展各种有益于学生身心健康的活动，并运用社工工作手法为学生提供个性化服务，陪伴学生在校期间的成长。

小组活动。包括开放社工室，课外活动时间的游戏以及大型活动，如象棋比赛、篮球比赛、趣味运动会、小小图书管理员等各种活动。

社工课堂。通过各类主题的社工课堂（如创造力、伙伴++、社会认知、理财教育、关系协调、快乐运动及社工自己创造的课程等）对儿童提供价值观的建构。

个案工作。通过与班主任的交流以了解孩子在校状况；社工家访，在与家长互动过程中更加深入地认识孩子；通过信件、面谈等一对一的方式及小组工作方法解决儿童成长中的困惑。

2. 推动青葵花导师计划

与教育领先的地区和学校建立深度合作关系，联合富有教育经验的优秀教师和教研员团队，以网络搭建线上教研空间为主，将东西部教师连接到一起，分享教学经验，开展为期一年的线上教研指引课程（分为语文、数学、英语教学和教育创新研修班4个群组），并为学员提供包括名师教学分享、学员教学诊断以及教师互动交流在内的3项基本服务。为偏远农村地区新教师群体提供一对一的长期导师制职业引导与培训，提升农村地区新教师群体的教学效能，帮助新教师渡过职业摸索期，从而加快当地学校教学质量的改善，提升当地学生学业状况。

与教育领先的地区和学校建立深度合作关系，联合富有教育经验的教研员团队，为偏远农村地区教研人员群体开展培训，即为项目实施地区教育局与教师培训工作相关主管人员（含教育局局长、教研员、教学督导，部分项目学校校长和教导主任等）提供专项跟岗研修培训、名校探访和名师教学观摩、城市游学和团队建设、教研团队组织与管理经验、学校发展规划指导。

3. 在社区建构"阳光童趣园"

从改建乡村幼儿园开始，创新空间设计、开发适合教案、培训幼儿教师、促进家园活动。机构持续探索支持乡村学前教育的最佳方案，探索针对偏远农村地区2—6岁儿童的学前教育机构建设与运营方式，为儿童提供在家门口接受便利、快乐的学前教育机会。已在甘肃、贵州、四川、山东、河北、云南、重庆等省市完成49所新一代阳光童趣园村级儿童活动中心的建设。

四、项目干预方式

1. 对最终受益群体学生（含留守儿童）的干预

心理健康教育：关注包括学生的个人发展和社会发展以及他们的自尊。

行为养成教育：培养学生良好行为习惯的教育。

成长教育：以创造力思维为主架构，丰富校园生活。试图培养挫折容忍度、学习能力、思考能力、探索能力、创新能力较高的孩子。

2. 对直接受益群体偏乡项目学校、教育管理部门（新老师、教研成员）的干预

搭建网络线上教研空间，为新老师提供长期导师制职业引导与培训。为教研成员提供专项跟岗研修培训、名校探访、名师教学观摩、城市游学。为教研成员提供团队建设。为教研成员提供教研团队组织与管理经验、学校发展规划指导。

3. 对直接受益者社工志愿者的干预

提供线上线下专业能力培训。提供专业督导。提供生活津贴补助。

4. 对最终受益群体学龄前幼儿的干预

提供可及、快乐的教育机会。

5. 对直接受益对象乡村幼儿园的干预

提供改建资金。提供创新设计。开发并提供适合的教案。陪伴当地的管理员对园区进行管理。提供幼儿教师培训。探索偏远农村地区学前教育机构建设与运

营方式。

五、项目成果

1. 过去一年直接受益的人数

甘肃成县、礼县、康县 14 个项目点学校的学生及其家长、老师，共计约 5 719 人。

2. 过去一年直接受益人发生的改变，或者所解决的问题

（1）驻校社工自身以及引导父母更为关心孩子是否开心，学生因为有了驻校社工、父母的关注，其幸福指数大大提升了。

（2）驻校社工利用网络、科技手段，增加留守儿童与父母见面的机会，提升留守儿童的幸福指数。

（3）驻校社工的介入，通过调节老师与学生之间的关系，缓和了师生关系，让学生在课堂学习中增强了信心，也通过自身引导，为教师的教育手段提供了借鉴。

（4）由社工课、成长教育小组的开展，乡村孩子的生活常识、生活卫生习惯都得到了改善，从刷牙、叠被子到洗脚、换洗衣服等生活卫生行为都大为改善。

（5）社工课中开展与青春期、两性心理相关的议题，让乡村孩子特别是青春期孩子对自我的了解有所增加，也通过个案工作，让乡村孩子的情绪有了一个出口，减少负面情绪以及攻击性行为的产生。

六、项目发展历程

2005 年，"阳光童趣园"项目初步形成，给乡村儿童提供一个除学校以外的活动中心，并且支持、陪伴管理员成长。

2010 年，驻校社工项目规划初步形成。

2011 年 8 月—2012 年 7 月，驻校社工项目在甘肃成县 3 所农村寄宿制学校开设了项目。

2012 年 8 月—2013 年 7 月，驻校社工项目新增甘肃礼县 5 所学校，项目点增至 8 个。

2013 年，启动青葵花导师计划，对乡村教师进行深度的陪伴成长干预。

2013 年 8 月—2015 年 7 月，驻校社工项目扩展至甘肃康县，新增 5 所学校。

2015 年 8 月—2016 年 7 月，因部分学校撤点，驻校社工项目减至 10 所。

2016 年 8 月至今，驻校社工项目在甘肃以上 3 县及会宁县 15 个项目点开展服务。

七、未来项目发展计划

1. 要做的主要事情

（1）将扩展到甘肃省白银市的会宁县，服务 5 个项目点学校。

（2）将与北京部分高校进行合作，招募高校实习生前往驻校社工项目点进行志愿服务。

（3）将与甘肃本地非政府组织进行合作，共同推动甘肃地区农村寄宿制学校

学生的健康成长。

2. 未来一年项目总支出预算（2018年）：220万元

八、项目团队与合作伙伴

1. 项目团队骨干成员专业能力/经历说明

王丽惠，西部阳光项目总监兼运营总监，加入西部阳光之前担任多家公益机构志愿者逾5年。英国雷丁大学国际资本市场联合协会学院理学硕士学位，国际证券，投资和银行专业，逾10年服务于海外银行国内分行。

夏小绕，项目主管，负责驻校社工项目执行工作。2008年加入西部阳光。2012年起担任驻校社工，并作为驻校社工联络人，负责社工团队建设、社工伙伴关系协调等工作。

周淑祯，项目架构顾问，毕业于中国台湾暨南大学社会政策与社会工作研究所。早期曾在计算机和证券行业工作。1993年至今，先后担任多家基金会负责人、顾问。在社会公益领域开展项目实施与探索工作，致力于改善贫困地区的教育问题。2017年起，在北京工业大学耿丹学院社工专业任教。

周佩仪，项目社工工作督导，社会工作者。毕业于香港理工大学社会工作专业，曾在香港从事10多年有关智障人士的服务工作，其间负责有关直接服务的操作督导，现任全国心智障碍家长组织联会秘书长。2012年开始担任中国社科院社会工作硕士生课程的实务督导老师，并讲授实务课。在企业担任专业顾问10余年，服务多家著名海外企业，对企业员工提供个人心理咨询服务、培训，擅长压力管理、个人成长、生命教育等主题。

2. 合作伙伴

项目主要合作方：

项目所在县教育局。经由教育局协调、链接本地资源，使项目更易于推广落地，也为本土化的推动提供保障。

项目主要捐赠方：汇丰银行、乐施会。

九、项目主要风险及控制

风险：如当地教育资源合作方换届，学校校长换届等。

应对：维护公共关系；保持和教育局以及学校和其他合作伙伴的定期沟通与交流。

风险：社工个人行为以及项目运作带来的声誉风险，会影响资金募集和项目发展、管理。

应对：建立项目运行机制，包括财务和管理制度，保证项目受众的真实需求被满足。审核监督项目运行的真实性、公开性。严格财务制度确保资金使用的真实性和透明度，定时提交项目报告与财务披露。

风险：因驻校社工志愿者工作地点较偏远，具有一定的人力风险。项目人员因工作压力和工作量设置会引发流动率升高。

应对：为社工志愿者提供定期体检，购买保险，同时项目管理人员不定期走访督导，给予人文和专业支持。提高项目人员福利待遇，持续满足项目人员对自身素质和能力提高的要求，建立良好健全的岗位制度，减小人员流动风险。

十、受益人生命故事

现在，项目的整个培训体系在不断调整、变更中"有序"地进行着，不同成长背景、不同生活理念的一群年轻人聚集在一起，每一刻思想发生的碰撞，都会激起一层浪花，大家慢慢地对社工的工作理念加深了理解。

——项目主管

我在甘肃工作已是第 5 个年头。这几年不时地听到奉献、牺牲等词汇，每次都尴尬无比。对我来说，我喜欢这样的生活方式，舒服且内心满足。在这里我感到自由，也觉得挺幸福。我也希望自己能够不断地提升专业工作技巧，为学校的孩子提供更好的服务。我相信陪伴和守护的力量。

——项目一线社工志愿者

那天，我发现小 R 一整天都闷闷不乐，一个人坐在台阶前。问他为什么心情不好，他也只是说没什么。下午又有几个同学神神秘秘地跟我说了小 R 不开心的原因。原来小 R 向小 Y 表白，却被小 Y 回绝了。所以，即使见面了也很尴尬地避让开，旁边的同学也在不断起哄。

我并不打算告诉他们，这是所谓的"早恋"，他们还小，不应该考虑这些，等等。我鼓励他们把自己真实的想法告诉对方，而不只是尴尬地回避。即使是青涩的"爱情"被拒绝，也都是宝贵的成长机会。那天傍晚，我提出让他们去我宿舍聊天。不知道他们的谈话是怎样的，但我知道之后的几天里，男孩和女孩都和以前一样开心。

——驻校社工志愿者

留守儿童热线项目
广州市映诺公益服务促进会

一、机构概览

成立时间：2007 年
总部办公地点：广东广州
全职员工人数：20 人
年度总支出预算（2017 年）：150 万元
项目服务区域：集中于珠三角、长三角地区
机构简介：
映诺于 2012 年在广州市民政部门登记注册。映诺作为一个创新型社区发展项目的倡导者和驱动者，主要关注的领域包括公共健康（PH）、新型社区问题

（EI）和消费者与社区（CC）。旨在用创新思维和系统实践为社区带来实实在在的改善和推动。

二、项目概览

覆盖范围：广东、湖南、湖北3个省，茂名等3个市，通山县等3个县
全职员工人数：7人，兼职员工人数：3人
年度总支出预算（2017年）：41万元

项目针对的问题及其解决方案

1. 针对的问题

父母与留守儿童因长期分离而造成的沟通障碍。

2. 解决方案

通过培训、个案咨询与辅导、沟通工作坊帮助留守儿童和父母互相加深了解、发现沟通问题所在；通过提供话题工具（亲子沟通日历），让留守儿童家庭学会有效沟通，持续亲子沟通。

三、核心工作内容

项目链接在外工作的父母及农村留守儿童，采用父母俱乐部、热线、亲子沟通等多种创新工具，帮助父母打破与留守儿童沟通障碍，达成有效沟通。

1. 父母俱乐部

在工厂建立父母俱乐部。聘请亲子教育专家每月落地工厂为父母培训儿童成长课程，开展亲子沟通主题培训，提高父母和孩子的沟通能力。

2. 第三课堂

义工在农村驻点，与留守儿童一起学习和生活，进行实时沟通。义工进入学校，对儿童尤其留守儿童开展第三课堂教育，同时进入留守儿童家庭了解家庭生活状况，记录留守儿童的成长。

3. 热线

专设24小时不间断热线中心，为父母和留守儿童提供咨询和心理疏导服务。

4. 嘉年华

组织父母到留守儿童学校，与孩子一起参与游园会，增进家长与留守儿童的沟通。

5. 美丽的大脚

亲子沟通工作坊：组织留守儿童到父母所在城市社区，与父母一同参与亲子沟通工作坊，家长和孩子通过4天3夜约90小时的亲密接触，加深彼此了解，发现并克服沟通中存在的障碍，促成有效亲子沟通。

6. 亲子沟通日历

研发亲子沟通日历。为父母提供或有趣或家常或深刻的亲子话题，配以循序渐进、由亲子专家推荐的沟通小技巧，帮助父母和孩子打开话匣子。保证有效沟通的持续性，完成亲子沟通长跑的最后1米，促成留守儿童家庭的亲子沟通行

动。引导留守儿童家庭持续有效沟通。

四、项目干预方式

1. 对工人父母

定期开展亲子沟通培训课程,提高父母的亲子沟通意识。教会父母有效的沟通技巧。提供热线平台。

2. 对留守儿童

通过驻点义工实地家访,了解留守儿童和父母沟通问题所在。开展身心健康方面的第三课堂,让留守儿童建立更加健康积极的人生观。面对面解答沟通问题,帮助培养沟通技巧。提供热线平台。

3. 对留守儿童家庭

通过亲子沟通工作坊等为部分家庭创造亲密共处空间,帮助加深彼此了解,消融误会。倡导参与家庭作为种子,在各自工作生活的工厂乡村,分享亲子关系重建重塑的知识经验,持续地扩散到更多留守儿童家庭。通过研发并提供专业工具(亲子沟通日历),帮助家长学会持续有效沟通。

五、项目成果

6年运作时间;与国际品牌的11间供应链工厂合作开展了留守儿童热线项目;项目覆盖10间工厂、18间中小学的留守儿童及其父母,遍布湖南、贵州、广西、云南等地区;第三课堂共5 440个课时,超过6 200名留守儿童直接受益;亲子沟通课程共200个小时,超过10 000名工人父母直接参与现场培训;对工人父母和孩子提供咨询7 235次,超过44 448小时的热线接听;12 000个留守儿童家庭父母和孩子学会通过沟通解决亲子关系中的问题,以及表达关心和爱意。

六、项目发展历程

2010年,通过握手工人热线项目,发现工人父母和留守儿童家庭的需求,开展留守儿童热线项目。

2012年,将嘉年华、第三课堂等工具结合起来运用在项目中。

2013年,首次开展"美丽的大脚"亲子沟通工作坊,并在此后将其作为项目标准工具。

七、未来项目发展计划

1. 要做的主要事情

(1)通过轻量级的工具开发(如亲子沟通日历),延续项目影响力。

(2)通过亲子沟通日历,让留守儿童家庭能够延续有效的亲子沟通方式。

(3)向供应链工厂倡议,为工人提供进行亲子沟通的设备和亲子沟通时间。

(4)结合项目工具,倡导以家庭为切入点的福祉提升。

(5)进一步拓展流动儿童家庭阵地,并结合城市家庭融入要素。

2. 未来一年项目总支出预算（2018 年）：80 万元

八、项目团队与合作伙伴

1. 项目团队骨干成员专业能力/经历说明

李镝：机构创始人、总监。创立公益机构前，有 5 年公关及市场营销工作经验。负责与基金会、社区合作伙伴建立关系和监督项目执行。

王颖：机构副总监，监督该项目的运行并提供富有创新性和指导性的建议。曾在天涯公益工作近 2 年，拥有丰富的项目推广能力。

林秋霞：负责项目的运营。有 6 年儿童领域的社区工作经验，致力于利用持续创新性的工作方法和工具实现社区发展。

卢思歆：项目督导。中山大学政务学院公共管理硕士，超过 15 年儿童领域及志愿者培训经验。

2. 合作伙伴

资金支持和项目开展：JALA，KSO，Flextronics，德勤，天河区总工会。

筹款平台支持：广东省千禾社区公益基金会、爱德基金会、腾讯公益。

项目主要捐赠方：主要由企业出资运作。

九、项目主要风险及控制

风险：驻点义工能力是否足以匹配学校教学及协助项目开展，能否协同儿童教育专家开展工作。

应对：为驻点义工提供相关培训及能力建设支持。建立个案转介机制，寻求第三方人员、单位介入处理。

十、受益人生命故事

嘉进（化名）今年 8 岁，3 年前开始了留守生活。为了孩子的未来，父母在工厂拼命工作。因此，在每周不到 5 分钟的电话里，他们最关心嘉进的学习成绩，总是忍不住因为考试分数太低而责备他。面对责备，渴求爸妈关心的小嘉进始终低着头不说话。

在亲子沟通工作坊，嘉进写给爸妈的信中只有两句话："亲爱的爸爸妈妈，你们喜不喜欢我？你们能不能回来多陪我玩？"年轻的爸爸不禁流泪，想不到孩子竟和自己如此疏离，他紧紧抱住了嘉进。

通过工作坊，嘉进跟父母重新去了解对方。父母认识到以前因为工作忙碌而忽略了关注孩子的成长，回想这 8 年来孩子的成长，他们陪伴的时间不超过 1 年，也不知道孩子什么时候开始日日思念父母回家。嘉进父母承诺，以后无论多忙，每个星期都会通电话，听嘉进分享老家的生活，多了解他的想法，如果成绩不理想应多点鼓励而不是责备。

家庭回访时，嘉进母亲反馈，父母坚持每个星期跟孩子通电话，增加了对孩子的了解后，孩子也变得活泼了。即使考试成绩不理想也没有责备而是多去鼓励引导，却意外地发现孩子比以前更自信了。

映诺发现，许多留守儿童父母不懂得表达对孩子的爱和关心，沟通时往往只关注孩子的学习，经过项目的亲子沟通培训和工作坊，父母更懂得从孩子的角度出发，关注孩子本身的心情、经历等，让孩子体会到父母的爱。

"童伴计划"项目
中国扶贫基金会

一、机构概览

成立时间：1989 年

总部地址：北京市海淀区双榆树西里 36 号南楼

全职员工人数：159 人

年度总支出预算（2017 年）：41 000 万元

项目服务覆盖区域：

中国 31 省（自治区、直辖市）、868 县、238 所大学；埃塞俄比亚、加纳、柬埔寨、缅甸、尼泊尔、苏丹、厄瓜多尔、海地等国家。

机构简介：

成立于 1989 年，在民政部注册登记并由国务院扶贫办主管。针对贫困的主要成因，机构致力于健康扶贫、教育扶贫、生计扶贫、救灾扶贫四大业务领域。新的慈善法颁布后，成为首批拥有公募资格的慈善组织。

二、项目概览

覆盖区域：中国四川省、贵州省 20 个县 200 个村

全职员工人数：5 人

年度总支出预算（2017 年）：1 000 万元

项目过去一年的资金构成：公众捐款 67%，企业捐款 33%

项目针对的内容及其解决方案

1. 针对的问题

中国 16 岁以下农村留守儿童有 902 万人，其中由祖父母、外祖父母监护的 805 万人，无人监护的 36 万人；超过 90% 分布在四川、贵州等中西部省份。农村留守儿童在学业辅导支持、心理发展、社会交往、安全保护意识方面具有更多的需求，其中残疾、疾病儿童入学状况尤需关注。

针对留守儿童问题具有多样性、复杂性和艰巨性特点，项目区地方政府正在逐步建立多部门联动机制支持的儿童福利服务体系，以共同解决儿童需求。但是需要建立直达儿童身边的服务网络，以保障儿童福利政策更为有效

地落实。

2. 解决方案

通过"一个人·一个家·一条纽带"建立村级留守儿童监护网络的模式和带动资源，链接到地方政府构建的多部门联动的儿童福利服务体系之中，并探索农村留守儿童福利与权益保障的有效途径，为政府政策落地提供参考。

三、核心工作内容

1. 一个人

即童伴妈妈，是项目在每个项目村聘请的一名全职儿童守护专员。童伴妈妈将所在村全部儿童的福利、安全、健康的保护都纳入其服务范畴。

2. 一个家

即童伴之家，在每个项目村建设一个安全、健康的儿童活动场地。

3. 一条纽带

即每个项目村与地方政府构建的多部门联动的儿童福利服务体系之间建立连接，形成县、乡、村三级信息递送机制，通过以县项目办公室（设在民政部门）为核心，县公安、教育、卫生等部门横向联动的工作机制，为项目村儿童需求和问题解决提供支持。

四、项目干预方式

1. 对儿童福利体系的干预

童伴妈妈承担了村级儿童福利需求信息收集、向上递送和向下传达的职能。使当地政府构建的联动机制延伸到各项目村，从而形成了直达儿童身边的有效服务网络。

2. 对童伴妈妈的干预

提供儿童政策、社工知识、儿童心理、陪伴、安全和发展等方面的知识与技能培训。提供补贴。

3. 对儿童的干预

儿童合法权益保障。安全教育活动（食品/交通/居家/自然灾害/网络/防性侵/防拐卖等）。儿童心理关怀/辅导/咨询。课业辅导/课外兴趣拓展/课外活动。艺术活动（音乐/舞蹈/戏剧/绘画/文学艺术欣赏/阅读习惯培养等）。其他教育（个人情感智力人格/人与自然/人与社会等）。

4. 对儿童家庭的干预

亲子沟通/亲子关系改善/家庭教育（辅导）。尝试为项目村农村妇女提供家政、刺绣等方面的技术培训。

五、项目成果

1. 项目覆盖了四川省、贵州省20个县200个村约10万名儿童。
2. 解决留守儿童、困境儿童需求，递送儿童福利"最后一公里"。为农村地区儿童及家庭，特别是留守、困境儿童及家庭提供身边可及的服务；办理包括户口、申请救助补助、医疗救助等在内的儿童福利需求 12 000 多例。

3. 建立村级儿童活动场所。为农村地区儿童提供了一个安全、健康的活动场地，并通过组织各类日常活动和主题活动，提高孩子们的团队协作能力和自信心。截至目前，童伴妈妈共组织童伴之家活动 8 200 多次，有 15.5 万人次的儿童、3.7 万人次的家长参加了各类活动。

4. 培育了一批来自基层的儿童服务工作者。通过对童伴妈妈的培训、问题答疑及网上个案辅导，初步建立了一支直接服务于农村社区儿童的工作队伍，为儿童提供身边可及的服务。

六、项目发展历程

2015 年 10 月，联合共青团四川省委、中国公益研究院，在四川省 100 个行政村启动项目。

2016 年 11 月，联合贵州省民政厅、中国公益研究院，在贵州省 100 个行政村启动项目。

七、未来项目发展计划

1. 要做的主要事情

一方面巩固模式，总结经验，筹集更多资金，把项目模式复制到更多项目区，让更多留守儿童受益。另一方面开放平台，与众多致力于解决留守儿童问题的机构合力推动、扩大规模。

2. 未来一年项目总支出预算（2018 年）：1 000 万元

八、项目团队与合作伙伴

1. 项目团队骨干成员专业能力 / 经历说明

中国扶贫基金会为"童伴计划"项目的牵头发起方。

秦伟，秘书长助理，分管该项目的策划、执行，从事公益行业 17 年，在筹资开发、项目管理、品牌传播方面有着丰富的管理经验，在儿童营养、儿童发展和保护方面有丰富的项目经验和研究。

问会芳，负责该项目的管理。有 12 年的公益行业从业经历，主要负责儿童营养、发展与保护类项目。

2. 合作伙伴

（1）项目主要合作方：

中国公益研究院为项目的技术支持单位，以其为核心的专家团队负责项目培训与督导。

项目区政府部门，包括共青团四川省委、贵州省民政厅等省级合作单位及各项目县横向职能部门，为项目提供行政支持及工作经费支持，推动项目在当地顺利实施。

（2）项目主要捐赠方

加多宝、敦和基金会、徐工集团、卡特彼勒基金会等企业；公益宝贝爱心网商、腾讯公益爱心网友、支付宝爱心网友、善行者。

九、项目主要风险及控制

风险：童伴妈妈队伍的稳定性和能力提升。

应对：需要进一步发挥一条纽带的横向联动作用，最大限度地解决农村儿童福利递送"最后一公里"的问题。

十、受益人生命故事

"亲爱的童伴妈妈，从我开始和你相处，我就感觉你很好，希望你不会像我妈妈一样抛弃我，我相信你。"来自四川省叙永县的童伴妈妈在读到这封信的时候，不禁鼻子一酸，眼泪涌了上来。

写这封信的小女孩叫小蕊（化名），今年12岁，小学六年级，在她两岁的时候，她的妈妈就离开了她，从此再也没有回来过。"妈妈"对小蕊来说，是一个空洞且悲伤的字眼。而童伴之家和童伴妈妈，让小蕊感受到了久违的母爱。每天放学后及周末成为小蕊最期待的时光，因为一到那时，小蕊就可以到童伴之家玩耍。

童伴妈妈不仅给她带来了欢乐，更对她日常生活的点点滴滴关怀备至，小蕊和童伴妈妈之间的感情日渐深厚。

建设留守儿童社区支持系统试点与培训项目

中国滋根乡村教育与发展促进会

一、机构概览

成立时间：1995年

总部办公地点：北京市昌平区建材城西路87号院1号楼1单元11层1104室（上奥世纪）

全职员工人数：14人

年度总支出预算（2017年）：500万元

项目服务区域：贵州省雷山县、榕江县；河北省青龙满族自治县、丰宁满族自治县；山西省石楼县；云南省玉龙县；内蒙古自治区林西县等。

机构简介：

1995年在民政部注册登记。秉承促进以人为中心的可持续发展的宗旨，在可持续发展的重要领域和框架（经济繁荣、社会公平、环境责任和文化多样性）下，通过试点和培训、调查和倡导，支持基本教育、基本医疗卫生、小型的合作经济、推广不伤害环境的技术等。

二、项目概览

覆盖范围：河北、贵州、内蒙古的青龙、丰宁、榕江、林西4县

全职员工人数：4人，兼职员工人数：1人

项目年度总支出预算（2017年）：20万元

项目过去一年的资金构成：政府采购0%，其他捐赠100%，自营收入0%

项目针对的问题及其解决方案

1. 针对的问题

由于农村小学及学前教育的布局调整，以及农村青壮年人口大量外出务工，使得农村家庭"原子化"，大部分小学中高年级留守儿童选择寄宿住校，主要由学校监管。小学中低年级学生多留在村小和家庭，以隔代（祖父母）照顾为主。而学校、家庭和村庄社区互不衔接、支持，导致在关注和解决留守儿童可能遇到的问题方面缺乏有能力的人来担当。

2. 解决方案

试点建设由学校老师、村庄社区组织和家庭监护人相互合作的以社区为基础的留守儿童支持网络。

三、核心工作内容

1. 构建留守儿童支持网络

引导学校教师、家庭、乡村社区共同关注留守儿童的需要，建立相应的合作组织和支持网络，共同应对留守儿童面临的问题。

（1）学校老师指导留守儿童建立同伴互助组织，利用同伴教育引导留守儿童参与到解决问题的过程中。特别强调留守儿童自身参与价值的贡献和责任担当，而不仅仅是一个被救助的角色。如以班小组为单位，成立男女留守儿童（且不局限于留守儿童对象，防止"贴标签"效应）共同参与的"工学团"，定期、不定期地组织小组活动，建立信任后分享对家庭和父母的看法、彼此困惑、遇到的问题以及应对经验，共同寻找解决问题的办法。

（2）通过学校牵头，建立家长和学校互动的畅通渠道，尤其是父母与学校的沟通渠道。除了每学期一次的家长会，由学校统筹各班组建微信群，定期沟通孩子在校的情况；保证每个学生每两周至少可以和父母语音或视频一次，让家长了解孩子学习、交往、生长状况等，也让孩子知晓父母在外打工的不易。

（3）定期组织学校、村庄共同参与的主题活动，即在元旦、妇女节、儿童节、劳动节、重阳节、端午节、中秋节、国庆节、春节等节日，根据不同主题和需要，发动学生和村民的创意，将孩子们的课堂引入村庄，将村民请进学校。

即使打工、空巢、留守等现象较为严峻，乡村仍然是熟人社会，十里八村的人之间很容易建立地缘甚至是血缘上的联系，村里保留了学校，这样的联系会更

加普遍和紧密。利用这种村校的互动，在扩充孩子们知识面和支持系统的同时，也能在一定程度上催化村庄的文化氛围，为村庄注入活力。在河北丰宁，很多在校的老师成为留守儿童的"爱心妈妈"。村庄中有很多留守妇女也可以通过村校互动活动与孩子们建立更加紧密的联系成为"爱心妈妈"。

2. 对网络中的成人提供能力建设和项目支持，以提高合作改善农村留守儿童问题的能力

（1）开展项目为留守儿童家庭提供直接支持，帮助一些村庄保留面临撤并的村小：河北大森店小学、西蚂蚁滩小学，山西田家岔小学等。

（2）开发与留守儿童相关的培训课程。

（3）支持成立家长学校，培训家长亲子教育方面的知识和方法。

（4）对教师、乡村带头人（特别包括村妇女主任等）和家长开展针对性培训，使其有知识、意识和创造性的行动去关心和参与留守儿童生活。

（5）通过乡村带头人建立妇女组织、老年人组织，作为一个社区支持系统，在解决留守儿童群体相关问题的同时，也有助于进一步解决留守老人、留守妇女面临的问题。如成立了大森店妇女培训学校、老年人协会，他们非常积极参与学校的活动，妇女和老人的价值感和自我认同感得到提高，还有后来的大森店果品合作社，让家长不用外出打工在村庄就可以谋得生计。

四、项目干预方式

1. 对受益群体儿童（含留守儿童）的干预

助学金。音体美课程丰富，主题活动（如儿童节、夏令营）。综合实践课。

2. 对受益群体社区和家长的干预

支持村庄开展经济项目（如大森店种植合作社、养殖合作社）。支持村校合作开展主题活动（如马杖子小学音乐节、村校运动会）。组织妇女技能和健康培训、老年协会活动。组织家长会（如利用助学金发放开展对家长的教育）。成立家长学校。

3. 对受益群体学校和老师的干预

保留村小。学校综合条件改善。支持校报（如马杖子村校报，每月一期，同时发放至村民）。教师培训。提高教师待遇（个别地方如贵州很多农村学校教师严重不足，低薪聘请代课老师）。

五、项目成果（以河北省青龙县项目试点大森店村和小学为例）

1. 过去一年直接受益的人数

143名学生、780名村民。其中大部分是留守儿童、留守老人和留守妇女。

2. 过去一年直接受益人发生的改变，或者所解决的问题

100多位本村老人参加了老年协会，自我照顾，并对留守儿童展开教育，传承文化。

成立了大森店妇女培训学校，避开农忙时间对家长开展培训，每月至少一次，培训内容涉及尊老爱幼、了解留守儿童的需要、关心子女身心健康发展等，通过培训提高了妇女对留守儿童的关注和了解。

学校教师分班建立了留守儿童成长小组（不对留守儿童贴标签），在老师引导下不定期分享彼此的心声，建立同伴支持。

基于邻里、亲缘关系结成对子，保证每位留守儿童除了自己的家长还至少有一位来自村庄的支持者。

借助家长学校和老年人协会的活动培训家长和老年人如何做好隔代教育，提高沟通能力。

3. 项目推广到其他机构的情况，以及政府采购的情况

目前，《共创可持续发展的乡村》教师培训已经推广到10多个县，一些地方教育局和教师培训部门自费参加培训并提出专业支持的需求。

六、项目发展历程

2010—2013年，开展了"农村中小学布局调整的撤点并校，以及县城流动人口"专项调研，提出撤点并校对农村教育和乡村的负面影响，并在此基础上，开展了"一村一校"建设试点。

2012年，以河北省青龙县大森店小学为经验，在部分撤点并校暂停的项目地区，开展了隔年招生就近入学、家—校—村共建的进一步试点和推广。

2013—2014年，针对寄宿制农村小学生活管理等问题，编写了《青龙县农村寄宿制学校管理指南（稿）》。

2014—2016年，与北京师范大学合作，开发了《共创可持续发展的乡村·教师培训手册》（2017年4月出版），内容包括"学校、家庭和村庄的合作"等议题，并开展教师培训和学校试点。

2016年至今，与中国农业大学合作，开展"农村可持续发展人才"培训，选择试点村庄和培训乡村带头人，与学校老师一道成立组织，建立机制，共同关注留守儿童问题，并支持形成以社区为基础的、通过自身努力解决留守儿童问题的社会组织网络，有人、有能力担当留守儿童守护者的角色。

七、未来项目发展计划

1. 要做的主要事情

专门针对留守儿童的社区支持网络建设的课程开发和培训，支持10个村的留守儿童社区支持网络建设试点，通过调研和总结经验、举办或合办会议等形式，倡导建立农村留守儿童社区支持网络系统的重要性和做法。

2. 未来一年项目总支出预算（2018年）：30万元

八、项目团队与合作伙伴

1. 项目团队骨干成员专业能力/经历说明

杨贵平，副秘书长。哥伦比亚大学国际教育与发展硕士及博士候选人，农

村教育专家，长期从事中国农村教育及发展实践工作。《中国新闻周刊》2012年"影响中国年度人物"之"公共利益守望者"。

工作团队：多具有教育、公共事业管理、农村区域管理、三农及社区建设、社会工作等专业方向的硕士或本科教育背景。

专家团队：

张昭文，项目顾问，中国滋根副会长。"农科教结合、三教统筹"农村教育综合改革主要发起人，农村成人教育与乡村发展领域的专家及政策推动者。

张莉莉，项目专家，中国滋根理事，北京师范大学教育学部教授，北师大中国民族与多元文化教育研究中心副主任，曾深度参与多个国际项目。

朱启臻，项目专家，中国滋根理事，中国农业大学教授，博士生导师，农大农民问题研究所所长，兼任中国教育发展战略学会农村教育专业委员会常务理事。长期从事"三农"问题研究，特别在农业社会学、农村社会学、新农村建设与乡村文化、农民组织与农民教育等领域取得丰厚成果，为决策和实践部门提供依据。

2. 合作伙伴

项目主要合作方：

项目试点县教育局：提供了试点平台，承担了培训组织和前期调研的学校推荐工作，并参与课程开发过程。

北京师范大学、中国农业大学等高校的专家团队，参与了课程前期调研开发和培训。

项目主要捐赠方：美国滋根（提供试点阶段支持）。

九、项目主要风险及控制

本项目对没有完全脱离社区的非寄宿制或半寄宿制学校更具适用性；对小学低段和学前教育有现实价值。

十、受益人生命故事

通过留守儿童社区支持系统试点项目的建设，河北省青龙县大森店村的人开始感受到了一些变化：

开家长会时人齐了，很少敢缺席，小学校长比村书记动员村民和家长的力量还要强。

——大森店村村委

2007年，我管的只是10多人的教学点，但我认为是200多户家庭、七八百口人的学校。10年后的今天，学校一至六年级有143个学生，可以说是上千人的大学校了。

——大森店小学校长赵银凤

村里有了鲍书记（村支书）、赵校长，这些年大森店村和学校变化真大啊。

——大森店村家长

我们喜欢大森店小学和大森店村,不想到外面上学,外村的还要求来我们学校呢。

——大森店小学学生

赵银凤,从一个嫁到大森店村的媳妇,一个15名学生的教学点负责人,一步步将教学点发展成为一个拥有143名小学生的村级完全小学,附近村庄的学生也要来这里上学。不仅保住了教学点并且壮大成为学校,而且将整个村庄的828名村民也纳入了基础教育的对象,得到了师生、家长、村民、社会和教育管理部门的广泛认可。

当下许多乡村凋敝,学校与家长和村民相互隔离、责任推诿、课程不关心乡村生活,学生生源流失到城里或中心学校,留守儿童面对种种困境,许多校长选择无奈、抱怨、逃离,而赵校长不仅选择了坚守,而且怀揣一个更宏大的教育抱负,用实际行动克服了这些困难。

她把家长、村民也纳入教育对象,并且发动家长、村民和其他社会力量共同参与教育,构建学习型家庭、学习型组织、学习型社区,如老年协会、妇女学校、家长学校、秧歌队等,使学校成为整个村庄的文化中心。

——"马云乡村校长计划"推荐人

"开心屋"项目

陈香梅公益基金会

一、机构概览

成立时间:2010年

总部办公地址:北京市东城区朝阳门北大街6号首创大厦1102室

服务覆盖区域:全国

全职员工人数:5人

年度支出预算(2017年):2 000万元

机构简介:

陈香梅公益基金会旨在推动社会和谐进步,创新教育事业发展,实现"好老师、好学生、好公民、好社会"美好生活的公益平台。2010年6月,经民政部批准成立全国性非公募基金会。

二、项目概览

覆盖区域:贵州省普定、紫云县,江西省上饶县,四川省威远县,吉林省靖宇县

全职员工人数:3人(项目具体执行团队和谐导师基金)

年度支出预算（2017年）：200万元

项目过去一年的资金构成：政府采购45.27%，其他捐赠54.73%，自营收入0%

项目针对的问题及其解决方案

1. 针对的问题

父母不在身边，内心爱与亲情的缺失，导致留守儿童安全感、资格感严重不足，可能增加从孤独走向封闭，甚至从封闭走向抑郁或暴力的风险。应对这种风险，不仅需要开发相应的心理应用技术，更需要寻求项目的可持续发展模式。

2. 解决方案

针对"孤独"源头，开发旨在解决留守儿童安全感、资格感的心理学游戏，以开展游戏活动的方式，全方位提升留守儿童安全感和资格感，开启其生命动力系统；采用专业培养当地项目老师的模式，以保障项目的可持续发展。

开心屋—留守儿童全方位支持方案

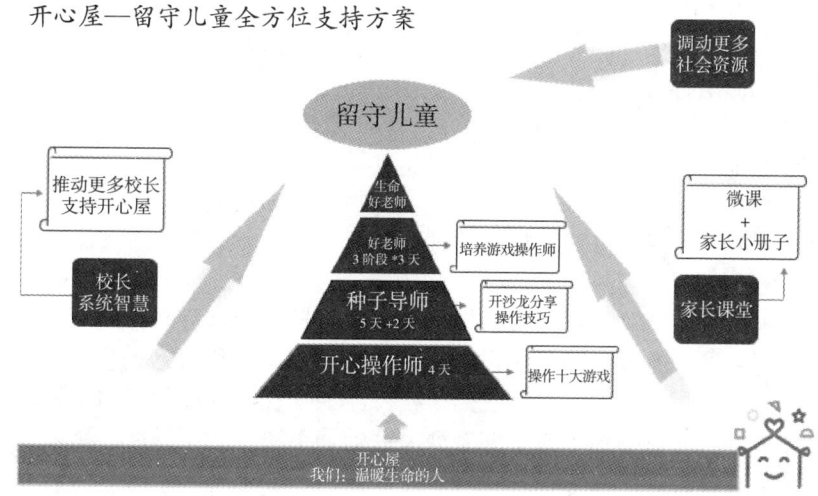

三、核心工作内容

1. 开心屋有效整合社会资源，探索了一整套留守儿童问题解决方案

（1）组建研发团队，持续开发并完善项目游戏。研发团队汇集简快高级导师、导师、准导师及各地知名儿童心理学专家、游戏设计专家及在校高级教师，持续研发并不断完善提升留守儿童安全感、资格感不足的项目游戏。

（2）开心屋实体建设。含标准空间选择、设计装修、硬件配备（固定电子教学设备及游戏道具）等工作。

（3）建立并不断优化全方位的本土老师成长/培训体系，开发并完善网站管理进行线上督导，组织入校督导培训，针对操作师现场游戏操作情况督导导师予以指导。

培养项目地游戏操作师。操作师需理解并认同"开心屋"的理念、价值和意义;懂得安全感和资格感对孩子成长的重要性,明确游戏操作师的身份定位;掌握十大游戏的操作流程与注意事项,了解游戏基本原理与具体目标;懂得自我状态调控及与孩子相处的基本技巧。

2. 分层次培养当地项目种子师资力量,保证项目在当地生根,可持续发展

"种子导师"培养:选择完成十大游戏带领的项目地操作师,开展5+2课程培训,提升个人修养。种子导师需具备人格魅力(真诚、关注、尊重、开放、同理心、亲和力、自我觉察、有流畅的表达能力并能做到精练概括,表达清晰而简洁),以及组织能力(把握全局、灵活应变、敏锐觉察、温情阻断)。同时掌握必要的沙龙活动技术,巧用沙龙带领技术。

"开心屋好老师"培养:选择热爱教育,关爱儿童身心健康,认同开心屋的理念,愿意自我成长的当地种子导师,使其具备完整讲授4天操作师课程的能力。

培养当地操作师的专业能力:带领大型团体游戏的能力,熟练掌握并能讲授开心屋游戏原理的能力,掌握一定的专业心理辅导技术,对开心屋游戏中出现的常见问题有能力解决。

"生命好老师"培养:选择优秀开心屋好老师进行专业多维度培养,使其具备讲授操作师、种子导师、好老师课程并做督导的专业人士。

开展校长系统智慧班。以系统智慧管理思维模式支持校长对日常学校的管理,同时使校长了解项目对于学生尤其是留守学生生命成长的重要意义,支持项目实施开展。

开展家长微课堂,派发家长指导小册子。家长微课堂旨在帮助长年在外奔波忙碌的儿童父母,通过微课堂学习实现亲子间有效沟通和情感表达,使家长与孩子们的心灵不会因时空的距离而受到干扰,让留守在家的孩子们内心依然能够感受到父母的爱。家长指导小册子即系列家庭辅导手册,简单易懂,是家庭与孩子情感连接的辅导大全。

四、项目干预方式

1. 对直接受益群体本土专业老师的干预

培训并产生专业老师,组建项目师资队伍。"游戏操作师""种子导师""开心屋好老师""生命好老师",实现项目在当地的可持续发展。建立专业的老师培养体制,提升受训老师的专业度。

2. 对最终受益群体学生(含留守儿童)的干预

以游戏方式,提升资格感和安全感,使师生、同学关系更紧密。去"留守儿童"标签。通过受到专业培训的老师,提供更精准、更有效的心理干预。

3. 对直接受益群体家长的干预

提供亲子有效沟通和情感表达的微课堂学习。派发亲子情感连接家庭辅导手册。开展亲子沙龙体验。

4. 对项目学校的干预

"开心屋"硬件捐建。开展校长培训。

五、项目成果

1. 过去一年直接受益的人数

2016年，在四个贫困县20个学校建设了20间开心屋教室，共培训了614名游戏操作师，培养了69名种子导师，27 598个孩子因此而受益；开设家长微课堂，微课堂转播后台显示累计收听人次超过12万。

2. 过去一年直接受益人发生的改变，或者所解决的问题

在一定程度上推动了当地政策的改变。开心屋游戏已纳入学校课表，融入日常教学；在普定县将全县原教育系统设置"留守儿童之家"更名为"开心屋"，旨在为留守儿童去标签化，推动改变。

2016年，北京七悦社会公益服务中心、北京师范大学社会公益研究中心对项目实施进行了评估，认为项目带来的老师、学生的变化都很明显。问卷显示，76.19%的老师认为，开展项目设计的开心屋课程能让学生更开心，80.95%的老师认为课程能让师生关系更融洽，66.67%的老师认为课程能够增强学生的安全感，54.76%的老师认为课程能够提高学生的成绩，61.9%的老师认为课程能帮助老师更好地管理班级，59.52%的受访对象认为本项目对自身教学工作的帮助非常大，83.33%的受访对象认为培训内容非常好。老师认可项目对其自身本职工作的正向作用，是项目能持续获得支持的一个关键。

项目主要特色：①能将服务提供与实物捐赠结合，重视支持体系建设，打造复合型公益项目；②能在保证定位准确、方向明确的前提下容纳细节创新，在实践中不断积累、发展，体现了很强的务实与创新的精神和迭代升级的思维，打造创新型公益项目；③能够整合多方资源，运用中央财政资金、基金会自有资金，获得专业团队、地方教育部门、当地学校的支持，调动受益对象的积极性，从而撬动更多的社会资源支持公益事业，形成更大的社会影响力，体现更大的社会价值，发挥示范效应，打造公益示范项目；④能够发挥社会组织的优势，关注人的发展、政策盲点与实施细节，通过间接、持续、细致、缓和的方式作用于留守儿童，避免了发展领域难绕过的标签化、功利性陷阱，对政策制定也有一定参考价值。

3. 项目推广到其他机构的情况，以及政府采购的情况：项目获民政部（中央财政支持）100万元采购。

六、项目发展历程

2016年1月，由陈香梅公益基金会申请获得中央财政支持"好老师工程——留守儿童地区教师能力建设及心理支持试点项目"（以下简称"开心屋项目"）。

2016年7—8月，完成江西省上饶县、吉林省靖宇县、贵州省普定县、四川省威远县20所学校的开心屋教室建设及操作师培训。

2017 年，再获中央财政资金支持；在贵州省普定县将所有"留守儿童之家"更名为"开心屋"，为留守儿童去标签。

七、项目未来发展规划

关注项目深度发展，在 2018 年年底前做出示范性强的示范县。

5 年以内，覆盖全国 60% 留守儿童聚集区域。

探索项目自我造血功能。

八、项目团队与合作伙伴

1. 项目团队骨干成员专业能力/经历说明

（1）核心工作团队

管理层主要由基金会的管理人员组成。执行方为和谐导师基金团队，同时选用委任在心理学及项目管理方面有经验的专业团队。

（2）专家团队

李中莹，课程研发总顾问、国际 NLP 大师。2002 年创立了"简快身心积极疗法"，享誉国内心理学界。发展出实际有效的情绪管理和情绪智能方面大量的新概念和技巧。受聘多所大学客座教授或荣誉讲师。2007 年发起公益项目，为中国偏远贫困地区中小学教师提供快速有效的心理工具和轻松快乐的教学法。开心屋游戏引进了由其创立、经过了十几年市场打磨和检验并行之有效的"简快"学问。

罗秋兰，课程研发及师资专业培训体系总督导、简快身心积极疗法高级导师、中国教练师协会系统排列研究会副会长、香港北斗艺术 EAP 培训师（香港华人艺术治疗联合会）。

李莉、戴延红等近 30 位研发导师背景：简快身心积极疗法导师、准导师，儿童心理学家、儿童游戏专家、资深儿童教育工作者。

2. 合作伙伴

（1）项目主要合作方：

项目所在地方教育局，其为项目的开展提供了重要的行政支持。

（2）项目主要捐赠方

广东信盈投资公司、青岛健达源公司、内江市双安驾校威远县驾校、重庆蓝海教育信息咨询服务有限公司、社会公众。

九、项目主要风险及控制

风险：希望引进项目的贫困地区较多，资金的需求越来越大。

应对：部分资金来自于民政部支持，同时探索项目自主造血模式。

风险：项目县教育局领导更换，新任领导对项目不了解也可能影响项目在当地的发展。

应对：深化项目教师培养体系，为当地留下可持续的专业师资，实现项目在当地的自主运营。

十、受益人生命故事

小东的自卑、孤独和压抑少了许多

小东（化名）是贵州省普定县小学六年级学生。在班里的表现是很明显的自卑、不合群。上课从不举手回答问题，被老师提问也因紧张而不说话。从来不写作业，成绩在班上处于最下等。以前的班主任和老师说他不会和任何人说一句话，不会和任何同学玩，经常被班上同学看不起和嘲笑。

参加开心屋的游戏仅仅一个多月，小东与人交往时的自卑、孤独和压抑少了许多，脸上也开始浮现出笑容，整个人看上去有了精神，也会和同学一起玩游戏了，开始听老师讲课，上课时会回答老师的问题，开始写家庭作业。

游戏中他们笑，他们乐，他们在改变自己的行为。

一线声音

开心屋项目的引入，为我们找到自身需要改变的东西，深刻去了解和理解我们的对象，即孩子；为我们找到新的平台，新的载体，新的教育技能。

——贵州省普定县教育局副局长甘明荣

对于学习能力弱的孩子来说，歧视心或者差别心只能强化他们对于自己差和弱的负面认同，一旦这种负面认同深入骨髓，老师作用于外部的帮扶只能使他们以更快的速度一路下滑。所以，对于班级这个有机整体来说，"相亲相爱的一家人""火线营救""嘿嘿嘿"的游戏，对于增强班级凝聚力、唤醒自信心都是极为重要的。我要多多地给他们开心屋时间，让班级亲如一家、打成一片。一周一次，让集体围绕美好的事物，重新整队开拔。

——河北街小学种子导师林艾玉

睦邻行动

爱德基金会

一、机构概览

成立时间：1985年

总部办公地点：南京市汉口路71号

全职员工人数：78人

年度总支出预算（2017年）：19 077万元

项目服务区域：全国31个省及部分国际项目区

机构简介：

1985年在江苏省民政部门登记，由已故全国政协副主席丁光训主教等基督教界人士发起，其他社会各界人士共同组成的民间团体。作为中国改革开放后最早成立的非营利组织和国内最具影响的民间组织之一，旨在促进我国教育、社会福利、医疗卫生、社区发展与环境保护、灾害管理等各项社会公益事业。迄今为止逾千万人受益。

二、项目概览

覆盖范围：湖南湘西土家族苗族自治州永顺县、四川资阳市安岳县

全职员工人数：2人，兼职员工人数：4人

年度总支出预算（2017年）：69.4万元

项目过去一年的资金构成：捐赠100%（国际捐赠50%，企业捐赠50%）

项目针对的内容及其解决方案

1. 针对的问题

改革开放后，乡村的巨变随处可见。同时，因丧亲或父母不在身边，困境儿童的家庭功能普遍较弱或缺失，孩子们由此获得安全感和自信心的渠道不畅；加之家庭贫困，孩子较易产生自卑、自闭等心理及行为问题。如何正确地关爱孩子，引导其行为与心理的健康成长也是乡村家长、老师和社会面临的一个难题。

2. 解决方案

家庭、同伴、学校、社区是儿童成长中的重要环境因素，并构成其成长的社会支持系统。考虑到困境儿童群体家庭功能较弱或缺失，同伴群体和社区发展存在局限性，项目选取具有职业优势及在孩子生命中承担"重要他人"角色的教师作为社会支持系统的引导者和组织者，协调多方资源，帮助其通过项目活动实现自我增能（自信心、社会交往能力、抗逆力），并从社会支持系统中获得成长的助力。

三、核心工作内容

1. 开展乡村辅导老师培训

内容含儿童心理学、社会工作、儿童创新思维、培训师培训、志愿者领导力等方面。通过培训达到，让乡村辅导老师能够承担校园社工、心理辅导员、活动设计与组织者、社区资源调动者的多重角色。辅导老师的服务不仅限于困境儿童群体，同时也为全体在校学生提供校园心理辅导及社工帮扶工作。

2. 组建本地培训师团队

由选拔出的优秀乡村辅导老师组成，承担对当地更多乡村老师的再培训工作，以便惠及更多的困境儿童及学生，实现项目效果不再受项目实施时间的限制。

3. 在辅导老师的引导下，在乡村学校建立睦邻小分队

通过开展各项活动，帮助孤儿、留守、贫困、残障儿童等困境儿童群体主动与家庭、同伴、学校、社区进行互动；帮助他们增长自信，提升抗逆力，与成长环境更好地融合。同时通过这些互动，唤醒社区成员对困境儿童群体的关注，启动社区的"支持网络"，让更多的志愿者和社会资源参与。此外，通过开展暑期活动，帮助困境儿童拓展眼界，提升其发展能力，帮助他们重拾信心面对未来。

四、项目干预方式

1. 对最终受益人困境儿童及其他学生的干预

提供校园心理辅导及社工服务：实现自我增能（安全感、自信心、社会交往能力、抗逆力）。培育社区支持系统：帮助困境儿童获得成长的助力。

2. 对学校及乡村教师的干预

提供专业培训，提升校园社工、心理辅导员的专业能力。提供专业在线督导，持续性为教师发展提供实时助力。

3. 对社区的干预

动员社区志愿者，唤醒社区"支持网络"。支持当地的社会组织的参与与发展。

4. 对地方教育机构的干预

推动建立相关激励制度，促进项目铺开规模，深入开展。推动专、兼职校园社工和心理辅导员的政策制定。

五、项目成果

1. 过去一年直接受益的人数

项目直接覆盖 22 所乡镇中心小学，60 名乡村教师成为辅导老师，440 名困境儿童受益。同时，22 所乡镇中心小学的数百名教师接受二次培训，22 所乡镇中心学校师生共享参训老师由此带来的项目成果应用。

2. 过去一年直接受益人发生的改变，或者所解决的问题

（1）根据后期教师访谈反馈，95% 以上的参与孩子成功交到朋友，并与老师建立良好的互动关系；90% 的老师意识到心理学的重要性，并在与孩子的沟通中运用"爱与联结"的沟通技术。

（2）成功组建了一支培训师团队。团队于 2017 年 5 月成功实施项目培训。

（3）项目实施地的教育机构对项目具有高认可度，并出台各项政策推动项目在当地的开展。如永顺县教育局，出台"参加睦邻行动的教师年终绩效考评加分"政策鼓励教师积极参与项目；永顺县教育局和安岳县教育局均将培训时长计入"教师继续教育学时"。

六、项目发展历程

七、未来项目发展计划

1. 要做的主要事情

（1）进一步拓展项目实施地域，让更多的乡村老师懂得"爱的教育"，让农村困境儿童共享"爱的环境"。

（2）提升政府对于学校社工工作的重视程度，推动专、兼职校园社工政策的制定，共同探讨在儿童心理服务方面学校与社会合作的新模式。

（3）推动公众对发展工作的认知，提升公众的公益视角，促进中国公益行业更深层次的发展。

2. 未来一年项目总支出预算（2018年）：70万元

八、项目团队与合作伙伴

1. 项目团队骨干成员专业能力/经历说明

刘莉，爱德基金会e万行动成员，国家中级社工师、硕士。修毕国家心理咨询师三级课程。从事孤儿及困境儿童项目8年，简单面谈学生近万名，深入访谈学生数千名。对于农村社会现状、孤儿等困境儿童群体及其成长环境有深刻的了解。曾在国内某大型培训公司担任培训顾问，对培训课程设置有深入研究。

王玉燕，来自爱德基金会（香港），硕士。修毕儿童艺术治疗证书课程、辅导"解说"技巧实务应用证书课程，参与孤儿及困境儿童工作6年，从事相关对外交流工作，致力促进不同地区人与人之间的联结。

夏老师，博士在读，国家二级心理咨询师、少儿心理师，擅长儿童心理发展、非暴力沟通和情绪管理等，并开设相关课程超过3年。心理个案咨询时间超过1500小时。

2. 合作伙伴

项目主要合作方：

地方教育局，出台各项政策推动项目在当地学校的开展。

项目主要捐赠方：
民政部社会组织示范资金、世界面包组织、范思哲（中国）有限公司

九、项目主要风险及控制

风险：睦邻小分队及夏令营活动中学生安全风险。
应对：通过安全教育加商业保险方式防范风险。
风险：教师在处理心理问题中能力不及。
应对：通过在线督导方式提供支持。

十、受益人生命故事

"肖爸爸"与他的孩子们

在湖南省湘西州永顺县高坪小学，睦邻小分队的孩子们亲切地喊他们的教务主任肖飞"肖爸爸"。他们眼中的"肖爸爸"是一个有"爱"、懂"爱"的老师，能帮助他们与世界建立更好关系的"爸爸"。

很多参加睦邻小分队的孩子一开始都是沉浸在自己的世界里。秀娟和丽娟（化名）是双胞胎，很小的时候父母就不在了，和爷爷生活在一起。在学校两个小姑娘相依为伴，不怎么和老师同学交流。两年的小分队活动，让她们的性格变得开朗了，朋友也多了起来。今年，她们转到了另外一个学校，"肖爸爸"因为参加培训来到了这里，姐妹俩一看到就从三楼飞奔而来抓住他的手臂问长问短，甚至前几天还主动打电话问候。

在老师们的引导下，不仅仅是小分队的孩子开始学会接纳自己，与外面的世界建立联结，成长为更好的自己。同时，用肖老师的话说，他自己也从中收获了许多。最近一次培训中，作为培训师的他分享了他的感受：项目提供的不仅是心理学等培训的机会，同时你自己也收获了成长。因为我们做公益，能够接触到一些资源，所以学生家里如果碰到事情，会主动寻求你的帮助。镇上的人也愿意提供必要的帮助和你一起解决遇到的问题。事情解决后，家长和镇上的人自然更尊重你。另外，我们乡村教师向外来专家学习的机会不多，再加上项目提供了外出交流等各种机会，对我们的成长真的很有帮助。

留守儿童心理陪伴项目
广州市海珠区蓝信封留守儿童关爱中心

一、机构概览

成立时间：2012 年
总部办公地点：广东省广州市海珠区新港中路 350 号影城花园 C 座 905 房

全职员工人数：8 人

年度总支出预算（2017 年）：150 万元

机构的项目服务区域：河南省、湖南省、广东省、四川省、甘肃省、贵州省、广西壮族自治区、江西省、安徽省、山东省、山西省、云南省、内蒙古自治区、西藏自治区

机构简介：

蓝信封留守儿童关爱中心是一家专注于留守儿童心理陪伴领域的专业社会组织。蓝信封通过心理陪伴的干预手法，引导留守儿童健康快乐地成长，具体包括书信陪伴、夏令营、家长学堂主体项目。蓝信封自 2008 年发起，开展 10 年，已经累计为 205 所乡村学校提供服务，项目开展地区主要是河南、湖南、四川等留守儿童大省。同时蓝信封拥有良好的大学生志愿者基础，目前拥有注册志愿者 2.5 万名，覆盖全国 586 所高校。

二、项目概览

覆盖范围：河南省、湖南省、广东省、四川省、甘肃省、贵州省、广西壮族自治区、江西省、安徽省、山东省、山西省、云南省、内蒙古自治区、西藏自治区

全职员工人数：8 人，兼职员工人数：3 人

年度总支出预算（2017 年）：150 万元

项目过去一年的资金构成：政府采购 6%，公益基金会捐赠 63%，企业合作 17%，公众筹款 14%

项目针对的问题及其解决方案

1. 针对的问题

蓝信封所回应的社会问题是"留守儿童情感缺失的问题"。即在父母长期不在身边的情况下，留守儿童感情倾诉渠道容易受限，倾诉机会较少，导致留守儿童归属感和安全感下降，成为心理健康隐患和问题行为的重要诱因。

此问题的具体表现是亲情缺失下的留守儿童经常具有更强烈的倾诉欲望。当倾诉需求得不到满足时，厌学情绪、暴力倾向、孤僻性格较为容易形成；如倾诉需求长期得不到满足，将诱发厌学到辍学，暴力倾向到犯罪行为，忧郁性格到自杀倾向等一系列问题行为。

2. 解决方案

聚焦于青春期早期的留守儿童（10—16 岁），蓝信封书信陪伴项目通过系统培训志愿者，让志愿者和留守儿童用一对一长期（至少一年半）书信的方式构建朋辈群体，为留守儿童提供社会支持，引导留守儿童健康快乐成长。

三、核心工作内容

蓝信封通过大学生与留守儿童一对一书信陪伴的方式，增加留守儿童倾诉渠道，提高情绪依赖值，提高孩子安全感和归属感，从而减少问题行为的发生。

1. 关于有效长期陪伴的蓝信封策略

（1）书信方式。书信方式看似原始，而优于互联网沟通的优势在于它是更适合建立长期陪伴的一种媒体工具，一个月一封信，从而实现1—3年陪伴；心理学研究表明，写作表达本来就是一种经典的心理疗愈方式。

（2）一对一方式。大学生与青春初期留守儿童一对一的关系，专属的远方的大哥哥大姐姐角色，提升孩子归属感和安全感。而大学生针对初一孩子写信，同理心更强。

（3）写信为主，家访辅助。以写信为主，辅以夏令营、家访等实地走访方式，有效维系一年以上的陪伴关系。

2. 关于重要利益相关方有效回应的蓝信封策略

（1）家长/家庭监护人。通过参与活动同意书的签订、家访及一年后的回访，获得家庭监护人信任和对写信项目的支持。

（2）班主任。通过参与项目中的收发信环节，一年4次的教师座谈会，逐步切入班主任群体，让教师参与进来。

（3）孩子自身。通过书信的方式引导孩子增强主动对外表达诉求的能力（使其成为和两个重要利益相关方关系修复的基础书信项目提高孩子的支持利用度）。

四、项目干预方式

1. 精准群体：青春期早期乡村留守儿童

处于青春期初期（10—16岁）的农村留守儿童，是留守心理风险爆发最关键的年龄段。亲子沟通问题集中爆发的年龄段。学业、环境、职业三重压力，最需要倾听和引导的时期。

2. 深度服务：前期需求调研+志愿者筛选与培训+回访评估

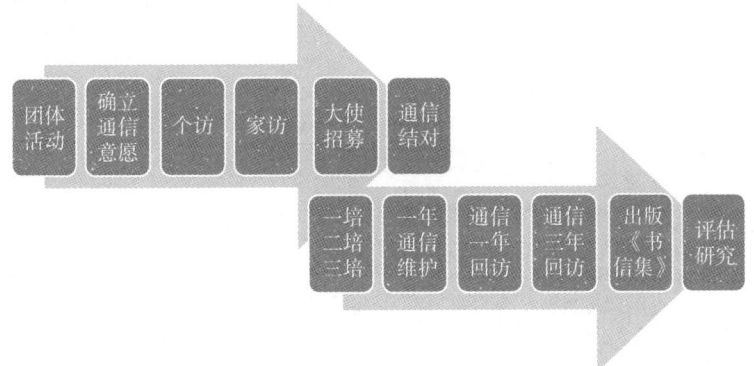

3. 高效运营：接入互联网+项目机制优化

（1）开发互联网平台——蓝信封邮筒，志愿者端全面系统电子读信（满一年集中寄送），降低时间成本及快递成本。

（2）开拓三种项目学校拓点模式——地方政府单位推荐、同行公益机构合作和自主申报，降低调研成本及拓点沟通成本，快速实现项目落地。

（3）系统检测敏感词——志愿者每次回信打卡，打卡记录留存系统，便于开展敏感词监测，并开通红、黄、绿三级预警机制。

（4）高校召集人计划——高校联络人负责本校大使招募，增加参与人数，降低招募成本。

五、项目成果

1. "互联网+"高效项目运营

运用"互联网+"思维，蓝信封打造出一款快速响应需求的、轻量化运作的书信项目产品，服务全国205所乡村学校，10 000名留守儿童，来往书信10万封。

2. 心理学数据方向对项目效果的论证

与中山大学心理系合作，含非留守儿童、留守儿童写信、留守儿童不参与写信3个组别，同时监测10所学校2 000名孩子，分前测、后测，用心理量表的分析，初步结果认为书信项目有效提高孩子的亲社会行为和支持利用度，见图1，具体表现见深色区域阐述。

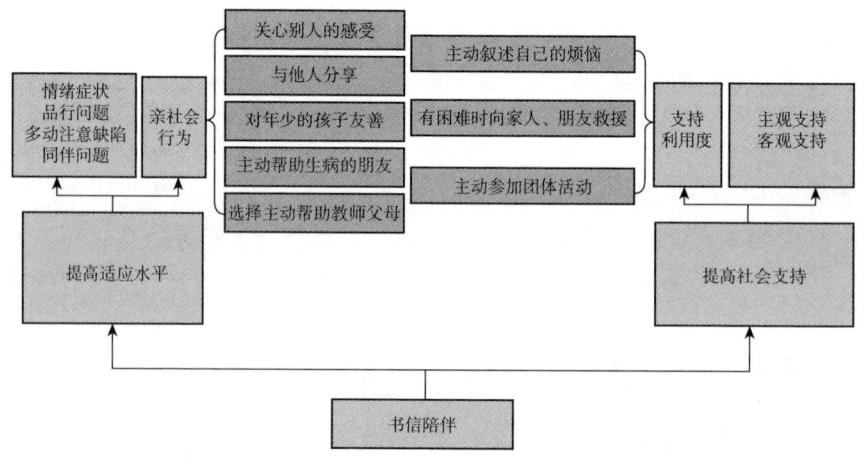

图1　书信陪伴有效提高孩子的亲社会行为和支持利用度

3. 案例方向的分析

蓝信封开展系统的案例回访工作，以书信为基础，实地回访，从家长、朋友、老师、通信志愿者、孩子各个层面的访谈还原孩子成长1—3年历程，结集出版《中国留守儿童书信访谈录》，蓝信封推论书信陪伴有效提高孩子安全感和归属感，大大降低心理隐患和问题行为，见图2、图3。

图2 中国留守儿童书信访谈录　　图3 16个留守儿童3年成长故事

根据对该案例的分析显示，留守儿童在通信后多了倾诉的渠道，往往在情绪低落时选择把志愿者作为大哥哥大姐姐的角色，给孩子存在感和归属感（而问题是否解决并不是最重要的），孩子学习兴趣增加，朋友结交意识增加，而问题行为等大为减少，当地教师对项目非常欢迎，尤其感觉孩子写信后开始自信了，活跃了。

六、项目发展历程

2008年，在中山大学发起，是首届"益暖中华"全国大学生公益创意大赛优秀创意项目，在广东河源和湖南汉寿两地推广书信陪伴项目。

2012年，在广州市海珠区民政局注册登记为民办非企业单位，获得广东共青团授予"广东青年五四奖章集体奖"奖章。

2014年，探索乡村驻校项目，并发起主题图片展"爱我，请理解我——蓝信封留守儿童主题展"，引入艺术介入公益理念。

2016年，发布书信项目成效研究的3年成果，入围《中国公益蓝皮书》，并联合唯品会公司举办联合发布会；制定全国拓展计划，明确了蓝信封规模化的3个方向，将留守儿童书信项目拓展至全国、开发贫困留守点、开发亲子书信项目、开发企业人士书信通道。

2017年以来，将留守儿童书信项目推广至全国14个省份205所学校，逐步走上规模化和产品化的道路。

七、未来项目发展计划

1. 要做的主要事情

（1）项目规模化：在"互联网+"基础上，将项目不断标准化和迭代，预计服务学校数量5年内扩展至1 000所，以规模化和产品化推动政策改变，提升公众认知和行业影响力。

（2）管理信息化：完善对书信项目的监控、管理、追踪的数据化管理系统，提升项目的监测能力和管理效率。

（3）留守儿童数据库：启动建立留守儿童书信数据库，引入合作研究机构，开展一个为期15年的长尺度研究，观察留守儿童从初一到结婚的心理变化，及书信项目在长时间维度的影响作用。

2. 未来一年项目总支出预算（2018年）：200万元

八、项目团队与合作伙伴

1. 项目团队骨干成员专业能力/经历说明

周文华，博士研究生（中山大学），蓝信封创始人，10年专注留守儿童心理陪伴，广东省民政厅智库专家，广州市社会组织研究院特聘研究员。

杨玛丽，社会工作硕士（中山大学），中级社工师，思维严谨，注重科学手法的应用，致力把社工手法带到农村儿童教育领域，推动其专业化发展。

陈彩娇，运营蓝信封400多个召集人分队，组织多场线下大规模夏令营活动，深度参与流动儿童的社区教育项目及外来务工工伤群体的法律教育项目。

2. 合作伙伴

（1）项目主要合作方

各项目市、县民政局和教育局：积极支持项目在当地学校的落地。

项目学校：为留守儿童的识别提供了重要信息，并为服务对象的实地入户评估担当了向导。

（2）项目主要捐赠方

基金会或其他社会组织：阿里巴巴公益基金会、北京险峰公益基金会、上海盛立公益基金会、中国扶贫基金会、上海联劝公益基金会、中华少年儿童慈善救助基金会、慈海生态环保公益基金会。

九、项目主要风险及控制

风险：更为专业和具有一线经验的，专注留守心理陪伴的，来自心理学、社会工作、教育学、人类学方面的具有博士学历的专家顾问团队，及能否发展部分转全职人员。

应对：目前蓝信封已经和相关10+名该领域博士及教授建立深度科研合作关系，包括联合申报国家项目，安排其研究生在蓝信封作毕业论文等。蓝信封定位全职团队保持50%以上硕士学历水平，发展3—5名全职博士研究团队，保证蓝信封对该领域专业化的探索，目前已经有一位副教授及一位博士后表示有意向未来1—2年到蓝信封入职。

风险：高校志愿者资源，对大量招募志愿者的要求。

应对：目前通过口碑传播和社群运营招募，未来需要发展全国线下宣讲会，建立全国性品牌。

风险：地方农村地区教育关系的拓展，为拓展留守学校的铺垫。

应对：通过与同行基金会及 NGO 合作，当地民政局、教育局的引荐等陆续开拓。

十、受益人生命故事

我想发明一种超能力铠甲

在参加蓝信封通信活动时的报名表上，孩子们会写下自己的理想，其中多数都是"让家人和自己过得好，爸爸妈妈不出去打工"。初一的他们，对未来尚没有清晰的想法。而小志却写下，他的理想是做一名研究有超能力物品的博士。

在第二封信里，小志详细解释道：我想发明一种拥有超能力的铠甲，让拥有正义感的人去穿上，然后打败邪恶，但我还不知道什么时候才能梦想成真。

小志说，这是他第一次在比他大的人面前说出自己的梦想。他以前也曾经和最要好的朋友讲过，但他们都没什么反应。所以，也没有人告诉小志，超能力梦想可否实现。小志希望和自己写信的是个懂得天文地理的大哥哥，而他的靖超哥哥，大学里所修专业正是大气科学。靖超哥哥这样回应：

那个超能力铠甲，靖超哥哥能不能穿一件啊？
这样我也可以做超人咯！那铠甲有什么超能力呢，小志弟弟？你会发明隐形能力吗？会飞吗？还有什么呢？好想要一份你的发明啊，哥哥也有一个梦想哟——那就是发明时间机器！就像哆啦A梦的时光机（一样），而且哥哥我现在就在构思了，小志你也马上做超能力铠甲吧。我们可以比一比，谁最先发明出来哟！

靖超哥哥的激励像是催化剂，让小志的超能力铠甲迅速进入构思和设计阶段。
哥哥，我说的超能力铠甲，就像我看动画片里的刑天铠甲，你知道吗？你说的时间机器，就是《哆啦A梦》里面的哆啦A梦的那个小袋子里面吗？
从此我们就是好兄弟啦，让我们一起投入研究之中吧！

小志为什么想要发明超能力铠甲呢？其实在农村中小学，总有些孩子拉帮结派，欺负弱小。缺少了父母和老师有效的教育和监管，孩子间更容易出现性质恶劣的霸凌、斗殴。正因为这样，小志对正义形成了执着的追求。他的超能力铠甲是实现正义的武器，捍卫着小志理想中的社会秩序。无疑，小志是幸运的。因为拥有靖超哥哥的倾听和引导，在长达一年的书信活动中，小志找到一种安全而有归属感的支撑，他的梦想正在坚强地成长着。

第二类

基础项目案例

一公斤盒子
爱聚公益创新机构
微信 yigongjinhezi

一、机构概览

成立时间：2011 年
总部办公地点：广州市荔湾区金花街道中山七路 68 号一起开工社区
全职员工人数：8 人
年度总支出预算（2017 年）：300 万元
项目服务区域（省、市或县）：全国
机构简介：

机构源起于 2004 年中国民间公益活动"多背一公斤"，于 2011 年北京注册，2013 年迁至广州并注册广州爱聚。在对乡村教育问题深入了解的基础上，"爱聚"在 2011 年 8 月启动"一公斤盒子"项目，为老师和支教志愿者提供完整的教学工具包，以改变教学方法，拓展教育内容，同时减轻老师和支教志愿者的教学负担。作为社会企业，"爱聚"利用自身的专业知识和创新能力为企业和基金会提供创新的公益产品和公益项目设计服务，并实现组织的可持续运作。

二、项目概览

覆盖范围：23 个省、41 个市、33 个县
全职员工人数：8 人，兼职员工人数：4 人
年度总支出预算（2017 年）：300 万元

项目过去一年的资金构成：政府采购 0%，捐赠收入 0%，自营等收入 100%。其中盒子销售收入（微店、志愿者协会、公司、基金会购买）48%，定制设计收入（与其他基金会和公司/机构定制项目及活动）18%，教师培训收入 7%，课程收入（夏令营等课程）15%，基金会行政资助收入 9%，其他收入 3%。

项目针对的问题及其解决方案

1. 针对的问题

我们相信所有的孩子，无论贫富、性别、地区或其他差异，都应该在教育公平的环境中成长。但目前我国教育资源分布不均，乡村和其他资源匮乏地区的教育内容和形式落后，大量的孩子无法获得公平的学习机会，面临严重的教育公平的缺失，面对数量与需求都巨大的乡村学生，面对珍贵的教育公益资源，需要通过创新设计低成本、易复制，并可让多方资源相互协助的、新的教育公益产品和公益项目，才能让公益资源更大化地惠及乡村学生。

2. 解决方案

通过创新设计并不断优化"一公斤盒子"系列公益产品，为乡村老师和支教志愿者提供既可改变教学方法，又可拓展教育内容的完整教学工具包。通过教育设计课程培训，让老师和志愿者更易设计出有趣的课程。

三、核心工作内容

1. 研发及发放盒子

设计创作盒子、绘本活动盒子以及生活实践类系列盒子（地震、零食、交通、垃圾分类、科学、水测量等），每个盒子都回应孩子生活成长中的某个问题，并通过游戏让孩子们掌握知识技能。每个盒子都包含了教学方法和教具，能让即使没有教学经验的老师、志愿者甚至是孩子自己，都可轻松地开展学习活动。

2. 实施创育者计划

为改善现在的课程设计死板沉闷，现有的课程设计方法烦琐复杂过于理论，学习成本高的困境，我们参考五星教学法作为课程设计框架，从设计者最熟悉的"展示新知"开始，逐步添加提出问题、激活旧知、应用联系、融会贯通各个部分，从已知建立未知，符合建构式教学原理。经过培训，让老师和志愿者容易地设计出有趣的课程。

3. 支持大学生支教团队

乡村教育的改变需要多种力量合力，大学生支教是其中的一部分。我们希望通过提供开发课程的工具，帮助大学生支教队伍更好设计课程，可以用大学生自身的知识面，带着孩子们在多样化的课外学习中，更好地帮助孩子扩充知识面，引发他们的好奇心和学习热情。

四、项目干预方式

1. 对直接受益群体乡村老师的干预

提供简单易用的教学工具包。提供盒子使用培训以及教育设计课程培训。提供交流与互动的机会。

2. 对直接受益群体大学生支教团队的干预

提供简单易用的教学工具包。提供盒子使用培训以及教育设计课程培训。

3. 对最终受益群体学生的间接干预

学习与生活相关的生活技能知识。意识生活中的问题，找到实际的解决办法。

4. 对企业 CSR/ 基金会的干预

低成本的企业品牌建立 / 项目支持。培养志愿者能力。对教育深度持续的投入 / 支持。

五、项目成果

1. 过去一年直接受益的人数

2016 年，34 766 学生从中直接受益，利用各种盒子共开展了 1 026 637 个课时数。截至目前，项目已覆盖 2 000 多所学校，覆盖了全国几乎所有省份。

2. 过去一年直接受益人发生的改变，或者所解决的问题

2016 年，开展了乡村教师盒子使用培训，直接受益老师 160 人，影响带动了 191 名老师、志愿者、社区工作者使用盒子开展课程。其中开展的"寻找 100 位乡村创育者"项目，直接受益老师 100 人。根据反馈，超过 80% 的老师认为与其他乡村老师一起进行线上培训的社群学习对他们有帮助，超过 90% 的老师认为本次培训学习对他们的教案设计有所帮助。

根据教师与志愿者收集的直接受益群体学生反馈，系列盒子课程可以比较有效地回应学生的需求，提升他们的相关认知或改善某方面的问题。

一公斤盒子对中国当前教育尤其乡村教育面临的挑战所提出的创新性解决方案实践，入围 2016 年世界教育创新峰会（WISE）教育创新奖，2016 年唯一入围的中国项目。

多年的项目运营，累积了丰富多元的合作伙伴，为今后搭建以企业、基金会、教育 NGO、乡村教师为主体的教育公益生态圈，共建一个有选择、有规划、多方协作、不断生长的乡村教育创新系统，提供了重要支撑。

六、项目发展历程

2011 年 8 月，"一公斤盒子"项目启动。

2012 年，完成了四种盒子（手工、美术、阅读、戏剧盒子）研发及升级。截至 2012 年 7 月共发放近 2 700 个盒子到全国的 247 所乡村及打工子弟学校和社区中心，共支持 2 983 次活动课堂。约覆盖学生 2.5 万名，老师及志愿者 1 000 名。

2013 年，重新研发"一公斤盒子 2.0"产品框架，以基础箱和补充包 + 主题盒子的形式，协助老师提高素质教育的频率和丰富性。

2014 年，研发地震及进行零食盒子、交通盒子的原型测试。

2015 年，开发科学、水测量盒子，以及开展好奇心实验室一系列工作坊，用有趣的方式抓住孩子的好奇心，让孩子在实际生活中练习和实践。

2016 年，开发完成生活技能主题系列、绘本活动、科学、用电安全、水测量盒子；开始创育者计划，通过工具包 + 线上课程，让乡村老师和志愿者容易设

计出有趣的课程。

七、未来项目发展计划

1. 要做的主要事情

（1）结合互联网的发展，为乡村儿童系统开发更多优良、简单易用的教学工具/盒子，更快更低成本地让更多特别是乡村孩子享受到优质的教育。

（2）为乡村教师和支教志愿者提供盒子使用及创新课程的培训，让教师及支教志愿者可以根据学生的需求寻找所需的教学解决方案。

（3）搭建以企业、基金会、教育NGO、乡村教师的教育公益生态圈，共建一个有选择、有规划、多方协作、不断生长的乡村教育创新系统。

2. 未来一年项目总支出预算（2018年）：600万—800万元

八、项目团队与合作伙伴

1. 项目团队骨干成员专业能力/经历说明

安猪：爱聚公益创新机构创始人，多背一公斤发起人，多家公益媒体的特约撰稿人，中国青少年发展基金会、创绿中心机构理事。

陈丹：负责机构运营、业务发展、乡村教师及支教大学生培训。曾经历2年建筑设计、4年销售、8年职业培训师的职业生涯。

谭静远（Linda Tan）：担任本项目的产品设计与机构的品牌规划工作。毕业于多伦多大学分子生物专业，因对中国乡村发展问题感兴趣而参与项目并学习社会设计。

2. 合作伙伴

（1）项目主要合作方

乡村长期支教NGO：阳光书屋、美丽中国、为中国而教、大山小爱、绿之叶、杉树支教等，在所属项目点学校长期推动在地乡村教师开展一公斤盒子课程及参与"创育者"教师培训。

短期支教NGO：益微青年、华侨基金会、满天星、儿慈会童愿计划、世界青年价值协会、温州青年志愿者协会等，推动大学生支教团队带着盒子去乡村，为乡村孩子开展各种主题的盒子课程。

社区社工机构：全国数十家社工及家庭综合服务中心，为社区的流动儿童开展盒子课程。

公共教育部门：广东省图书馆少儿部、广东省博物馆、广州市中小学生健康促进中心、澳门图书馆，为城市儿童开展了一系列盒子课程活动以及好奇心实验室系列线下课程活动。

（2）项目主要购买方

基金会：爱佑慈善基金会、爱佑未来慈善基金会、中华少年儿童慈善救助基金会、安利基金会、中国青少年发展基金会、壹基金、桂馨基金会、中国留学生爱心助学基金、春桃基金会、自然之友。

企业：Airbnb、安利、唯品会、卡塔尔航空、INUK、百事可乐、阿尔卑斯、舒肤佳、广州九毛九餐饮连锁、肯德基、雪佛兰、淘宝网。

九、项目主要风险及控制

风险：在对市场预期的基础上会提前制作盒子。当实际销售小于市场预期时会产生一定的库存管理成本。

控制：制作与发放日期尽量衔接，采用统一标准外包装。

随着盒子使用规模的扩大，需要找到既能降低培训成本又能保证培训质量及课堂质量的方法。采用线上平台，加大对重复使用的在地"种子"老师培训等方式降低培训成本；收集并展示教师、志愿者、教育工作者优秀盒子上课视频，提高培训质量。

十、受益人生命故事

"每次一公斤盒子活动都是上课之前就有一大帮的学生提前过来帮我们拿所需的上课道具，显得非常的兴奋。在上课的过程中学生亦非常投入，而且学生们在完成自己的作品后都争先恐后地向老师展示。"

——舒方耀，青海省玉树州囊谦县着晓乡中心寄校驻点义工

"在一公斤盒子活动这一年多，研发各种盒子的时候，我觉得自己仿佛重新开始接受真正的教育，怎样挑选更健康的零食，生活垃圾都到哪里了，跟人吵架了应该怎么处理，发生欺凌的时候应该怎么办……我才知道从小到大，学校里从来没有认真教过我这些真正需要的知识，也没有教过我应该怎样成为一个更'人类'的人。我深信，教育的内容要跟学生有关系，我也希望有更多的小屁孩可以像我一样清楚这点，然后开始学习真正对自己有用的东西。于是，我想在一公斤盒子活动中，持续设计出好用的盒子，去持续影响中国的老师们。"

—— 一公斤盒子前设计师"长长"的话

"孩子们表示活动很有趣，很好玩，并且自己平时都不会去想回家路上有什么隐患，通过这个活动，可以让他们回忆放学回家路上的'黑点'。"

——赵凤，大众驻佛山南海七一空间家庭综合服务中心社工

稻田里的守望者
盘州市社会义工联合会

一、机构概览

成立时间：2008 年

总部办公地点：贵州省六盘水市盘州市红果杜鹃西路延长线红驿道美食文化园内

全职员工人数：13 人，兼职员工人数：1 人

年度总支出预算（2017 年）：130 万元

项目服务区域：贵州省六盘水市盘州市

机构简介：

2013 年在民政部门注册。以"打造本土社会工作团队，为受助人群提供专业的社会工作服务"为使命，以"帮助困境中的儿童及其家庭、社区获得必需的发展资源，获得有尊严的生活，最终实现可持续发展"为愿景，以专业社会工作为核心支撑的"社工"+"义工"两工联动的策略在儿童与教育、社区发展、灾害管理、志愿服务管理四大领域开展服务。

在儿童与教育领域，通过"社工"（具专业性）与"义工"（具群众性）两工联动策略，联结儿童与社区，回应儿童在校园生活、家庭生活和社区生活中的发展需求，促使社区中的困境儿童获得改变和提升的契机。

二、项目概览

覆盖范围：贵州省六盘水市盘州市旧营乡 5 所村镇小学

全职员工人数：3 人，兼职员工人数：3 人

年度总支出预算（2017 年）：40.9 万元

本项目过去一年的资金构成：政府采购 40%，其他捐赠 59.99%，自营收入 0.01%

项目针对的问题及其解决方案

1. 针对的问题

目前为农村留守儿童提供的服务多为物资救助、政府及社会爱心人士探访、帮助留守儿童拉近与父母的情感距离等，缺少对留守儿童自身发展需求的关注；本土留守儿童工作缺乏专业工作者长期、持续的支持，服务工作流于表面。需要提供长期的个案、小组活动和团体辅导，推动建立本土化的留守儿童社会工作服务体系；本土社会工作处于起步阶段，社工缺乏实践经验和能力提升的平台支持。

2. 解决方案

以"职业社工"+"专业义工"为特色，在乡村学校推广"一校一社工"制度，由驻校社工为乡村学校提供留守儿童个案服务、小组活动、团体辅导等，同时为培育本土化的社工人才助力。

三、核心工作内容

1. 开展艺术体育教育，链接捐赠资源

以驻校社工及专业义工补充乡村小学音体美教学力量不足，改善音体美教学课时缺乏，教学方式传统的弱点，推动村小文体教育进步；链接资源，为旧营乡孔官小学和其他 7 个乡镇、街道办安装建设 8 所音乐教室，并为乡村小学教师提供专业的师资培训。

2. 开展儿童卫生健康教育

针对乡村小学儿童尤其留守儿童卫生较差的情况，驻校社工提供卫生健康教育，培养儿童习得正确、健康的卫生习惯。

3. 开展防减灾安全自护能力教育，链接捐赠资源

针对乡村留守儿童缺少监管、安全自护能力较弱、安全事故频发的情况，以及项目学校周边的安全风险，驻校社工为项目学校儿童量身打造"5+1"的安全教育课程（5节系统的安全教育课程，涵盖常规灾害自护和针对性校园安全风险回应，1次安全教育主题活动），帮助儿童重构对灾害风险的认知，获得正确判断的方法，通过训练习得有效应对灾害风险的能力。

链接资源，为3所乡村小学配置了防减灾安全教室（地震、火灾、泥石流、交通教案等体验教具），并通过国内防减灾安全教育专家的理论支持，设计出体验式的教学方法，帮助儿童形成对灾害风险的正确认识，在认知—判断—行动中搭建起合理的风险应对逻辑。

4. 留守儿童假期成长营活动

驻校社工及志愿者为缺乏监管和看护的6—12岁留守儿童提供假期日间照料、防减灾安全教育、卫生健康教育、儿童理财教育、自我管理能力培养、心理疏导、亲子关系改善、留守儿童社区融合等活动，多角度丰富与拓展农村留守儿童的假期生活；集中在假期开展社工个案、小组活动（教育小组和行为矫正小组）和志愿者家访活动，建立旧营乡留守儿童服务档案，强化社工专业服务管理。

5. 长期陪伴服务

驻校社工长期在校陪伴，开展定期个案服务跟进，课后作业辅导，开展第二课堂，部分学生心理疏导，学生行为偏差纠正，校园文化建设等工作。

6. 驻校社工培养

为驻校社工提供定期督导，邀请相关专家讲师举办社会工作实务、项目管理、防减灾教育等讲座，提升驻校社工服务能力和服务水平；支持驻校社工外出参加社会工作行业交流和学习；鼓励驻校社工向社会工作专业发展，考取专业资格证书；为驻校社工提供工作期间的生活、交通、通讯补助，保障社工基本生活无忧。

四、项目干预方式

1. 对项目最终受益群体留守儿童的干预

长期陪伴服务。需求挖掘、社工个案服务。行为矫正小组服务。项目结束后形成档案和分析报告

2. 项目最终受益群体项目点所有儿童（含留守儿童）的干预

文体教育，促使受益儿童在美学、兴趣教育层面得以成长。防减灾安全教育，系统、科学、全面地提升安全自护能力。卫生健康教育，培养习得正确、健康的卫生习惯。综合教育活动（儿童理财教育、自我管理能力培养、心理疏导、

亲子关系改善、社区融合等）。假期日间照料。

3. 对驻校社工的干预

提供生活、学习费用支持。以定期督导、专家讲座、行业交流和学习等方式，提升专业能力。

4. 对学校及教育部门的干预

资源链接，改善教学条件。适度补充音、体、美师资的资源。倡导推动盘州市中小学校"一校一社工"制度，培育本土化的社会工作人才。

五、项目成果

1. 过去一年直接受益的人数

项目启动以来，已为100名留守儿童建立了信息跟踪档案；为10名留守儿童提供了个案服务；举办两次假期成长营活动，200名留守儿童参与，动员超过70名志愿者参与成长营服务；组织了20节兴趣学堂，服务留守儿童366人次。

此外，为学校引入减防灾教室（3所小学）、音乐教室（8所小学）等硬件设施，开展相关教育，并开放给周边学校儿童使用，受益儿童约10 000余人。在3所小学开展卫生健康知识讲解，发放卫生健康包，受益儿童约398余人。

2. 项目推广到其他机构的情况及政府采购的情况

社工人才培养暨留守儿童服务工作的"三区计划"项目，获贵州省民政厅20万元支持。

六、项目发展历程

自2013年起，作为盘州市本土社会组织，先后在儿童与教育、灾害管理、社区发展等领域深入农村开展工作。

2015年9月，本着专业化、职业化的发展思路，孵化注册了盘州市爱往福来社会工作服务中心。确定以"职业社工"+"专业义工"为特色，通过实践倡导在乡村学校建立"一校一社工"制度的项目模式。

2015年10月—2016年12月，在项目区旧营乡5所村镇小学，驻校社工通过代教音、体、美课程，介入文体兴趣培养与拓展；开展卫生健康、防减灾安全自护能力教育。

自2015年10月至今，驻校社工通过专业的社会工作手法，为项目学校留守儿童提供个案、小组服务以及陪伴服务等。

七、未来项目发展计划

1. 要做的主要事情

（1）扎实开展项目工作，不断提升项目服务质量。在当地积极倡导与推动"一校一社工"制度，将政府采购驻校社工岗位制度化。关注项目给最终受益群体（乡村留守儿童）带来的改变，对本土社会工作力量带来的改变。

（2）继续拓宽、深化项目工作的范围和力度。开拓渠道，争取资金支持，将驻校社工向更大范围推广，覆盖更多乡村学校，为更多的留守儿童及其家庭提供服务；拓宽资源渠道，为年轻社工争取更多的专业学习培训机会，不断提升机构社工服务社会的能力和职业素养，整体提升机构的综合能力。

2. 未来一年项目总支出预算（2018年）：50万元

八、项目团队与合作伙伴

1. 项目团队骨干成员专业能力/经历说明

任广园，会长，主持全面工作。从事公益行业9年，在机构管理、项目运作、灾害救援与管理、社区服务等方面有着丰富的经验。

封秋思，副秘书长，本项目的具体负责人。3年公益项目从业经验，助理社工师。

蒙成会、朱丽、何娟娟，驻校社工，均为幼教专业毕业，1年以上留守儿童工作经验，助理社工师。

2. 合作伙伴

项目主要合作方：

贵州省民政厅通过购买服务，为项目提供了重要的资金支持。

盘州市教育局为项目在当地学校的开展，提供了重要的行政支持。

项目主要捐赠方：中国扶贫基金

九、项目主要风险及控制

风险：驻校条件比较艰苦，社工流动性较大。

应对：为社工提供合理的生活保障、学习机会、职业发展空间；提供督导支持；加强团队建设，增强其归属感和对农村社区工作的认同感。

风险：年轻社工经验较少，缺少足够的专业知识，个案工作支持不足。

应对：为社工提供学习成长机会和外部专家督导支持；建立重点个案转介机制，保障有需求的留守儿童个案可持续跟进。

风险：留守儿童工作具有长期性，社会组织驻校社工项目多限于项目资金的制约而具有阶段性。本土化社工人才培养也需较长时间和努力。

应对：拓宽筹资渠道，寻求政府购买社会服务等多渠道支持；在当地积极倡导与推动"一校一社工"制度，将政府采购驻校社工岗位制度化。

十、受益人生命故事

2015年5月，那时的我作为驻校社工刚到项目点没有多久，就到学前班给孩子们讲解一些生活常识。第一堂课的时候就发现了坐在倒数第二排的他总是一个人坐在角落里，不和同学们说话。接下来的几天里，发现学生们也都不愿意和他一起玩。从班主任老师那里得知，这个叫小周（化名）的男孩时年6岁，他的爷爷奶奶年纪都较大，奶奶又常年生病躺在床上，妈妈有间歇性精神病，爸爸又不顾家，每天在村子里游荡。哥哥在乡中学住宿读书。小周每天往返学校都是独自一人，单程要走一两个小时的山路。

这个孩子需要帮他融入集体。

于是，每天我都会在他的面前说个不停，刚开始的两个多月他都没有和我说过一句话。直到第3个月的第2周，他开口对我说了第1句话。听到他开口说话时，我的眼泪情不自禁地流了出来，依稀还记得他说的第1句话，"老师，你好吵，我的耳朵不聋，你每天都在我面前说话，好烦呀！"在接下来的一段时间，我发现他的话像音乐一样，一打开就停不下来。

我还发现小朋友们不喜欢和他玩，渐渐地疏远他，主要是他的衣服、裤子、鞋子每天都是脏兮兮的，脸上、身上也是脏得不忍直视。于是我就给小周洗头、洗脸，教他洗手，每天讲一些卫生健康知识，带着小周和同学们一起玩游戏。慢慢地小周变干净了，虽然身上的衣服永远是那么一套。渐渐地小朋友们也不再疏远他。

半年的时间很快就结束了。小周的内心不再孤独、寂寞，不再封闭。因为我和小朋友们一起驱逐了小周内心深处的害怕，让他感受到大家对他的关心。

儿童保护项目
儿童乐益会

一、机构概览

成立时间：2007年

总部办公地点：北京

全职员工人数：25人

年度总支出预算（2017年）：2 700万元

项目服务区域：覆盖21个省

机构简介：

2007年进入中国，致力于促进中国贫困儿童与困境儿童的发展。机构坚持"只有让儿童主动参与到自身的发展当中，这些孩子才能得到全面、有效、可持续的发展"的理念，按照3个战略方向在中国发展，为儿童提供更有效的服务：

（1）推动包括基于体育与游戏等多种技术方法，让儿童通过体验式学习的方式主动发展，提升能力，改变行为，实现全面发展；

（2）为政府和中国本土非政府组织及儿童工作者，提供组织能力建设、个人能力建设和技术支持；

（3）搭建国内儿童发展需求与国内外优质资源相结合的实践平台。

二、项目概览

覆盖范围：江苏省张家港市、河南省洛宁县

全职员工人数：1 人

年度总支出预算（2017 年）：N/A

项目过去一年的资金构成：其他捐赠 100%

项目针对的问题及其解决方案

1. 针对的问题

随着社会经济的迅速发展，中国传统家庭结构的转变，家庭保护功能逐渐弱化。与此同时，现有的儿童保护机制尚不完善，针对儿童的暴力和忽视事件屡见报端。联合国儿童基金会与北京大学儿童青少年卫生调查所的调查发现，中国 16 岁以下的儿童中每 4 名儿童中就有 3 名遭受过不同形式的暴力伤害，其中包括身体暴力、精神暴力、性暴力和忽视。据女童保护项目统计，仅 2014 年 1 年，被媒体曝光的性侵儿童的案件就高达 503 起，平均每 0.73 天就曝光一起。这些事件都在警示，社会各界对儿童暴力和忽视应给予更多的关注。

2010 年以来，国家建立了城乡孤儿国家保障制度，困境儿童分类保障制度也在陆续推进，近年，民政部启动了"适度普惠型儿童福利制度建设试点工作"，有望将更多儿童纳入儿童福利体系，"未成年人社会保护工作"也开始进行儿童保护工作机制的探索。但从总体看，中国目前为儿童提供暴力伤害预防、干预与服务机制尚不完善。

2. 解决方案

以儿童保护的研究倡导先行，儿童乐益会在试点地区建立儿童保护工作队伍，探索工作机制，提高专业服务能力，并且开展以"拒绝针对儿童的暴力"为主题的宣传倡导活动，预防儿童暴力伤害的发生。

三、核心工作内容

1. 研究倡导层面

成立专家组，分别从社会工作、法律、传播等不同领域和视角出发，进行研究工作，并且在《社会福利》《中国教育报》《青少年犯罪问题》等刊物发表。

参与 2014 年 12 月 12 日困境儿童关注日倡导宣传活动，联合专家团队、试点地区民政局召开儿童保护研讨会。

2. 建立工作队伍试点层面

与洛宁县和张家港市两地政府紧密合作，正式建立以县/市政府牵头，多政府部门协同的儿童福利与儿童保护工作领导小组，并出台了相关政府文件。

在村、乡镇、县/市建立了三级服务网络，建立了儿童暴力伤害事件预防、发现、报告、干预和跟进的机制，并为儿童保护人员提供了能力建设和培训工作。

在两个试点地区开通了 24 小时儿童保护热线，全面接听儿童暴力和忽视伤害事件报告以及政策咨询来电。以儿童福利院和救助管理站为载体，为受暴力和忽视伤害的儿童提供临时庇护服务。

3. 宣传倡导层面

在试点地区发放宣传单页、折页,并且在公共场所进行儿童保护宣传。

四、项目干预方式

1. 研究倡导工作提供理论依据与国际经验支持。
2. 在试点地区建立儿童保护工作队伍,探索工作机制,提升专业服务能力。
3. 在试点地区开展一系列宣传倡导活动,提升儿童、家长、教师等意识。
4. 预防儿童暴力伤害事件发生。

五、项目成果

1. 过去一年直接受益的人数:1 500 名儿童。

2. 过去一年直接受益人发生的改变,或者所解决的问题

在两地社区,对 1 091 户困境儿童所在的家庭进行资料记录、定期家访和宣传性教育。县级层面,通过儿童保护热线接受儿童暴力和忽视案件的报告,为 17 名儿童及家庭提供支持性服务,为 5 名儿童提供了临时庇护。

累计发放儿童保护宣传页 2.85 万份,张贴宣传海报 4 000 张,在 109 所中小学发放儿童友好安全三折页 11.8 万份;结合当地特色在两地公共场所进行儿童保护宣传。在洛宁,以项目村街道为主要宣传场地,悬挂儿童保护横幅 20 幅,刷写儿童保护墙体标语 1 980 立方米,绘图儿童保护宣传漫画 229 平方米。在张家港制作了儿童保护公众宣传视频,在全市 109 辆公交车上滚动播放。

儿童乐益会为当地政府各部门工作人员、村/社区福利主任/福利督导员、医务工作者、公检法司系统工作人员、教师、热线接线员、社区社会工作者等利益相关方提供了 13 场培训和外出交流活动,累积受益 669 人次。培训内容涵盖试点地区儿童保护工作机制及各部门职责、针对儿童暴力类型和识别方法、儿童保护相关法律和政策、儿童积极教育方法、社区宣传倡导等。

3. 项目推广到其他机构的情况,以及政府采购的情况

2016 年,项目组在张家港注册了民非组织,与张家港政府密切合作,为当地社工提供儿童保护相关的能力建设服务。并且每年在张家港市开展亲子嘉年华,为儿童保护倡导正向教育。

六、项目发展历程

2013—2015 年,与北京师范大学、澳大利亚新南威尔士大学合作,开展儿童保护研究项目,从儿童福利角度探索儿童保护制度建设,为儿童创造一个安全的环境。

2014—2016 年,为进一步深入开展儿童保护工作,预防儿童暴力事件的发生,在河南洛宁县、江苏省张家港市启动了儿童保护试点项目。在研究的基础上,尝试在试点地区建立一种有效的、可复制的儿童保护工作机制,为当地儿童创建安全的成长环境。

七、未来项目发展计划

1. 要做的主要事情

项目将继续在预防、报告和回应层面探索和深化，在试点地区探索有效和可复制的儿童保护机制建设，提高利益相关方（如教师、社会工作者、家长和儿童等）在儿童保护方面的知识和技能，为儿童创建安全的环境。

2. 未来一年项目总支出预算（2018 年）：N/A

八、项目团队与合作伙伴

1. 项目团队骨干成员专业能力/经历说明

曹越，项目经理，负责项目框架设计、执行，县级合作伙伴的沟通与支持，外部专家的把控。英国伦敦政治经济学院非政府组织与发展专业硕士学位。拥有近 4 年儿童保护项目设计和管理、志愿者管理和培训等方面的工作经验，服务过儿童乐益会、英国海外志愿服务社、联合国志愿人员组织、ABC 美好社会咨询社、美新路基金等机构。

彭颖，机构负责人，负责总体项目战略方向、外部专家、省部级合作伙伴等把控。拥有超过 10 年的公共卫生领域工作经验，以及国际儿童发展机构战略规划、项目设计和项目管理经验，曾任职于救助儿童会、国际计划（中国）和美慈等多个国际发展组织。美国匹兹堡大学的社会发展与项目管理亨氏研究项目访问学者，中国西安交通大学公共管理硕士学位。

乔东平，北京师范大学社会发展与公共政策学院副教授，外部专家，负责具体研究层面把控。

尚晓援，北京师范大学社会发展与公共政策学院儿童福利中心教授，外部专家，总体把控项目研究部分的框架、方法论。

2. 合作伙伴

项目主要合作方：

张家港市民政局、洛宁县民政局，负责项目整体在市县级的实施与推进，包括动员协调不同的政府部门加入儿童保护系统，并明确相关职责等。支持项目在市县级层面开展高风险家庭排查工作，儿童福利主任招募和管理、项目宣传等。

项目主要捐赠方：N/A

九、项目主要风险及控制

风险：如何扭转村级儿童福利主任的相对传统的意识"棍棒底下出孝子"。

应对：能力建设工作。

十、受益人生命故事

儿童保护，这是一项新生事物，因为在广大农村打骂孩子，粗暴对待孩子这种观念已经根深蒂固。政府惠及儿童的福利政策虽然很多，但要靠最基层的儿童福利主任来逐一落实。自从我肩负起福利主任这一使命后，村里 18 岁以下的孩子都成了我的关注重点,工作中我感觉到和重点家庭、困境儿童打交道,必须取得他们的信任,必须以诚相待。

——儿童福利主任,河南省洛宁县

一名小朋友,他5岁时母亲离家出走,和爸爸两人生活。平时他爸爸只在附近打工,走时把他送到婶婶家。假期或是星期天,就把他带到工地。他就是在这样的环境下长大。艰苦的生活使他失去了同龄人的无忧无虑和欢乐,过早地体味到了生活的艰辛,性格变得孤僻、自卑。

今年八月的一天晚上,村活动广场灯火通明,各种娱乐活动火热进行,这里也是孩子们的乐园。我发现他一个人在玩。于是上前问他,不问还好,一问,小朋友掉下委屈的泪水。原来他爸爸有事没有陪他一起玩。我说:"都12岁了,成男子汉了,要学会独立生活。"我把篮球给他,劝他和我们一起打球。从那以后,我经常到他家里去,每当和他爸爸聊天的时候,他也插话进来,没有了往日的胆怯,现在我们俩很熟。

近一年的工作实践告诉我,当一名村儿童福利主任,首先要做一名正直、善良、有爱心的人。不但要有积极的工作热情,而且还必须有专业技能。为此,我下载了一款微信软件,从这个微信平台上,可以学到许多国外保护儿童的方法及儿童教育的新理念,使我受益匪浅。

儿童福利事业是构筑和谐社会、实现中国梦的重要组成部分。让儿童福利制度惠及每一名儿童,是每一位致力于儿童福利事业人士的共同梦想。如果说政府对儿童的关怀是一把象征着光明与温暖的火炬,那么福利主任就是跨越这最后一公里的火炬手!我愿做这样的火炬手!

——儿童福利主任,贺清波,河南洛宁县

禾趣计划
北京农禾之家咨询服务中心

一、机构概览

成立时间:2010年
总部办公地点:北京崇文门东兴隆街58号北京汇506室
全职员工人数:11人
年度总支出预算(2017年):400万元
项目服务区域:京冀豫等24省市200多个农民组织会员
机构简介:
2010年由中国社科院社会政策研究中心副主任杨团研究员率农村合作组织课题组全体成员发起成立,北京市民政局注册的民办非企业单位,意在通过支持综合农协的人才培育和组织建设，探索和倡导生态可持续、经济、社会、文化综合发展的三农就地现代化道路。

二、项目概览

覆盖范围：河北省、河南省、湖南省等9省市20余村庄

全职员工人数：4人

年度总支出预算（2017年）：50万元

项目过去一年的资金构成：资金捐赠70%，政府采购30%

项目针对的问题及其解决方案

1. 针对的问题

一方面，当前中国农村儿童教育面临一系列问题，撤点并校，以城市为导向的学校教育与农村家庭、社区相分离；城市化打工潮使家庭教育缺失、隔代教育扭曲；农村人才流失，优秀乡土文化传统被忽视，乡土教育匮乏；各种农村支教兴起，其短期性、外来性、城市性无法成为有效、可持续的实践。另一方面，乡土大地上蓬勃兴起的农村新主体、拥有生产产能的农民组织，也发现了农村新"需求"——乡村生产发展须与社区生活服务相辅相成，开始探索一条共享生产发展、重建乡村互助关系网络、可持续的农村本土综合发展路径。

2. 解决方案

聚焦乡村儿童社区教育。一方面，以本土农民组织为主体，达到教育本土化、长期性；链接社会导师与志愿者资源，补充丰富乡村资源；以生活化、自然性、实践性等社区教育形式带给乡村儿童身边的、生活的发现和创造。另一方面，通过儿童及儿童教育带动和影响整个乡村社区的改变，结合生产生活、乡村文化，推动农民组织走向综合性发展，寻找将之转化为经济、社会、文化效益的途径。

三、核心工作内容

1. 本土农民组织主体能力建设

每项目点两名本土儿童乡工为"禾趣计划"的主要实施者。项目对其开展长期系列的能力建设活动，包括前期工作坊培训，与导师和志愿者对接，中期开展活动，后期参与总结评估评比等，旨在为本土儿童乡工有能力独立长期开展儿童活动提供很好的经验和支持，能够扎根本土，实现可持续发展。

禾趣乡工培训：本土儿童活动执行组织者技能培训。

禾趣策划师培训：乡村活动策划设计者能力建设。

2. 项目培训课程、工作手册研发

根据项目点活动的开展情况，进行总结提升，自主开发并不断更新、完善系列课程、指导手册，作为儿童乡工开展活动的方法、案例借鉴，以此作为长期可持续地为其提供培训及技能支持的重要工具。

3. 多主体联动，多维度受益

项目面向社会招募禾趣导师、禾趣志愿者，与本土儿童乡工合作服务于乡村儿童。依据乡村本地资源，发掘和动员村庄老手艺人，发现村庄故事和文化民谣，以"小手拉大手"的形式，让孩子们与老人、父母相融合，让单个家庭与整个社区相互联动，以孩子的视角和行动发现乡村魅力、带动乡村活力，环环相扣中促进参与主体的共同发展和改善。

禾趣寒暑营：儿童与村庄社区快乐创造。

禾趣·美农空间：打造乡村公共文化创意空间。

4. 建立"禾趣馆"（儿童活动场地）

由儿童乡工负责管理运营，成为假期、每周、每日的儿童活动场所，并可作为亲子、社区活动场所，长期开展各种活动，成为社区的活动中心。

四、项目干预方式

1. 对最终受益群体当地儿童的干预

以生活化、自然性、实践性等社区教育形式带给乡村儿童身边的、生活的发现和创造。建立儿童活动场所（图书馆等）。形成良性互动的儿童—家庭、儿童—社区、儿童—自然等微系统。

2. 对最终受益者当地农民组织的干预

协助建立内置于本土农民组织的乡村社工

提供针对乡村社工及乡村活动策划设计者等的能力建设

链接社会资源

以活动开展作为社区联结的纽带，推动农民组织走向综合性发展

3. 对当地社区的干预

链接社会导师、志愿者、公益项目等资源，补充丰富乡村资源

打造乡村公共文化创意空间

通过儿童及儿童教育带动和影响整个村庄的公共议题，联结社区，连接农村经济活动、生产活动等；挖掘乡村文化，依托儿童服务的开展寻找将之转化为经济效益和文化效益的途径。

五、项目成果

1. 过去一年直接受益的人数

2016年，700人次直接受益，包括禾趣策划师、禾趣乡工、禾趣志愿导师，以及儿童、家长与乡村老人。

2. 过去一年直接受益人发生的改变，或者所解决的问题

项目以儿童社区教育为切入点，以带动乡村各个群体的改变和社区发展。截至目前，项目已在"农禾之家"24个省的会员组织里开展。自启动以来，共有9个省份开展了25余次项目活动，每项目点参与的儿童、家长数量100余人次以上。孩子们从羞涩到勇敢，家长们从旁观到参与，乡村从平静到开始热闹。

项目将儿童乡工人才建设、自我能力成长作为长期目标。截至目前，已开展乡工、策划师培训活动2次，50人次从中受益。经过培训的乡村社工带着理念和方法回归社区，创新定义教育和成长，积极视角看待孩子们的行为和表现，认识到乡村社区与自然对孩子们的意义，通过为乡村儿童设计和开展贴近村庄生活、村庄文化、村庄历史的丰富多样的儿童活动，渐渐促进儿童安全、亲子关系、家庭和谐、社区团结的向好变化。

3. 项目推广到其他机构的情况，以及政府采购的情况

2016年项目获得了《北京市使用市级社会建设专项资金购买社会组织服务项目》。

六、项目发展历程（时间轴）

2013年
五年经验总结、需求分析、概念提升、模式创新

2015年
禾趣乡工首期培训
10省份13村庄推广开展暑期活动
禾趣年度公益会展

2008年
农禾会员5年的儿童教育实践探索

2014年7月
禾趣理念模式首次在会员组织实地尝试检验，禾趣提出

2016年
禾趣策划师首期培训
寒暑活动递增5省份7村庄
禾趣·美农空间河北试点
禾趣志愿导师队伍积累

七、未来项目发展计划

1. 要做的主要事情

禾趣计划策划师培训课程提升；禾趣计划美农空间案例开发；禾趣计划美农图书馆建成并积极使用；乡村建设"十师"推动（策划师乃其中之一）。

2. 未来一年项目总支出预算（2018年）：80万元

八、项目团队与合作伙伴

1. 项目团队骨干成员专业能力/经历说明

（1）机构经验

机构围绕综合性农民合作组织发展的需要，立足培养农村本土的实用人才，有多个乡村社区人才服务项目和计划。从培训对象分类包括从农民组织的领导人才到专项业务人才，有"农合CEO培训""乡土培训师培训""乡村社区工作者培训""专项业务人才培育"，基本涵盖了乡村发展中农民合作组织所需的各层次人才。

（2）项目智囊

由中国社会科学院社会政策研究中心副主任、研究员杨团，历史所研究员、"台湾四健会"研究者程朝云等相关领域的老师组成，为项目提供方向、理念、决策上的指导和建议。

（3）项目执行

项目主任钟丹，负责整体把握项目方向、战略规划与工作统筹，毕业于中国青年政治学院社会学专业（硕士），拥有社会工作和社会学近7年的学习与6年的社会工作实务经验。

2. 合作伙伴

项目主要合作方：

乡村发展领域的基金会、筹款平台：腾讯公益、中华少年儿童慈善救助基金会、中国儿童少年基金会、爱佑基金会、阳光未来基金会等，支持项目研发与活动开展，促进项目提升，带动公众传播。

儿童教育领域NGO：友成企业家扶贫基金会——益教室、双师教学，华夏乡村儿童启蒙教育等，相互交流、互通有无，合作开发课程，开展普及性教育活动。

其他专业机构：晨画廊等作为艺术性美育教育角色，参与项目课程研发、导师对接，支持项目落地开展的智囊性、乡村儿童活动的丰富性。

项目主要捐赠方：公众平台筹款

九、项目主要风险及控制

风险：人才培养的可持续性。项目本土策划师、乡工培训希望能够建立本土农民组织长期可持续的人才服务队伍。风险在于农民组织人才流动与流失。

应对：采用"策划师+乡工+志愿者"的操作形式（其中策划师来自本土、区域本土或者兴趣爱好者，帮助本地乡工组织设计活动）。对本土乡工、志愿者、爱心妈妈进行"二次培养"，促进社区教育理念的传播，带动社区群体的参与。

风险：成长教育的可持续。项目希望带给孩子们长期的陪伴与共同成长，但现阶段仍是阶段性、短期的活动。

应对：计划推动有条件（有需求、有人力、有氛围）的农民组织，根据本地条件，将儿童活动、社区活动细化为每月、每周，将儿童成长与社区成长长期融合。同时尝试推动"儿童图书馆""美农空间—乡村公共文创空间"，为孩子、妇女、青年、老人创建活动、交流的平台，从而活力整个乡村。

十、受益人生命故事

通过孩子们的小手，拉起乡村的大手

河北内丘县金店镇新农协自2016年2月就开始在大垴东村开展禾趣计划儿童活动。经过寒暑期营活动，新农协在该村已经形成一定声势，老人有了太极队，妇女开始了广场舞。新农协组织员郝胜利以儿童活动为入口，发展了4名由村里的小学、幼儿园老师组成的当地妇女志愿者。随着各个群体的加入，这4名志愿者开始分管不同的活动小组，让大垴东的声音此起彼伏。2017年2月寒假

营，儿童活动中家长参与不断增多，并积极参加活动场地义务劳动。村里的老人以前基本闭门不出，一支太极队把老人们串起来了，不仅晨起积极参与公共空间的打扫，在儿童活动中，几位剪纸、书法手艺人还与孩子们进行互动，展示传统的文化手艺和故事。2017年，村里的孩子、老人、妇女自导自演了一场"元宵联欢会"，家长们给孩子加油鼓劲，老人们向儿女展现"夕阳红"，邻村会唱歌的伯伯、会跳舞的大哥哥都来了，围观的乡亲们近千人。

乡村不寂寞。乡村只是缺少一把火。在年轻人常常外出务工的今天，乡村里留下的老人、妇女、儿童有着深切的盼望和追求。大垒东村在金店新农协的组织下有了"根"，禾趣计划儿童活动让这"根"复苏蓬勃，有了成长的生命力。农禾之家希望更多的土地上有"根"，禾趣助力乡村从"根"萌生希望。

儿童防性侵课程
女童保护基金
微信公众平台：nvtongbaohu

一、机构概览

成立时间：2013年6月1日
总部办公地点：北京东四环中路37号京师律师大厦3层
全职员工人数：4人
年度总支出预算（2017年）：150万元（不含撬动地方部门支出的费用）
项目服务区域：北京、山东、浙江、贵州、甘肃等28个（含农村和城市）
机构简介：
2013年以来，全国各地曝出多起14岁以下女童遭遇性侵案例。2013年6月1日，全国各地百名女记者联合京华时报社、凤凰网公益频道、人民网、中国青年报及中青公益频道等媒体单位发起"女童保护"公益项目。2015年7月，在中国少年儿童文化艺术基金会设立"女童保护"专项基金，以"普及、提高儿童防范意识"为宗旨，致力于保护儿童，远离性侵害。

二、项目概览

覆盖范围：北京、山东、浙江、贵州、甘肃、广西等28个（含农村和城市）
全职员工人数：4人，兼职员工人数：33人（仅北京核心团队志愿者，不含地方团队负责人等志愿者）
年度总支出预算（2017年）：150万元
项目过去一年的资金构成：捐赠100%，其中60%网上筹款，40%企业与基金会捐赠

项目针对的问题及其解决方案

1. 针对的问题

儿童防性侵教育严重缺失,儿童防性侵法律和制度需要完善。

2. 解决方案

针对儿童遭遇性侵的最主要原因是家长监护的缺失,其次是防范意识和知识缺乏,"女童保护"主要开展防性侵讲座(儿童版+家长版),并致力于推动法律和制度完善,如推动将防性侵安全教育纳入教育系统常态化教学等。

三、核心工作内容

1. 开发"女童保护"儿童防性侵标准教案。制定了具有独立知识版权的儿童及家长版防性侵标准教案,弥补了防性侵教育无参考教案的空白。

2. 进行系统、严格的讲师培训及考核,合格讲师在一线学校或社区讲授儿童防性侵课程。

3. 课前发放调查问卷,形成独立的调研报告;课后发放防性侵手册,通过文字、图画等形式增强儿童及家长的防性侵意识。

4. 通过微博、微信、网站等各类媒体渠道,用多元化方式传播儿童防性侵知识。

5. 每年两会前夕,发布全国媒体公开曝光的儿童被性侵案例统计报告和儿童防性侵教育调查报告等,以推动形成社会公共议题方式,并把相关议案提案建议交给全国人大代表、政协委员,推动立法保护和政策方面的改进,加强对性侵儿童行为的打击和惩罚力度,形成儿童防性侵保护机制。

四、项目干预方式

1. 对最终受益人(儿童及家长)的干预

提供预防儿童性侵教育:意识、知识、行为改变。为受害儿童提供能力范围内转介服务(律师、心理咨询师或其他事后救济公益机构)。

2. 对关键利益相关方政府系统的干预

推动国家法律、政策与制度的改进和完善。有效弥补政府系统尤其是教育系统的防性侵教育缺失,通过制定具有独立知识产权的标准教案,并制定严格的考核流程和标准,为教育系统培养和输送合格的防性侵教育讲师。推动建立行业标准,提供合作地方社会组织教案授权和专业培训、考核,助其获政府购买服务,共享公益品牌。

五、项目成果

1. 过去一年直接受益的人数

2016年,超过80万人的学生、30万人的家长参加了儿童防性侵课程。

定期进行线上培训和讲座,普及儿童防性侵知识,目前各个平台上已有数百万网友参与。

2. 过去一年直接受益人发生的改变，或者所解决的问题

持续推动形成社会公共议题，在一定程度上推动了决策、立法改变。"女童保护"联合全国人大代表、全国政协委员和业界专家，合力推动相关制度和法律的完善，如参与推动了取消嫖宿幼女罪，推动"受性侵儿童民事诉讼时效延长"等；每年发布的全国媒体公开曝光的儿童被性侵案例统计报告和儿童防性侵教育调查报告，为相关研究提供了数据支持，填补了领域空白。同时数百家媒体报道报告，又不断形成舆论助力，推动政策改变。

个案效果显现。2016年，江苏淮安、徐州等地大范围推行"女童保护"儿童防性侵课程，在淮安，有两个孩子学以致用。她们路遇坏人拦截，一人使劲挣脱呼救，一人赶紧寻求他人帮助，成功脱险。在大连，孩子听课后意识到遭遇性侵，报告家长，避免进一步受到侵害。

及时回应社会需求。2016年，各地官方部门、社会组织及家长直接联系"女童保护"的合作需求强烈，"女童保护"及时提供了专业培训和授课。

"女童保护"的工作得到了社会的肯定。获得联合国开发计划署特别奖；第三届"中国社会创新奖"优胜奖；CCTV2014年度法治人物"最具网络影响力奖"；安平中国·2014北大公益传播奖"传播行动奖之新锐奖"；2014年北京市妇女儿童社会服务优秀项目；2014年北京最美慈善义工团体提名奖；第三届中华女性公益慈善典范"十大女性公益品牌项目"；全国首届性侵预防与应对跨界研讨峰会"最具社会影响力奖"；第五届爱心中国公益盛典年度最佳公益组织奖；2015年环球风尚年度盛典"风尚榜样"；2015年"责任中国"公益行动奖；2016年全国维护妇女儿童权益先进集体。

六、项目发展历程

2013年，发起"女童保护"公益项目；防性侵第一课云南试讲。

2014年，发布《"女童保护"防性侵教育小学标准教案》第一版。

2015年，参与推动的"取消嫖宿幼女罪并入强奸罪"经十二届全国人大常委会第十六次会议表决通过；首次给聋哑和培智学校孩子上课，并在新疆开课。

2016年，"女童保护"工作写入江苏省淮安市政府工作报告；举行"保障被性侵儿童民事求偿权"研讨会并提出应延长受性侵儿童民事诉讼时效，建议设最低精神损害赔偿额，使受性侵儿童及时获得心理治疗和辅导（2017年3月15日，民法总则审议通过，规定"未成年人遭受性侵害的损害赔偿请求权的诉讼时效期间，自受害人年满18周岁之日起计算。"研讨会推动的内容部分实现）；

2016年，发布"女童保护"儿童防性侵标准教案（家长版）、儿童防性侵手册（家长/教师版）；入选首批中国好公益平台共建品牌机构。

2017年，1月"女童保护"代表参加联合国教科文组织国际研讨会。

七、未来项目发展计划

1. 要做的主要事情

（1）未来3年计划

将课程覆盖全国34省市，并培训考核通过8 000名以上合格的志愿者讲师，在社区和学校针对儿童和家长讲授防性侵知识。

继续加强与地方妇联、教育局、公检法司、法律界等部门和组织的跨界合作，合作培训讲师，联动推进防性侵教育集中成片开展。

在户外媒体、网络等多平台推广儿童防性侵知识，唤醒大众对儿童性侵问题的重视。

每年全国"两会"继续召开女童保护座谈会，通过全国人大代表、政协委员等发声和提建议，推动防性侵安全教育纳入教育部门常态化教学，推动保障受性侵儿童精神损害赔偿等。

（2）长远目标

推动儿童防性侵教育常态化，让每一名适龄儿童都能接受防性侵安全教育。

改变社会文化中"谈性色变"的观念，让全社会重视儿童性侵问题，为孩子营造更健康、安全的成长环境。

2. 未来一年项目总支出预算（2018年）：300万元（不含撬动地方部门出资）。

八、项目团队与合作伙伴

1. 项目团队骨干成员专业能力/经历说明

（1）领导与骨干团队

孙雪梅，"女童保护"发起人、负责人。全面负责机构及项目整体发展工作。现任凤凰网公益频道主编，曾任京华时报记者。

高昌，骨干成员之一，参与制定机构发展及项目管理相关制度；参与起草、审订课程教案、报告、议案提案等。记者，从事法治方面的新闻报道，有多个公益项目运营经验。

徐豪，负责"女童保护"品牌推广及项目传播工作，参与防性侵手册编写。人民日报社《中国经济周刊》记者。

庄庆鸿、权敬、安薪竹，"女童保护"发起人，参与教案研发、讲师培训、授课等工作。分别为原中国青年报、慈善公益报、《今日中国》杂志记者。

梁超，"女童保护"联合发起人，参与与地方团队的沟通对接。新浪网编辑。

其他众多核心项目成员、联合发起人，均来自全国媒体单位，擅长文字撰写、报告拟订、公益传播等，并以记者职业天性，在保障机构及项目透明、稳健发展的同时，致力于提升"女童保护"在国内外的影响力。

（2）专家团队

由中国青年政治学院少年儿童研究所所长童小军、北京青少年法律援助与研究中心研究员张雪梅、全国政协委员中华全国律师协会副会长朱征夫、北京性健康研究会理事黄莉莉、全国人大代表内蒙古自治区集宁中学校长李一飞、全国人大代表中华女子学院教授孙晓梅、国务院妇儿工委办公室副主任宋文珍、全国妇联权益部处长郭晔、北京师范大学教授刘文利等，组成了20余人的专家团队。这些来自儿童性教育学、心理学、教育学、社会工作学、法学等多个领域的专家在教案制定、人员培训、日常工作专业指导，以及推动制度与法律完善等方面，发挥了重要的专业保障与影响作用。

2. 合作伙伴

（1）项目主要合作方

全国多地妇联、教育局、检察院、团委、卫计局等官方部门对项目在当地的开展提供了重要的行政支持。

地方社会组织，提供志愿服务的本地化支持，部分承接当地执行工作。

凤凰网、新浪微公益、新华网、人民网、中央电视台等众多媒体提供了媒体支持；腾讯公益提供了线上筹款支持。

南都公益基金会好公益平台提供了项目推广支持。

（2）项目主要捐赠方

北京圣运律师事务所、阿里巴巴公益基金会、千壹理财、京师律师事务所、北京我爱我家公益基金会、中国妇女发展基金会承兴关爱基金等。

九、项目主要风险及控制

风险：随着申请合作团队日益庞大，如何有效管理团队及把控各团队合格讲师质量为首要风险。

应对：尽快展开自动化办公管理及讲师督导团工作。

十、受益人生命故事

在一所小学给学生上完课后，我们和大队辅导员提出有机会可以开一堂家长课，她的态度并不是很积极，可能是对于一个大部分都是外来务工子女的学校来说，组织一次家长会并不容易。可是第二天一大早，大队辅导员就打电话邀请我们下周就给全校家长讲课，我很好奇她态度的转变，接下来的话让我知道了答案。

她说，就是昨天，他们学校二年级的一名女生被邻居性侵，是在自己家的出租房内……听到这个消息，她心痛无比。前一天"女童保护"的课程没有安排这个女孩所在的二年级，如果她当时听了这堂课，也许就可以把危险及时扼杀。

也正是这个案件的发生，让学校领导意识到了问题的严重性，意识到了防性侵讲座的必要性和急迫性，于是再度邀请我们团队走进校园为家长讲课。

还有，一天一位老师打电话告诉我们，他所在学校的一名女生此前遭受了性侵，但没有告诉别人，听了我的课之后，她才懂得她遭遇了什么，并且勇敢地告诉了家长。

这两件事情给我最大的感受，就是我们所做的一切非常有意义，为此付出时间和精力是值得的！对于现阶段小学义务教育中的盲点和空白，我们可以帮助补充，是我们的荣幸。

——来自女童保护基金一名志愿者讲师的心得节选

满天星公益图书馆
满天星青少年公益发展中心

一、机构概览

成立时间：2012 年

总部办公地点：广东省广州市海珠区

全职员工人数：14 人

年度总支出预算（2017 年）：458.46 万元

项目服务区域：广东、广西壮族自治区、贵州、青海

机构简介：

专注于儿童阅读推广的民间教育公益机构，2012 年海珠区民政局注册登记。主要在欠发达地区选择图书资源匮乏的小学、社区建立公益图书馆，通过 3 年的运营支持，推动项目点自主管理和运营，在当地逐步形成满天星公益图书馆网络，并以此为基础，开展丰富多彩的阅读推广活动，培养乡村孩子的阅读兴趣和习惯。让每一个孩子，无论城乡、贫富、性别、大小，都能发现出色的自我，懂得爱的付出与回馈，共同创造一个丰富多彩的世界！

二、项目概览

覆盖范围：广东、广西壮族自治区、贵州、青海

全职员工人数：4 人，兼职员工人数：5 人

年度总支出预算（2017 年）：151 万元

项目过去一年的资金构成：政府采购 0%，其他捐赠 99.71%，自营及其他收入 0.29%

项目针对的问题及其解决方案

1. 针对的问题

项目区域为欠发达的乡村学校，学校藏书残旧且复本率高，大部分图书不适合儿童阅读，部分学校无图书馆；图书馆存在管理不善，使用率低的问题。学校缺乏图书馆的管理和利用意识；图书馆老师缺乏图书馆管理知识，阅读指导与开展阅读活动的经验。

2. 解决方案

通过配置公益图书馆，并组织阅读活动及教师培训，让当地师生获得阅读方法，提高阅读兴趣，乐于阅读，并在项目结束后，能自主运营图书馆，自行组织阅读活动。

三、核心工作内容

1. 通过营造儿童友好的小学图书馆及阅读环境，并提供适合不同年龄需求的优质读物，解决欠发达地区学龄儿童阅读资源不足的问题。

建立图书馆：配置适合不同年龄需求的优质图书以及符合儿童身高及阅读需求的书架和桌椅、电脑借阅系统；美化图书馆内外部阅读环境。

开放图书馆及图书对外流通：每天开馆不少于两小时，允许所有图书外借。

提供持续的管理支持、借阅系统技术支持：为图书馆老师提供管理培训，发放馆长手册；培养学生管理员，协助借阅、分类及卫生美化工作。

图书馆升级服务。建馆后第二、三年持续配置一定量新书、书架或其他辅助物资。对图书馆运营进行实地跟踪、回访，解决运营中出现的问题。

开放书吧服务。对部分校园开放书吧或班级图书角的学校，提供部分购置书架、桌椅、装饰物等经费。鼓励学校图书定期流通至各个班级图书角及校园开放阅读区域。

2. 通过开展丰富多彩的阅读活动，培养儿童的阅读兴趣和阅读习惯。

开设阅读课程，由学校教师上课，基本做到每班每周一节阅读课。

开展阅读体验日、推广周/月等阅读活动，由学校自主或由项目组织志愿者到校开展。

3. 通过开展教师培训计划，培养出优秀的图书馆老师及阅读指导老师，自主运营管理图书馆、开展阅读指导和推广工作，提升学生的阅读品质。

开展图书馆老师培训、阅读指导培训及阅读活动工作坊，逐步培养出优秀的图书馆老师（包括现有项目点学校优秀图书馆老师）成为县域优秀的阅读推广种子教师，并成为县域图书馆教师协会的骨干，推动其持续带领区内教师运营图书馆、推动阅读指导和推广工作，提升区内儿童阅读品质。

开展专项基金计划，推动教师自主开展阅读活动。基金支持教师自主申请，自行设计活动方案及预算，以班级、年级或全校为单位，开展丰富多彩的阅读活动。以此加强教师组织开展阅读活动的自主性，积累更多阅读活动经验及成果，推动校园阅读文化建设。

四、项目干预方式

1. 对最终受益群体当地儿童的干预

提供可及、针对需求的优质读物。营造开放友好的阅读环境。提供阅读方法培训。开展阅读推广活动。

2. 对直接受益群体学校、教师的干预

提供图书馆建设（书架桌椅/环境营造/借阅系统/图书）。图书馆运营跟踪。提供资金支持：推动图书对外流通；推动教师自主组织阅读活动。提供能力培训：教师阅读方法、图书馆师生管理人员管理技能。提供阅读推广工具：《小学阅读课程教案》。

五、项目成果

1. 过去一年直接受益的人数：49 227 名学生

2. 过去一年直接受益人发生的改变，或者所解决的问题

2016 年下半年项目开始为项目学校逐步升级图书借阅系统 2.0 版。新系统使用云端技术，使得日常借阅及图书管理功能更为便捷，数据统计功能更为完善，且设计界面更为简洁，更适合学生管理员使用。

2016 年，完成了为乡村教师专门研发的《小学阅读课程教案》，并推广至广东新兴、郁南县及青海循化县。

以持续提升图书利用率为目标，设计实施的书香校园阅读推广活动、开放书吧及教师阅读活动资助项目等，继续深入开展，并取得良好成效。2016 年 6 月，满天星公益新增项目学校 8 所，公益图书馆总数达到 59 所，全年总借阅量 17.8 万次，项目点学生读者人数超过 1.3 万人，全年人均借阅量超过 13 次。截至 2017 年 6 月，公益图书馆总数达到 71 所，学生人数超过 2.2 万人，仅 2017 年上半年所有公益图书馆总借阅量为 21.5 万次，人均借阅量为 9.6 次。

3. 项目推广到其他机构的情况，以及政府采购的情况

为深化县域儿童阅读推广的尝试力度，让更多乡村儿童从中受益，2016—2017 年，在广东省与郁南、新兴两县教育部门分别成立儿童阅读指导与推广联盟。

机构开展的童书乐捐、开放书吧项目，以及为乡村教师专门研发的《小学阅读课程教案》亦同时惠及上述儿童阅读指导与推广联盟的成员学校。

随着县域合作加深，阅读推广工作得到越来越多的学校认可，项目启动了学校共建图书馆模式。针对县城大规模小学，合作双方共同拨出建馆预算的一半资金投入图书馆建设及运营。

六、项目发展历程

2011 年，初步完成项目架构，并建立第一批 22 所乡村小学公益图书馆。

2013 年，根据过往项目经验、学生发育和阅读发展情况，设计了项目的阅读环境，确立了标准化的图书馆方案。

2015 年，在停止快速建馆、优化项目管理流程、完成标准化建馆操作手册的基础上进行项目转型。充分赋能师生，使其作为图书馆运营的主体，机构转型成为指导者和支持者；推动学校建立班级图书角和开放书吧，提高图书利用率。

2016—2017 年，与广东省郁南、新兴两县教育部门分别成立儿童阅读指导与推广联盟，启动学校共建图书馆模式。

七、未来项目发展计划

1. 要做的主要事情

联合更多的县教育局，成立县域阅读指导与推广联盟；开发阅读课程并通过和县教育局合作开展课程推广；继续投入资源和精力开发借阅信息平台。

2. 未来一年项目总支出预算（2018年）：200万元

八、项目团队与合作伙伴

1. 项目团队骨干成员专业能力/经历说明

李霞：项目总监，香港中文大学硕士，10年教育项目管理，3年儿童阅读推广项目管理经验。

刘立亚：项目副主管，原兴坪图书馆馆长，3年儿童阅读推广项目管理经验。

龙素云：阅读研究中心主管，5年阅读研究经验，书目负责人。

陈惠兰：阅读课程研发负责人，3年美丽中国支教经历。

陈卫东、陈菊芳：项目发展顾问，分别为广东省立中山图书馆研究辅导部主任、广东图书馆学会秘书长，原暨南大学教师。

邱璐：书目顾问，北京天下溪公益图书中盘负责人。

2. 合作伙伴

（1）项目主要合作方

广东省图书馆学会，推荐合适的项目区域并协助拓展项目地政府关系；

北京天下溪公益图书中盘，结合项目情况推荐优秀书目并协助采购；

郁南县、新兴县、剑河县等地方教育局，推荐认同阅读理念的项目学校，协助在地开展考察、回访及教师培训等活动。

（2）项目主要捐赠方

中国澳门同济慈善会、美国银行、美银电子资料处理（广州）有限公司、蓝色光标传播集团、凯悦酒店集团、广州市开睿迪教育信息有限公司、联劝公益基金会、心平公益基金会、广东省春桃慈善基金会、陈菊芳女士。

九、项目主要风险及控制

风险：学校图书馆后期管理不到位。

应对：与学校签订管理协议，规范后期管理；定期进行运营跟踪。

风险：书目内容不符合学生需求。

应对：实地考察了解学生阅读水平与兴趣评估，由书目负责人及顾问结合学校情况制定图书配置；结合每年运营回访，收集师生反馈，升级时及时调整。

风险：项目期间校长/图书管理员老师更换。

应对：项目申请阶段要求学校召开领导班子会议并完成申请书，确保自上而下了解支持项目，人员更换后能良好交接。

十、受益人生命故事

图书馆的到来，为才樟们打开了新的世界

一放学，在小广民族小学的图书馆总能看到一个穿着红色衣服的瘦小身影。和人说话的时候，他的眼睛总是往下瞟，喜欢坐在靠窗的位子翻看一本又一本的书。每当闭馆时，男孩就会从书架上带走一本书，所以，他的名字总是密密麻麻地出现在借阅表上。这位爱看书的五年级男孩叫才樟，从四年级开始就担任了图书管理员。

三年级的时候，学校图书馆刚刚建好，他也是那时开始走进图书馆的。之前，才樟看的书都是从爷爷那里得到的。在他的心中，爷爷是一个很有学问的人。"爷爷家里有很多书。他最喜欢看算命的书，可是我都看不懂。不过我有看过一点他的四大名著。"他说。

才樟是一个不折不扣的物理迷，图书馆里自然科学的书他基本都看过。要说到他最喜欢的书，那就是书架最底层排列多本的《小牛顿科学家馆》。他拿起其中一本讲述地震的"小牛顿"就开始介绍起来，声音变得自然，语气也调皮起来。原来，这本书他已经看过四五次了。他觉得物理很神奇，知道牛顿是一位伟大的科学家。"你知道为什么我喜欢他吗？因为我喜欢吃苹果，牛顿那时候就是被苹果砸到了头。"

图书馆的到来，为才樟们打开了新的世界。更多的孩子找到了适合他们的读物，去发掘自己的兴趣所在。

互满爱未来希望幼儿班
互满爱人与人国际运动联合会（瑞士）云南代表处

一、机构概览

成立时间：2005 年
总部办公地点：云南省昆明市
全职员工人数：42 人
年度总支出预算（2017 年）：1 500 万元
机构的项目服务区域：云南、四川、湖北、重庆 4 省
机构简介：

互满爱人与人中国隶属于"互满爱人与人国际运动联合会（瑞士）云南代表处"，旨在帮助中国贫困地区获得内生的可持续发展。目前主要在 4 个省份开展项目，分别从农村可继续性产业扶贫、社区发展、以社区为基础的未来希望幼儿班以及传染病全面控制四大领域开展综合的扶贫发展工作。自 2007 年开展项目

以来，受惠人口已超过 320 万。

机构于 2005 年来到中国，2017 年 3 月更名为"互满爱人与人国际运动联合会（瑞士）云南代表处"，并作为首批境外非政府组织驻滇代表机构获得了云南省公安厅颁发的登记证书。

二、项目概览

覆盖范围：云南、四川、湖北 3 省，鹤庆、龙陵、普洱等 7 县/市

全职员工人数：18 人，兼职员工人数：205 人

年度总支出预算（2017 年）：1 000 万元

项目过去一年的资金构成：政府采购 0%，其他捐赠 100%，自营收入 0%

项目针对的问题及其解决方案

1. 针对的问题

3—6 岁是大脑发育的黄金时期，是培养良好习惯，形成早期人格及学习与人交往的关键时期。这一时期孩子如能收到足够的信息刺激及正确的行为引导，将产生终生影响。因此，3—6 岁学前教育是基础教育的重要组成部分，它和义务教育阶段一样，是推进教育公平的起点。

目前在西部农村，县、乡镇地区 3—6 岁儿童入园率不到 30%，偏远农村地区学龄前儿童入学率更是难以想象，约 1 200 万偏远贫困农村孩子没有机会进入幼儿园。

机构致力于为贫困儿童创造更公平的教育平台，从根本上避免贫困儿童成长为贫困成人，促进教育的公平性。

2. 解决方案

本项目是一个长期的深入社区的公益教育项目，在贫困地区农村开设幼儿班，提供全日制 6 小时的儿童早期教育服务，培养本土幼儿教师，建立家长与社区共同参与决策的管理体系，并于每个幼儿班正常运营 4 年机构退出移交当地。旨在以教育为切入点，通过对贫困地区儿童早期教育的干预，投资农村社区人力资本建设；同时解放社区妇女劳动力，缩小贫富地区差距。项目扎根社区，为偏远农村地区儿童提供优质学前教育服务。

三、核心工作内容

围绕"社区为基础"理念，开展各项工作。

1. 在各贫困地区农村开办幼儿班的基础准备工作

（1）获得本地政府部门——教育局和扶贫办的支持；

（2）在各村庄进行基线调查和召开家长动员会以明确当地未来至少 3—4 年内满足项目招生需求；

（3）本地社区家长组成家长委员会并由该委员会招聘幼儿班老师；

（4）建设幼儿班教室。利用村庄闲置小学校舍、活动室等，重新利用并装修成儿童活动场所，配备基本玩教具。

2. 对幼儿班儿童开展教育服务

（1）一村一班：每个自然村开设一个幼儿班，招收15—30名儿童，实行3—6岁儿童组成的混龄班制。

（2）以儿童为中心，提供全日制6小时的儿童早期教育服务。

3. 督导、培养教师

幼儿班教师需具备至少初中学历（9年），机构提供教师岗前培训及实习和系统的教育培训或组织参加其他机构的专业性培训，如组织幼儿班教师到北京参加"幼儿园园长资格证"培训及"针对解决留守儿童，弥补家庭教育缺失"的培训，邀请京谷雨千千树教育咨询有限责任对所有幼儿班教师进行"乡村幼儿班教育质量提升联合项目培训会"，等等。

4. 建立以社区为基础的决策管理机制

家长及村委会是本地社区项目的主要决策者；常驻当地的项目团队与教师和社区共同工作生活，进行项目管理、支持和日常督导。

5. 完成项目退出工作

每个幼儿班开办的第4年项目开始退出，修葺房屋，添置玩教具，签署移交协议，正式退出。

四、项目干预方式

1. 对直接受益群体（贫困农村学龄前儿童）的干预

开办幼儿班，为其创造了接受学前教育的机会。提供了良好的学前教育服务，为以后入学打好基础。营养改善和良好行为习惯的养成。为少数民族地区的孩子解决汉语/普通话问题，为进入小学做准备。

2. 对幼儿家长与家庭的干预

子女获得良好的学前教育，同时家庭也相当于获得了相应的人力资本投资；减少了看护幼儿的负担和时间，解放了家长的一部分劳动力；提供了对家长的培训，使之增长了有关儿童护理，营养与卫生的知识，有助于更好地抚育子女；提供了参与决策管理的实践与学习的机会。

3. 对当地社区的干预

改变当地社区因贫困等因素制约无法开办幼儿园的状况；提供了当地社区参与决策、管理的实践与学习机会；增加社区的凝聚力。

4. 对幼儿教师的干预

提供当地就业的机会；提供系统的幼儿教育培训；为社区培养本地人才，持续服务于社区。

五、项目成果

1. 过去一年直接受益的人数

互满爱为更多孩子创造了接受幼儿教育的机会。截至2016年年底，有199个幼儿班在运行。总受益幼儿达到了9 487人，总受益教师239名。

2. 过去一年直接受益人发生的改变，或者所解决的问题

儿童获得基础生活知识和技能，为将来进入小学打好坚固基础。儿童营养不良的现象减少。儿童逐步养成良好的卫生与生活习惯，更加懂礼貌。精神面貌和姿态更加自信，并且善于交流，乐于互相帮助。能够积极地通过唱歌跳舞表现自己。在写汉字、说普通话等方面的优势使得他们能更加轻松地理解老师的意思，从而在小学中取得较好的成绩。这样的良性循环有助于降低儿童辍学率。

多数的儿童家长接受了有关儿童护理、营养与卫生的培训。家长（特别是母亲）能够将原本花费在看管孩子的时间投入到有利于提高家庭收入的工作中，从而提升家庭生活条件，为孩子们提供更好的膳食和衣服。

家长和老师共同形成有效的协作。家长委员会能够独立运作并且协助学校的工作。村委会反映幼儿班的设立增强了社区居民的凝聚力，更益于社区团结和管理。

六、项目发展历程

2008年9月，第一个互满爱未来希望幼儿班在云南省镇康县开班。在各方投入支持下曾发展为65个班3 254名学生。截至2017年6月仍在运行27个班608名学生。

2012年8月，在四川省凉山州布拖县首次尝试与地方中心学校合作开办幼儿班。2016年4月，与布拖县教育局签署了"一村一幼"合作协议，幼儿班在布拖县大规模铺开。截至2017年6月底，先后在6个乡镇7个中心校8个行政村累计开办了45个幼儿班约2 800名学生，仍在运行35个班学生1 458名。

2014年11月，在云南省龙陵县首度开班。截至2017年6月底，先后在5个乡镇9个行政村开办了14个幼儿班320名学生，仍在运行9个班学生200名。

2015年3月，在云南省迪庆州香格里拉市首度开班。截至2017年6月底，先后在6个乡镇21个行政村开办过45个班673名学生，仍在运行24个班入园学生395名。

2015年9月，在云南省西盟县首度开班。截至2017年6月底，先后在5个乡镇开办21个幼儿班458名学生，仍在运行20个班442名学生。

2016年7月，在湖北省蕲春县首度开班。先后在4个乡镇8个行政村开办11个幼儿班学生人数289名。

2016年11月，互满爱人与人中国未来希望幼儿班项目获"中国好公益平台"颁发的中国首批22个品牌公益项目荣誉称号。

七、未来项目发展计划

1. 要做的主要事情

（1）继续致力于提高幼儿班教师水平，为每个教师制订个人成长培训计划。

（2）动员更多社会力量支援农村社区开办未来希望幼儿班。

（3）继续动员更多社会组织一起致力于幼儿教育。

2. 未来一年项目总支出预算（2018 年）：800 万元

八、项目团队与合作伙伴

1. 项目团队骨干成员专业能力/经历说明

迈克尔·海尔曼，德国人，机构负责人，在欧洲、亚洲、南美洲及非洲多个国家常年从事教育及艾滋病防治项目工作，本人具备专业的财务管理及筹资控制技能。

未来希望幼儿班项目部门经理：拥有教育学背景及教师资格证，10 年项目运作及管理经验。

项目经理：拥有学前教育或者相近专业毕业证、持教师资格证，并经过至少 1 年项目实习。

教材开发人员：拥有专业教育学背景及丰富幼儿教学经验。

2. 合作伙伴

（1）项目主要合作方

本地政府部门教育局和扶贫办提供行政及政策支持；

项目地社区（家长及村委会）提供沟通协调；

华东师范大学对幼儿班儿童能力进行分阶段性跟踪评估；

京谷雨千千树教育咨询有限责任公司提供外部学习教材；

昆明学院幼教专业对幼儿班教师提供培训。

（2）项目主要捐赠方

招商局慈善基金会、黄奕聪慈善基金会、中华少年儿童慈善救助基金会、上海市慈善基金会（乡村儿童早期发展基金）、田家炳基金会、中国澳门狮子会、新西兰大使馆、互满爱人与人国际运动联合会（瑞士）。

九、项目主要风险及控制

风险：社区未来人口流动性难以预测。

应对：做好调查。

风险：教师非幼教专业背景。

应对：提供系统培训及全方位支持。

十、受益人生命故事

阿良的故事

互满爱幼儿班自 2014 年 3 月在波浪开办以来，阿良一直就读于我负责的幼儿班。转眼间一年半过去了，阿良的成长和进步非常显著。

刚入幼儿班时，阿良非常的胆怯与无助，也没有良好的卫生习惯。通常像她这个年龄的城里孩子应该已读中班，不仅早已熟悉了幼儿园的生活，而且独立生活和学习能力也应有了明显的进步。

对于阿良来说，能有机会进入幼儿班，与其他小朋友一起交流、玩耍，这一切都让她无比的兴奋。尽管4岁半的她并不懂得这个机会来之不易，可她每天都会在老师的带领下专心投入识汉字、数数字、听故事、读古诗、做游戏、学习音乐和舞蹈，并在学校逐渐养成了洗脸、刷牙的卫生习惯。这些在她之前的生活中从未接触过的知识和生活方式，开启了阿良认知这个世界的好奇心，她主动、认真、积极地参与到学校安排的课程和各项活动中。

阿良爸爸经常为学校修理自来水管，父母时常询问孩子的情况。通过大半年的学习生活，阿良变得落落大方。嘉宾来访时，她都能用不熟练的普通话和对方进行简单的交流，并主动为大家表演唱歌跳舞。她的小脸时常洋溢着幸福的笑容，看得出她非常享受现在的生活，这使得作为老师的我也倍受欣慰与鼓舞。

悦动童年——儿童早期发展项目
儿童乐益会

一、机构概览

成立时间：2007年

总部办公地点：北京

全职员工人数：25人

年度总支出预算（2017年）：2 700万元

项目服务区域：累计覆盖21个省

机构简介：

2007年进入中国工作，致力于促进中国贫困儿童与困境儿童的发展。机构坚持"只有让儿童主动参与到自身的发展当中，这些孩子才能得到全面、有效、可持续的发展"的理念，按照3个战略方向在中国发展，为儿童提供更有效的服务：推动包括基于体育与游戏等多种技术方法，让儿童通过体验式学习的方式主动发展，提升能力，改变行为，实现全面发展；为政府和中国本土非政府组织及儿童工作者，提供组织能力建设、个人能力建设和技术支持；搭建国内儿童发展需求与国内外优质资源相结合的实践平台。

二、项目概览

覆盖范围：四川省雅安市荥经县

全职员工人数：1人，兼职员工人数：1人

年度总支出预算（2017年）：N/A

项目过去一年的资金构成：政府采购0%，其他捐赠100%，自营收入0%

项目针对的问题及其解决方案

1. 针对的问题

尽管近年来中央财政在学前教育领域投入逐年增加，学前教育普及率也大幅提升。然而，中国农村地区的学前教育服务及其质量尤为不足，主要表现为教师能力素质不足（如整体学历不高，缺乏在职培训的机会等），幼儿园教育呈现"小学化"特征（如课程安排、教学方法与内容、评估方式等整体模仿小学）。同时与农村留守儿童群体相关的社会问题也成为社会关注的焦点。本项目所在县留守儿童占当地农村儿童的31.4%。

2. 解决方案

以运动和游戏为切入口，从幼儿园一日常规入手改进，为农村教师提供在职培训与督导。同时结合改善幼儿园管理，为教师能力建设提供支持环境。在农村打造运动特色示范园，为农村幼儿园质量提升提供示范。

三、核心工作内容

1. 提供更灵活、更符合幼儿园需求的运动早教资源包。
2. 搭建本地技术支持网络和本地培训师队伍，建立了专家陪伴成长的模式，支持农村幼儿教师和管理者获得专业成长。
3. 倡导幼儿运动理念，推动幼儿园开展定期运动游戏活动。

四、项目干预方式

运动游戏为主，保育服务配合。运动技能与游戏化教学方法相结合开展运动活动。家园共育，帮助当期儿童形成良好的生活习惯和生活能力。

五、项目成果

1. 过去一年直接受益的人数：2 100人（仅幼儿）

2. 过去一年直接受益人发生的改变，或者所解决的问题

内部项目评估显示，家长的儿童教育观念改善，知识增加；家长教育、养育儿童的行为改善，支持和陪伴儿童参与运动游戏活动，并开始关注儿童运动习惯培养。

3. 项目推广到其他机构的情况，以及政府采购的情况

2017年，项目教师培训和督导部分成为一个单独项目被其他机构采购，扩展到雅安市的其他县级地区的14个农村幼儿园，80名教师受益。

六、项目发展历程

2013—2014年，项目进入荥经县，与当地政府合作，初步提升10所幼儿园学前教育服务质量。

2014—2015年，项目扩大覆盖到全县20所幼儿园，荥经县整体学前教育服务质量获得提升，同时在所有幼儿园当中推广特色运动游戏活动。

2015—2016 年，项目干预方法的重点为运动游戏，项目管理的部分内容进入县政府学前教育管理办法当中，持续发挥作用。

2016—2017 年，项目重点打造两所运动特色示范园，进一步将项目内容落实到实践性教师管理和幼儿园管理框架中。

七、未来项目发展计划

1. 要做的主要事情

（1）项目在荥经县完成示范园的建设，以及示范作用的推动。

（2）完成项目管理架构向实践性教师管理和幼儿园管理架构的合并。

（3）完成项目在荥经县的最终结项工作。

2. 未来一年项目总支出预算（2018 年）：N/A

八、项目团队与合作伙伴

鄢超云，技术顾问，为项目设计方向、总体思路等提供总体把控，把握项目中技术资源质量，监测项目技术实施成果。四川师范大学教授，中国学前教育研究会常务理事、学术委员会委员，中国学前教育研究会家庭与社区教育专业委会副主任，四川省学前教育研究会常务理事，中国学前教育研究会游戏与玩具专业委会委员。

周乙成，项目经理，负责项目框架设计、执行，县级合作伙伴的沟通与支持，外部专家的把控。拥有 9 年在国际发展机构中儿童工作的经验，涉及多种项目领域，包括水与环境卫生、社区发展、早期儿童发展等。在作为儿童基础的社区发展项目官员期间他主导跨领域、跨专业合作伙伴沟通，项目管理和执行，项目设计和进程管理。

九、项目主要风险及控制

风险：因为没有编制，幼儿教师流动性较高。

应对：加强与政府沟通。

十、受益人生命故事

通过参与项目活动，让我们懂得了幼儿体育户外活动的重要性。教师要作为观察者，没有主动的观察，就谈不上正确的教育方法。以前对为什么要在体育活动中观察幼儿的表现，我们并不是真正的了解，以为体育活动只要幼儿玩得开心、尽兴，注意安全就行。现在我们明白了，体育活动中要以幼儿为主体，要为幼儿提供各种机会和条件，让他们用自己的方式去获得技能和经验。带着探索走进幼儿的体育活动，和幼儿一起欢乐。孩子最关注的事情也就是他们的兴趣所在，有了兴趣，就有了一个很好的开端。作为老师，在适当的时候对幼儿给予适当引导，让幼儿的兴趣更浓，在老师的观察和反思中让孩子得到更好的发展。

——杨成锦，幼儿园教师

我分别在几所小学工作过，担任过多年行政工作，也管理过学前班，但几乎都是"小学化"的教学方式。本期任荣河小学校长工作，有机会参加了项目培训，提供了外出参观学习的机会，使我第一次如此全面地了解幼儿教育，对幼儿教育有了全新的认识，彻底颠覆了原来对幼教工作的看法，真正认识到管理幼儿园，我需要从零开始。于是有机会就向专家、指导老师、本校幼儿老师请教，一学期下来，终于可以和我校幼儿园的老师坐在一起探讨幼儿教育，甚至还可以提出自己的一些见解。

——王鸿全，幼儿园教师

第二篇
农村留守儿童公益项目名录

第一类
家庭教育与亲子关系

> 本类别项目，其服务对象更倾向于瞄准留守儿童的父母或其他监护人，为留守儿童父母、其他监护人提供亲子关系等家庭教育。

幸福家庭种子师资培养计划

■ 深圳市幸福家家庭研究院

● 项目解决的问题

亲子沟通、亲子关系改善、家庭教育（辅导）

● 项目核心内容

幸福家庭种子师资培养计划。在11个省12个城市成立项目中心，选拔幸福家庭种子师资学员，培养成为家庭教育的公益讲师，服务异地工作的家长。项目邀请国内外知名导师授课，培训分成4个阶段16天，内容分别是幸福家庭基础、授课能力提升、亲子关系、亲密关系。倡导幸福种子师资先成为幸福的人，建设幸福家庭，再分享幸福，惠及众人。培训免收学费，但需要承诺以服务时间置换学习时间，为异地务工家长提供培训公益服务。培养计划采取邀请制，全程参加每个阶段培训并经实践考核合格后，方可参加下一阶段的学习。3年以来，已经培养了2 000名幸福家庭种子师资，2017年培养4 000名家庭教育公益讲师。

幸福家家长成长中心。在异地工作家长集中的学校、企业、工业区和社区，成立家长成长中心，分享家庭教育的课程，构建家长学习地图和能力体系，协助成立家长互助学习小组，全面提升家长的家庭教育素养。

● 项目概述

项目开始年月：2014年2月

项目实施地域：

省、自治区：广东、贵州、湖南、湖北、江西、四川、广西壮族自治区、陕西、山东、河南、福建

市：深圳、广州等50个以上的城市

县：贵州黔西等100个县、区

项目介入地：•小学　•中学　•社区（村）　•幼儿园　•大型企业

1. **项目要点**

（1）项目的产出：已经在全国12个城市设立了项目中心，有全职工作人员在当地工作，已经培养2 000名家庭教育公益讲师，服务异地工作的家长，提供留守儿童家庭教育的解决方案。2017年将在全国培养家庭教育公益讲师4 000人，都是经过4个阶段16天的专业学习和考核。

（2）项目设计的逻辑：执行高效、可复制的公益教育项目开展模式。恪守公开透明的准则，努力创造一系列可持续的服务模式，以降低公益服务的参与成本，

为教育部门、学校老师、乡村儿童及家长提供专业服务，持续推动公共政策。倡导非牺牲的公益模式，自度度人，自觉觉他，致力于引导每一位参与者发现幸福、经营幸福，再向乡村儿童及家庭、教师传递幸福。

（3）项目影响：已经推动了广西、贵州、湖北、广东等多地的教育局成为协办单位，共同培养家庭教育公益讲师，关注异地务工家长的家庭教育素养提升。

（4）项目规划：计划3年内，在全国每个省份建立项目中心，年度培养家庭教育公益讲师不少于5 000人，为留守儿童家庭教育提供系统的解决方案。

2. 项目评估体系

主要是3个方面，一是种子师资学员的毕业率，二是种子师资学员幸福感提升指数，三是公益服务参与率。

3. 项目被政府采纳〔√〕 推广〔√〕 购买〔　〕

● 项目实施机构信息

机构简介：

深圳市幸福家家庭研究院（以下简称幸福家）一直致力于用专业的智慧改善乡村留守儿童、城市流动儿童的亲情缺失和家庭教育缺位，为异地务工的家长及教师提供家庭教育与心理护理的专业支持，协助乡村孩子在温暖的家庭和快乐的学校里健康成长！

幸福家邀请了清华大学心理学主任彭凯平教授、武汉大学原心理学系主任钟年教授、中国地质大学（武汉）原中德心理医院院长吴和鸣副教授、华人应用心理学专家李中莹先生担任顾问。

通过5年的发展，幸福家在机构发展、项目运营、筹款等方面取得了较好的成效，已经成为国内年度培养家庭教育和心理护理讲师数量最多的机构。

机构地址：广东省深圳市福田区八卦四路411栋209室

机构微信公众平台：我是幸福家

"爱与共，心相守"——留守儿童家庭教育项目

■ 北京红枫妇女心理咨询服务中心

● 项目解决的问题

儿童心理关怀/辅导/咨询

亲子沟通/亲子关系改善/家庭教育（辅导），安全教育（食品/交通/居家/自然灾害/网络/防性侵/防拐卖等）

儿童合法权益保障

相关研究与政策倡导。

● 项目核心内容

留守儿童家庭教育；留守儿童及其家庭心理健康；留守儿童安全；留守儿童社会工作。

● 项目概述

项目开始年月：2017年7月

项目实施地域：河南信阳市新县农村的一所中学和一所小学

项目介入地：•小学　•中学　•社区（村）

项目限定条件：农村留守儿童及其家庭、学校、社区

1. 项目要点

（1）服务地留守儿童及其家庭相关问题/需求的社会调查数据。

（2）通过举办"家庭教育重要性"、爱的交流、学习知识、安全教育主题培训、服务地学校教师心理解压和留守儿童工作技能提升工作坊等，使被服务的留守儿童80%以上心理及行为得到改善，出现有益其身心健康的变化。留守儿童监护人、家长、教师的70%以上，和留守儿童及其家庭相关的问题处理能力和理念得到改善。

（3）有特殊需要的留守儿童或其家人（本项目服务能力每年5位左右，每位6次，如有特殊情况经各方沟通协商后可调整），得到一对一的专业心理咨询服务。

（4）服务地当地的可持续性的留守儿童相关社会服务能力得到提高，如留守儿童志愿者力量得以建立和提高，学校、社区相关能力得到提高。

（5）高校社会工作专业大学生在基层农村社会和留守儿童领域的实习机会。

（6）社会及当地政府对留守儿童及其家庭的理解和支持提高。

（7）兼有学术和实务价值的出版物，如出版一本《留守儿童家庭教育手册》、发表论文等。

2. 项目评估体系

评估方式：本项目采取整体评估方式，在项目完成时进行项目总体评估。为保证评估结果真实有效，评估工作邀请出资方、受助群体、相关地区政府领导、专家、项目工作人员参加，共同进行项目效果评估。

评估内容：针对项目整体工作成果，包括项目进度是否按照事先商定的进度进行；项目成果各项内容是否达到预期效果；资金使用情况。

效果评估方法：运用心理测评方法，对比项目实施前后的测评结果，进行客观评估。通过课程问卷反馈、后期抽样追踪调查等方式来进行效果评估。

● 项目实施机构信息

机构地址：北京市西城区北京西城右安门万博苑3号楼104室

亲情家书传真情

■ 浙江省妇女儿童基金会

● 项目解决的问题

儿童心理关怀/辅导/咨询，亲子沟通/亲子关系改善/家庭教育（辅导）

课业辅导/课外兴趣拓展/课外活动

安全教育（食品/交通/居家/自然灾害/网络/防性侵/防拐卖等）

素质和能力—艺术教育（音乐/舞蹈/绘画/阅读习惯培养等）

素质和能力—其他教育（个人情感智力人格/人与自然/人与社会等）

儿童合法权益保障，相关研究与政策倡导。

● 项目核心内容

（1）以中国传统的联络方式"家书"为活动主要形式，鼓励留守儿童给家长写信，也动员家长给孩子回信的，希望能够缓解留守儿童与其父母之间的交流障碍，从而互相理解、互相体谅、互相关爱。

（2）品格引导。培养孩子乐观积极向上的人生态度，引导孩子学会爱的表达，学会分享，懂得感恩，培养孩子积极向上的乐观心态。

● 项目概述

项目开始年月：2015年2月16日

项目实施地域：

省：浙江

市：衢州市等6个市

县：常山县等7个县

项目实施具体乡镇/村/学校：2015年64所中小学试点、2016年调整为29家

项目介入地：• 小学 • 中学

项目限定条件：农村留守儿童

1. 项目要点

（1）项目设计逻辑

"亲情家书传真情"项目重视现代社会缺失的"心与心"的交流，将传统的"书信"与社会现状紧密结合起来。现代发达的科技，纵然提供了多样便捷的沟通途径，却也在飞速发展的生活中阻碍了真情实感的表达与交流。"亲情家书传真情"活动，倡导留守儿童及其家庭回归本质，回归初心，不忘交流，传递真情。"家书"的载体，一方面回到质朴的交流模式，传承文化，另一方面又为留守儿童及其家庭弥补情感需求，见面不能说出的话可以通过书信传达，父母则能更密切地参与孩子的成长，关心孩子的生活，能够更有效地引导

孩子健康成长。

"亲情家书传真情"项目带动社会力量，其中不乏大量的志愿者老师。他们在课堂为孩子们讲授知识，还向孩子传达表达真情的重要性，拉近了每个孩子与父母心灵之间的距离，促成良好的社会氛围。

项目成本低，效果好。"亲情家书传真情"项目依靠"家书"展开，一封小小的书信，就能改变孩子将来的发展。对于项目运行来说，仅需提供足够的写书信的材料，就能达到理想效果，而且每封家书成本小于5元，项目运行成本低；对于项目成就来说，一封小小的书信，就能改变孩子的成长。

（2）项目效果

我们已经在试点学校发现一些成功案例，一种是体现帮扶对象效果的，通过书信交流，家长从打工地回到家里，陪在孩子身边，不再离开；另一种是体现学校的工作效果的，通过学校积极发挥主观能动性，将"写书信"活动与德育教育等教学工作相结合，将关爱留守儿童工作体系化地结合到日常工作中。

（3）项目未来规划

我们正在尝试将一些好的做法和经验提升到理论层面，形成"留守儿童关爱教材"，未来可以推广到更多地区。

2. 项目被政府采纳〔√〕 推广〔√〕 购买〔√〕

● 项目实施机构信息

机构地址：浙江省杭州市上城区中河中路215号圣瑞驰财富酒店2楼

邮箱或微信号：zjswcf@163.com

我爱我家

■ 雅安市民爱社会工作服务中心

● 项目解决的问题

留守儿童心理关怀/课业辅导/成长咨询

亲子沟通/亲子关系改善/隔代家庭教育（辅导）

安全教育（食品/交通/居家/自然灾害/网络/防性侵/防拐卖等）

素质和能力及其他教育（个人情感/智力人格/人与自然/人与社会等）

课外兴趣拓展/课外活动。

儿童合法权益保障，疾病救助。

● 项目核心内容

留守儿童家庭教育支持项目，是通过社工组织志愿者为留守儿童提供学业辅导，开展亲子活动，陪伴成长，解决留守儿童隔代教育中的困难和问题。同时社工为留守老人提供隔代教育辅导，指导留守老人科学开展家庭教育，调适留守儿童与留守老人之间的家庭关系，帮助留守儿童健康成长。

● 项目概述

项目开始年月：2014年5月

项目实施地域：四川省雅安市雨城区

项目实施具体乡镇/村：对岩镇龙岗村、雨城区大北街社区、飞机坝社区

项目介入地：• 社区（村）

项目限定条件：以留守儿童、留守老人为主

1. 项目要点

（1）项目服务内容

①项目以四点半课堂为介入点，服务内容涉及留守儿童的课业学习、品质成长、安全教育和留守儿童临时监护人留守老人的家庭教育方式，解决留守儿童课业辅导问题、隔代教育问题，缓和隔代教育中儿童与老人之间的家庭关系，减少隔代教育对留守儿童成长的影响。

②项目设计以留守儿童四点半课堂为切入点，专业服务引申至留守老人和留守老人的家庭教育。

（2）项目服务方式

留守儿童每天下午放学参加社区四点半课堂，由社工组织志愿者为儿童提供学业辅导，留守老人每月参加四点半课堂组织的亲子互动活动，社工为留守家庭提供隔代教育支持，村委为四点半课堂免费提供活动场地。

（3）项目未来规划：拟将四点半课堂推广深入至贫困县、贫困乡镇或贫困村。

2. 项目评估体系

评估指标：受益儿童每期参与数，每周至少18小时为儿童提供课业辅导、情感支持、素质拓展、志愿服务时间。受益老人每期参与数，每期为留守老人开展亲子活动数不少于5次，每期提供隔代教育支持服务时间不低于300小时。

评估报告：雅安市群团组织服务中心关于"我爱我家"项目评估报告

评估方：成都紫荆社会工作服务中心，2016年1月

3. 项目被政府采纳〔　〕　推广〔　〕　购买〔√〕

● 项目实施机构信息

机构地址：四川省雅安市雨城区群团组织服务中心

映诺留守儿童热线项目

■ 广州市映诺公益服务促进会（映诺社区发展机构）

● 项目解决的问题

儿童心理关怀/辅导/咨询

亲子沟通/亲子关系改善/家庭教育（辅导）

素质和能力——其他教育（个人情感智力人格/人与自然/人与社会等）

儿童合法权益保障。

● 项目核心内容

利益相关方：留守儿童及所在学校、留守儿童的父母及所在工厂、留守儿童家庭

项目工具：热线、父母俱乐部（亲子培训）、第三课堂、"美丽的大脚"亲子沟通工作坊

核心议题：亲子沟通

映诺从2010年开始与国际品牌及其供应链工厂开展留守儿童家庭沟通项目，项目链接工作场所父母及农村留守儿童，采用多种创新工具，帮助打破父母与留守儿童沟通障碍，达成有效沟通。

● 项目概述

项目开始年月：2010年2月

项目实施地域

省：广东、湖南、湖北

市：茂名市等3个市

县：通山县等3个县

项目实施具体乡镇/村/学校：3个乡镇、3个村、3所小学

项目介入地：• 小学

项目限定条件：年龄段在7—16岁的留守儿童、留守儿童家长

1. 项目要点

（1）项目的产出、效果和项目的影响力。开展项目6年，历经44 448个小时，我们接听了7 235次留守儿童的咨询倾诉，见证了12 000个留守儿童家庭的沟通，从无效到有效的改变，解决了留守儿童家庭，或心酸或无奈的沟通问题。

（2）项目设计的逻辑。目前，中国有超过6 100万名留守儿童，其中有1 000万名，一年见不到父母一面。长期分离和不懂得沟通，导致留守儿童问题愈发严重，父母会因为孩子的问题导致夫妻感情不和，工作不安心，容易离

职等。

映诺从2010年开始与国际品牌及其供应链工厂开展留守儿童家庭沟通项目，项目链接工作场所父母及农村留守儿童，采用多种创新工具：

父母俱乐部。成立父母俱乐部，聘请亲子教育专家开展亲子沟通主题培训，提高父母和孩子的沟通能力。

驻点义工和企业义工。义工进入留守儿童学校，儿童开展第三课堂教育；同时进入留守儿童家庭了解家庭生活状况，记录留守儿童的成长。

热线。为父母和留守儿童专设热线，提供咨询和心理疏导服务。

嘉年华。组织父母到留守儿童学校，与孩子一起参与游园会，增进家长与留守儿童的沟通。

"美丽的大脚"亲子沟通工作坊。组织留守儿童到父母所在城市社区，与父母一同参与亲子沟通工作坊，发现并克服沟通中存在的障碍，促成有效沟通。

帮助打破父母与留守儿童沟通障碍，达成有效沟通。映诺相信，有效沟通可以让两颗即便不在一起的心愈加靠近。

（3）利益相关方的参与及其方式

资方、监督方、项目参与方——品牌：对项目进行监督跟进的同时，更会帮助推进项目进入供应商工厂；企业员工进入留守儿童学校开展第三课堂、嘉年华活动。

协助方——供应商工厂：协助映诺在工厂针对留守儿童家长（工人）开展家长俱乐部，组织亲子沟通培训课程，鼓励工人参与。

协助方——留守儿童学校：协助映诺在学校和师生沟通，开展第三课堂、嘉年华活动等；

受众——留守儿童家长（工人）和留守儿童（工人子女）：通过参与项目，加深留守儿童家庭成员间的相互了解，帮助打破沟通障碍，重启有效亲子沟通。

（4）项目未来规划

通过轻量级的工具开发，延续项目影响力；研发亲子沟通日历，让留守儿童家庭能够延续有效的亲子沟通方式；向供应链工厂倡议，提供工人进行亲子沟通的设备和亲子沟通时间；结合项目工具，倡导以家庭为切入点的福祉提升；进一步拓展流动儿童家庭阵地，并结合家庭城市融入要素。

2. 项目评估体系

前期评估——项目开展的必要性评估、开展项目条件评估。

中期评估——项目运作情况、工作运作有效性（包括父母培训、热线运作、第三课堂、企业义工、嘉年华活动、工作坊等），技术支持评估。

末期评估——技术支持评估：项目运作的效益评估、议题影响力评估、家庭沟通情况评估、总体评估。

评估报告：映诺留守儿童热线项目报告

评估方：映诺社区发展机构
评估时间：自 2010—2016 年每年都有项目评估报告
● 项目实施机构信息
机构地址：广东省广州市越秀区竹丝岗二马路 37 号珠鹰大厦 209 室

益成长——农村留守儿童关爱计划

■ 南京同心未成年人保护与服务中心

● 项目解决的问题
协助解决留守儿童的生活、学业、心理、社会交往、人际关系以及社会融入等方面的问题，并链接资源，构建留守儿童和家庭的社会支持网络，以促使其健康成长，更好地融入社会。

● 项目核心内容
运用社会工作中个案管理的模式，融合个案工作、心理团体辅导、家庭正向教养、亲子活动等开展综合性服务。

● 项目概述
项目开始年月：2017 年 4 月—2018 年 3 月
项目实施地域：南京市高淳区固城镇
项目介入地：●学校　●家庭　●村委会
项目限定条件：高淳区固城镇的留守儿童

1. 项目要点

本项目由南京市民政局购买服务，在南京市民政局、高淳区民政局、高淳区关工委、固城镇四所学校以及益生同心儿童发展基金会支持下，组建项目团队、评估小组，志愿者团队，实地走访评估留守儿童，并根据前期评估情况、需求，制定服务方案，积极开展服务。

（1）亲子暑期夏令营活动（心理团辅、家长监护指导、安全知识讲座）。
（2）个案服务，心理援助、法律援助、学业辅导、兴趣陪伴。
（3）联合博雅同心留守儿童爱心岗，定期组织留守儿童与在外打工的父母视频通话。
（4）采取个案管理模式，每个个案一个文档，总结服务经验，完成项目结项工作。

计划在高淳区其他区域推广项目服务。

2. 项目评估体系

个案评估、成效评估

3. 项目被政府采纳〔√〕 推广〔√〕 购买〔 〕
- 项目实施机构信息

机构地址：江苏省南京市玄武区台城花园3号

留守儿童"筝福营"行动

■ 中国人口福利基金会

- 项目解决的问题

儿童心理关怀/辅导/咨询。亲子沟通/亲子关系改善/家庭教育（辅导）。安全教育（食品/交通/居家/自然灾害/网络/防性侵/防拐卖等）。

- 项目核心内容

"筝福营"项目宗旨定位为"亲情牵引、爱的赋能"，主要分心康计划（心理健康）、食育计划（饮食安全与营养）和脱险计划（人身防护）三大内容，各部分内容相对独立，可单独实施或组合开展，活动形式分为周末集训、远程育心课堂、冬/夏令营、留守儿童父母亲子教育微课堂等。

- 项目概述

项目开始年月：2015年12月

项目实施地域

省：贵州、四川、山西、湖北

市、区：贵州毕节、黔东南等2个地区，四川凉山州西昌市，山西吕梁市，湖北黄冈市

县：贵州大方县、三穗县2个县，山西临县1个，湖北罗田县1个

项目实施具体乡镇/村/学校

贵州毕节大方县长石镇周边小学、三穗县良上镇良上中心小学；

四川西昌1所中学；

山西临县4所小学；

湖北黄冈市罗田县思源实验学校。

项目介入地：社区（村）由地方卫生计生委协调当地教育部门选派留守儿童及其监护人参加

项目限定条件：6—14岁儿童；贫困地区小学

1. 项目要点

（1）项目设计思路。针对留守儿童及其父母/监护人，"亲情牵引"重在提高留守儿童父母/监护人亲子教育的意识与能力；"爱的赋能"重在培育留守儿童的积极心理资本，以期预防心理疾病的发生。

（2）项目运作方式——整合资源、多元合作

本项目源于国家卫生计生委流动人口司的委托，因此有在留守儿童大健康领域搭建平台的设想。项目设计和实施过程中，充分吸收、整合了北京红枫妇女心理咨询服务中心、静慧心灵、北京子与时儿童积极心理资本培育中心、首都保健营养美食学会和徐州市一家亲志愿者服务队等专业社会组织的相关成熟项目成果，同时充分利用基层卫生计生系统的组织协调能力，协助项目有序实施。其中，北京红枫妇女心理咨询服务中心和静慧心灵，负责面对面团队心理辅导；北京子与时儿童积极心理资本培育中心，负责远程心理课教学；首都保健营养美食学会，负责食育计划；徐州市一家亲志愿者服务队，负责脱险计划。

（3）项目发展与挑战。面对面的互动活动深受留守儿童及其家长的欢迎，但投入产出比相对较低，跟踪服务也比较困难。为此，在保留必要的面对面互动活动的基础上，2018年年底开始试点积极心理资本的远程心理课程的定期开设，学生反应积极，但基层网络通信传输质量不稳定，需要进一步加以改进。

2.项目被政府采纳〔√〕 推广〔√〕 购买〔√〕

● 项目实施机构信息：

机构地址：北京市海淀区大慧寺路12号

第二类
社会监护与信息/报告体系建设

> 本类别项目，侧重定位于构建留守儿童群体（实际多扩展至农村所有未成年人群体）社会监护网络，或建设留守儿童信息库，同时为这些群体提供具体多样化服务。

童伴计划

■ 中国扶贫基金会

● 项目解决的问题

儿童心理关怀/辅导/咨询。亲子沟通/亲子关系改善/家庭教育（辅导）。课业辅导/课外兴趣拓展/课外活动。安全教育（食品/交通/居家/自然灾害/网络/防性侵/防拐卖等）。素质和能力——艺术教育（音乐/舞蹈/绘画/阅读习惯培养等）。素质和能力——其他教育（个人情感智力人格/人与自然/人与社会等）。儿童合法权益保障。相关研究与政策倡导。

● 项目核心内容

通过"一个人·一个家·一条纽带"的模式，建立留守儿童监护网络，保障留守儿童权益，并探索农村留守儿童福利保障的有效途径，为政府决策提供依据。

● 项目概述

项目开始年月：2014年10月

项目实施地域：

省：贵州、四川

市：四川省泸州市等7个市，贵州省毕节市等4个市

县：四川省叙永县等10个县，贵州省大方县等4个县

项目实施具体：四川省100个村；贵州省100个村

项目介入地：·社区（村）

项目限定条件：

（1）受益地区选择——受益地区应具备的条件：

①原则上一个县选择一个乡镇，一个乡镇选择10个村，若没有10个村适合作为试点，可酌情增加1个乡镇。

②乡镇党委政府支持力度大，未成年人、留守儿童（父母双方均外出务工6个月及以上的0—18岁未成年人）、孤儿、残疾儿童等特殊困难儿童相对集中。

③试点村委支持力度大，交通相对便利，具有合适的项目人选；能免费提供至少20平方米可作为少年儿童活动的场所。

④试点村整体经济条件较差，属于贫困县中经济条件相对较差的村（不包含乡镇社区）。

（2）服务对象：项目村0—18岁所有儿童，重点关注留守儿童和困境儿童。

（3）童伴妈妈选聘标准

①爱孩子，热爱儿童福利服务工作。

②高中及以上学历。
③年龄 19—55 周岁。
④无犯罪记录。
⑤掌握汉语及当地少数民族语言，了解当地文化。
⑥能保证项目要求的工作时间，村书记、主任、文书和大学生村干部不做推荐，村委委员、团支部书记、妇女主任等可纳入推荐范围。

1. **项目要点**

（1）项目目标：建立留守儿童监护网络，保障留守儿童权益，并探索农村留守儿童福利保障的有效途径，为政府决策提供依据。

（2）项目内容：一个人——童伴妈妈。项目组为每个项目村聘请一名全职的儿童守护专员——童伴妈妈，将所在村全部儿童的福利、安全、健康都纳入其服务范畴，是所在村所有儿童的"监护人"。

一个家——童伴之家是童伴妈妈的工作场所，开展各种类型儿童福利服务和活动的场地。

一条纽带——多部门联动的儿童福利服务体系：项目区地方政府将建立以县级项目办公室为核心，公安、司法、民政、卫生等职能部门积极参与的联动机制，形成有效的、直达儿童身边的服务网络，保障儿童福利政策的落实和儿童权利的保护。

（3）项目效果

①儿童福利递送：为农村地区儿童及家庭，特别是留守、困境儿童及家庭提供身边的、可及的服务；办理户口、申请救助补助、医疗救助等服务。解决儿童福利需求 9000 余例。

②儿童社工培育：贫困农村地区儿童社工培育初见成效；通过对童伴妈妈的培训、问题答疑及网上个案辅导，初步建立一支直接服务于农村社区儿童的志愿者队伍，为儿童提供身边的可及的服务。

③儿童活动阵地：为农村地区儿童提供一个安全、健康的活动场地，通过在童伴之家组织各类日常活动和主题活动，提高孩子们的团队协作能力和自信心。截至目前，童伴妈妈共组织童伴之家活动 8 200 多次，有 15.5 万人次的儿童，3.7 万人次的家长参加了童伴之家的各类活动。

（4）项目社会影响：童伴计划得到南方周末、中国青年报、法制晚报等主流媒体的深入报道，以及百余家媒体的新闻报道。还通过基金会自媒体平台对外传播。童伴计划项目组通过微博、自有微信平台等向外界公示项目执行的主要进展，并对公众进行项目宣传。截至目前，共发表微信文章 12 篇，平均阅读量达到 1983 人次。知名青年演员佟丽娅在了解到童伴计划项目之后，专门发微博表示关注和支持。

2. **项目评估体系**

评估报告：童伴计划评估报告

评估方：中国公益研究院
评估时间：2016 年
3. 项目被政府采纳〔√〕 推广〔√〕 购买〔　〕
● 项目实施机构信息：
机构地址：北京市北京市海淀区双榆树西里 36 号南楼

以社区为本的儿童保护机制试点项目

■ 陕西妇源汇性别发展中心

● 项目解决的问题

儿童社会情感发展、心理关怀/辅导/咨询。亲子沟通/亲子关系改善/家庭教育（辅导）。课外兴趣拓展/课外活动。安全教育（食品/交通/居家/自然灾害/网络/防性侵/防拐卖等）。儿童合法权益保障。相关研究与政策倡导。

● 项目核心内容

针对留守儿童自尊心低，缺乏父母或替代监护人合适的照顾，成长中面对的精神虐待、忽视和性侵犯的风险增多，农村社区缺少公共服务等问题，项目以社区为本，从 3 个层面进行试点性干预：

（1）项目开始阶段培训村领导、村医、教师和志愿者妈妈，对 15 个项目村儿童进行基本情况调查（第 1 年 5 个村，第 2 年及第 3 年扩展 10 个村）。调查后，以每个村为单位建立儿童档案，并筛查出有特殊情况或处于风险（家庭安全，营养健康，学校教育，无人抚养或者遭受任何形式虐待）之中的儿童，进行家庭走访。镇政府委派一名政府工作人员作为儿童保护官员，与妇源汇的社工一起对每个村的处于风险之中的儿童进行评估，形成一份更为详细的、初步判定为中高危个案的名单。同时，儿童保护官员与妇源汇社工协助每个村/社区建立村级儿童关爱委员会并形成一份行动计划，解决本村儿童需求。

（2）儿童保护，重在预防。儿童基本情况调查和入户访谈是进行社区动员和儿童保护意识宣传的好机会。接受过培训的村级志愿者、爱心妈妈、儿童保护官员和社工向村民宣传儿童保护信息，发放疑似虐待儿童行为的报告图册，包括儿童保护咨询及儿童虐待报告热线电话号码。同时，每个村在村委会支持下建立"儿童家园"，项目配置图书和活动器材，由儿童关爱委员会负责管理，为儿童提供一个课后安全的玩耍和学习空间。在社区工作的同时，社工在项目村的幼儿园、小学和中学开展亲子、代币制、体验式学习、校园零欺凌、冲突解决等活动。

（3）个案及严重伤害案件处理。对于中高危和严重的案例，儿童保护官员和社工在第一时间联合访查、评估，确定服务计划并提供服务，必要时可将案件转介到县级层面的多部门儿童保护委员会及专家小组。委员会由县妇儿工委牵头，成员单位包括教育、民政、卫生、公安、司法、共青团和妇联。项目为委员会所有成员提供儿童保护政策、儿童工作敏感性、国内外实践方面的培训，之后定期组织实践性工作坊、个案研讨，分享个案管理中的经验及儿童沟通技巧。对于报告或发现有儿童虐待的父母或监护人，强制教育也必不可少。项目将协调必要的技术力量，支持县妇联开展"家长积极教育"或"家长学习班"。有些儿童在父母或监护人外出期间，遇到生活、医疗或上学方面的紧急需求，然而临时代为照顾的人没有经济能力，项目提供紧急救助基金，满足儿童紧急情况下的短期需求。

● 项目概述

项目开始年月：2016年7月

项目实施地域：陕西省商洛市山阳县

项目实施具体乡镇/村/学校：1个镇的15个村/社区、9所小学或教学点、2所初级中学和1所幼儿园

项目介入地：• 幼儿园　• 小学/教学点　• 初中　• 社区（村）

项目限定条件：定向捐款，项目建议书已经确定的项目点、策略、活动计划及预算。

1. 项目要点

（1）项目目标。通过前期基线调研，确定项目点留守儿童面临的核心问题以及造成这些问题的根本原因；设定项目具体目标为2019年前在山阳县项目点建立一个儿童友好型社区；在社区里，处于被虐待、遭受暴力、被忽视风险下的高危儿童、留守儿童和其他困境儿童，能够得到当地政府、社会组织和专业人员提供的有效的儿童保护和社工服务。

儿童友好型社区有4个测量指标：

①建立一个以社区为本，有县、镇级政府和社会服务机构共同参与的儿童保护网络；

②在校园或村/社区里有儿童玩耍的安全场所；

③社区里的中高危儿童，特别是留守儿童可获得社工服务；

④学校、家庭和村/社区没有儿童虐待、暴力、忽视等儿童伤害事件发生。

（2）项目预期成果

①"以社区为本"的儿童保护机制可持续运行；

②社区、学校和家长的儿童保护意识得以提升，社区或学校留守儿童虐待、暴力和忽视等伤害事件减少；

③发展和培训出一批社区志愿者队伍，关注并积极解决留守儿童生活和成长面临的困难；

④"儿童乐园"定期开放且成为留守儿童课间或放学喜欢去玩耍、学习的

场所；

⑤留守儿童通过参与项目组织的系列活动，自我保护意识和能力增强，自信心有所提升，同伴关系得以改善；

⑥县级跨部门组成的儿童保护委员会的成员及专家在紧急情况下能联动回应严重案例。

⑦项目模式和项目生成的服务产品、工具和技术能够通过社会资源或政府资源推广到其他社区，惠及更多的留守儿童。

（3）项目效果

①项目实施得到当地县政府高度肯定和支持。县领导多次询问、听取项目进展报告，协调相关职能部门参与和支持项目活动。

②妇源汇也在山阳注册成立了一家独立的社会服务机构，有7名理事会成员、两名全职员工及10多名稳定的志愿者队伍。政府为其提供长期办公场所，妇源汇派出经验丰富的项目团队和社工引入西安或外部资源，培训和督导当地团队在社区和学校开展儿童活动、中高危儿童个案的识别和报告、支持村儿童乐园的运行。

机构谨慎并乐观期盼，山阳本地机构能够渐渐接过妇源汇的角色，在项目结束之后，能由政府购买其服务，长期服务本地儿童。

2. 项目评估体系

项目周期3年，在第1年结束前进行中期评估；根据评估发现，对第2、3年项目策略和活动计划进行必要的调整和细化。项目结束前，邀请外部评估团队进行第三方评估。

- 项目实施机构信息

机构地址：陕西省西安市碑林区和平路93号世纪广场杏园公寓5A

宁夏困境儿童信息库

■ 宁夏穆斯林慈善公益基金会

- 项目解决的问题

儿童心理关怀/辅导/咨询。课业辅导/课外兴趣拓展/课外活动。助学（学校硬件建设或改建/学费资助等）。

- 项目核心内容

（1）组织志愿者搜集本地的困境儿童信息，并填写、提交信息，项目官员维护信息库更新；

（2）项目官员对所收集信息根据其困境原因分类整理其需求，并建立社会资源供给侧信息库以回应需求；

（3）支持志愿者作为联系人保持受助对象与项目组及捐赠方保持联系；

（4）给予已受助对象陪伴服务，并与已介入社会资源保持联络，不断更新信息库，保证信息库的"活性"。

● 项目概述

项目开始年月：2015年12月

项目实施地域：

省、自治区：宁夏回族自治区

市：固原市等5个市

县：同心县等10个县区

项目介入地：• 小学　• 中学　• 幼儿园

项目限定条件：

困境儿童：在出生、发育和成长过程中，遇到特殊困难境遇的儿童群体。其中包括残疾儿童、病重儿童等陷入生理性困境的儿童，也包括孤儿、受艾滋病影响的儿童、受虐待儿童、服刑人员未成年子女、贫困家庭儿童等遇到社会性困境的儿童。

项目要点

（1）项目产出：

①信息库中已经收集我区800多位困境儿童信息；

②2016—2017年第一学年，我们共推荐137名事实孤儿，获得海南成美慈善基金会捐赠助学金11万余元；

③为12位受助儿童开展欢乐假期成长体验汇活动。

（2）项目设计的逻辑：以建立需求信息与供应信息对称的信息平台为出发点，一方面组织大学生志愿者返乡或本地志愿者搜集需求信息并维护信息及与受助对象的关系，另一方面寻求具有相应社会资源的社会组织合作回应需求，并共同建设、维护信息库，达到资源整合、信息对称的目的。

（3）项目未来规划：维护信息，并加强信息的分析，设计更加细化、具体的项目回应需求；寻求从资助、操作两方面战略合作伙伴，信息共享、资源整合；在实践的基础上形成更完善的项目方案及政策建议，争取政府层面介入以更有效地解决这一社会问题。

● 项目实施机构信息

机构地址：宁夏回族自治区银川市西夏区朔方路宣和巷9号西夏区社会组织孵化中心

第三类
在地专业能力建设

> 本类别项目，主要以涵养在地专业人才（如学校心理健康辅导老师、学校及乡村儿童社工），以及在地社工服务机构为主要目标，同时针对留守儿童群体的需求开展服务。

禾趣计划

■ 北京农禾之家咨询服务中心

● 项目解决的问题

亲子沟通 / 亲子关系改善 / 家庭教育（辅导）。安全教育（食品 / 交通 / 居家 / 自然灾害 / 网络 / 防性侵 / 防拐卖等）。素质和能力——艺术教育（音乐 / 舞蹈 / 戏剧 / 绘画 / 文学艺术欣赏 / 阅读习惯培养等）。素质和能力——其他教育（个人情感智力人格 / 人与自然 / 人与社会等）。乡土教育、自然教育、社区教育。

● 项目核心内容

留守儿童社区教育

（1）以生态人文教育为理念；

（2）以本土农民合作组织的乡村儿童社区工作者（简称"乡工"）为主要操作力量；

（3）链接社会导师与志愿者；

（4）以自然、乡土、科学、艺术、感恩、阅读为活动内容；

（5）促进乡村家庭、社区、文化的共同融入。

● 项目概述

项目开始年月：2014 年 7 月

项目实施地域：

省：河北、河南、安徽、湖南、四川、山西、贵州、江苏、山东

市、县：河北省易县、秦皇岛、内丘；河南民权、泌阳、兰考；安徽阜阳、太和；山西吕梁、长治、永济；四川绵阳；湖南翁草等

县：13 个县

项目实施具体乡镇 / 村 / 学校：13 个地方社区

项目介入地：• 社区（村） • 农村农民组织

项目限定条件：6—14 岁农村儿童；本地有农民组织

1. 项目要点

项目对象：乡村留守儿童。

项目机制：培养本土农民组织儿童服务人员为主体力量，非支教非外来，本土生长本土服务；同时链接社会导师、志愿者，以丰富活动内容。

项目内容：以自然、乡土、科技、艺术、文化为主要活动，儿童自我管理、自我服务、美化村庄、热爱自然和乡村。

项目目标：促进本地乡村长期可持续的儿童社区服务力量建立。

项目影响力：通过项目活动，发掘乡村社区的儿童小组、妇女小组、老人小组，将分散的乡村社区聚拢凝结起来，促进互助、促进社区发展。

乡村社区环境就是孩子们成长的乐土。以乡村本土农民组织为核心，授之以渔，链接稀缺资源，促进乡村社区需求的自我满足和长远发展。

禾趣计划给予本土农民组织培训学习的机会，尊重社会导师与志愿者下点服务的需求，欢迎资助方下点考察与参与活动。

项目未来规划：禾趣计划项目尚未撬动政府资源，但希望能够为有需求的乡村村委会、乡镇学校带来有趣的课程。禾趣计划项目日后一方面注重本土服务人员的培养，另一方面注重导师与志愿者队伍的建立，不断丰富案例课程，给更多乡村以启发和借鉴，同时会促进禾趣计划城乡对接、禾趣计划美农空间、禾趣计划图书馆的建设和推广。

2. 项目评估体系

本土乡工反馈、儿童家长反馈、志愿导师反馈、志愿者反馈

● 项目实施机构信息

机构地址：北京市东城区东兴隆街58号北京汇506室

睦邻行动

■ 爱德基金会

● 项目解决的问题

儿童心理关怀／辅导／咨询。课业辅导／课外兴趣拓展／课外活动。素质和能力——其他教育（个人情感智力人格／人与自然／人与社会等）。相关研究与政策倡导。教师心理及社工技能培训。

● 项目核心内容

开展乡村辅导老师培训，对其进行儿童心理学、社会工作、儿童创新思维、培训师培训、志愿者领导力等方面的培训，让乡村辅导老师能够承担校园心理辅导及社工帮扶工作。

在辅导老师的引导下，乡村学校建立睦邻小分队。通过开展各项活动，帮助孤儿、留守儿童、贫困儿童、残疾儿童等困境儿童群体主动与家庭、同伴、学校、社区进行互动，增长他们的自信，提升他们的抗逆力，帮助他们与成长环境更好地融合。同时，通过这些互动，唤醒社区成员对困境儿童群体的关注，启动社区的"支援网络"，促进困境儿童群体的健康成长。

开展暑期活动，帮助困境儿童拓展眼界，提升其发展能力，帮助他们重拾信心、面对未来。

● 项目概述

项目开始年月：2012 年 4 月

项目实施地域：

省：湖南、四川

市：湘西土家族苗族自治州、资阳市

县：永顺县、安岳县

项目实施具体乡镇/村/学校：22 个乡镇、22 所学校

项目介入地：• 小学　• 中学

项目限定条件：项目实施地为 e 万行动项目合作地

1. 项目要点

（1）项目设计逻辑

项目认为家庭、同伴、学校、社区是儿童成长中的 4 个重要环境因素，并构成其成长的社会支持系统。考虑到困境儿童群体家庭功能较弱或缺失，同伴群体和社区发展存在局限性，项目选取具有职业优势的教师作为社会支持系统的引导者和组织者，协调多方资源，帮助困境儿童群体通过项目活动实现自我增能（包括自信心、社会交往能力、抗逆力），并从社会支持系统中获得成长的助力。

（2）项目影响力

①项目成果不限于困境儿童群体，具有广泛覆盖性。通过对乡村辅导教师进行培训，让其可以承担起校园社工、心理辅导员、活动设计与组织者、社区资源调动者的多重角色的工作。同时，乡村辅导教师的工作不限于困境儿童群体，而是为全体在校学生提供服务，帮助学生走出心灵困境、设计和组织符合他们成长的课余活动、调动社区资源，更好地支持他们的成长。

②项目培训成果可持续性推广。项目选拔优秀的参训辅导老师组建本地培训师团队，在当地开展二次培训，让更多的乡村老师接触到培训课程，认同项目理念，通过他们的工作让更多的困境儿童及同龄学生受益，实现项目效果不再受项目实施时间的限制。

③唤醒社区"支持网络"，调动社会资源的广泛参与。项目不仅仅强调对困境儿童的心理帮扶，更重要的是通过这些项目活动唤醒社区成员对困境儿童群体的关注，启动社区的"支援网络"，让更多的志愿者和社会资源参与项目，更好地帮助孩子们健康成长。

④项目模式得到国家民政部的认可，并获批第一期中央财政支持社会组织参与社会服务项目的专项基金。项目实施地的教育机构对项目非常认可并出台各项政策推动项目在当地的开展。如永顺县教育局，出台"参加睦邻行动的教师年终绩效考评加分"政策，鼓励教师积极参与项目。

（3）项目愿景

①让乡村老师懂得"爱的教育"，让农村困境儿童共享"爱的环境"。

②提升政府对于学校社工工作的重视程度，推动专、兼职校园社工政策的制定，共同探讨在儿童心理服务方面学校与社会合作的新模式。

③推动公众对发展工作的认知，提升公众的公益视角，促进中国公益行业更深层次的发展。

2. 项目评估体系

儿童心理健康状况评定、教师 KAP 评定

3. 项目被政府采纳〔√〕 推广〔√〕 购买〔√〕

● 项目实施机构信息

机构地址：江苏省南京市鼓楼区汉口路 71 号

暖心护童——关爱留守儿童种子师资培训

■ 甘肃海钰心理文化研究院

● 项目解决的问题

儿童心理关怀/辅导/咨询。亲子沟通/亲子关系改善/家庭教育（辅导）。课业辅导/课外兴趣拓展/课外活动。素质和能力——艺术教育（音乐/舞蹈/戏剧/绘画/文学艺术欣赏/阅读习惯培养等）。相关研究与政策倡导。

● 项目核心内容

（1）教师学习掌握留守儿童成长的需求与特点，关注心理发展健康。

（2）学习掌握沙盘、儿童心理画等专业技术。

（3）引进青少年社工、驻校社工的理念与工作方法，培养当地的社会工作人才。

● 项目概述

项目开始年月：2016 年 5 月—2017 年 4 月

项目实施地域：

省：甘肃

市：甘南藏族自治州、张掖市、兰州市

县：夏河县、张掖市民乐县、兰州市永登县

项目实施具体乡镇/村/学校：74 所中小学、职校

项目介入地：●小学　●中学　●社区（村）

项目限定条件：留守儿童及所在学校教师，小学、初中年龄阶段为主

项目对政府的影响：项目引起在地教育局的高度重视，纳入教师培训体系。

1. 项目评估体系：

前期需求评估；执行中的受益方满意度评估。

项目结束：效果量化评估。
2. **项目被政府采纳〔　〕推广〔√〕购买〔　〕**
- 项目实施机构信息

机构地址：甘肃省兰州市城关区南关十字新闻大厦1704

绿色共享·助教行动

■ 浙江绿色共享教育基金会

- 项目解决的问题

儿童心理关怀/辅导/咨询。课业辅导/课外兴趣拓展/课外活动。安全教育（食品/交通/居家/自然灾害/网络/防性侵/防拐卖等）。素质和能力——艺术教育（音乐/舞蹈/戏剧/绘画/文学艺术欣赏/阅读习惯培养等）。素质和能力——其他教育（个人情感智力人格/人与自然/人与社会等）。助学（学校硬件建设或改建/学费资助等）。

- 项目核心内容

（1）留守儿童素质教育、思维拓展；
（2）引导留守儿童心理健康发展与安全教育；
（3）职业体验与领导能力培训，加强社会适应能力。

- 项目概述

项目开始年月：2016年9月

项目实施地域：

省：浙江、云南

市：衢州市等2个市

县：开化县等2个县

项目实施具体乡镇/村/学校：2个乡镇、2个村、2所小学

项目介入地：·小学

项目限定条件：6—14岁儿童；贫困地区小学

项目要点

（1）项目设计逻辑。《义务教育课程设置实验方案》规定，学校拓展性课程要占到总课时的16%—20%，而农村地区儿童素质教育严重不足，农村小学大都尚未设置拓展性课程，未涉及孩子的动手能力、心理辅导、思维拓展等方面。农村小学留守儿童占70%以上，他们缺乏有效的心理辅导与素养教育，也缺乏社会生存能力。本项目极大地改善了这一社会问题。

（2）项目运作方式。本项目在乡村小学设立绿色共享教室，通过对乡村小学老师进行拓展性课程的培训，让乡村教师多一项拓展性教育能力，以更好为乡村

留守儿童服务；也让农村孩子有机会享受到昂贵的拓展性课程，提升贫困地区儿童开创性思维、动手能力、心理素养，同时也增强了他们的社会生存能力及安全环保意识。

（3）项目产出。本项目目前正在实施过程中，教室定制与课程设计已经完成，两个试点学校计划在今年暑期正式开展对当地教师的培训，今年下半学期正式开课。

（4）项目可推广性。本项目使用定制教师，可无限复制，并对志愿者、教师等进行培训与资源共享，适合全国推广，并计划在全国范围内推广设立公益教室。

（5）项目未来规划。本项目在一定程度上弥补了目前教育的一些不足，加强儿童的创造力，且适合全国推广，因而正在与相关教育部门商谈，希望获得政府支持。并在此基础上在全国范围内复制，计划5年后在20所学校实施助教行动，设立绿色共享教室。

● 项目实施机构信息

机构地址：浙江省杭州市余杭区五常大道181号华立科技园东705

三区社会工作专业人才支持计划（内黄县）项目

（三区：边远贫困地区、边疆民族地区和革命老区）

■ 安阳市欣和社会工作服务中心

● 项目解决的问题

儿童心理关怀/辅导/咨询。亲子沟通/亲子关系改善/家庭教育（辅导）。安全教育（食品/交通/居家/自然灾害/网络/防性侵/防拐卖等）。课业辅导/课外兴趣拓展/课外活动。素质和能力——艺术教育（音乐/舞蹈/戏剧/绘画/文学艺术欣赏/阅读习惯培养等）。素质和能力——其他教育（个人情感智力人格/人与自然/人与社会等）。

● 项目核心内容

（1）项目以推进脱贫攻坚为重心。

（2）以农村留守儿童为重点。

（3）开展专业社会工作服务，提供日常生活学习服务、心理健康服务、社会支持服务、亲子家庭服务及志愿者队伍培育。

（4）积极宣传社会工作。

（5）为内黄县至少培养两名社会工作专业人才。

● 项目概述

项目开始年月：2016年7月

项目实施地域：河南省安阳市内黄县

项目实施具体乡镇/村/学校：17个乡镇、1所小学

项目介入地：• 小学

项目限定条件：农村留守儿童

1. 项目要点

项目服务内容：

（1）"留守儿童之家"——日常来访与探访服务。为农村留守儿童提供休闲、学习和人际交往的场所，提供相关资讯和资源链接及转介服务；为每一位留守儿童的实际情况和需要建立个人档案。

（2）"双师联动"——心理健康服务。通过对留守儿童进行沟通技巧、人际关系技巧等心理社会训练，引导留守儿童疏导心理障碍；识别留守儿童的心理障碍需求，通过个案和心理辅导改善留守儿童的心理问题。

（3）"阳光下的我们"——留守儿童文体活动。结合留守儿童特点及需求，提供相应娱乐休闲机会；丰富留守儿童课外生活，加强与人交往的能力。

（4）家庭服务。提供个案辅导与咨询，恢复家庭功能；提供教育信息帮助与咨询；必要时，社工危机介入，化解矛盾。

（5）"和风—心理支持"计划。帮助困境儿童建立正确的心态面对社会的救助，培养自立自强的生存意识；关注儿童生理、心理动态，开展个性化专业服务。

2. 项目被政府采纳〔√〕 推广〔√〕 购买〔√〕

● 项目实施机构信息

机构地址：河南省安阳市益民路123号

"三区社会工作专业人才支持计划"项目

■ 商丘市宏阳社会工作服务中心

● 项目解决的问题

儿童心理关怀/辅导/咨询。课业辅导/课外兴趣拓展/课外活动。安全教育（食品/交通/居家/自然灾害/网络/防性侵/防拐卖等）。

● 项目核心内容

针对留守儿童：心理辅导，行为矫正；品格指导；资源链接。

"三区项目"的服务对象为"三留守"人员——留守儿童、留守老人、留守

妇女。

● 项目概述

项目开始年月：2016年8月1日

项目实施地域：河南省商丘市民权县

项目实施具体乡镇/村/学校：1个乡镇、6个村、1所小学

项目介入地：•小学 •幼儿园 •社区（村）

项目限定条件：边远贫困地区、边疆民族地区、革命老区的留守儿童

1. 项目要点

（1）项目设计逻辑。根据社会支持理论中讲到的，一个人所拥有的社会支持网络越强大，就能够越好地应对各种来自环境的挑战。以社会支持理论取向的社会工作，强调通过干预个人的社会网络来改变其在个人生活中的作用。特别对那些社会网络资源不足或者利用社会网络的能力不足的个体，社会工作者致力于给他们以必要的帮助，帮助他们扩大社会网络资源，提高其利用社会网络的能力，"三区"项目着力打造留守儿童的全方位支持体系。

（2）项目目标。根据中央组织部等十部门《关于印发的通知》要求。方案提出，从2012—2020年，每年引导1 000名社会工作专业人才到"三区"工作和服务；每年支持"三区"培养500名社会工作人才，积极推动"三区"社会工作专业人才队伍建设，大力发展"三区"社会工作事业，完善社会工作制度，提高社会工作服务水平，逐步实现社会工作服务均等化目标。

（3）项目效果

①项目丰富了民权县城关镇的留守儿童的课余生活，同时减少了校园暴力事件的出现，帮助部分有心理问题、行为偏差的留守儿童改变现状。

②本机构在民权县成功地孵化出了一家社工机构（民权县蓝天社工机构），通过媒体报社的宣传，使更多的人了解了留守儿童的生活状况，为留守儿童链接到许多资源。

（4）项目对利益相关方的影响

①政府出资购买服务。此项目为政府部门减轻了负担。

②村委会。村委会与社工机构属于合作的关系，双方共同努力，降低留守儿童被伤害的可能。

③村民。留守儿童是村民与社工之间的桥梁，是我们的服务对象。

2. 项目评估体系

政府购买的评估程序

（1）前期评估。社工机构——社区/单位导引报告；社工机构"政府购买服务"项目计划书；

（2）中期评估。社工项目进度报告；社工机构财务报告；社工机构项目工作简报；

（3）结项评估。社工机构自评报告；社会工作服务项目服务指标完成量化

表；社工机构项目实施制度建设情况一览表。
评估报告：民权"三区"项目总结报告
评估方：河南鼎力社工
评估时间：初期评估，2016年11月13日；中期评估，2017年3月初
3. 项目被政府采纳〔√〕 推广〔√〕 购买〔√〕
● 项目实施机构信息
机构地址：河南省商丘市梁园区民主路，商丘师范学院35号楼

"三区"社工人才支持计划服务项目

■ 郑州市金水区尚和社会工作服务中心

● 项目解决的问题
儿童心理关怀/辅导/咨询。课业辅导/课外兴趣拓展/课外活动。
● 项目核心内容
（1）重视农村儿童思想引导、习惯养成等思想品格塑造；
（2）进行学业辅导、能力提升等科学文化知识技能的教育；
（3）社会交往指导、社会适应能力等的培养。
● 项目概述
项目开始年月：2016年10月
项目实施地域：河南省平顶山市舞钢市、叶县
项目实施具体乡镇/村/学校：2个乡镇、2个村、2所小学
项目介入地：●小学 ●社区（村）

1. 项目要点

（1）项目设计逻辑。关爱农村留守儿童，营造良好成长环境。一要重视农村儿童的思想引导、习惯养成等思想品格塑造；二要重视农村儿童的学业辅导、能力提升等科学文化知识技能的教育；三要重视农村儿童的社会交往指导、社会支持等社会适应能力的培养。

项目主要是通过运用社工专业知识和方法，立足于农村实际情况和留守儿童的需求，提供一系列的专业服务。

（2）项目效果。通过项目的实施，解决了农村留守儿童课业无人辅导的难题，通过各种兴趣小组的开展，丰富留守儿童课余文化生活。同时，通过微信等网络方式搭建了在外父母与留守儿童之间的桥梁，促进亲子关系的发展。

（3）项目对利益相关方的影响。提供财政资金、场地等支持；参与社工专业服务。

2. 项目被政府采纳〔√〕 推广〔√〕 购买〔√〕
- 项目实施机构信息

机构地址：河南省郑州市金水区金水路与建业路交叉口绿城水岸名苑

开心屋好老师工程——留守儿童地区教师能力建设及心理支持试点项目

■ 陈香梅公益基金会

- 项目解决的问题

儿童心理关怀/辅导/咨询。素质和能力——其他教育（个人情感智力人格/人与自然/人与社会等）。助学（学校硬件建设或改建/学费资助等）。相关研究与政策倡导。

- 项目核心内容

通过游戏的形式，让老师掌握先进的心理学技术，有效支持留守儿童心理健康发展。

- 项目概述

项目开始年月：2016年1月

项目实施地域：

省：贵州、四川、江西、吉林

市：安顺市、内江市、上饶市、白山市

县：普定县、威远县、上饶县、靖宇县

项目实施具体乡镇/村/学校：4县20所中小学

项目介入地：•小学

项目限定条件：6—12岁儿童

1. 项目要点

（1）项目的产出和效果。2016年在4个贫困县建设20个示范校，配建20间开心屋，培训640名教师，为20所学校约10 000名留守儿童心理健康发展提供了持续和专业的支持。培养了69名种子导师，组织专家进行两次入校应用督导，保证项目可持续发展。项目还利用微信平台建立了多个项目后期种子导师交流群、家长交流群，通过在线分享和微课扩大受益面，微课超过11万人次收听，评估报告显示项目受益者众多、受益面较广。项目效果从带来的老师和学生的变化上都很明显，以下为第三方评估数据《开心屋课程带来的改变》。

（2）项目对利益相关方的影响：带动多方主体共同参与，包括心理学方面、项目管理方面的专家全程参与；地方政府的参与，在执行过程中给予了大力支持；企业的参与推动项目开展并进行捐赠。99公益日借助腾讯平台，筹款82.4万元，捐款人数达到6 000余人。受益对象也表现出极大的积极性，作为志愿者参与到项目的管理及课程研发工作中。2017年项目组将在全国5个县新建20间开心屋，培养800名游戏操作师，培训150名校长，培养200名种子导师，5名开心屋好老师，开展入校督导培训5场，开展研修会和交流大会。通过2016年总结的经验及呈现的成果，2017年开心屋项目将会形成留守儿童"学校—家庭—社会"的支持体系，更好地呵护留守儿童的成长。

（3）项目设计思路。通过学校老师作用留守儿童，以游戏的方式增强留守儿童安全感、资格感，游戏以最先进的心理学理论为基础，开启系统动力开关。优势，结合国际先进心理学"简快"学问及邀请心理学大师李中莹老师做总顾问，研发出第一学期解决留守儿童安全感、资格感十大游戏。同时，开心屋为项目地老师设计了完整的生命教育教师成长体系，从游戏操作、效果落地、地区化生根可持续发展，不但把技术带到项目地，并且更注重项目的可持续性和自主循环。目前开心屋已经形成了一整套完整的留守儿童心理发展解决方案，通过学校、家庭两个与儿童生命中的核心关系支持留守儿童的健康发展。

（4）项目运行方式。通过完整的生命教育教师培养体系，从游戏操作师开始教会老师操作游戏，培养种子导师在当地传播开心屋理念，选拔发展开心屋好老师理解游戏背后的心理学原理掌握游戏的理论基础，培养可以讲授操作师课程的技术力量。开办校长系统智慧课程，推动更多校长支持开心屋。开办家长微课及开发陪伴手册，指导家长如何做到有效陪伴。操作督导计划，组织专家进行入校督导及线上督导，支持、保障技术的落地效果。

（5）项目对政府的影响。项目得到当地教育局的大力支持，积极参与到项目运营管理的工作中，组织开展当地沙龙，邀请更多教师体验和了解开心屋，推动项目的宣传和落地。2017年项目在贵州省紫云县开展也获得县委、统战部的大力支持。紫云县作为少数民族自治县，当地水利枢纽民生工程的库区建设涉及7个镇的移民，开心屋与工程企业结合，为产生移民的主要镇建设开心屋，得到政府的充分认可和支持。

（6）项目长远规划。项目县纵深发展，培养开心屋好老师、生命好老师，打造自循环可持续体系。同时安全感资格感不光对留守儿童重要，在城市中的流动儿童和发达地区缺乏有效陪伴的孩子也同样需要，未来开心屋将拓展区域，探索创新游戏形式及运营形式，支持更多学校更多孩子，还孩子一个快乐的童年。

2. 项目评估体系

项目由北京七悦社会公益服务中心、北师大社会公益研究中心进行评估并出具评估报告。

评估思路设计基于指标分析：项目设计、项目实施、项目效果、指标分析小结；机制梳理；评估结论与建议。

3.项目被政府采纳〔　〕　推广〔√〕　购买〔　〕

● 项目实施机构信息

机构地址：北京市东城区首创大厦1102室

第四类
驻校社工

> 本类别项目，强调以驻校社工模式，服务于留守儿童的成长教育与陪伴服务需求。

陪伴成长——驻校社工

■ 北京市西部阳光农村发展基金会

● 项目解决的问题

儿童心理关怀/辅导/咨询。亲子沟通/亲子关系改善/家庭教育（辅导）。课业辅导/课外兴趣拓展/课外活动。安全教育（交通/居家/自然灾害等）。素质和能力——其他教育（个人情感智力人格/人与自然/人与社会等）。社区资源链接。

● 项目核心内容

项目主要关注包括学生的个人发展和社会发展以及他们的自尊，培养学生良好行为习惯的教育，以创造力思维为主架构，去丰富学生的校园生活。试图培养挫折容忍度高，具备学习能力、思考能力、探索能力、创新能力的孩子，提升农村学生心理健康水平，促进学生养成良好行为习惯，为乡村孩子的成长提供更多的支持。

我们招募驻校社工志愿者驻点学校，同时为驻校社工志愿者提供线上线下培训，实地督导等支持，提高服务能力，从而促使志愿者以社会工作的理念和方法，陪伴乡村孩子成长。

● 项目概述

项目开始年月：2011年9月

项目实施地域：甘肃省陇南市礼县、成县、康县

项目实施具体乡镇/村/学校：14个乡镇、14所中心校

项目介入地：•小学 •中学

项目限定条件：农村寄宿制学校

1. 项目要点

（1）项目设计逻辑

基于确信"教育最本质的作用是发生在人与人之间的交互渗透和影响"，选择深度干预策略，招募志愿者驻点农村寄宿制学校，运用社工的专业手法，陪伴农村寄宿制孩子身心健康成长。

（2）项目运作方式

①培训与指导驻校社工学习、掌握社工工作方法，提升服务儿童的能力。招募有一定学习背景的志愿者担任驻校社工（酌付生活津贴补助）。其间，结合青葵花导师计划为驻校社工志愿者提供合适的线上培训，并请专业督导进行集中培训以及线上线下督导等方式，以提高驻校社工志愿者的服务质量与服务水平，并

对工作中出现的疑点、难点、进行评估与指导。

②选派社工志愿者长期驻点寄宿制学校,陪伴乡村儿童成长。

社工志愿者驻点服务期间,与学校和老师配合工作,设计、组织开展各种有益于学生身心健康的活动,并运用社工工作手法为学生提供个性化服务,陪伴学生在校期间的成长。驻校社工主要以几种方式开展服务:

社工室。通过搭建、改建社工室,为社工活动提供载体,丰富孩子们的课外活动;

社工课。课程关于学生"心理健康成长、行为习惯养成、成长教育"等方面的社工课程教授,通过各类社工课堂(创造力、社会认知、理财教育、关系协调等课程)对儿童提供价值观的建构。

个案工作。通过与班主任的交流以了解孩子在校状况,加上社工家访与家长互动过程中更深认识孩子,再透过信件、面谈等一对一方式及小组工作方法解决儿童成长中的困惑。

成长教育。以创造力思维为主架构,去丰富学生的校园生活,如兴趣小组、阅读提升、广播开展活动、课业辅导及一些大小型活动等。

(3)项目对利益相关方的影响

①通过社工与学校、师生的关系的建立,一方面启发学校对教学理念的更新,另一方面也为农村教师的教学手段提供借鉴方案。

②链接社区、政府资源,促进农村寄宿制学校的环境改善。

(4)项目未来的规划

项目未来将形成的经验与工作方式方法,形成一套可持续发展、可复制的方案,可发展到西部地区其他农村寄宿制学校。

2. 项目被政府采纳〔 〕 推广〔√〕 购买〔 〕

● 项目实施机构信息

机构地址:北京市海淀区学院南路智慧大厦708A

机构负责人:赵宏智

甘肃东乡族自治县大树学区留守儿童驻校社工项目

■ 甘肃兴邦社会工作服务中心

● 项目解决的问题

儿童心理关怀/辅导/咨询。亲子沟通/亲子关系改善/家庭教育(辅导)。课业辅导/课外兴趣拓展/课外活动。素质和能力——艺术教育(音乐/舞蹈/戏剧/绘画/文学艺术欣赏/阅读习惯培养等)。助学(学校硬件建设或改建/学费资助等）。助养（学习及日常生活用品、营养品捐助／视力保护及矫正等）。

● 项目核心内容

（1）在西部少数民族地区引进驻校社工发展性项目，通过"三社联动"充分发挥社会组织、社工在社区的资源链接、服务开展等作用。

（2）通过"优势视角"和"赋权"的社会工作理论，开展专业活动和特色活动，培养和养成学生的良好习惯，同时激发学生对学习的兴趣，提高学生成绩。

（3）通过建立社会支持网络，链接社会资源帮助学校改善校园基础设施，学生、教师学习与教学环境。

● 项目概述

项目开始年月：2016年1月

项目实施地域：甘肃省临夏州东乡县

项目实施具体乡镇／村／学校：1个乡镇、9个村、12所学校

项目介入地：·小学 ·社区（村）

1. 项目要点

（1）项目的社会影响

①驻校社工发展性项目在西部少数民族地区具有示范意义。

②驻校社工项目在西部地区意义深远，西部地区经济、文化、社会环境相似度很高，所以该项目有很好的推广性。

③村民对学校和教育的关注度提高，尊敬老师，爱护校园，学校也为村民开展活动提供方便。

（2）项目对受益群体的影响

①通过"优势视角"和"赋权"的社会工作理论，开展专业活动和特色活动，培养和养成学生的良好习惯，同时激发学生对学习的兴趣，增加学生学习积极性，学习成绩提升，辍学率下降，校园归属感加强，师生关系更加亲密。

②通过建立社会支持网络，链接社会资源帮助学校改善校园基础设施，改善学生、教师学习与教学环境。

（3）项目对社会组织的影响

探索西部少数民族地区社会工作发展经验，尤其是驻校社工在西部贫困地区教育中扮演怎么样的角色。

2. 项目被政府采纳〔　〕 推广〔√〕 购买〔√〕

● 项目实施机构信息

机构地址：甘肃省兰州市七里河区柏树巷430号A单元113室

农村寄宿制学校留守儿童陪伴成长项目——社工妈妈

■ 甘肃鸿泽社会工作服务中心

● 项目解决的问题

儿童心理关怀/辅导/咨询。亲子沟通/亲子关系改善/家庭教育（辅导）。课业辅导/课外兴趣拓展/课外活动。安全教育（食品/交通/居家/自然灾害/网络/防性侵/防拐卖等）。素质和能力——艺术教育（音乐/舞蹈/戏剧/绘画/文学艺术欣赏/阅读习惯培养等）。素质和能力——其他教育（个人情感智力人格/人与自然/人与社会等）。助养（学习及日常生活用品、营养品捐助/视力保护及矫正等）。

● 项目核心内容

通过"一督三工"方式解决农村寄宿制学校留守儿童"身、心、社、智"等方面问题，同时培训生活教师，形成一套符合农村本土实际的农村寄宿制学校留守儿童社会工作服务模式。

● 项目概述

项目开始年月：2013年12月

项目实施地域：

省：甘肃

市：兰州市、白银市

县：榆中县、永登县、景泰县等5个县

项目实施具体乡镇/村/学校：5个乡镇、10个村、10所学校

项目介入地：•小学 •社区（村）

项目限定条件：农村寄宿制小学，主要聚焦于留守儿童、单亲儿童。

项目要点

（1）项目运作方式

①以"一督三工"（社工督导+社工、义工、校工）专业团队为基础，综合运用儿童社会工作方法陪伴农村寄宿制学校儿童成长，并以个案、小组、团体等活动形式促进留守儿童"身、心、社、智"全面发展。

②通过对乡村教师及志愿者的专业社工培训和社工活动示范，使项目成果实现乘数效应。

（2）项目未来规划。在项目实施中探索"一督三工"的贫困地区农村寄宿制学校留守儿童陪伴与服务新模式，并在全省推广示范。

● 项目实施机构信息

机构地址：甘肃省兰州市安宁区长新路 25 号（国资委第三佳园）4 栋 1703 室

稻田里的守望者

■ 盘县社会义工联合会

● 项目解决的问题

儿童心理关怀/辅导/咨询。课业辅导/课外兴趣拓展/课外活动。安全教育（食品/交通/居家/自然灾害/网络/防性侵/防拐卖等）。

● 项目核心内容

项目关注农村留守儿童的心理健康、生理成长，促使他们更持续、公平地获得发展资源。

项目核心：以"职业社工"+"专业义工"为特色，在乡村学校推广"一校一社工"制度。

● 项目概述

项目开始年月：2015 年 9 月

项目实施地域：贵州省六盘水市盘县

项目实施具体乡镇/村/学校：旧营乡 5 所小学

项目介入地：• 小学

项目限定条件：农村寄宿制小学，主要聚焦于留守儿童、单亲儿童。

1. 项目要点

（1）项目运作方式

由驻校社工为乡村学校提供留守儿童个案服务、小组活动、团体辅导等，同时为培育本土化的社工人才提供助力。

（2）项目倡导

倡导教育部门在更多农村学校设立"一校一社工"制度，并为驻校社工的培育提供匹配资源。

（3）项目未来规划

①推动、促进驻校社工成为校园常设岗位，结合学校已有的心理、卫生、健康教育成为教育工作中的新亮点。

②促使更多的本土化社工人才常驻农村社区/学校，为农村社区/学校提供持续有效的社工服务。

2. 项目被政府采纳〔　〕 推广〔√〕 购买〔√〕
● 项目实施机构信息
机构地址：贵州省六盘水市盘县红果胜境大道 185 三栋 201

关爱农村贫困留守儿童社会工作服务项目

■ 重庆市江津区大同社会工作服务·中心

● 项目解决的问题

儿童心理关怀/辅导/咨询、改善人际交往。课业辅导/课外兴趣拓展/课外活动。安全教育（食品/交通/居家/自然灾害/网络/防性侵）。儿童合法权益保障。链接爱心企业进行物质帮助。

● 项目核心内容

社工入住学校，每天与儿童生活在一起，陪伴儿童并以优势视角理论、生态系统理论做指导，运用社会工作的个案、小组、社区、研究等工作方法围绕留守儿童的学习、健康、安全、人际沟通、财商培养及相关活动。

运用弟子规等传统文化教育，对儿童进行品格引导，促进儿童健康成长。

● 项目概述

项目开始年月：2014 年 7 月

项目实施地域：重庆市江津区

项目实施具体乡镇/村/学校：四面山镇学校、燕子村等 8 个村社区

项目介入地：·小学·社区

项目限定条件：

就读小学一至六年级的贫困家庭留守儿童，父母一方或者双方在重庆市外打工的经济困难家庭及单亲家庭。

1. 项目要点

（1）项目产出。让 200 名困难留守儿童的学习成绩 100% 得到提高，让 200 名困难留守儿童的安全意识得到提高，安全事故发生率为零。让 200 名困难留守儿童性格变开朗，参与活动次数由一次增加到六七次，人际关系得到改善，社会融合能力得到提升，项目得到江津区民政局、江津区四面山管委会、江津区教委、江津区妇联、江津四面山学校等单位的支持，链接江津佳华医院、西南政法大学、重庆仪器仪表所提供绘本教材、免费儿童体检。江津电视台、江津网等 10 次报道，产生良好的社会效应，项目负责人杨昌龄女士由于成效突出被中国慈善会入选重庆公益慈善人才培养计划，当选为重庆市江津区妇联兼职副主席。

（2）项目设计的逻辑。①项目背景，父母外出打工，留守儿童与爷爷奶奶一起生活，学习无人辅导、安全事故时有发生、性格孤僻人际沟通出现障碍、健康无法保障、人格出现障碍。②项目的独特性，项目在关注儿童的学习、安全、心理、健康的同时，积极挖掘人、文、地、产、景优势旅游资源，推动乡村旅游文化的发展，增加就业岗位，增加贫困留守家庭收入，拓宽贫困留守家庭收入渠道，让儿童家长回到江津就业创业从源头上减少留守儿童。③项目的可行性，有丰富的项目实施经验，有高校志愿者、各级政府的支持，有专业的项目实施团队，以需求为导向，开展项目服务，以儿童的健康成长为服务宗旨。

（3）项目利益相关方的参与及其方式。项目承接方，江津大同社工派两名住校社工与贫困留守儿童同吃同住，定期开展个案辅导、组建安全、人际沟通、绘本阅读小组等，定期开展节日关爱、儿童权益保护宣传活动，链接政府、企业为困境留守儿童提供物质救助；江津宣传部、江津区妇联定期开展贫困留守家庭教育讲座，更新儿童家长教育观；江津电视台江津网、江津日报等宣传报道；四面山管委会、四面山学校提供服务对象名单，提供场地支持和社工就餐的方便；江津佳华医院提供空腔体检；重庆仪器仪表所提供1万册绘本书籍；重庆师范大学、重庆市德馨社会工作服务中心提供专业督导；西南政法大学提供志愿者服务，为贫困留守儿童开展作文辅导。

（4）撬动政府资源。关爱贫困留守儿童项目得到了江津区委、区府、区宣传部、江津区教委、学校、企业、媒体和广大社会观众的支持和帮助，通过项目能够链接优势资源，帮助贫困留守儿童走出困境。该项目链接了江津区民政局、江津电视台、江津日报、四面山管委会等多方面政府资源，通过政府信息提供就业信息，展开留守儿童心理辅导，改善留守儿童人际交往困扰，关注贫困留守儿童健康成长。

（5）项目的长远规划。

针对四面山贫困留守儿童服务模式，可以获得有关关爱贫困留守儿童这类对象的成功经验，避免不足，把项目模式扩展到其他贫困地区的留守儿童，如江津区的骆来山学校、巫溪县花台小学。这几所学校都位于重庆经济欠发达地区，大量劳动力外出导致该地留守儿童居多，特别在骆来山学校几乎一半都是留守儿童，而巫溪县是国家级贫困县。所以四面山贫困留守儿童关爱项目值得推广到其他类似项目中去，借鉴更多的有益经验。

2. 项目评估体系

项目前测及需求评估调研报告、项目中期评估报告及财务报告、项目后测、项目末期评估报告及财务报告。

项目开展过程中有成效评估和过程评估，项目组有完善的评估体系，定期督导，定期对服务对象及参与的志愿者、儿童家长和学校领导、老师进行抽样调查来评估项目的成效。

评估报告：

（1）需求评估。2014年7月项目实施方开展、需求评估报告；

（2）中期评估。中期评估、实地评估报告、中期财务报告；

（3）末期评估。末期评估报告。

评估方（中期评估）：重庆市民政局委托第三方评估重庆市民政局评估专家团队。

3. 项目被政府采纳〔√〕 推广〔√〕 购买〔√〕

● 项目实施机构信息

机构地址：重庆市江津区瑞安南路25号10幢342

第五类
成长教育

> 本类别项目,以留守儿童的心理、情感、人格、人际交往、素质与能力建设等为主线,提供相对专业的疏导、教育等服务。

新一千零一夜农村寄宿留守儿童睡前故事

■ 歌路营

● 项目解决的问题

儿童心理关怀/辅导/咨询。

● 项目核心内容

"新一千零一夜——农村寄宿留守儿童睡前故事"公益项目,根据农村学生心理特征和需求,由专业少儿编辑、教育心理工作者和专业播音主持人开发、录制,每天用15分钟的睡前故事和起床音乐,温暖陪伴离家住校的孩子们度过每个孤独的夜晚。

● 项目概述

项目开始年月:2012年8月

项目实施地域:

省、自治区、直辖市:27个(安徽省、北京市、福建省、甘肃省、广东省、广西壮族自治区、贵州省、河北省、河南省、黑龙江省、湖北省、湖南省、吉林省、江苏省、江西省、辽宁省、内蒙古自治区、宁夏回族自治区、青海省、山东省、山西省、陕西省、四川省、新疆维吾尔自治区、云南省、浙江省、重庆市)

市:152个

县:366个区/县

项目实施具体乡镇/村/学校:2 255所学校

项目介入地:•小学 •中学 •九年一贯制学校

项目限定条件:农村寄宿制学校(小学、初中、九年一贯制,小学为主)

1. 项目要点

(1)项目设计的逻辑。歌路营在102所农村寄宿制学校的调研中发现,寄宿留守儿童所面临的问题和困难,如果不能找到有效的社会创新模式,很难对目前现状进行改变。而在长期一线的调研中,我们发现"睡前15分钟"成为一个学校管理的极端痛点,以及孩子心理问题爆发的时期。在睡前,因为孤独感的增强,孩子们普遍出现恐惧、哭泣、尿床和噩梦的情况,正因如此,学校在睡前的管理无疑更是雪上加霜。

根据歌路营联合北京大学教育财政科技研究所发布的《农村寄宿制学校学生发展报告》,农村寄宿制小学的学生存在令人担忧的心理健康问题。高达65.7%的学生存在抑郁风险,超三成的学生每月被欺负2—3次。寄宿与留守不仅增加学生的抑郁风险,还可能恶化学生外在与他人交往和内在心理活动的状况,增加学生在学校遭遇校园霸凌的可能性。针对寄宿留守儿童的心理关怀，传统的方式是依靠专业的心理工作者进行一对一的心理辅导。然而不管是从心理辅导老师的配置、本地化适应还是投资成本来说，传统方式的作用有限，其路径更长，成本更高，能够服务的学生基数也很小。

基于叙事和故事疗愈流派的影响，歌路营在2012年8月提出"新一千零一夜——农村寄宿留守儿童睡前故事干预方案"，希望在研究102所农村学校学生心理特点的基础上，开发适宜农村学生特点和需求的疗愈性睡前故事，每晚播放给寄宿孩子，陪伴他们温暖地度过孤独的睡前时光，以此达到改善他们心理健康的目的。

在互联网时代，人们正在重新发现故事的价值，讲故事的传统开始在世界各地悄然复兴。这是因为讲故事的方式受到青少年喜爱，故事主题范围选择广泛，对学生的影响全面，意义深远。

故事可以拓宽孩子视野，是帮助他们建立对外部世界认知的重要渠道，是通向他人心灵和人类精神宝库的一道门。"故事包含并解释出我们的信念、恐惧、希望，以及我们对世界的理解，人类所有的经历，所有智力、情感和精神活动，无不在故事中得以体现。"（美国作家Donald Murray）因此，故事也被全世界的老师、父母认为是孩子健康成长必不可少的养分。可见一个孩子如果因为贫困，过早地脱离家庭等客观因素而缺少了故事的滋养，是一件多么不公平而且令人遗憾的事情。

好故事可以改变行为，培养诚实、善良、勇敢、忠诚等优秀品质，并且抚平创伤，疗愈心灵，帮助孩子应对成长过程中种种难以言说的挑战、伤痛和迷茫。故事还有一个极其重要的作用，就是影响人的内心。它们以潜移默化的方式影响着心灵和内在自我的方方面面。

芬兰、日本、美国等国家的教育者以及教育专家证明，给青少年讲故事是非常有效的教育模式，每天给孩子读10—20分钟的故事，日积月累，对孩子学习和成长的作用非常显著，甚至可以改变一所学校的风貌。在没有教师的情况下，朗读磁带也能起到类似的作用。在美国，义工们在少年监狱里给孩子们讲睡前故事，有效地改善了少年犯的情绪状态，减少了他们的攻击行为。后来，在少年监狱讲故事发展成一个长达10年的计划。

基于上述考虑，歌路营成为第一家利用睡前故事方式来进行寄宿留守儿童心理干预的机构。

项目的特点与优势：

适应：每个故事独立成篇，适应不同年龄段及性别需要。

持久：覆盖小学、初中9年，影响持久。

专业：专业、高水准的编辑和播音团队精心制作。

简单：老师每晚只需按下按键，即可整校播放。

低廉：成本低廉，平均每个学生6年受益成本仅36元。

兴趣：包含 100 部经典儿童文学和常配书籍，有效引发阅读兴趣。

（2）项目模式。"新一千零一夜"项目于 2013 年正式在重庆开始进行原型试点，在广泛考虑学校、老师和学生的需求及场景的情况下，我们决定采取的模式如下：

√ 针对农村学生心理特点和需求定制开发，选编具有疗愈心灵作用的故事，高度契合教育部中小学心理健康教育内容。

√ 邀请专业级主持人志愿者，将故事录制成高质量的音频，提供给学校。

√ 利用学校已有广播系统，每间宿舍安装一个高品质喇叭。

√ 老师只需进行播放，6 年长期陪伴孩子们 1 001 个夜晚。

√ 辅助提供给老师每月两期教育资讯和在线培训课程，使老师们初步掌握以抗逆力和优势视角为主要理念的青少年心理辅导与成长工作技巧。

（3）项目产出与效果。因为项目简单易操作，而且效果显著，很快得到了教育部门、学校和学生的一致欢迎，并迅速在 2014 年试点结束后，在周边的四川、云南、贵州、青海等地开始被邀请开展执行。各地教育部门、学校和老师普遍反映孩子们在入睡状况、同伴关系、阅读写作等多方面变化显著。

截至 2017 年 4 月底，项目已经覆盖全国 27 省（自治区、直辖市）152 个地市 366 个区县 2 255 所农村学校，每天受益学生超过 63 万人。歌路营期待到 2020 年，能够让 1 万所学校 200 万—300 万孩子受益，温暖他们的每一个住校夜晚。

2015—2017 年，歌路营邀请北京大学教育财政科技研究所对本项目进行科学评估，选取 2 省 5 县 137 所农村寄宿制学校进行 2 年大规模随机干预实验，覆盖学生样本超过 17 000 人。在一学期干预后，2016 年中期评估数据显示，与 2015 年学生基线数据以及没有进行睡前故事干预的对照组相比：

√ 睡前故事显著降低了住校生和寄宿留守儿童的抑郁风险。

√ 睡前故事显著降低了寄宿留守儿童的校园霸凌比例。

学校播放睡前故事状况越好，学生问题改善越明显。2016 年，应学校和学生要求，我们对"新一千零一夜"进行了 2.0 迭代开发，一方面开发了针对农村学生的起床音乐故事"好音乐有故事"，陪伴孩子们起床后的空闲时间；另一方面开发了故事播放软件，实现了定时、自动播放，减轻了老师的压力，也实现了学校播放数据的在线监控管理。

（4）项目的社会影响。除此之外，歌路营清晰地意识到，仅靠一家机构的力量是远远不足的，需要社会广泛的关注和参与，才有可能真正解决寄宿留守儿童心理健康问题，所以在直接服务孩子之外，歌路营还联合研究机构、媒体定期发布专业研究报告，对社会、政府进行呼吁，唤起更广泛的关注、合作、协力来帮助 3 200 万寄宿留守儿童。如 2014 年发布的《中国农村住校生调查报告》，2015 年联合北京大学教育财政科技研究所发布的《农村寄宿制学校学生发展报告》，引起了政府、媒体、公众等的高度重视。

2. 项目评估体系：
评估内容：儿童抑郁风险、同伴霸凌情况
评估方：北京大学教育财政科技研究所
3. 项目被政府采纳〔　〕 推广〔√〕 购买〔√〕
● 项目实施机构信息
机构地址：北京市朝阳区双营路 11 号美立方 4-4-805
机构负责人：梅冬

改变放牛娃的"钱途"

■ 上海百特教育咨询中心

● 项目解决的问题
素质和能力——其他教育（个人情感智力人格/人与自然/人与社会等）。其他（请注明）：儿童财经素养教育。
● 项目核心内容
（1）利益相关方：留守儿童及所在学校、学校教师、留守儿童家庭
（2）项目资金来源：众筹
（3）项目工具：财商教室、财商课程、教师培训
（4）核心议题：财经素养教育
项目拟打造 66 间阿福童快乐财商教室，帮助 15 000 名云、贵、川、陕、粤地区的 2—5 年级留守儿童获得财经素养启蒙教育，树立正确财富观念，赋予改变未来的能力。筛选云南省 6 所、贵州省 31 所、四川省 14 所、陕西省 10 所、广东省 15 所总共 76 所学校引入快乐财商教室，成为孩子们开始财经素养教育的学校和社区。
● 项目概述
项目开始年月：2017 年 12 月—2018 年 12 月
项目实施地域：
省：广东、四川、贵州、陕西、云南
市：商洛市等 13 个市
县：凉山彝族自治州昭觉县等 5 个县
项目实施具体乡镇/村/学校：35 个乡镇，41 个村，66 所学校
项目介入地：小学
项目限定条件：9—12 岁留守儿童、当地学校教师

1. 项目要点：

（1）项目设计缘由。云贵川等山区的大多数父母都会外出打工赚钱，只有年迈体弱的爷爷奶奶在家务农，照顾孩子们的生活。外出打工的父母常用的表达爱的方式就是给孩子们零花钱，每天至少 1 元，经济条件好一些的多至 20 元。孩子们只会拿着零花钱去小卖部买零食，巧克力、泡泡糖、辣条是他们的最爱，给多少花多少。很多孩子不知道银行是什么，更不要说把钱存起来，或者用钱对自己的未来做一些计划了。

但是，因为各种现实原因，在当地，初中辍学率高达 50%。这些留守儿童们往往初中毕业就入城打工或者从事其他的工作开始赚钱养家，相比于城市同龄儿童，他们更早进入社会，面临生活的挑战。但是，由于没有机会在进入社会前接受社会生活技能教育，他们往往很快就在自我管理、时间管理、金钱管理、社会交往等方面面临实际的挑战。有些孩子辛苦打工一个月挣了两千块钱，但是很快就在网吧或者游戏厅把钱消费完了。也有些孩子，挣了钱想存起来，却不知道合适的存钱渠道，更不敢拿钱去做一些合理的理财，只认为拿在手里才最安全，却不知道钱是会贬值的。这些现实的问题如果得不到解决，这些孩子们不要说现在的生活会受到影响，更是难以为自己规划一个合理的未来，这样的人生轨迹还会在他们的下一代身上延续。

国外大量研究表明，国民财经素养的不足，会对国家社会经济发展和社会稳定造成影响。截至目前，已有 45 个不同收入水平的国家准备好设计或已在实施国家层面的财经素养教育。中国目前还处于观望和摸索阶段。

针对这样的问题，上海百特教育在 2009 年与国际儿童储蓄基金会合作引进了国际教育公益项目——社会理财教育项目，为中国的孩子带来了财经素养教育课程，通过不同层次的课程介入和不同类型的教育方式，迄今已服务了超过 100 万的流动儿童和留守儿童，帮助孩子们尽早拥有正确的金钱观和价值观，找到适合自己的发展目标，制订合理的成长计划，培养自我管理能力，培养懂规则、讲诚信、负责任的素质，为自己赢得更加自立自信的未来。

（2）项目产出。通过本项目在云南、贵州、四川、广东 4 个区域服务 10 000 名的留守儿童。通过评估显示该 10 000 名儿童在社会和金融相关的知识和态度上发生改善。为 120 位志愿者教师提供免费培训，提升教学能力满足儿童的财经素养教育需求。志愿者给留守儿童开展财商课程，每周 1—2 次，志愿者教师利用活动课、班会课、安全课、德育课等开展财经素养启蒙课程。通过项目积累，在该区域内建立口碑和影响力，该区域吸引更多学校参与下个年度项目。各区域跟进和收集 8 个优秀案例故事，归入全国阿福童项目案例集。每个区域 1 名优秀志愿者讲师参与在上海举办的年度嘉年华，设立留守儿童服务全国交流专题分享。

2. 项目评估体系：

评估内容：

（1）前期评估——了解项目信息和评估需求，制定评估方案、确定指标体系、完成问卷设计；预调研，问卷调整；样本确定、数据采集培训、开展前测；前测数据回收、录入、分析。

（2）中期评估——项目运作情况（培训过程、质量；授课质量）；后测并进行数据回收、录入、分析数据。

（3）末期评估——项目运作效益评估；议题影响力评估；乡村儿童财经素养调查报告。

评估报告：乡村儿童财经素养调查报告

评估方：上海纽约大学

评估时间：2018年3月—2018年12月

● 项目实施机构信息

机构地址：上海市浦东新区峨山路613号A座312室

机构负责人：陈虹

阅读+（筑梦支教）

■ 陕西筑梦公益发展中心

● 项目解决的问题

素质和能力——艺术教育（音乐/舞蹈/戏剧/绘画/文学艺术欣赏/阅读习惯培养等）。

● 项目核心内容

针对项目地的阅读和艺术课程教育的缺失，中心自主研发出一套系统教学模式——阅读+艺术课程，该模式将图书内容与手工、音乐、美术、表演、游戏、演讲等艺术课程结合起来共同教授。

培养儿童阅读兴趣，使其享受自主阅读和独立理解所带来的阅读之趣，以"渔主鱼辅"为宗旨，阅读兴趣为渔，图书众筹为鱼，为留守儿童搭起一个阅读、悦读的乐园。

● 项目概述

项目开始年月：2015年7月

项目实施地域：

省：陕西、甘肃、浙江

市：陕西省安康市、甘肃省白银市、浙江省丽水市

县：会宁县、紫阳县、平利县、旬阳县、遂昌县

项目实施具体乡镇/村/学校：甘肃3个乡镇3个村7所小学，陕西5个乡镇5个村5所小学，浙江2个乡镇2个村5所小学

项目介入地：•小学

项目限定条件：

受益对象：国家级贫困县5—13岁留守儿童，性别不限。

1. 项目要点

中心主线项目——筑梦支教，以阅读推广和艺术教育为筑梦支教课程的主要方向。该项目的项目地选择多为陕西、甘肃、浙江等山区，服务当地的贫困家庭儿童及留守儿童。

（1）项目背景。阅读培养和艺术教育是当代教育越来越重视的领域，它们对于儿童的知识范围、行为指导、动手能力、人格塑造、学习兴趣提升等方面都具有重要的作用。而阅读习惯的养成和艺术的教育更要从孩童时期开始，此阶段的孩子正处于吸收"养分"的关键时期，这个时期孩子具有较强求知欲望、学习内容吸收快的特点，能有效地达到阅读和艺术养成的目标，且影响深远。

但是我们发现，当地教育存在应试色彩浓重的现象，片面追求学生成绩而忽视学生人格养成及多方面能力的培养，在当地村民甚至教师意识中，学生的阅读和艺术课程是可以直接忽略的领域。基于当地教育资源匮乏，村民阅读意识薄弱，除了正常的文化课程开展以外，对孩童阅读习惯的培养无所涉及。即便是接受过图书室援建的小学也不会将图书室投入使用，室内书籍被束之高阁，图书室形同虚设。特别对于留守儿童而言，由于其家庭特殊性，即便渴望阅读课外书籍和参与艺术课程，也会囿于资源稀缺及无人引导等原因而无法享受阅读乐趣，由此导致城市与山区教育公平性的失衡。

有的项目地区设有留守儿童服务站，但服务站人力资源和物质资源有限，只能成为为儿童提供食宿的硬件场所，无法对孩子们提供文化教育软服务。

（2）项目内容。针对项目地的阅读和艺术课程教育的缺失，中心自主研发出一套系统教学模式——阅读+艺术课程，在筑梦支教项目中使用。该模式将图书内容与手工、音乐、美术、表演、游戏、演讲等艺术课程结合起来共同教授。

（3）项目目标。通过手工制作和绘画图书内的人物、编唱图书内容、游戏式表演图书内情节等方式引导儿童阅读图书，帮助孩子解读图书，同时学习声乐、手工、绘画等艺术课程。让每一本书都不再只是一本"可读"的书，将其变为"可读、可看、可画、可唱、可演"多方面的教学工具。另设分享式晨读让每个孩子每天分享一本书中的故事，从侧面提高学生对知识的理解、消化和表述能力。

（4）项目区域选择（部分），甘肃省会宁县八里湾乡、党家岘乡。会宁县是

西北教育名县，素有"西北高考状元县"和"博士之乡"的称号。但其各乡镇经济发展落后，财政困难，导致现有的软、硬件教育资源无法满足学生的求知和学习欲望。该项目的服务人群多为贫困家庭儿童和留守儿童，活动地点设在李湾、掌里、大山川、砖井各村小学。

浙江省丽水市遂昌县，浙江省项目地点选取由浙江分队全权负责，计划为5个项目点。当地山区生活条件较好于中西部山区，但外出务工人员占人口总额较大，因此服务对象多为留守儿童，活动地点设在各村小学。

为规避短期支教的弊端，秉承定点支教的初衷，12个项目地点中紫阳县为新增项目地点，其他均为往期项目地。

（5）项目预期成果（单期）。本期项目计划覆盖3省12个项目地，服务学生500余名。

在为期21天的活动中，将11个项目地中开放的图书室投入使用，通过开展筑梦支教队自主研发的阅读＋艺术课程，由志愿者带领各项目地学生阅读当地校图书室内书籍。计划开展艺术课程40节；鼓励并引导500名学生每人在21天中主动阅读分享至少一本自己感兴趣的书籍；丰富500名学生的艺术课堂。使60%的学生开始有阅读意识，愿意主动走进各校图书室，同时通过课业辅导，帮助每个学生完成假期作业，培训100名大学生志愿者参与公益活动。

2. 项目被政府采纳〔√〕 推广〔√〕 购买〔　〕

● 项目实施机构信息

机构地址：陕西省西安市碑林区红缨路158号

机构负责人：李梦楠

糖果计划

■ 北京市糖果儿童关爱中心

● 项目解决的问题

亲子沟通/亲子关系改善/家庭教育（辅导）。早期教育/学前教育。课业辅导/课外兴趣拓展/课外活动。素质和能力——艺术教育（音乐/舞蹈/戏剧/绘画/文学艺术欣赏/阅读习惯培养等）。素质和能力——其他教育（个人情感智力人格/人与自然/人与社会等）。

● 项目核心内容

通过建设糖果儿童艺术中心，改善留守儿童地区儿童课外活动安全场所的缺乏，缺少艺术教育、儿童发展课程及资源等问题。

● 项目概述

项目开始年月：2013 年 12 月

项目实施地域：河南省漯河市临颍县、河北省保定市蠡县

项目实施具体乡镇 / 村 / 学校：临颍县四镇 12 村 20 所小学，蠡县 4 镇 20 村 30 所小学

项目介入地：•小学 •社区（村） •糖果儿童艺术中心

项目限定条件：小学年龄阶段乡村儿童、学龄前儿童

项目要点：缓解留守儿童缺少艺术教育的现状；改善留守儿童及乡村儿童的课外活动空间；改善留守儿童及乡村儿童社交能力及沟通能力。

● 项目实施机构信息

机构地址：北京市海淀区西三环北路 19 号 20 幢 7602 室

机构负责人：韩克菲

山区困境儿童早期干预

■ 宝鸡新星流浪儿童援助中心

● 项目解决的问题

儿童心理关怀 / 辅导 / 咨询。亲子沟通 / 亲子关系改善 / 家庭教育（辅导）。助学（学校硬件建设或改建 / 学费资助等）。助养（学习及日常生活用品、营养品捐助 / 视力保护及矫正等）。疾病救助。社会工作小组活动及个案。

● 项目核心内容

在宝鸡贫困山区的寄宿制中小学中，针对贫困或重大家庭变故的困境留守儿童提供物资援助（涉及学费、生活费、返家路费、医疗费、学习用品、体育用品、生活用品、衣物等），开展社会工作小组活动和个案心理辅导。

● 项目概述

项目开始年月：2008 年 3 月

项目实施地域：陕西省宝鸡市麟游县等 5 县

项目实施具体乡镇 / 村 / 学校：8 所小学，8 所中学

项目介入地：•小学 •中学

项目限定条件：受益对象年龄：6—18 岁

受益对象群体：符合《国务院关于加强困境儿童保障工作的意见》中困境儿童六大类之一的山区困境儿童

项目实施地：农村学校

1. 项目要点：

（1）项目的产出、效果和项目的影响力：2008年至今，共帮扶山区困境儿童298名，受益学校16所，顺利完成九年义务教育44人，家庭条件好转且社会功能有所改善84人，升入高中12人，升入大学4人。

（2）项目设计的逻辑：山区困境儿童多为留守儿童，隔代监护、缺乏沟通、家庭结构缺失等一系列的问题，对儿童的身心都造成了很大的影响。中心通过物资援助、个案工作、小组活动等专业的社会工作方法，帮助儿童摆脱困境，更好地成长。

（3）项目内容：

个案工作：以儿童个人乃至家庭为服务对象，了解其生理、心理、社会等内容与特点，针对服务对象的特殊情况和需要，通过专业关系的建立和发展，深入了解内在的心理特性和问题，展开工作并有针对性地给予物资援助。

社会工作小组工作：为具有同质性的山区困境儿童开展"成长互助"小组社会工作服务。通过参与丰富多彩的小组活动，以彼此分享、分担、支持、教育、治疗等动力，带来组员态度和行为的改变。在小组工作结束后，新星工作团队把援助物资作为儿童在小组中的激励礼物送给他们，让儿童在接受援助物资时没有压力，拿得有尊严，从而让孩子们懂得要付出才能有回报。

（4）项目目标：受益对象通过接受小组、个案及物资援助等一系列服务，能够顺利完成九年义务教育，真正做到"助人自助"。

2. 项目评价体系：

根据《山区困境儿童筛选标准》对受益对象进行实地入户走访，通过案主、家庭、村委、学校多方面收集信息，核实评估受益对象实际情况。

结案评估标准：

（1）家庭经济情况好转，可以维持受益对象正常生活开销，且社会功能有所改善。

（2）顺利完成九年义务教育。

评估报告：项目末期报告

评估方：宝鸡新星流浪儿童援助中心（自评）

评估时间：2016年12月

● 项目实施机构信息

机构地址：陕西省宝鸡市金台区宝平路49号

机构负责人：淮静芸

那山成长营

■ 北川大鱼青少年公益发展中心

● 项目解决的问题

课业辅导/课外兴趣拓展/课外活动。素质和能力——艺术教育（音乐/舞蹈/戏剧/绘画/文学艺术欣赏/阅读习惯培养等）。

● 项目核心内容

为留守儿童、困境儿童提供学校教育以外的素质教育；提升留守儿童、困境儿童自信、拓展其视野；倡导社会共同关注西部留守儿童、困境儿童。

● 项目概述

项目开始年月：2008年5月

项目实施地域：四川省绵阳市北川羌族自治县

项目实施具体乡镇/村/学校：35个乡镇，190个自然村，20所以上学校的500名留守儿童、困境儿童

项目介入地：•小学　•初中　•高中

项目限定条件：本机构在资助的留守儿童、困境儿童

1. 项目要点：

（1）项目背景

2008年汶川地震给北川带来了沉重打击。地震以后，学生的校舍、家园遭到破坏，生活、教育无法保障。为了让失去家园的孩子能继续接受教育，缓解因地震带来的心理创伤，由网友自发组织的志愿者团队开办帐篷学校，招募来自全世界各地的志愿者，为震区儿童提供心理抚慰和课业辅导。

本项目从最初的帐篷学校到如今的那山成长营，8年来累计招募世界各地超过1000名志愿者服务北川困境儿童，同时营会也从最初单一的课程辅导和简单素拓活动发展为提升儿童自信、拓展儿童视野、培养兴趣爱好、树立理想和人生追求的多元活动设计，为北川儿童提供综合素质教育。

（2）项目简介

那山成长营前身为2008年汶川地震以后的帐篷学校，主要招募来自全国各地的志愿者为震区儿童提供心理抚慰、课业辅导等帮助。随着震后就学条件的恢复和改善，辅导班的功能也逐渐发展为帮助北川儿童拓展视野、提升自信，并促进他们和志愿者共同成长的夏令营活动。

2015年夏令营正式得名"那山成长营"，取意于"既然山不能过来，那我们就过去吧"。成长营旨在通过素质拓展、艺术课程、影像计划、生存体验等活动

和课程设计，丰富北川儿童的暑期生活，并为北川儿童提供综合素质教育，同时成长营还可以为全国各地的大学生提供公益服务平台，让大学生通过公益服务增强社会责任感。

项目支持方：共青团北川县委、北川县安昌幸福小学资助人、永昌中学、马槽小学、爱心人士、高校志愿者

（3）项目目的

①陪伴北川孩子度过一个快乐的暑假；

②提升北川儿童自信；

③拓展北川儿童的视野，培养其兴趣爱好；

④培养大学生志愿者的公益理念；

⑤倡导社会关注西部地区的困境儿童。

（4）项目内容

项目采用"项目组＋志愿者＋学生"的三位一体模式，每年暑期展开，周期15天。

①项目组

针对北川困境儿童不同年龄段的需求，项目组将学生分为低段（二年级到四年级）、中段（五年级到七年级）、高段（八年级到十年级）3个段，同时负责招募来自全国各地的大学生志愿者，带领北川困境儿童开展"科学实验""戏剧表演""乡土调查""影像计划"等主题活动。

②志愿者

来自全国各地的大学生以及部分留学生分为不同组别在成长营内开展志愿服务：教练组，负责部分课程和活动方案的策划、全部课程及活动的执行；家访组：负责对全部参营儿童的家访，以了解家庭情况，并为其家庭带去人文关怀；后勤组：负责整个营地的厨房、物资采购、图书室、医务、卫生等相关后勤保障工作；新闻组：负责整个营地的图片拍摄、视频制作、稿件撰写、晚会策划、公众平台维护等传播工作；评估组：借鉴社会工作项目评估方法，对成长营的效果和具体执行状况进行评估。

（5）项目产出与效果

从2008年帐篷学校开始到2016年那山成长营，8年时间本机构共招募志愿者2 000人以上，服务北川困境儿童3 000人次以上，使1 000多个家庭受益；困境儿童覆盖北川36所学校。

项目的效果：

①对学生的效果。提升困境儿童的自信心；提升困境儿童的团体协作意识；开拓了困境儿童的视野；增强了困境儿童的学习兴趣；增进了困境儿童的乡土文化认同；扩大了困境儿童的社会支持网络。

②对志愿者的效果。增强了志愿者的志愿服务意识；增强了志愿者对农村和困境儿童的认知程度；提升了志愿者的社会责任意识和公益理念；提高了志愿者

的志愿服务能力。

（6）项目创新

①种子计划。以往作为服务对象参加过成长营的学生，在考上大学后可以参加"种子计划"，以志愿者的身份参与成长营服务，即使他们达成了回馈社会的意愿，又实现了公益意识的再传递。

②乡土调查。将夏令营活动与乡土文化相结合，为高段孩子设计乡土文化调查活动。孩子们通过访谈、拍照等方式了解羌族的民俗文化和家乡历史，激发他们对自己家乡的热爱和对羌族文化的认同感。

③生计助学。将夏令营活动与困境家庭的生计改善相结合，成长营里学生和志愿者食用的蔬菜、肉类多数由困境学生家庭提供，他们组成互助小组，采用生态种植和养殖方式生产肉类和蔬菜，既改善了困境家庭的经济状况，又保证了成长营的食品质量。

④围绕成长营，本机构同样设计了减轻困境儿童经济负担的经济助学项目，改善困境家庭经济状况的生计助学，帮助其进行人生规划的远眺项目，为其提供志愿服务机会的种子计划，以艺术方式缓解其心理压力的影像计划和戏剧小组，为发生紧急状况的困境家庭提供支持的个案援助等常规项目，全面关注北川困境儿童的身心健康成长。

（7）未来规划

①进一步采用参与式项目设计方法。在未来将更深入地采用参与式项目设计方法，使儿童在成长营课程和活动设计中所起的作用逐步增大，从而真正设计出符合困境儿童需求的成长营。

②进一步提高项目设计的专业化水平。引进专业资源，提升项目人员的专业能力，研发适合北川困境儿童的夏令营运作体系，包括课程及活动方案、志愿者管理制度、志愿者培训制度等。

③形成可复制的困境儿童夏令营执行手册，增加与同类夏令营主办机构的沟通和合作，整合已有资源，设计出一套具有重要参考价值的困境儿童夏令营执行手册，从而在国内其他地区复制夏令营项目，让更多困境儿童受益。

2. 项目评价体系：包括过程评估和结果评估在内的社会工作评估。

评估报告：2014年点亮星空成长营评估报告，2015年那山成长营评估报告，2016年那山成长营评估报告。

评估方：机构实习生及相关专业大学生志愿者组成的评估团队

● 项目实施机构信息

机构简介：

北川大鱼青少年公益发展中心前身为中国心志愿者团队，成立于2008年5月15日，前身是四川抗震救灾志愿者组织。2008年5月26日，中国心正式进驻北川开展抗震救灾工作，并于2008年6月17日更名为中国心志愿者团队。

中国心在北川扎根9年，从临时、自发的志愿者团队逐步蜕变为专业、组织有序的公益组织，并设有品质助学、社区发展、灾害应对三大部门。其中品质助学部通过经济助学、心灵助学、个案关注等方式为困境儿童提供帮助，从经济方面减轻困境家庭经济负担，心灵方面通过成长营、陪伴计划、影像计划、远眺计划等陪伴活动提升学生自信，促进他们身心健康成长。

为了保证助学项目的专业化、持续化发展，2016年5月，品质助学部正式独立注册为北川羌族自治县大鱼青少年公益发展中心，专注于青少年发展和成长。以助力青少年成长为有益于社会的公民为机构使命；愿景是每一个青少年能在公正的环境中发展，价值观是尊重、真诚、创新、自由、笃行。

机构地址：四川省绵阳市北川羌族自治县纳福巷5号

机构负责人：王雪梅

护苗行动——农村困境儿童关爱计划

■ 榆林市青少年社会工作者协会

● 项目解决的问题

儿童心理关怀/辅导/咨询。安全教育。素质和能力——其他教育（个人情感智力人格/人与自然/人与社会等）。

● 项目核心内容

从农村困境儿童的需求出发，用专业社会工作手法通过个案管理、成长小组、安全自护、暑期夏令营等服务，帮助困境儿童疏导化解成长问题，构建朋辈支持系统，获得全面发展，实现困境儿童心理阳光健康、安全自护有保障、支持系统完善，促进他们健康积极地成长。

● 项目概述

项目开始年月：2015年2月

项目实施地域：陕西省榆林市榆阳区、佳县、米脂县、横山区

项目实施具体乡镇/村/学校：6个乡镇、12个村、33所小学

项目介入地：• 小学

项目限定条件：留守儿童集中的小学

1. 项目要点：

（1）专业社工介入困境儿童帮扶，使帮扶服务专业化。

（2）专业社工加细分义工模式，既降低工作经费又能保证服务质量。

（3）政府、学校、社会、家庭联动模式，让帮扶服务无死角。

2. 项目评估体系：
评估报告：护苗行动——陕北农村困境儿童社工服务试点项目结项报告（民政部购买项目）
评估时间：2015 年 12 月
3. 项目被政府采纳〔√〕 推广〔√〕 购买〔√〕
● 项目实施机构信息
机构地址：陕西省榆林市开发区沙河西路审计局一楼青年服务中心
机构负责人：何灵敏

让明天更美好——困境留守学生精准帮扶社工服务项目

■ 成都市双流区青少年社会工作协会

● 项目解决的问题
儿童心理关怀／辅导／咨询。亲子沟通／亲子关系改善／家庭教育（辅导）。课业辅导／课外兴趣拓展／课外活动。安全教育（食品／交通／居家／自然灾害／网络／防性侵／防拐卖等）。素质和能力——艺术教育（音乐／舞蹈／戏剧／绘画／文学艺术欣赏／阅读习惯培养等）；其他教育（个人情感智力人格／人与自然／人与社会等）。助学（学校硬件建设或改建／学费资助等）。助养（学习及日常生活用品、营养品捐助／视力保护及矫正等）。宣传倡导。

● 项目核心内容
通过"社工主导＋多方联动＋志愿者参与"的服务模式，将单线关爱留守学生的服务方式转变为"点、线、面"结合的三维服务体系，在"情境中"回应留守学生（尤其是困境留守学生）的需求，将留守学生个体层面、家庭层面、社区层面、学校层面的需求与其所在的学校、家庭、社区、镇街结合起来开展精准帮扶，提高服务成效。

● 项目概述
项目开始年月：2016 年 4 月
项目实施地域：四川省成都市双流区
项目实施具体乡镇／村／学校：12 个镇街、23 个村（社区）、7 所中小学
项目介入地：·小学 ·中学 ·社区（村） ·留守学生家庭
项目限定条件：双流区、留守学生
1. 项目要点：
（1）项目产出。项目自 2016 年 4 月份启动，截至 2017 年 1 月 31 日，总计开展各项服务 204 次，参与志愿者 374 人次，服务留守学生及其朋辈群体 2 070

人次，覆盖双流区 12 个镇街、23 个村（社区）、7 所中小学。

①精准帮扶服务。该板块分为精准援助服务、个案服务、支持小组，是针对困境留守学生个体开展的专项服务。

针对困境留守学生开展精准援助服务，在 7 个镇街 8 个村（社区）开展，为 8 名困境留守学生发放帮扶资金总计 8 000 元；定期与村（社区）、学校、家长根据其生活学习情况，链接爱心帮扶单位及个人 8 个，完成困境学生结对帮扶 8 人，总计帮扶资金 3 万余元。

个案服务开案 12 个，结案 12 个，在 7 个镇街开展，总计服务 92 次，为留守学生开展心理疏导、思想观念引导、资源链接、兴趣爱好培养、学习辅导、家庭关系调试等服务。

支持小组共计开展 12 期，服务留守学生 119 人次，在小组中提升留守学生的朋辈交往能力和自信心。

②针对留守学生群体的普遍性需求开展学习加油站、积极心理学课堂、法律讲堂、安全教育课堂、团队拓展课堂、社区参与服务。

学习加油站在 4 个镇街 6 个村（社区）开展，为留守学生及其朋辈群体开展学习辅导、兴趣爱好培养等服务，总计开展 42 次，服务 486 人次，参与志愿者 130 余人次。

积极心理学课堂、法律讲堂、安全教育课堂、团队拓展课堂先后在 7 所中小学、3 个村社区，总计服务 631 人次。

社区参与服务先后在九江敬老院、黄水镇开展，旨在促进留守学生参与社区公益活动和社会实践，提升社区融入感和社会责任感，总计开展两次，参与留守学生 20 人次。

③倡导与培训。关爱留守学生宣传倡导活动开展 2 次，服务 230 人次；针对项目成员及志愿者开展督导培训 16 次，其中志愿者培训 15 次，项目督导 1 次。

（2）利益相关方的参与及方式

成都市民政局，项目出资方，为项目提供经费支持及项目指导。

共青团双流区委员会，作为机构的主管单位，协助项目对接镇街团委及团组织参与困境留守学生的帮扶工作。

12 个镇街团委、村社区、学校，协同开展项目各项工作。

（3）项目长远规划

精细化开展双流区留守学生帮扶服务，细分不同的服务板块进行精细化服务，回应满足留守学生的多层次需求。

2. 项目评价体系：

评估内容：

①项目管理，人事管理、过程管理；

②服务成效，目标达成率、项目影响力、利益相关方满意度评价；

③服务对象满意度评价；

④社会效益评价。

评估报告：2016 年成都市培育发展社会支持专项资金扶持项目——"让明天更美好"困境留守学生精准帮扶社工服务项目中期报告。

评估方：成都新民社会组织发展中心

评估时间：2016 年 11 月 28 日

3. 项目被政府采纳〔　〕推广〔　〕购买〔√〕

● 项目实施机构信息

机构地址：四川省成都市双流县西航港街道文兴大道 205 号湖夹滩社区 2 楼

机构负责人：张琴

"富心少年"——关爱留守儿童公益夏令营

■ 湖南李丽心灵教育中心

● 项目解决的问题

儿童心理关怀/辅导/咨询。亲子沟通/亲子关系改善/家庭教育（辅导）。课业辅导/课外兴趣拓展/课外活动。安全教育（食品/交通/居家/自然灾害/网络/防性侵/防拐卖等）。素质和能力——艺术教育（音乐/舞蹈/戏剧/绘画/文学艺术欣赏/阅读习惯培养等）；其他教育（个人情感智力人格/人与自然/人与社会等）。助学（学校硬件建设或改建/学费资助等）。

● 项目核心内容

以"精准扶心"的创新理念，开设"富心课堂"、乡村夏令营，以及城乡少年的互动互助等创新的服务方式，给予留守儿童以多方面的帮助和支持。

● 项目概述

项目开始年月：2015 年 8 月

项目实施地域：湖南省衡阳市祁东县、怀化市通道县

项目实施具体乡镇/村/学校：太和堂镇太和堂村希望小学、临口镇中团村中团小学

项目介入地：•小学　•社区（村）

项目限定条件：

（1）受益对象的年龄段集中为 8—14 岁；

（2）以留守儿童密集的村庄为主；

（3）相对而言交通较为便利（能进出大巴车）；

（4）所在学校和社区需认同和支持项目的开展。

1. **项目要点：**

(1) 项目设计逻辑

①"精准扶心"的创新理念。本项目区别于传统的"款物助学",注重立足于不同留守儿童的不同特点和需求,组织实施独具特色的"富心课堂"等具体服务,实现针对留守儿童群体的"精准扶心"。

②乡村夏令营创新模式。项目区别于传统支教服务,集中式的夏令营的形式能极大地丰富留守儿童的生命体验。服务采取小组式的教学方法,除了统一的标准化的课程外,还为每个孩子量身打造社团课程,充分保障每个孩子都能在夏令营中得到最大化的关注,并拥有自我个性发挥的空间。

③城乡少年互动互助创新服务。项目除了在祁东和怀化当地开展常规服务外,还将带领留守儿童前往长沙感受城市生活、开阔眼界,在长沙活动期间开展招募相应数量的城市孩子和留守儿童进行结对,一起进行各类体验,实现城乡少年间的有效互动和互助。

(2) 项目运作方式

①课内教学延伸。开设英语口语课程,带领营员学会大声"说",弥补乡村教育在英语课程中的不足;每日布置"富心日记",引导营员学会"写",学会观察并记录生活;夏令营午休及课间设置阅读时间,引导营员学会"读",培养孩子们养成良好的阅读习惯和阅读兴趣。

②富心课堂普及心理知识。由专业社工及心理老师以小组活动的形式为孩子们开展系列化心理知识普及。以悦纳自我、情绪管理、人际交往、树立梦想等主题活动,帮助留守儿童提升自信,学会良好的人际沟通,养成健康心态。此外,对部分有特殊需要的营员,由社工及心理老师进行课后的一对一个案辅导等。

③个性化定制社团活动。设置绘画、手工、舞蹈、科学实验等社团辅导活动,由孩子根据自己的兴趣特长自行选择参与。

④传统文化教育。开展经典诵读、传统文化学习等其他活动,让孩子了解国家传统文化的同时,了解家乡的传统文化,寻求对"根"的认同。

⑤安全教育。开展防性侵、防拐骗、防溺等安全教育课程,增强留守儿童自我保护意识和能力。

⑥户外拓展实践。带领营员来到省会长沙,陪伴营员参观生态动物园、大学城等地方开阔眼界,前往酷贝拉进行职业体验,并招募相应城市少儿开展城乡儿童互动分享会等活动。

2. **项目评估体系：**

根据项目目的和目标,设定切实可行的评估指标,开展过程评估和结果评估,采用访谈及问卷形式进行评估调查。

评估内容：针对项目在实施过程中的效率情况、成效情况,以及项目对于组织、服务对象所带来的改变或者影响建立评估机制。

评估报告:"富心少年"关爱农村留守儿童公益夏令营项目
评估方:中华少年儿童慈善救助基金会(资助方)
评估时间:2016年10月30日
● 项目实施机构信息
机构地址:湖南省长沙市天心区青园街道湘园社区居委会三楼
机构负责人:万强

"阳光计划"农村留守儿童社会工作服务项目

■ 兰考县正心社会工作发展中心

● 项目解决的问题
儿童心理关怀/辅导/咨询。课业辅导/课外兴趣拓展/课外活动。安全教育(食品/交通/居家/自然灾害/网络/防性侵/防拐卖等)。

● 项目核心内容
通过专业社工项目服务,探索建立农村留守儿童社会工作模式,建立留守儿童志愿服务队伍,为街道的留守儿童提供困难救助、生活关爱、人文关怀、心理疏导、关系调试和资源整合等服务。

● 项目概述
项目开始年月:2016年9月1日
项目实施地域:河南省开封市兰考县
项目实施具体乡镇/村/学校:1个街道办,19个村,4所小学
项目介入地:•小学 •社区(村)
项目限定条件:兰考县惠安街道办的农村留守儿童(5—12岁)

1. 项目要点

(1)运用社工专业工作方法为留守儿童开展支持服务,提供救助和保护,使其得到适当的养育和照顾。

(2)为儿童提供及时有效的情绪疏导、行为指导、发掘留守儿童的潜能,引导其树立良好学习习惯,促进他们的身心健康成长。

(3)搭建未成年人保护平台,整合当地资源,在当地建立留守儿童志愿者服务队伍。

进行社会宣传倡导,营造有利于留守儿童成长的社会环境。

2. 项目被政府采纳〔√〕 推广〔√〕 购买〔√〕

● 项目实施机构信息
机构地址:河南省开封市兰考县人民政府惠安街道办事处3楼309室

机构负责人：吉龙龙

"快乐启航　梦想飞扬"社区留守儿童项目

■ 河南省兰考县启航社会工作服务中心

● 项目解决的问题

儿童心理关怀/辅导/咨询。亲子沟通/亲子关系改善/家庭教育（辅导）。课业辅导/课外兴趣拓展/课外活动。安全教育（食品/交通/居家/自然灾害/网络/防性侵/防拐卖等）。素质和能力——艺术教育（音乐/舞蹈/戏剧/绘画/文学艺术欣赏/阅读习惯培养等）；其他教育（个人情感智力人格/人与自然/人与社会等）。儿童合法权益保障。助养（学习及日常生活用品、营养品捐助/视力保护及矫正等）。

● 项目核心内容

（1）通过整合家庭、学校、社区的资源，从留守儿童的学习娱乐、日常生活、安全、成长环境着手，真正为留守儿童的成长构筑一张严实的关护网络；

（2）通过专业的个案工作、小组工作及社区工作方法，引导留守儿童群体树立正确的人生观和价值观，为留守儿童提供社会关爱和心理辅导。

● 项目概述

项目开始年月：2016年6月

项目实施地域：河南省开封市兰考县

项目实施具体乡镇/村/学校：1个乡镇，2个村，2所小学

项目介入地：•小学　•中学　•社区（村）

项目实施地：兰考县桐乡街道办事处高场社区和王庄社区

1. 项目要点

本项目是河南省福利彩票公益金购买，兰考县启航社会工作服务中心承办的项目。

项目以高场社区留守儿童为服务重点，开展有针对性的专业社工服务。

项目产出：

自2016年6月以来，共开展留守儿童家访380人次，心理咨询及辅导350人次，小组活动30节共计服务370人次，社区活动和宣传活动13次共计服务1 055人次，个案服务5人，常规活动59次共计服务1 012人次，开展留守儿童问卷调查、信息登记和个人档案的建立。通过项目的实施为社区内的留守儿童提供了所需求的儿童社工服务，提升了高场社区留守儿童的生活质量，拉近了社工与村民、儿童的距离，使留守儿童得到生活、心理、情感和思想上的关怀和帮助。

2. 项目被政府采纳〔　〕推广〔　〕购买〔√〕
● 项目实施机构信息：
机构地址：河南省开封市兰考县裕禄大道北段西侧二楼
机构负责人：雷瑞芳

情暖万安，关爱农村留守儿童

■ 三明市阳光社会工作服务中心

● 项目解决的问题

儿童心理关怀/辅导/咨询。亲子沟通/亲子关系改善/家庭教育（辅导）。课业辅导/课外兴趣拓展/课外活动。安全教育（食品/交通/居家/自然灾害/网络/防性侵/防拐卖等）。儿童合法权益保障。

● 项目核心内容

（1）通过家庭、社区、学校探访，建立农村留守儿童生理、心理、社会等多维度动态信息档案，每月更新一次，并根据评估需求，开展心理疏导、亲子教育、行为矫治等个性化服务。

（2）建立留守儿童服务站，开展留守儿童学业辅导服务。

（3）"童心天使"志愿服务队。组建留守儿童志愿服务队，参与留守儿童服务站管理，并每月开展一次社区留守、空巢、失独等困境老人探访服务。

● 项目概述

项目开始年月：2017年1月

项目实施地域：福建省三明市将乐县

项目实施具体乡镇/村/学校：1个村

项目介入地：• 小学　• 社区（村）　• 幼儿园

项目限定条件：受益对象年龄，0—16岁农村留守儿童

项目实施地：福建省三明市将乐县万安镇万安村

1. 项目要点

本项目是福建省财政支持项目

项目效果：

（1）通过探访服务，建立动态信息档案，评估个性化服务需求，提供针对性服务。

（2）通过"童心天使"长者志愿服务，增强其社会参与，提升其自我价值感。

（3）服务对象恶性事件的发生率降至0%。

（4）90%的服务对象心理健康水平获得提升。

（5）80%的服务对象学业成绩有所提高。
（6）在当地营造良好的农村留守儿童关爱氛围，培育一支志愿服务团队。
（7）使当地居民对社工的知晓率和认同感获得提升。

2. 项目被政府采纳〔√〕 推广〔√〕 购买〔√〕

● 项目实施机构信息
机构地址：福建省三明市梅列区列东街49号军供大楼10层
机构负责人：兰铃爱

让留守儿童生命起舞

■ 新教育研究院新生命教育研究所
■ 新教育基金会（江苏昌明教育基金会）

● 项目解决的问题
儿童心理关怀/辅导/咨询。儿童安全、健康教育（食品/交通/居家/自然灾害/网络/防性侵/防拐卖/生涯规划/习惯养成等）。特困家庭的帮扶结对。提高教师开展生命教育的意识和能力。

● 项目核心内容
项目以生命教育实验用书为依托，推进自发研制的"新生命教育"系列课程走近留守儿童，对留守儿童开展生命与安全、生命与健康、生命与养成、生命与生涯规划方面的知识与技能指导，使他们更加懂得珍惜生命、热爱生活，最终成就人生。项目的重点是开展生命教育乡村种子教师培训。

● 项目概述
项目开始年月：2016年9月
项目实施地域：陕西省安康市安康县、甘肃
项目实施具体乡镇/村/学校：安康市关庙镇劳动小学、培新小学等安康市学校
项目介入地：• 小学 • 中学

1. 项目要点：
（1）项目背景。新教育共同体下的新教育研究院、新生命教育研究所人员考察陕西省安康市后发现，安康市下辖10个县，有9个是国家级特困县。留守儿童官方统计是近9万人。新教育共同体愿承担起改变安康市留守儿童现状的责任。
（2）项目设计的逻辑。项目不仅仅为留守儿童，还可以辐射到儿童生命成长的旅程。全部教材都由新教育实验体系下的专家组进行自发研制，生命教材内容

从一年级至高中三年级通过对不同年龄层的心智发展研究匹配生命教育内容。

（3）项目内容及产出。自2014年起，新教育共同体——新教育研究院和新生命教育研究所发起实施新生命教育课程，免费发放《新生命教育》实验用书，义务培训乡村生命教育种子教师，组织优秀骨干教师下乡授课等。目前已惠及3 000多位陕西留守儿童。

（4）项目未来的规划。今后，该项目会建设一间新生命教育馆供各地师生参观学习及交流，并研制更多的有关生命教育的课本上架各地书店，其中部分所得将捐赠予该项目的后期运作及与留守儿童相关的师生培训。

2. 项目被政府采纳〔　〕　**推广**〔√〕　**购买**〔　〕

● 项目实施机构信息

机构地址：上海市浦东新区崂山路689号508室

"童行携力"留守儿童抗逆力提升计划

■ 安庆市全人社会工作发展中心

● 项目解决的问题

儿童心理关怀/辅导/咨询。亲子沟通/亲子关系改善/家庭教育（辅导）。课业辅导/课外兴趣拓展/课外活动。素质和能力——其他教育（个人情感智力人格/人与自然/人与社会等）。

● 项目核心内容

"童行携力"（寓意同心协力），致力于整合资源提升儿童抗逆力。

（1）抗逆力训练营。运用社会工作的专业理念与方法，以"抗逆力"提升为核心，围绕自我认识、情绪管理、目标解决和人际协作四大主题开展专项训练营活动。

（2）个案辅导。在全面了解信息的基础上，针对有特殊需求与问题的儿童，进行一对一的辅导服务。

（3）社工信箱。搭建"心心"桥，建立书信大使，加强他们的自我表达与倾诉，增强自信心，健康、快乐地成长。

● 项目概述

项目开始年月：2016年2月

项目实施地域：安徽省安庆市望江县、怀宁县、宿松县等6个县

项目实施具体乡镇/村/学校：3个区、6个县、12个乡镇、16所中小学

项目介入地：•小学　•中学

项目限定条件：7—15岁留守儿童

1. 项目要点

"童行携力"项目是全人机构在获得2015年ME公益创新资助计划2万元机构发展资金支持下，自我研发的一个教育支持类的公益服务项目。

（1）项目产出与影响力

①项目关键产出：

开展抗逆力训练营10期，服务500人次，提升其抗逆力、自信心及心理健康水平；

个案辅导30人，加强情绪管理、自我认识等方面的知识，塑造良好的自我形象；

社工信箱服务300人次。社工通过小信箱的途径，帮助留守儿童从容面对成长中遇到的困惑、困难或是问题，挖掘自身潜力，帮助澄清其遇到的问题，并提出一些建议，充分发挥其自助能力，决定采取何种形式解决问题。

②项目的影响力：

充分利用12355服务网站、宣传单页及微信等自媒体进行项目宣传，扩大影响力和关注度，加强留守儿童自身保护教育、法制教育，让其在成长过程中提升自我保护的能力；

增强留守儿童"抗逆力"，通过专业社会工作方法，经过"抗逆力"训练，增强留守儿童应对困难、挫折、失败等逆境时的心理协调和适应能力，培养其健全的人格；

通过社工信箱，整合资源（大学生志愿者、社会爱心人士、朋辈群体等），引起社会大众的关注，加强对留守儿童的鼓励与支持。

（2）项目设计的逻辑

近年来，随着城市化进程加快，越来越多的农村儿童变为留守儿童，其生存、成长、教育等问题逐渐引起各级政府部门的关注与重视。机构积极响应安徽省、安庆市等相关部门发布的文件通知，基于本土实际计划开展活动。

项目组前期进行活动调研，了解留守儿童的基本情况，形成调研报告；而后项目组制定逻辑框架表，明确项目基本框架；再次安排专业人员撰写项目计划书，形成完整的项目文案；最后机构经过集体交流与讨论，初步确定活动的开展地点并及时与之对接，确定活动时间及相关事项安排。关于活动方案，在实践中不断对其课程进行打磨与完善，逐渐实现"童行携力"品牌化、专业化。

（3）项目对利益相关方——相关政府部门、学校的影响

①机构与相关部门（区民政办、教育局、学校等）进行对接与洽谈，各部门提供了最大化的支持与配合，提供符合项目条件的服务名单，而后由学校直接进行通知参与活动。

②项目通过1年的探索，已经逐步实现了"童行携力"的项目化、产品化，获得了2016年中央财政项目支持；通过新闻稿的撰写，扩大宣传力度。

③通过在实践中对抗逆力训练课程不断打磨，同时加强了心理咨询服务能力建设，全人机构与安庆市共青团加强了合作，承接了安庆12355青少年服务台。

（4）项目的长远规划

2017年1月25日，安庆市人民政府发布《安庆市加强农村留守儿童关爱保护工作实施方案》的通知，明确提出鼓励支持社会力量参与，通过政府购买服务等方式，建立健全社会化帮扶工作机制，着力解决农村留守儿童在生活、监护、成长过程中遇到的困难和问题，形成全社会关爱农村留守儿童的良好氛围。

项目将通过影响力的提升，加强与教育、民政、共青团等部门的沟通与合作，结合本土留守儿童的实际情况，进行资源整合与项目申报，获得政府的大力支持，积极推动安庆市青少年事务社会工作相关政策出台，在学校开展有针对性的项目，推广童行携力训练课程。

2. 项目评估体系

评估内容：

（1）项目管理。主要涉及项目月度计划与总结、会议记录表与签到表、督导记录表等。

（2）服务管理。个案辅导（接案信息表、服务计划书、访视记录表及结案表等系列表格）、小组/活动（活动计划书、物资申领单、预结算表活动评估报告等系列表格）。

（3）项目宣传。项目简报、项目媒体宣传报道、社工手记等。

（4）项目财务。项目财务管理、项目资金使用明细、物资申领、服务对象受益书等。

（5）项目效果评估。项目采用定性和定量相结合的方式予以效果评估。引导员在训练营跟进过程中、结束时了解服务对象参与的收获，可凭书面记录、网络交流共同表达；另外在训练营前后对参与训练的留守儿童进行关于自信心、人际交往、情绪管理、自尊及社会支持等方面的测试，根据前后测数据的分析评估训练营对服务对象的改变。

评估报告："童行携力"留守儿童抗逆力提升计划

评估方：资助方派遣第三方

评估时间：2017年1月

3. 项目被政府采纳〔√〕 推广〔√〕 购买〔√〕

● 项目实施机构信息

机构地址：安徽省安庆市迎江区孝肃路220号社工组织孵化基地6楼

机构负责人：王丹丹

筑建留守儿童家园——彩虹乐园

■ 保靖沃土农村综合发展协会（香港沃土发展社驻保靖办事处）

● 项目解决的问题

儿童心理关怀/辅导/咨询。亲子沟通/亲子关系改善/家庭教育（辅导）。课业辅导/课外兴趣拓展/课外活动。安全教育（食品/交通/居家/自然灾害/网络/防性侵/防拐卖等）。素质和能力——其他教育（个人情感智力人格/人与自然/人与社会等）。

● 项目核心内容

（1）以绘画形式了解儿童心理状况。

（2）举办健康卫生、安全知识等相关讲座，并由志愿者进行有针对性的现场示范。

（3）笔友书信。孩子与志愿者一对一作为笔友，信件内容必须手写，通过书信的方式，让孩子们可以写下内心深处的话。

（4）开展亲子项目。彩虹农场，组织学生自由分组，划分农场责任区，从除草、翻土至播种由孩子亲自实践，并作好蔬菜成长记录，以此让孩子们了解粮食的来之不易，体会农民的辛苦；培养孩子责任心、团结协作能力及增强凝聚力；提高孩子细心与耐心、观察与反馈能力。

（5）举办家长讲座，并组建家长微信群，实时关注孩子动态，不定期发送育儿相关资讯。

（6）以德育教育为大方向，每周末开展主题活动，如尊重、孝顺、团结、友爱、敬老等，培养良好情操。

（7）通过周末活动游戏，锻炼孩子们思考、注意力、凝聚力、自主创新力等；

（8）不定期邀请志愿者陪同孩子们开展户外实践活动，亲近自然，以及组织孩子与家长开展嘉年华活动。

● 项目概述

项目开始年月：2016年11月

项目实施地域：湖南省湘西自治州吉首市保靖县

项目实施具体乡镇/村/学校：1个乡镇（迁陵镇）、1个村落（昂洞村）、1所小学（昂洞小学）

项目介入地：•小学 •社区（村） •幼儿园

1. 项目要点

（1）项目设计的逻辑

随着社会留守儿童人数的增多，对于留守儿童的关注与陪伴是我们最想做的。留守儿童在校期间，有学校教师教导与关心，而一旦放假，孩子们就会出现一个空窗期，无处玩，无处学，因此项目主要是通过周末及寒暑假给予孩子们陪伴，陪伴的同时通过游戏、活动对他们实施养成教育，培育良好情操，引导他们积极乐观的人生态度，以及增强他们各方面的能力。

目前我们将项目试点定为保靖县迁陵镇昂洞村昂洞小学，初步入档留守儿童42名。

为了避免给这些孩子标签，我们将项目命名为"彩虹乐园"，意为孩子们能每天笑容灿烂，并有一个如彩虹般灿烂的人生。

（2）项目运作方式和产出

每周周末的活动都会有志愿者加入，孩子们很积极参与活动，每周都会保持在20—30人以上，工作人员会注意观察孩子们参与活动的细节，关注孩子们的改变，促使其更好地成长。

同时，我们组建了彩虹乐园家长群，实时将孩子活动信息及图片信息传送给家长们，家长也会通过我们向孩子们传达一些温馨话语。

（3）项目与利益相关方的影响

目前项目正处于实施阶段中，有县教体局、昂洞村村委、昂洞小学等多个单位参与并鼓励支持，且得到相关单位及村民的一致好评，每期的总结报告我们会及时呈送教体局、团县委、妇联等相关单位。

（4）项目未来规划

后期我们会将第一期工作制定出一种模式，通过多种途径增加经费资源，扩展此项目模式到更多有需要的村落及学校开展。

2. 项目评估体系（自评）

评估依据：留守儿童感想、乐园管理员感想、志愿者每周活动记录表

评估报告：筑建留守儿童家园项目第一期工作报告

评估方：保靖沃土农村综合发展协会（自评）

评估时间：2017年1月

3. 项目被政府采纳〔√〕 推广〔　〕 购买〔　〕

● 项目实施机构信息

机构地址：湖南省湘西自治州保靖县北门街邮政银行二楼

机构负责人：刘茜

和乐小公民计划

■ 广西和乐社会工作服务中心

● 项目解决的问题

儿童心理关怀／辅导／咨询。课业辅导／课外兴趣拓展／课外活动。素质和能力——艺术教育（音乐／舞蹈／绘画／文学艺术欣赏／阅读习惯培养等）；其他教育（个人情感智力人格／人与自然／人与社会等）。

● 项目核心内容

通过游戏、美术、音乐、阅读、手工等形式，为儿童营造一个健康安全的活动空间，促进儿童心理能力，培养儿童的公民意识和人文情怀。

● 项目概述

项目开始年月：2016年11月—2017年10月

项目实施地域：广西壮族自治区柳州市融水县

项目实施具体乡镇／村／学校：1个镇，2个城区（村），2所小学

项目介入地：• 小学 • 社区（村）

项目限定条件：低保留守儿童

项目被政府采纳〔√〕 推广〔√〕 购买〔√〕

● 项目实施机构信息

机构地址：广西壮族自治区南宁市青秀区碧湖路垠东三组1栋7号

机构负责人：苏朝丹

留守儿童身心教育陪伴

■ 遵义市翼梦助学促进会

● 项目解决的问题

亲子沟通／亲子关系改善／家庭教育（辅导）。安全教育（食品／交通／居家／自然灾害／网络／防性侵／防拐卖等）。素质和能力——其他教育（个人情感智力人格／人与自然／人与社会等）。

● 项目核心内容

围绕情绪、亲子关系、人际关系、防性侵的教育活动。

● 项目概述

项目开始年月：2016 年

项目实施地域：贵州省六盘水市水城县

项目实施具体乡镇/村/学校：米萝镇 1 所小学

项目介入地：• 小学

项目限定条件：贫困乡镇，6—12 岁儿童，小学阶段

项目要点

（1）项目设计的逻辑

远在山区贫困乡镇的儿童长期与父母分居，或因多子受到父母冷落，缺乏亲情温暖，甚至心底对父母心怀埋怨，情感也严重压抑，通过项目可对孩子正确疏导家庭关系和情绪，帮助孩子理解和重新认识家庭关系、正确的人际交往以及如何自我保护，避免受到侵犯，给孩子心灵慰藉，重塑积极乐观精神。

项目针对孩子情感和身体保护意识薄弱问题，结合心理学知识及正面管教的教育理论，设计游戏互动，增强孩子的体验，促进孩子身心健康。

（2）项目利益相关方的参与方式

米萝治安小学，以提供教学场地、给予教学支持的方式参与。

（3）项目未来规划

组织形成支教人员培训链，对所有支教点开展留守儿童身心健康的教育。

● 项目实施机构信息

机构地址：贵州省遵义市汇川区人民路乌江恬苑 12 栋 1202

机构负责人：杨忠永

幸福人生与留守儿童相伴同行

■ 济南市幸福人生心理健康服务中心

● 项目解决的问题

亲子沟通/亲子关系改善/家庭教育（辅导）。儿童心理关怀/辅导/咨询。素质和能力——其他教育（个人情感智力人格/人与自然/人与社会等）。

● 项目核心内容

"3L 关爱体系"。本着"助人自助"的社会工作原则，实施 1 级预防性训练，提高自身能力；2 级团体辅导，干预治疗有外显症状的服务对象；3 级个案辅导，重点咨询治疗有严重症状且官能受到影响的服务对象。

● 项目概述

项目开始年月：2016年3月

项目实施地域：山东省济南市商河县、历下区等

项目实施具体乡镇/村/学校：4个乡镇4所学校

项目介入地：• 小学

1. **项目要点**

（1）项目解决的问题及社会效益

①解决的问题。因为心理健康及心理技能水平低而引起的自卑、厌学、逃学问题；因人际交往技能缺乏、被欺负或是欺负他人的欺凌事件；不能面对挫折、和不能控制情绪而造成的自伤等恶性事件；因缺乏关爱和及时的心理疏导对社会对人生产生的偏激认知和恶性事件问题。

②社会效益。政府相关部门的扶持及媒体的宣传报道得到了社会各界的好评，从舆论导向上起到了正面引导作用，并且让社会各界人士看到国家关爱弱势群体的具体行动；使农村外出务工人员及其家人感受到社会的温暖，减少因对社会发展不均、贫富差距大等对社会的仇恨思想，能够以感恩的心生活，从而影响引导子女正确面对人生减少恶性事件，消除社会不利影响，有利于社会的稳定和谐；减少因为恶性事件带来的其他社会资源的消耗。提高留守儿童的受教育水平，精准扶贫缩小贫富差距，有效解决留守儿童家庭贫穷代际传承的问题。

（2）项目运作方式

①项目利益相关学校提供服务场所、组织留守儿童、教师评价；

②实施方提供咨询师及讲师；

③志愿者提供相关辅助服务；

④社会媒体宣传，政府引导，团委、民政局等倡导。

（3）项目的社会影响

团省委示范项目、市民政局推广项目。济南新闻及齐鲁电视台对项目启动仪式均以新闻的形式播出倡导。

（4）项目的长远规划

建立完善课程体系、关爱体系和评估体系，培养更多项目执行师，复制模式和课程，向全市及全省全国等农村小学推广。

2. **项目评估体系**

评估内容：儿童自评、教师评价

3. **项目被政府采纳〔√〕 推广〔√〕 购买〔√〕**

● 项目实施机构信息

机构地址：山东省济南市历下区经十路名士豪庭一区一号公建912室

机构负责人：董静

首望留守儿童爱心服务站

■ 万安县韶口乡首望留守儿童关爱服务中心(江西省)

● 项目解决的问题

儿童心理关怀/辅导/咨询。亲子沟通/亲子关系改善/家庭教育(辅导)。课业辅导/课外兴趣拓展/课外活动。安全教育(食品/交通/居家/自然灾害/网络/防性侵/防拐卖等)。儿童合法权益保障。助学(学校硬件建设或改建/学费资助等)。助养(学习及日常生活用品、营养品捐助/视力保护及矫正等)。

● 项目核心内容

本机构创办的重点是针对留守儿童,我们全部的力量将集中到为留守儿童开展服务,一切以留守儿童的服务为"首"。本项目以开设"首望留守儿童爱心服务站"为依托,通过课外辅导、心理辅导与干预和动员本土社会力量参与志愿服务,形成对留守儿童的关爱和支持。

● 项目概述

项目开始年月:2016年4月

项目实施地域:江西省吉安市万安县

项目实施具体乡镇/村/学校:5个乡镇、10个村、12所小学

项目介入地:•小学 •中学 •社区(村) •幼儿园

项目限定条件:

(1)需专业人员或者相关经验的人,对于工作人员尽量选择女性,最初的工作人员必须是社工、心理或者教育专业方面的专业人员;

(2)必须要有合适的场地,场地必须在村民可视范围内,活动场所必须在村民集中的地方,任何村民监督不到的地方不许开设;

(3)必须征得当地政府的同意,以及向有关部门报备,政府及有关部门不同意的情况下不得开设;

(4)驻点工作人员要做到三点:不得和儿童单独相处,不得将儿童带离所在地;不得在村民家中吃饭留宿等,不得接收村民的礼物赠送(包括农副产品);工作人员不得和村民发生财务关系。

1. 项目要点

(1)项目设计逻辑——首望的三层含义:

"首望"——字面解释抬头望。抬头望向父母离开的地方或者方向,或许爸爸妈妈会从那个方向回来。这正好表达了关于留守儿童的一种形态,每年年后父

母背着行装去往外地谋生，年前父母从那个方向回到家中。

"守望"——守候一份希望，那便是留守儿童的希望，希望父母外出谋生平平安安，赚更多的钱让自己的家庭生活更加美好，或许自私地想父母不再外出留在他们身边该是多好……

"手望"——携手相望。他们的希望越多失望也就越多。在这个时候我们的进入，和他们一起等待着父母的归来，陪伴他们度过一个安全、健康、幸福、快乐的童年。

（2）项目运作方式及内容

围绕留守儿童心理、行为和权益保护开展相关工作：

①课外辅导。围绕课外辅导主要是学习和生活上的，设置周末课堂和四点半课堂，生活上对留守儿童进行理财和亲情联络等帮助留守儿童进行辅导；

②心理辅导和心理干预。以小组活动和个案为主，通过同伴支持和个别了解、谈话对儿童的心理进行干预和辅导，进一步掌握儿童的动态；

③社区发展和本土人员的发展。过于频繁的人员流动，很容易对留守儿童进行第二次的心理伤害，在引进外来专业人员的基础上，同时挖掘和培养本土人才，通过组织当地的妇女、老人、党员以及儿童本身加入志愿者，不断加强他们的支持体系。

（3）项目的必要性

通过一年的努力，项目获得社会各界的广泛认可。城市里的孩子可以享受到各种各样的关注，但是农村里的孩子更加需要关爱。我们希望扎根到农村，无论外面的世界多么精彩，但是我们更希望农村的留守儿童得到关注，没有更多的言语表达，但是我们必须一直做下去。

2. 项目被政府采纳〔√〕 推广〔　〕 购买〔√〕

● 项目实施机构信息

机构地址：江西省吉安市万安县韶口乡梅岗村

机构负责人：尤翔

"情暖山区"农村留守儿童（岳西）关爱服务项目

■ 岳西县毛尖山乡留守儿童服务中心

■ 安庆市众禾社工服务中心

● 项目解决的问题

儿童心理关怀/辅导/咨询。课业辅导/课外兴趣拓展/课外活动。安全教育（食品/交通/居家/自然灾害/网络/防性侵/防拐卖等）。素质和能力——其他教育（个人情感智力人格/人与自然/人与社会等）。

● 项目核心内容

（1）"爱心午餐"服务。为岳西县毛尖山乡板舍村上舍小学留守儿童（共计70人），提供1年的免费午餐服务；

（2）农村留守儿童"四点半课堂"服务。下午4:30—5:30期间，由驻点两名社工在留守儿童服务中心，为有需要的儿童提供免费课业辅导服务；

（3）儿童抗逆力小组服务。开展留守儿童抗逆力小组（共5节），提升儿童生活自信心，协助建立独立的社会人格；

（4）"手拉手"安全教育。定期为偏远住处留守儿童提供上下学接送服务，定期组织开展校园安全教育活动；

（5）个案心理辅导。采用"社工+专业心理咨询师"方式，针对特殊困境儿童开展个案心理辅导。

● 项目概述

项目开始年月：2016年8月

项目实施地域：安徽省安庆市岳西县

项目实施具体乡镇/村/学校：毛尖山乡板舍村、岳西县毛尖山乡留守儿童服务中心、上舍小学

项目介入地：• 小学　• 社区（村）

项目限定条件：留守儿童、农村地区

1. 项目要点

（1）项目产出、效果和项目的影响

项目以毛尖山乡留守儿童服务中心为载体，以板舍村上舍小学70名学生为主体，通过开展农村留守儿童生活照料、心理疏导、课业辅导、情感交流、提供上下学接送等关爱服务，满足了当地留守儿童精神和社会需求，特别是心理层面的问题和需求。

同时项目通过引进安庆市当地专业社工（驻点），加强与省内各高校大学生志愿者合作与交流，建立了一支可靠的、稳定的服务团队，也极大地提高社工组织专业服务能力，加强了"三社"联动，有效地发挥了资源链接的功能和作用。

截至目前，项目服务人次达6 000人次以上，直接服务个案人数10人。

（2）项目设计的逻辑

项目实施地安庆市岳西县毛尖山乡板舍村，为岳西县东大门。2012年7月，板舍村成为岳西县首批"美好乡村"建设点，如今板舍村已经成为安徽省新农村建设的示范村。

辖区内涵盖19个村民组，580户，2 239人，据统计全村留守儿童人数达100多人。其中毛尖山乡留守儿童中心内留守儿童人数达50人，年龄主要集中在7—12岁，就读于板舍村上舍小学一至六年级，家庭主要分布在留守儿童中心

周围，距离较近。他们的父母均选择在上海、浙江、合肥、北京等外地务工，每年仅在茶季或春节期间返乡，因此孩子们的爷爷奶奶或外公外婆承担起了他们的主要监护人的职责。该地区留守儿童主要面临"身、心、社、灵"四个维度的问题，具体如下：

①人"身"安全问题——留守儿童中心尽管具备住宿条件，但目前托管的儿童大部分都选择在自己家中居住，因此往返学校、儿童中心与家庭之间的人身安全问题，迫切需要得到关注和支持；

②"心"理问题突出——中心现有的留守儿童由于长时间缺乏父母的直接关爱和照顾，加之隔代教育观念传统、陈旧，孩子们在学习、生活上的负面情绪无法得以良性的缓解，因此普遍存在自卑、自信心不足、心理偏激、情绪反常等诸多问题；

③"社"会支持网络体系不健全——中心内的留守儿童年龄、年级分布较广，同辈之间的交流和互动较少，加之心理障碍等因素，个人社会支持网络体系不健全，社会交往能力普遍薄弱；

④"灵"魂与精神教育不足——当前农村地区儿童成长普遍面临诸多的学习和学业压力，从全人教育理念角度衡量，板舍村留守儿童精神与灵魂教育存在不足，孩子们缺少一定娱乐生活，爱读书的氛围还不够浓厚等，加强留守儿童精神世界的教育是关爱留守儿童服务中至关重要的一部分。

（3）利益相关方的参与及其方式

该项目由岳西县毛尖山乡留守儿童服务中心承接，安庆市众禾社工服务中心协助负责项目实施，开创了我市首次公益组织之间的合作与资源链接。众禾社工机构派驻2名专业社工扎根项目点，开展驻校、驻点专业服务，同时由机构负责人担任项目督导，每月开展不少于1次的专业督导，提供社工专业能力支持，情绪辅导等。

此外，作为项目利益相关方之一的上舍小学，通过链接政府资源开展了为期1年的"免费午餐"服务，校方在日常学生就餐期间，以监督、协助等方式参与该服务活动。

（4）项目对政府的影响

在项目介入前，该村上舍小学针对在校学生开展的"国家营养改善计划"，仅单纯给在校学生提供面包、牛奶等物品，并未实际解决留守儿童普遍存在的就餐、营养改善问题和需求。

因此留守儿童服务中心、众禾社工机构共同与县团委、教育局、民政局等部门对接，积极撬动政府资源，获得"资金+行政性"等支持方式，并最终发起了校内真正的"免费午餐"服务，由原计划服务人数30人扩大至全校，提高了服务人群的覆盖面，并大大延长了服务周期。

（5）项目的长远规划

留守儿童系列问题，尤其是精神层面的需求问题，仍然是持续性、普遍性的社会问题之一。特别在儿童成长的 6—13 岁（小学阶段），迫切需要得到专业的心理支持和持续的社会关注。

尽管项目周期仅为 1 年，部分专业社工服务也将面临停止。但本土留守儿童服务中心的"课业辅导、心灵关爱"等服务仍将继续，同时众禾机构与留守儿童服务中心达成初步合作意向，即通过购买社工岗位、政府项目申报与承接、资源链接等多种形式，继续推动"三社"互动，进一步探索本土留守儿童服务模式，以实际行动服务于山区留守儿童。

2. **项目评估体系**

项目由安徽省民政厅资助，项目评估由第三方评估机构进行专业评审，分中期、终期评估。

3. **项目被政府采纳〔√〕 推广〔 〕 购买〔 〕**

● 项目实施机构信息

岳西县毛尖山乡留守儿童服务中心

机构地址：安徽省安庆市岳西县毛尖山乡板舍村

机构负责人：刘磊

安庆市众禾社工服务中心

机构地址：安徽省安庆市迎江区孝肃路 220 号（安庆市社工组织孵化基地 6 楼 610、611 室）

机构负责人：汪明

夹缝中的留守儿童——周末课业辅导

■ 汉中新星儿童成长援助中心

● 项目解决的问题

儿童心理关怀/辅导/咨询。课业辅导/课外兴趣拓展/课外活动。素质和能力——艺术教育（音乐/舞蹈/绘画文学艺术欣赏/阅读习惯培养等）。

● 项目核心内容

（1）为周边的留守流动儿童开展周末课业辅导活动，一方面链接社会资源，为儿童免费进行课业辅导，解决他们在学习上的困难和疑惑；另一方面开展丰富多彩的课堂，如绘画、手工、礼仪、国学、安全知识（防火、防水、防骗）等课堂。

（2）专业社会工作者、心理咨询师为儿童提供专业的个案、团体活动，促进儿童的健康发展。

● 项目概述

项目开始年月：2015年6月

项目实施地域：陕西省汉中市经济开发区北区

项目实施具体乡镇/村/学校：鑫源办事处赵寨村

项目介入地：•小学 •社区（村）

项目限定条件：周边的留守儿童

项目要点

（1）项目背景

从我们援助的个案出发，发现在这个社区（位于城乡接合部）的许多儿童都存在这样的需求，所以开展这个项目。

（2）项目产出

①两年来，累计举行课业辅导活动120余次，有2 000人次参与了活动。

②有80%的儿童成绩得到提高。

③得到了汉中市民政局的肯定，也被汉中日报进行了报道。

（3）项目效果和对利益相关方的影响。

儿童——直接受益人，解决了学习的困难，拓宽了知识面，促进了人际交往；

家长——主动配合，解决了他们无法给孩子辅导作业的痛点；

政府——鼓励支持，营造良好的宣传氛围，免费无偿提供活动场地，提供保障。

机构本身——在帮助儿童的同时，工作人员与儿童共同成长。

（4）项目长远规划

将课业辅导活动和困境儿童家庭介入、学校社会工作相结合，更好地促进儿童的成长。

项目被政府采纳〔√〕 推广〔 〕 购买〔 〕

● 项目实施机构信息

机构地址：陕西省汉中市北开发区鑫源办事处赵寨村

机构负责人：罗皓轩

民间图书馆乡村家庭阅读点

■ 北京大学教育基金会"民间图书馆阅读推广基金"

● 项目解决的问题

儿童心理关怀/辅导/咨询。亲子沟通/亲子关系改善/家庭教育（辅导）。

早期教育/学前教育。课业辅导/课外兴趣拓展/课外活动。素质和能力——艺术教育（音乐/舞蹈/绘画/文学艺术欣赏/阅读习惯培养等）；其他教育（个人情感智力人格/人与自然/人与社会等）。

● 项目核心内容

项目助力乡村私人个体图书馆，在当地选出数个留守儿童家庭（孩子两个以上，父母外出打工），给每个家庭配备1个书架以及100—120本图书。在当地开展阅读分享沙龙、阅读辅导、我是小小演讲家、外出游玩等活动，在村里的爸爸妈妈、爷爷奶奶要和孩子一起参加。

● 项目概述

项目开始年月：2014年6月

项目实施地域：山东省临沂市沂南县、河北省邢台市内丘县、河南省安阳市

项目实施具体乡镇/村/学校：沂南3个镇5个村、内丘1个镇3个村、内黄1个镇3个村，共5个镇11个村

项目介入地：● 社区（村）

项目限定条件：0—18岁儿童 贫困农村家庭

项目要点

（1）项目影响。项目改善了留守儿童的社群关系，让留在村里的成年人（爸爸妈妈，或爷爷奶奶，或其他的乡邻）通过阅读沙龙、图书漂流、外出游玩等活动介入到留守儿童的精神世界，并陪伴他们成长。

（2）项目逻辑：

①助力当地个人图书馆；

②让当地个人图书馆承担联络、指导各家庭阅读点的任务，形成乡村阅读推广自组织，构建书香村庄。

（3）项目相关利益方的参与。由当地个人图书馆和各家庭共同参与、共同解决问题；得到县级图书馆在图书、书架方面的支持。

（4）项目的长远规划。村里有家庭书架的家庭超过总户数的10%，改善乡村精神面貌。

● 项目实施机构信息

机构地址：北京市海淀区北京大学信息管理系

机构负责人：王子舟

春桃·青葵园——四川省绵阳市三台县新鲁镇留守儿童支援项目

■ 绵阳市涪城区启创社会工作服务中心

● 项目解决的问题

儿童心理关怀/辅导/咨询。亲子沟通/亲子关系改善/家庭教育（辅导）。安全教育（食品/交通/居家/自然灾害/网络/防性侵/防拐卖等）。

● 项目核心内容

（1）以学生社团的方式，以阅读为载体，探索建立留守儿童同辈互助网络；

（2）以阅读课堂、校园阅读活动等方式回应留守儿童安全、个人成长及亲情教育需求；

（3）通过社区阅读活动中心，培育乡村故事妈妈，减轻留守儿童因家庭缺失带来的负面影响。

● 项目概述

项目开始年月：2014年8月—2017年6月

项目实施地域：四川省绵阳市三台县

项目实施具体乡镇/村/学校：新鲁镇及3个村3所小学

项目介入地：•小学 •社区（村）

项目限定条件：新鲁镇及其涵盖的乡村留守儿童及其家庭

项目要点

（1）项目背景

留守儿童是我国社会转型期产生的特殊社会群体，由于各种原因，他们在教育、亲情链接、个人发展、自我保护等方面存在一定的问题。四川省绵阳市三台县是劳动力输出大县，留守比例达到60%以上。绵阳市涪城区启创社会工作服务中心自2011年开始针对三台县新鲁镇九年一贯制学校开展留守儿童支援服务，主要通过"学生—学校—社区"的方式，回应留守儿童在成长阶段的需求。

（2）项目运作方式

"春桃·青葵园"，留守儿童支援项目是启创针对小学阶段留守儿童开展的服务项目，主要以"社工+阅读"为服务载体，在搭建留守儿童阅读平台、营造阅读氛围的同时，融入社工多元服务手法和理念，着重探索本土同辈互助网络服务模式，促进同伴之间的互助与支持，增进留守儿童与父母的关系链接，从而减轻留守儿童因家庭缺失带来的负面影响，实现其快乐成长。

同时，搭建校社支持网络。在项目运作过程中，一方面引导老师及学校加入，逐步带领老师参与学校同辈互助组织的管理；另一方面招募当地妇女管理运营社区青少年活动中心提供社区服务，实现人员的本土化，保证项目的可持续性并总结可复制的留守儿童服务经验。

（3）项目的产出和效果

①项目以优势视角来看留守儿童，他们自身拥有解决问题的能力，社工以阅读为载体，大胆运用"社工+"的服务思维，通过在学校建立同辈互助组织的方式，搭建留守儿童之间的互助网络。自2014年开始，尝试在3所村小分别成立5个同辈互助组织。

②目前图书之家和快乐故事会成为学生能够自主管理的互助组织。图书之家在3所村小同时开展，打开了介入前学校图书馆紧闭的大门；快乐故事会实现了班级与班级之间的互动和联系，促进了学校的阅读氛围，促进孩子们的成长。

③2015年开始，项目重视培养本土家长参与，目前培育两名兼职家长，能够独立运营管理社区活动中心，并针对留守儿童开展恒常活动。组建一支乡村故事妈妈队伍，定期在社区、幼儿园及镇中心小学进行绘本故事讲解。

④经过一年的尝试服务，项目已经梳理出相应的经验，编辑出1.0版同辈互助组织经验总结册——《童年互助营的阅读时光》，介绍了五大阅读组织的背景和操作方法。

⑤本项目中产生的同辈互助组织经验分别于2016年在绵阳及成都第二届慈善交流会进行分享交流。

（4）利益相关方的参与及方式

该项目最主要的利益相关方为学校和资助方。学校的参与方式主要为课程协调、场地协调及教师参与阅读课堂。

项目资助方为春桃慈善基金会，除了提供基金支持外，还提供阅读专业知识培训机会、图书捐赠等。由于本地政府资源有限，在项目资金方面未实现本地化。

（5）项目后期发展

如何给予留守儿童持续有效的陪伴和支持，是机构不断思考的命题。后期将不断完善，推出更加精细的操作方式，同时推出乡村社区阅读活动中心运营管理手册。在不断完善校社支持平台的同时，将探索教师如何参与同辈互助组织的管理，及乡村故事妈妈的培育探索，在满足他们普遍需求的同时，提高他们的自助服务能力。

● 项目实施机构信息

机构地址：四川省绵阳市三台县新鲁镇中心小学对面（春桃青葵园社区青少年活动中心）

机构负责人：李语梅

关爱重庆留守青少年 4+1 模式

■ 顶新公益基金会

● 项目解决的问题

儿童心理关怀/辅导/咨询。亲子沟通/亲子关系改善/家庭教育（辅导）。课业辅导/课外兴趣拓展/课外活动。安全教育（食品/交通/居家/自然灾害/网络/防性侵/防拐卖等）。素质和能力——艺术教育（音乐/舞蹈/绘画/文学艺术欣赏/阅读习惯培养等）；其他教育（个人情感智力人格/人与自然/人与社会等）。助学（学校硬件建设或改建/学费资助等）。助养（学习及日常生活用品、营养品捐助/视力保护及矫正等）。

● 项目核心内容

以活动为载体，弥补亲情缺失，提升品格素养。

● 项目概述

项目开始年月：2010 年 4 月

项目实施地域：重庆市垫江县等 32 个县

项目实施具体乡镇/村/学校：61 个乡镇、61 个村、49 所小学、11 所初中和 1 所职业高中

项目介入地：• 小学　• 中学

项目限定条件：农村寄宿制学校

1. 项目要点

（1）思想品德教育：认识、感悟、行动

（2）人格品质教育：个人发展、人与社会

（3）心理情感教育：预防、改善、治疗

（4）行为养成教育：锻炼身体、生活行为、文明礼仪

（5）营养与健康：健康安全教育、运动会

2. 项目被政府采纳〔√〕　推广〔√〕　购买〔　〕

● 项目实施机构信息

机构地址：北京市东城区建国门内大街 7 号光华长安大厦 1 座 716 室

项目负责人：陆恩尧

"小蜜蜂"游学计划

■ 广西爱心蚂蚁公益协会

● 项目解决的问题

素质和能力——艺术教育（音乐/舞蹈/戏剧/绘画/文学艺术欣赏/阅读习惯培养等）；其他教育（个人情感智力人格/人与自然/人与社会等）。

● 项目核心内容

"小蜜蜂"游学计划以"山里的'小蜜蜂'飞去城市里'采蜜'，回来与同伴们分享"为寓意，选拔一批优秀的山区学校学生（多为留守儿童）在节假日期间由爱心蚂蚁带领到城市参观，与城市的孩子，一起学习、生活、交流、结交朋友，并鼓励城市里的孩子一样地互访。

● 项目概述

项目开始年月：2010年9月

项目实施地域：

省（自治区、直辖市）：广西壮族自治区、浙江省、北京市

市：河池市、桂林市、南宁市、温州市、北京市

县：都安等4个县

项目实施具体乡镇/村/学校：3个乡镇，3个村，5所小学

项目介入地：• 小学　• 中学

项目限定条件：贫困山区中小学生；自愿参与，但需家长同意。

1. 项目要点

（1）项目的产出。开展项目7年，至今已成功举办了31期游学。

（2）项目设计的逻辑。由于爱心蚂蚁驻点的学校多以留守儿童为主，父母大都外出打工，留下爷爷奶奶照看孩子。而这些学生的家庭基本都处于偏僻的大山中，学生极少有机会外出。为拓宽学生的视野、提高人际交往能力，爱心蚂蚁每年选拔出一批合适的学生到城市游学。学生自愿参与报名，确定名单后和家长签署安全责任书，同时游学过程中为学生购买意外险，由社工及当地老师带队，做好安全保障及对学生的引导。

游学行程均以有教育意义的景点为主；或和城市里的孩子同上一周的课程，开阔学生视野增加知识，增强其学习生活的积极性，达到一定的激励作用；或进行家庭体验，感受城市乡村不一样的生活方式。游学结束后"小蜜蜂"回到学校，面向教师及其他同学分享游学的所见所闻及感想。

（3）利益相关方的参与及其方式。校方，游学过程中有当地老师参与，及时

发现学生问题，对学生进行跟进引导。资助方，通过在队服印制 LOGO，在爱心蚂蚁媒体平台对资助方进行宣传。合作方，爱心蚂蚁游学前，会链接社会资源，如温州少年宫、南宁海底世界、星巴克等，进行资源整合，同时邀请媒体宣传报道。

2. 项目被政府采纳〔　〕推广〔　〕购买〔√〕

● 项目实施机构信息

机构地址：广西壮族自治区南宁市青秀区古城路大板一区 13 栋 2 单元 602 室

机构负责人：韦银球

榕树根之家——孩子们身边的学习乐园

■ 榕树根儿童教育公益机构

● 项目解决的问题

儿童心理关怀 / 辅导 / 咨询。亲子沟通 / 亲子关系改善 / 家庭教育（辅导）。儿童课业辅导 / 课外兴趣拓展 / 课外活动。疾病救助、安全教育（食品 / 交通 / 居家 / 自然灾害 / 网络 / 防性侵 / 防拐卖等）。素质和能力——艺术教育（音乐 / 舞蹈 / 戏剧 / 绘画 / 文学艺术欣赏 / 阅读习惯培养等）；其他教育（个人情感智力人格 / 人与自然 / 人与社会等）。儿童合法权益保障、助学（学校硬件建设或改建 / 学费资助等）。助养（学习及日常生活用品、营养品捐助 / 视力保护及矫正等）。

● 项目核心内容

（1）榕树根多年扎根滇缅边境的景颇族村寨，受毒品和艾滋病危害严重的社区，与当地孩子共同生活和长期陪伴成长；

（2）将教育融汇在日常生活之中，以对每个孩子不同的性格、爱好、家庭背景的了解为依据设计有针对性的课程与服务；以自信和自我认同教育理念为指导，为孩子提供丰富多彩的课余活动，给孩子充分的机会绽放亮点，找到自信；提供针对不同年龄段儿童、青少年的服务内容，例如，周末陪伴成长综合课程、多元文化精彩营队活动、职业梦想照亮景颇山寨（职业教育）等。

● 项目概述

项目开始年月：2009 年 1 月

项目实施地域：云南省德宏傣族景颇族自治州芒市

项目实施具体乡镇 / 村 / 学校：西山乡营盘村及附近，总计 15 个自然村 200 多名儿童

项目介入地：• 村（社区）

项目限定条件：受益对象，生活在项目执行地的，从学龄前到 18 岁的儿童、青少年

1. 项目要点

（1）项目的产出、效果

榕树根在周末、晚间、假期，为在校和辍学的孩子们，特别是毒品侵害家庭的孤儿，提供丰富多彩的课余活动，长期提供全方位的生活照料与陪伴。榕树根为孩子们量身定制"自信与自我认同教育"，专门根据每个孩子的特点，设计他感兴趣和擅长的活动，帮孩子找回自信，保持积极阳光的精神状态。8 年来，榕树根陪伴长大的 200 多名孩子，坚强面对残酷的家庭和社会环境，勇敢追梦，用积极的心态构筑起对毒品的抵御。

（2）项目设计的逻辑

榕树根项目设计的立足点是以深切、无条件的爱与接纳，给当地社区的孩子提供全身心全方位的陪伴，通过 8 年时间陪伴村寨中的孩子们共同成长，也因此和孩子们建立了格外深厚的感情，对每个孩子的性格、爱好、家庭背景、成长历程十分了解，针对孩子的需求设计有针对性的课程与服务。

现在已经建立了贯穿平时周末、晚间以及假期的周末陪伴综合成长课程，以艺术教育为中心主线提供多样、混龄的日常服务，在长假期中组织与城市伙伴沟通的短期营队活动，对初中毕业的学生提供对接职业教育的机会，直送昆明、成都等地的职业学校，并由专人在求学地关心学生的生活起居及学业、实习、就业等事务，并为孩子未来返乡创业，建设村寨社区搭建桥梁提供资源。

（3）项目利益相关方的参与及其方式

①资助方、监督方。榕树根的资助方和监督方为广大的捐赠人和社会公众，榕树根提供透明的财务和服务报告，接受社会监督。

②协助方（合作伙伴）。合作学校，经常与孩子所就读的全日制学校老师开会沟通，并保持微信联络；向当地有关政府部门递交工作汇报；与村寨、乡镇基层领导保持良好沟通，提前通报活动计划，争取他们的支持和配合，并将协助他们的工作作为活动设计和宣传的重要考量因素。

③受众。服务受众可以随时自愿参加榕树根的日常活动，榕树根也会主动家访，深入社区寻找可能帮助的个案，进行家长教育等。此外，营队活动、职业教育需要报名，经过资格审核后方可参加。

（4）社会影响力

政府部门认可。项目获得云南省统战部的高度重视和支持，黄毅部长（时任云南省统战部部长，现任省政协副主席）多次到访榕树根协调当地各级政府会议，对榕树根的实地工作给予充分肯定和高度评价。经过多年工作积累，也逐渐赢得当地政府信任，德宏州当地文体局、民宗局、民语委、教育局等各个政府部门也对榕树根工作表示肯定与欢迎，正在计划进一步合作。

榕树根获得国内外众多媒体的竞相报道，其中包括 CCTV、凤凰卫视、湖南

卫视、云南电视台、山东卫视、江苏卫视等电视台拍摄的纪录片；中国新闻社、新华社"行进中国"专栏文章报道；中国国际广播电台两次专题访谈节目；环球时报、南华早报、英国金融时报（FT）、外滩画报、生活杂志、新华社亚太日报、春城晚报、人民网、腾讯网、中国民族杂志、悦己杂志、私家地理杂志、世界博览杂志、今日中国杂志、创业家杂志等媒体报道。

2016年新华社亚太日报专栏作家刘莉莉撰写的《榕树根的春天》一书，由新世界出版社出版所获奖项包括：

2011年联想全国微公益大赛"公益之星"奖

2011年联合国开发计划署（UNDP）"中国因你而美丽"奖项

2012年英国使馆文化处"BC腾讯微爱"奖

2012年上海现代传媒集团"国家精神造就者"奖项

2013年凤凰网"追梦行动"获奖人

2015年英国金融时报（FT）中文网"十年十人"奖项

2015年云南电视台"云南好人"奖项

（5）撬动政府资源

在云南省统战部的协调下，云南中华职业教育社为榕树根配套了大量的职业教育资源，安排学生进入优质职业教育学校，协调校方减免除生活费外的一切费用。

（6）项目的长远规划

榕树根计划仍立足于项目所在地进一步深化服务项目的开展，将项目多年积累的专业信息、资料梳理总结，通过网络传播教育理念和成功经验，分享课件和项目模式、方法等。

①以社会工作个案管理理论为基础，建立儿童成长状况数据库，从科学的角度分析地区儿童发展问题，并提出解决方案。

②继续深化职业教育合作，拓展可能的职业资源，将更多的山村少年送出山村接受职业教育。

③和职业教育学员已达成一致协议，学员将在经济独立后，分年度偿还榕树根为其支付的职业教育费用，这部分资金将再次支持之后的学员走出大山。

④在政策、经济等条件成熟时，建立全日制榕树根幼儿园，弥补社区中没有幼儿教育资源的现状。

2. 项目评价体系（自评）

评估内容：

（1）前期可能性评估，包括项目必要性、执行可能性、服务内容有效性、财务预算等内容。

（2）中期执行跟踪，包括项目执行进度跟踪、财务报告、预算调整等内容。

（3）终期评估报告，包括结项产出总结、社会影响力、财务报告等内容。

评估报告：机构自行评估撰写的重大项目报告和年度工作报告。

● 项目实施机构信息

机构地址：云南省德宏傣族景颇族自治州芒市西山乡营盘村榕树根儿童活动中心

机构负责人：李旸

留守儿童早期干预

■ 个旧市尚武儿童关爱中心

● 项目解决的问题

儿童心理关怀/辅导/咨询。亲子沟通/亲子关系改善/家庭教育（辅导）。助学（学费资助等）。助养（学习及日常生活用品、营养品捐助）。疾病救助。

● 项目核心内容

（1）针对贫困或重大家庭变故的困境留守儿童提供物资援助（涉及学费、生活费、返家路费、医疗费、学习用品、体育用品、生活用品、衣物等）；

（2）开展社会工作小组活动和个案心理辅导。

● 项目概述

项目开始年月：2017年7月

项目实施地域：云南省个旧市大屯镇团结村

项目实施具体乡镇/村/学校：个旧市尚武儿童关爱中心，1所小学

项目介入地：• 村（社区） • 小学

项目限定条件：受益对象年龄6—18岁；受益对象群体：个旧市尚武儿童关爱中心全体留守儿童、1所小学的青少年儿童500多人。

项目实施地：个旧市大屯镇团结村委会尚武儿童关爱中心、农村学校

1. 项目要点

（1）项目的产出、效果。定期举行主题活动、团队活动，参加各级组织的比赛、举办演讲比赛、文艺演出等各种活动，组织留守儿童积极参与。通过活动使他们生活在欢乐、和睦的氛围中，增强学习、生活的信心，体会到学习的快乐、成长的快乐以及社会对他们的关心。

（2）项目设计的逻辑。留守儿童，因隔代监护、缺乏沟通、家庭结构缺失等一系列的问题，对儿童的身心都造成了很大的影响。中心通过物资援助、个案工作、小组活动等专业的社会工作方法，帮助儿童摆脱困境，更好地成长。

（3）项目内容。面向社区、乡镇、学校、个人、家庭开展心理咨询、团体心理咨询、心理咨询讲座、心理咨询培训、武术训练等服务。以武术训练基地为平台，从武术训练、安全教育、礼仪教育、心理健康教育等方面有针对性地采取

行之有效的办法，抓落实，为"留守儿童"创造健康、快乐、平等、和谐的成长环境。

①个案工作。以儿童个人乃至家庭为服务对象，了解其生理、心理、社会等内容与特点，针对服务对象的特殊情况和需要，通过专业关系的建立和发展，深入了解内在的心理特性和问题，展开工作并针对性地给予物资援助；

②社会工作小组工作。为具有同质性的困境留守儿童开展"成长互助"小组社会工作服务。通过参与丰富多彩的小组活动，以彼此分享、分担、支持、教育、治疗等动力，带来组员态度和行为的改变。在小组工作结束后，工作团队把援助物资作为儿童在小组中的激励礼物送给他们，让儿童在接受援助物资时没有压力，拿得有尊严，从而让孩子们懂得要有付出才能有收获。

（4）项目目标。通过接受小组、个案及物资援助等一系列服务，使得受益对象能够顺利完成九年义务教育，真正做到"助人自助"。

2. 项目评价体系

评估内容：

（1）接案评估标准。对受益对象进行实地入户走访，通过案主、家庭、村委、学校多方面收集信息，核实评估受益对象实际情况

（2）结案评估标准。家庭经济情况好转，可以维持受益对象正常生活开销，且社会功能有所改善；顺利完成九年义务教育。

评估报告：项目末期报告

评估方：云南省个旧市民政局留守儿童综合服务办公室

评估时间：2018年5月

● 项目实施机构信息

机构地址：云南省个旧市民政局个旧市吉安街5号

机构负责人：杨进恒

第六类
陪伴服务

> 本类别项目,主要提供课业辅导、丰富多彩的课外活动或兴趣引导(如手工、美术、观影、游戏等)、安全健康教育等,以陪伴性成长为主要目的的服务,以弥补隔代监护能力不足等问题。

这里，梦开始的地方

■ 甘肃沁塬社会工作服务中心

● 项目解决的问题

亲子沟通/亲子关系改善/家庭教育（辅导）。

安全教育（食品/交通/居家/自然灾害/网络/防性侵/防拐卖等）。

素质和能力——艺术教育（音乐/舞蹈/戏剧/绘画/文学艺术欣赏/阅读习惯培养等）。

● 项目核心内容

学前和小学留守儿童服务项目，主要围绕"良好卫生健康习惯养成、游戏、绘画、观影等陪伴活动；减少辍学率"。

● 项目概述

项目开始年月：2015年11月

项目实施地域：甘肃省临夏州康乐县、天水市张家川县

项目实施具体乡镇/村/学校：草滩乡东湾村小学，梁山乡家乐幼儿园

项目介入地：• 小学　• 幼儿园

项目限定条件：贫困县、贫困乡、贫困村；留守儿童居多的村小；偏远山区；前和小学阶段的儿童；外部资源没有介入过。

1. 项目要点

（1）项目介入的背景

该项目是壹基金支持的壹乐园儿童服务站。前期在甘肃康乐县草滩乡东湾村进行了4天的需求评估工作，针对留守儿童家庭（少数民族）实际情况与村小、家长和儿童进行了访谈，了解儿童的生活和学习状况，以便掌握比较综合的信息。东湾村的儿童教育状况比较特殊，辍学率较高，尤其女童辍学率更高，从一年级开始到高年级，如果把该村的辍学率图示的话，会呈现一个金字塔形，一年级最多，随着年级升高，人数逐渐减少。另外，师资资源畸缺，只有两名老师，一名校长，一名是聘请的代课老师，每月补助860元的代课费，在这种情况下，教学质量非常受影响，教育部门也没有师资资源分配到该村学校，即便有分配，被分派的老师通常也不愿意长期安心工作，会找一切机会离开，主要原因是偏远，生活不方便。

（2）项目设计的逻辑

主要是采用项目可及性、项目期内能够解决的问题（目标/时效）、政府和目标村学校的支持情况、需求排序来设计项目的逻辑框架。计划3年项目周期。

孩子主要是隔代老人监护，除了能提供吃饱穿暖，学习、个人卫生等方面基本没有能够帮助孩子。现阶段希望通过为村学儿童提供游乐、健康教育、观影、美术和手工等陪伴活动，也邀请监护人一起开展亲子互动活动，同时为教师对接外部培训资源。

（3）项目利益相关方的参与及其方式

主要是政府、家长和儿童、村学四方参与相关活动。目前乡教育主管部门、乡政府，在进村交通、住宿、工作配合方面均提供了支持。项目采用邀请监护人到校、家访的形式，针对辍学率高的问题，主要希望在支持儿童持续上学方面做一些促进。

（4）项目的长远规划

计划在该村庄开展3年以上的儿童发展工作，第一年侧重为儿童和村学提供服务，后两年侧重为教师能力建设和家长提供服务。贯穿始终的是多方参与，核心为儿童教育发展服务。

2. 项目评估体系

评估内容，硬件物资是否购买到位；具体活动是否按计划实施；对受助群体产生的社会效益三项为主。

评估依据：项目实施进度和财务支出说明

● 项目实施机构信息

机构地址：甘肃省兰州市七里河区上西园明仁花苑15号楼5单元70B

项目负责人：马存俊

他们的小天堂

■ 庆阳市阳光志愿者协会

● 项目解决的问题

亲子沟通/亲子关系改善/家庭教育（辅导）。儿童心理关怀/辅导/咨询。课业辅导/课外兴趣拓展/课外活动。安全教育（食品/交通/居家/自然灾害/网络/防性侵/防拐卖等）。素质和能力——艺术教育（音乐/舞蹈/绘画/阅读习惯培养等）；其他教育（个人情感智力人格/人与自然/人与社会等）。儿童合法权益保障，助学（学校硬件建设或改建/学费资助等）。

● 项目核心内容

项目以活动方式进行，分为常规活动、主题活动和特色活动有常规活动包括游戏、美术、音乐、阅读、体育等。主题活动包括减防灾、安全、健康卫生教育、儿童社会心理支持。特色活动根据当地特色和环境特点组织如社区亲子运动会之类，以促进儿童与家庭和监护人的沟通和互动关系。
● 项目概述
项目开始年月：2016年11月
项目实施地域：甘肃省庆阳市西峰区、正宁县
项目实施具体乡镇/村/学校：2个乡镇、2个村、2个小学
项目介入地：•小学 •社区（村）

1. 项目要点
（1）项目背景
在庆阳革命老区农村年轻父母外出打工是常态，留守儿童无人监护，隔代监护、亲友看护也是常态。很多儿童在心理、学习、生活及安全等方面暴露出诸多问题，造成的遗憾今天无法弥补。
（2）项目目标
建立社区为本的儿童服务体系，缓解亲情缺失、陪伴缺位对儿童的影响。探索保护儿童权利及探索对儿童保护的服务模式，确保儿童在安全温馨的环境中成长。增强本机构服务留守儿童的专业能力，提高公众对本机构的认知度。
（3）项目内容
运用三社联动理论，以留守儿童服务为主，为社区弱势群体提供相关服务，将站点转化为社区活动中心，以增加社区凝聚力。
（4）项目的延伸
学校及村委会积极配合，县公安局将项目活动站点设置为法制宣传点，设立警民共建的安全乐园。妇联及妇幼保健站定期开展卫生及健康培训，留守妇女维权。人社局对当地外出务工人员进行劳动法及劳动用工维权知识普及。

2. 项目评估体系数
内部评估 + 资方评估 + 第三方评估

3. **项目被政府采纳**〔√〕 **推广**〔√〕 **购买**〔 〕
● 项目实施机构信息
机构地址：甘肃省庆阳市西峰区九龙南路四中十字南100米
项目负责人：王霖

壹乐园留守儿童服务站

■ 平凉众益农村社区发展协会

● 项目解决的问题
儿童心理关怀/辅导/咨询。亲子沟通/亲子关系改善/家庭教育（辅导）。

课业辅导/课外兴趣拓展/课外活动。安全教育（食品/交通/居家/自然灾害/网络/防性侵/防拐卖等）。素质和能力——艺术教育（音乐/舞蹈/绘画/阅读习惯培养等）。

● 项目核心内容

在社区建立留守儿童服务站，开展一系列的常规活动和主题活动，使留守儿童在课余时间、节假日有所归依。

● 项目概述

项目开始年月：2016年11月

项目实施地域：甘肃省平凉市崆峒区

项目实施具体乡镇/村/学校：2个乡镇、6个村、3所学校

项目介入地：•小学 •社区（村）

项目限定条件：贫困乡镇、年龄5—13岁，留守儿童占80%

1. 项目要点

（1）项目设计逻辑

农村有80%的留守儿童，他们缺少父母关怀，没有可以倾诉不悦的人，致使他们性格内向、孤僻、行为顽虐等，留守儿童心理及行为问题日益凸现。在社区建立留守儿童服务站，使留守儿童在课余时间、节假日有所归依，并通过一系列的常规活动和主题活动，培养儿童兴趣爱好，减少留守儿童无人陪伴的缺憾，提升儿童安全意识和自我保护能力，改善个人卫生习惯，互帮互助，减少校园欺凌，还留守儿童一个快乐健康的童年。

（2）项目内容

①开展儿童安全教育

②开展儿童卫生与健康课程

③儿童绘画、舞蹈、游戏活动

④课业辅导

⑤亲子活动和心理辅导

（3）项目未来计划

目前在两个社区试点运行，在2018年希望政府和更多的基金会能够支持关注，推广留守儿童关爱活动。

2. 项目评估体系

对平凉市崆峒区壹乐园留守儿童服务站进行机构自评、甘肃伊山伊水督导、壹基金评估。

评估方：壹基金

评估时间：2017年8月

● 项目实施机构信息

机构地址：甘肃省平凉市崆峒区大寨回族乡大寨村

机构负责人：马有生

留守儿童陪伴成长项目

■ 银川市明达青少年发展中心

● 项目解决的问题

儿童心理关怀/辅导/咨询。课业辅导/课外兴趣拓展/课外活动。安全教育（食品/交通/居家/自然灾害/网络/防性侵/防拐卖等）。素质和能力——艺术教育（音乐/舞蹈/戏剧/绘画/文学艺术欣赏/阅读习惯培养等）；其他教育（个人情感智力人格/人与自然/人与社会等）。

● 项目核心内容

针对留守儿童：陪伴成长；兴趣开发；读写能力提升；安全。

● 项目概述

项目开始年月：2015年6月

项目实施地域：宁夏回族自治区银川市永宁县等6县区

项目实施具体乡镇/村/学校：3个乡镇7个村7个小学

项目介入地：•小学　•中学　•社区（村）

项目限定条件：贫困县、贫困乡、贫困村；留守儿童居多的村小；偏远山区；学前和小学阶段的儿童；外部资源没有介入过。

1. 项目要点

陪伴成长营造良好的环境，儿童内心安静地学习成长；根据学生和家长及其他相关部门的实际需求设计项目，通过活动实现项目目标；项目长远规划是建立留守儿童内部陪伴机制，解决自身问题。服务范围和人数较大，获当地人欢迎。

2. 项目评估体系

项目评估方法：建立学生成长档案，跟踪记录学校访谈家庭走访

3. 项目被政府采纳〔√〕　推广〔　〕　购买〔　〕

● 项目实施机构信息

机构地址：宁夏回族自治区银川市西夏区学林园

项目负责人：张方鼎

困境儿童一对一

■ 同心霞光公益慈善发展中心

● 项目解决的问题

儿童心理关怀/辅导/咨询。素质和能力——其他教育（个人情感智力人格/人与自然/人与社会等）。助养（学习及日常生活用品、营养品捐助/视力保护及矫正等）。相关研究与政策倡导。

● 项目核心内容

关爱困境儿童（留守、孤儿、单亲），一对一定点帮扶。

● 项目概述

项目开始年月：2015 年 10 月

项目实施地域：宁夏回族自治区吴忠市同心县

项目实施具体乡镇/村/学校：同心王团马家湾村、吊堡子村

项目介入地：• 实地（入户）

项目限定条件：特定人群孤残、特困、留守

1. 项目要点

（1）项目背景

困境儿童（留守、孤儿，单亲）本身就是一个弱势群体，他们因为各种条件限制，长久不与外界交流，处于自封闭状态，很多因为饥困长期营养不良，有的甚至辍学。项目帮助孩子们适应周围人群，走出自封闭状态。让孩子们真正感受社会关爱，懂得感恩老师、感恩身边每一个人，使他们能和同龄孩子一样，像阳光朝气蓬勃地成长。

（2）项目内容

定期为孩子们体检；带孩子们到志愿者家里感受温情；定期带孩子们到就近县城参观有意义的活动场所；按季节一对一为孩子换季节服装。

2. 项目被政府采纳〔√〕 推广〔√〕 购买〔　〕

● 项目实施机构信息

机构地址：宁夏回族自治区吴忠市同心县豫海镇政府北街霞光公益慈善发展中心

项目负责人：马彩霞

关爱留守儿童

■ 芦山县爱之家社会工作服务中心

● 项目解决的问题

课业辅导/课外兴趣拓展/课外活动。安全教育（食品/交通/居家/自然灾害/网络/防性侵/防拐卖等）。素质和能力——艺术教育（音乐/舞蹈/戏剧/绘画/文学艺术欣赏/阅读习惯培养等）。助养（学习及日常生活用品、营养品捐助/视力保护及矫正等）。

● 项目核心内容

共青团雅安市委第二批留守儿童项目。项目为儿童提供游戏、娱乐、卫生、社会心理支持等一系列服务；在服务过程中不提"留守"二字，充分发挥儿童参与性与发展权，让儿童成为活动的主人；在平时课业辅导中注重引导儿童正确的学习方式，充分解决了农村儿童课业无人辅导的社会问题。

● 项目概述

项目开始年月：2013 年 6 月

项目实施地域：四川省雅安市芦山县

项目实施具体乡镇/村/学校：1 个镇、4 个社区、3 个村

项目介入地：• 社区（村）

1. **项目要点**

（1）项目内容，课业辅导；培养儿童兴趣爱好；安全教育，防拐、防骗、青春期教育；素质能力教育；学习及生活用品助养。

（2）项目未来延伸。在农村服务的一年多里面发展农村儿童阅读量太少，机构打算以后着重打造"农村阅读"这个板块。

2. **项目被政府采纳〔√〕 推广〔√〕 购买〔√〕**

● 项目实施机构信息

机构地址：四川省雅安市芦山县中心广场中心街 1 幢 1 单元 1 号

项目负责人：彭秋燕

让爱陪伴，健康成长——关爱留守儿童项目

■ 石棉县社会工作者协会

● 项目解决的问题

儿童心理关怀/辅导/咨询。亲子沟通/亲子关系改善/家庭教育（辅导）。课业辅导/课外兴趣拓展/课外活动。安全教育（食品/交通/居家/自然灾害/网络/防性侵/防拐卖等）。素质和能力——艺术教育（音乐/舞蹈/戏剧/绘画/文学艺术欣赏/阅读习惯培养等）；其他教育（个人情感智力人格/人与自然/人与社会等）。儿童合法权益保障。助养（学习及日常生活用品、营养品捐助/视力保护及矫正等）。

● 项目核心内容

项目主要针对父母长期在外打工，把孩子留给祖父母而产生的隔代教育给孩子带来的生理、心理影响，开展亲子情、社会实践和快乐课堂等一系列活动，丰富他们的生活，给他们带去欢乐，能够体验到社会的关心和温暖。

● 项目概述

项目开始年月：2016年6月

项目实施地域：四川省雅安市石棉县

项目实施具体乡镇/村/学校：棉城街道新街社区

项目介入地：• 社区（村）

1. 项目要点

（1）项目内容。以传统节假日为载体开展活动，让留守儿童感受到节日的温暖，感受到社会的关心、关爱；开展亲子情活动，让孩子与家人增进亲子感情，并在活动中培养他们尊老敬老、爱国爱家、知恩感恩的意识；开展社会实践活动，既提高了孩子的动手、动脑、语言表达的能力，又提高孩子的认识和社会生活的能力，树立正确的人生观；开展快乐课堂活动，给孩子课后作业辅导和特长辅导，让孩子养成良好的学习习惯，正确率得到提高，有效减轻了监护人的压力，也让在外打工的父母放心，安心工作。

（2）项目获得的外部支持。通过沟通，项目获得新街社区和县群团中心支持，并为协会提供了很多建设性的意见。在该项目实施过程中，得到了项目实施地社区居民的广泛参与和支持。项目吸引了很多在校学生和社区居民加入到活动当中，为留守儿童提供形式多样的服务活动，不仅得到受益人群的认可和欢迎，还同时为许多有爱心、有热情的志愿者提供一个社会公益服务的平台。

2. 项目评估体系

评估内容：需求评估；过程监测评估；服务效果评估

评估报告：项目报告书

评估方：成都责任社会组织发展促进中心

评估时间：2016 年 12 月 19 日

3. 项目被政府采纳〔√〕 推广〔√〕 购买〔√〕

● 项目实施机构信息

机构地址：四川省雅安市石棉县文化路一段 15 号

机构负责人：杨玉平

守护天使时光机

■ 泸州市益生励志协会

● 项目解决的问题

课业辅导 / 课外兴趣拓展 / 课外活动。素质和能力——艺术教育（音乐 / 舞蹈 / 戏剧 / 绘画 / 文学艺术欣赏 / 阅读习惯培养等）；其他教育（个人情感智力人格 / 人与自然 / 人与社会等）。

● 项目核心内容

对留守儿童开展生命教育、法治教育、自然教育、民族教育、理财教育、情感教育。

● 项目概述

项目开始年月：2016 年 5 月

项目实施地域：

省、市：四川省泸州市，云南省丽江市

县：纳溪区，龙马潭区，江阳区，合江县，泸县，叙永县，古蔺县，玉龙县，永胜县

项目实施具体乡镇 / 村 / 学校：丰乐镇、护国镇等 17 个镇

项目介入地：• 小学 • 社区（村）

1. 项目要点

针对留守儿童（特别是偏远地区留守儿童）的困境，益生励志协会发动志愿者对留守儿童进行有效陪伴，以"快乐、自护、成长"为主题，让孩子在游戏中获得生命教育、法治教育、自然教育、民族教育，促进孩子长远发展。

2. 项目被政府采纳〔√〕 推广〔√〕 购买〔√〕

● 项目实施机构信息

机构地址：四川省泸州市江阳区忠山路二段青少年宫 402

机构负责人：熊雯

童伴计划

■ 武功红太阳学校

● 项目解决的问题

儿童心理关怀/辅导/咨询。亲子沟通/亲子关系改善/家庭教育（辅导）。课业辅导/课外兴趣拓展/课外活动。安全教育（食品/交通/居家/自然灾害/网络/防性侵/防拐卖等）。儿童合法权益保障。

● 项目核心内容

（1）在社区建立留守儿童服务站，提供假期日间照料、课后辅导、心理疏导、安全教育等服务。

（2）整合社会资源，通过各类活动，满足留守儿童在课业辅导、心理健康教育、素质拓展等方面的需求，让留守儿童健康快乐地成长。

（3）定期在社区开展有关儿童保护的法律知识讲座，尽可能减少留守儿童权益被侵害问题。

（4）通过网络信息平台呼吁社会关注、关爱留守儿童。

● 项目概述

项目开始年月：2016年7月

项目实施地域：陕西省咸阳市武功县

项目实施具体乡镇/村/学校：6个乡镇、18个村、18所小学

项目介入地：•小学

项目限定条件：6—12岁留守儿童

项目实施地：武功县内乡村小学

项目要点

（1）项目目标。真正为留守儿童的成长构筑一张严实的关护网络，构建留守儿童参与体系，解决其长期留守（家庭功能失效）形成的问题。

（2）项目运作方式

①项目以"以人为本""助人自助""案主自决""尊重案主"的价值观为指导，将留守儿童作为项目的重点服务人群，整合他们的需求，从家庭、学校、社区、儿童四个方面着手，根据留守儿童学习、生活、安全、成长环境等方面的因素采取措施，对有需要的留守儿童开展一对一的个案工作、小组工作以及社区工作。用社会工作方法帮助留守儿童群体建立正确的人生观和价值观；对留守儿童提供社会关爱和精神辅导。

②通过实施项目服务，走进社区，与留守儿童家庭、学校、社区及其本身等建立关系，对留守儿童的生活和工作起到助力作用，促进留守儿童的身心健康，建立正确的人生观和价值观，唤醒家长的责任意识，构建留守儿童家庭支持体系等。

③通过一些法律普及尽可能减少留守儿童权益被侵害问题，用学习一些知识来改变他们的未来。通过对整个活动进行全方位的宣传，让社会对留守儿童加强关注，让留守儿童得到更多的社会关爱。

● 项目实施机构信息

机构地址：陕西省咸阳市武功县普集镇兴庆南路红太阳学校院内

机构负责人：董娜

呵护儿童，健康成长——关爱从化偏远山区农村留守儿童公益项目

■ 广州市从化区惠从社会工作服务中心

● 项目解决的问题

儿童心理关怀/辅导/咨询。课业辅导/课外兴趣拓展/课外活动。安全教育（食品/交通/居家/自然灾害/网络/防性侵/防拐卖等）。素质和能力——艺术教育（音乐/舞蹈/绘画/文学艺术欣赏/阅读习惯培养等）。助养（学习及日常生活用品、营养品捐助/视力保护及矫正等）。

● 项目核心内容

针对留守儿童的需求，开展课业辅导、兴趣培养、人身安全、食品安全、节日主题活动。

● 项目概述

项目开始年月：2015年11月

项目实施地域：广东省广州市从化区

项目实施具体乡镇/村/学校：4个乡镇、7个村

项目介入地：● 社区（村） ● 家庭

项目限定条件：从化偏远山区农村14岁以下留守儿童

1. 项目要点

完成服务需求调查，明确了服务内容；培养一批专业社工，完成组建志愿者团队，开展社工和志愿者团队建设；有序开展关爱留守儿童集中课业辅导、兴趣培养等服务；收集了部分困境留守儿童家庭信息，提供针对性强的专业个案服务；项目宣传不断扩大，关爱农村留守儿童服务项目社会关注度提升。

2. **项目评估体系**

评估内容：项目实施进度表；受益对象信息统计；公益创投项目实施团队培训时数统计；项目媒体报道登记表；专项资金收支情况表；财政资助资金使用明细账；自筹资金使用明细账；财政资助资金来源明细账；自筹资金来源明细账。

评估报告：呵护儿童，健康成长——关爱从化偏远山区农村留守儿童公益服务项目自评报告

评估方：广州市社会组织联合会

评估时间：2016 年 12 月

● 项目实施机构信息

机构地址：广东省广州市从化区街口街蓝田西路 29 号

机构负责人：黎家兴

大连阳光儿童成长乐园

■ 大连市妇女联合会
■ 大连市妇女儿童发展基金会

● 项目解决的问题

儿童心理关怀/辅导/咨询。亲子沟通/亲子关系改善/家庭教育（辅导）。课业辅导/课外兴趣拓展/课外活动。安全教育（食品/交通/居家/自然灾害/网络/防性侵/防拐卖等）。素质和能力——艺术教育（音乐/舞蹈/绘画/文学艺术欣赏/阅读习惯培养等）。

● 项目核心内容

通过妇女儿童发展基金会募集社会资金，整合社会资源，在低收入乡镇、村建设用于留守儿童活动的校外教育阵地，为留守儿童提供教育和关爱。

● 项目概述

项目开始年月：2012 年 5 月

项目实施地域：辽宁省大连市庄河市、普兰店区、瓦房店市、长海县

项目实施具体乡镇/村/学校：14 个乡镇

项目介入地：•小学　•中学　•社区（村）　•幼儿园

项目限定条件：当地政府提供土地资源，每个乐园建筑面积 150 平方米以上，配套 400 平方米以上操场。每个乐园投资 20 万元，其中建设资金 15 万元，配套资金 3 万元，首年运营资金 2 万元。

1. **项目要点**

开展有建设标准的留守儿童活动阵地建设，由当地妇联配合政府开展运营工

作,广泛发动志愿服务力量,以志愿服务方式,为留守儿童提供教育和服务。

2. 项目评估体系

评估内容:建设评估,工程质量、功能设置的合理性,包括项目建设数量、选址、投资情况、建设标准、工程验收情况等。

评估报告:报告名称——大连阳光儿童成长乐园验收报告

评估方:市、区/县妇联或第三方机构

评估时间:每个项目建设完成、运营开展之前

● 项目实施机构信息

机构地址:辽宁省大连市中山区桂林街道南山路100号

机构官网:大连市妇女联合会

机构负责人:栾永奎

南塘合作社社区儿童图书馆

■ 南塘兴农合作社

● 项目解决的问题

素质和能力——艺术教育(音乐/舞蹈/绘画/文学艺术欣赏/阅读习惯培养)。

● 项目核心内容

开办图书馆,为本村和周边村庄的留守儿童和小学生提供周末、假期阅读服务,组织游戏、电影、动画、阅读课、夏令营等多种形式的活动。

● 项目概述

项目开始年月:2007年

项目实施地域:安徽省阜阳市颍州区

项目实施具体乡镇/村/学校:3个乡镇、数个村、3所小学

项目介入地:• 小学 • 社区(村)

1. 项目要点

一个扎根于南塘村的儿童社区图书馆,拥有优质图书3 000多册,长期通过图书管理员的培训,同时借助外来大学生团队的参与,服务于本地的留守儿童和当地农村学生。图书馆的运营成本主要是由南塘兴农合作社自己来承担,偶有外来资金和图书的支持。

2. 项目被政府采纳〔√〕 推广〔√〕 购买〔 〕

● 项目实施机构信息

机构地址:安徽省阜阳市颍州区三合镇三星村南塘兴农合作社

机构负责人:杨云标

壹乐园（社区）儿童服务站

■ 江西省家乐社会工作服务中心

● 项目解决问题

儿童心理关怀/辅导/咨询。亲子沟通/亲子关系改善/家庭教育（辅导）。课业辅导/课外兴趣拓展/课外活动。安全教育（食品/交通/居家/自然灾害/网络/防性侵/防拐卖等）。素质和能力——艺术教育（音乐/舞蹈/戏剧/绘画/文学艺术欣赏/阅读习惯培养等）；其他教育（个人情感智力人格/人与自然/人与社会等）。儿童合法权益保障。

● 项目核心内容

通过为困境留守儿童提供健康娱乐、知识学习、情感心理、人际交往、亲子沟通等不同层面的社会工作专业服务，发挥困境留守儿童自身的优势，增强其健康成长的能力，改善其成长发展的境遇，促进其快乐健康地成长。

● 项目概述

项目开始年月：2017年12月

项目实施地域：江西

项目实施具体乡镇/村/学校：1个社区

项目限定条件：受益对象为儿童，项目实施地为农村或郊区

1. 项目要点

（1）项目内容

①截至7月，已开展活动48个场次，受益服务对象686人次。

②改善困境留守儿童因孤独无助而产生被遗弃的负面心理情绪，填补因长时间见不到家长所带来的失落感和无奈感。关注困境留守儿童心理，培养留守儿童多方面兴趣，转移困境留守儿童注意力。

③帮助困境留守儿童适应社会生活，鼓励参与文娱学习活动，增强人际交往能力，改善困境留守儿童精神生活及学习状态。社工组织相应的儿童手工坊、儿童读书学习分享会、儿童益智活动等一系列文体康娱活动以丰富困境留守儿童的课余生活和人际关系。

④协助建立服务对象家庭、社区支持网络，改善其与父母及社区之间的互动关系，改善其成长发展的环境。通过走访困境留守儿童家庭，了解困境留守儿童与外出家长的沟通现状，了解双方的需求，促进其良好亲子沟通关系的提升；困境留守儿童面临不同方面的压力与挑战，建立困境留守儿童互助支持小组能够有效地促进困境留守儿童之间的情感联系，通过心理分享、心理支持，让困境留守

儿童能够从小组中获得情感支持；建立困境留守儿童服务跟进档案，关注贫困以及有不良行为倾向的留守儿童。

⑤通过项目的运营，积极探索有效且可复制的运营模式，为此类儿童服务站项目的推广提供经验支持。

（2）项目目标

工作分目标1：关注困境留守儿童心理，培养留守儿童多方面兴趣，转移困境留守儿童注意力。

具体活动设计：开展困境留守儿童抗逆力、人际交往小组、心理讲座；开通"亲情专线"和"视频专线"，开展"书信传情"活动。

预期产出：

①为30名儿童提供至少2个小组活动服务以及1场心理讲座。

②让儿童感受到参加不同的活动带来的不同乐趣和收获。组织家长和儿童进行"亲情专线"和"视频专线"，开展"书信传情"活动，加深对彼此的了解，每月1次，活动人数10人/次。

工作分目标2：帮助困境留守儿童适应社会生活，鼓励参与文娱学习活动，增强人际交往能力，改善困境留守儿童精神生活及学习状态。

具体活动设计：手工坊、益智竞赛活动、读书分享会等活动，观看健康教育娱乐电影。成立公益课堂、学习兴趣小组。

预期产出：

①为80名儿童提供至少3次手工坊、益智竞赛活动、读书分享会等活动。

②提高80名儿童参加文娱学习活动的乐趣，增强人际交往能力，改善精神生活及学习状态。

③为80名儿童成立2次公益课堂，3次学习兴趣小组。

④通过提供公益课堂服务，缓解儿童的学习压力和解决学习中的难点，提高儿童的学习兴趣，认识到养成良好习惯的重要性，使他们快乐地成长。

工作分目标3：协助建立服务对象家庭，社区支持网络，改善其与父母及社区之间的互动关系，改善其成长发展的环境。

具体活动设计：针对有特殊需要的困境留守儿童提供一对一的个案服务，并建立困境留守儿童档案。

预期产出：

①为80名儿童建立困境儿童服务档案。

②协助其建立社会支持网络，改善人际关系，促进其健康成长。

③项目利益相关方的参与及其方式。深圳壹基金公益基金会作为主要资助方提供资金支持；南昌益心益意公益服务中心作为督导评估方，为执行机构提供督导咨询、评估等服务；南城县民政局、社区居委会和学校提供场地和信息支持以及相关资源协调；江西省家乐社会工作服务中心作为执行机构，负责儿童服务站的日常运营和服务工作。

④撬动政府资源。南城县民政局为儿童服务站提供场地支持。

⑤项目的长远规划。通过整合资源,适时为困境留守儿童提供学习辅导、精神慰藉、心灵关怀、社区支持、网络构建等服务,以丰富困境留守儿童课余生活,发挥困境留守儿童自身的优势,增强其人际交往能力,增强其健康成长的能力,改善其成长发展的境遇,以最终达到身、心、灵的健康成长。

项目运营期间,积极探索有效且可复制的运营模式,争取能在南城县其他村/社区推广运营,以惠及更多的困境留守儿童。

2. 项目评估体系

已于2018年5月底开展项目中期评估,评估内容主要涉及项目实施进展情况、个案故事、项目影响、经验总结、传播总结、风险分析及管理等。

● 项目实施机构信息

机构名称:江西省家乐社会工作服务中心

机构地址:南昌市南京东路818号

机构负责人:舒燕华

"妈妈指导员" 0—3岁儿童家庭教育支持项目

■ 成都爱达迅社会工作服务中心

● 项目解决的问题

亲子沟通/亲子关系改善/家庭教育(辅导)。早期教育/学前教育。

● 项目核心内容

本项目通过培养留守妇女成为支持农村0—3岁儿童(其中一半以上为留守儿童)家庭的"妈妈指导员",以多元服务促进农村家庭早期教养能力提升,培养和整合在地儿童社会服务的力量,从而改善农村地区儿童早期发展的不利状态。

● 项目概述

项目内容

(1)开展基线调研,精准了解本地0—3岁儿童家庭分布情况、家庭教养现状、儿童早期发展状况;

(2)建立镇级儿童活动中心培育农村妈妈指导员种子师资,促进在地儿童社会服务力量发展;

(3)建立村级指导站,通过妈妈指导员定期入户,为适龄儿童提供多样的服务,促进家庭早期教养能力,提升及儿童早期发展;

（4）通过识别、联络在地儿童服务相关部门、机构、志愿者，形成儿童服务网络，促进儿童发展资源整合。

项目开始年月：2016年10月

项目实施地域：

省：四川

市：成都市

县：邛崃市、蒲江县

项目实施具体乡镇/村/学校：夹关镇11个村、蒲江县4个村

项目介入地：社区（村）

项目限定条件：主要服务在地0—3岁儿童及家庭

1. 项目要点

（1）项目的产出、效果和项目的影响力：

①7名妇女骨干经过培养成为妈妈指导员，能在当地独立开展各项活动，其中2人获得人社部高级育婴师认证。

②建立镇级儿童活动中心，日常开放接待儿童家庭自主活动；对超过100户家庭进行了多次一对一上门家庭教养指导服务；开展各式亲子小组活动，为当地0—3岁儿童家庭提供持续的家庭教养指导服务。

③完成《儿童服务信息手册》编写工作，建立资源网络促进儿童发展。

④在项目开展过程中，注重项目经验的总结，项目模式逐渐在其他乡镇得到推广应用。

⑤荣获第三届中国青年志愿服务公益创业赛全国银奖。

（2）项目设计的逻辑

项目的创新理念：培养在地留守妇女成为支持0—3岁儿童家庭的"妈妈指导员"，做到真正将专业技术和能力留在本地，做到助人自助，使项目有可持续性；"专业社工＋专家＋在地人员"的项目构架。本项目将以专业社会工作者提供服务，学前教育专家作为技术支持，在地有育儿经验和基本文化的留守妇女作为项目参与者也是项目受益人，为项目人员架构。

（3）利益相关方的参与及其方式

资助方：中国澳门同济慈善会，成都市民政局

（4）项目未来规划

①进一步总结项目模式，特别是如何将普通农村妇女转变为可以提供高质量早期儿童家庭支持服务的"妈妈指导员"；

②更新迭代现有的"妈妈指导员"操作手册1.0版本；

③开发结合本土特色的妇女培训课程及早期教育课程；

④为老师提供进阶的培训；

⑤适当组织开展针对家长的沙龙和主题活动。

2. 项目评估体系

评估体系主要包括 3 个维度：妈妈指导员培训效果评估；儿童情况评估；家庭教养环境改变情况评估。

评估报告：《一位好母亲抵得上一百个教师——"妈妈指导员"项目结项评估报告》

评估方：成都爱达迅社会工作服务中心

评估时间：2017 年 5 月

3. 项目被政府采纳〔 〕 推广〔√〕 购买〔√〕

● 项目实施机构信息

机构地址：成都市高新区芳草街 6 号 6-1-9 室

机构负责人：孙劢

子与时留守儿童陪伴成长计划

■ 北京子与时教育咨询有限公司

● 项目解决的问题

儿童心理关怀 / 辅导 / 咨询。亲子沟通 / 亲子关系改善 / 家庭教育（辅导）。素质和能力——其他教育（个人情感智力人格 / 人与自然 / 人与社会等）。

● 项目核心内容

（1）留守儿童心理状况调查；

（2）心理问题咨询与治疗（线下与线上）；

（3）积极心理资本课程远程教育、在线直播；

（4）在校教师心理教育培训与督导；

（5）留守儿童家长培训（线上）。

● 项目概述

项目开始年月：2016 年 12 月

项目实施地域：

省、自治区：广西壮族自治区，四川

市：桂林，巴中

县：龙胜，通江

项目实施具体乡镇 / 村 / 学校：14 个乡镇、26 个村、2 个卫生院、23 所学校

项目介入地：• 小学，• 中学，• 社区（村）

项目限定条件：年龄段在 7—16 岁的留守儿童、留守儿童家长、学校教师

1. 项目要点

（1）项目的产出、效果和项目的影响力

①开展项目两年多，对6 500多名留守儿童进行调研，开展了2 000多小时的心理咨询，远程讲授了124课时的积极心理资本课程，培训了82名在校教师。

②在与时校园平台运营的短短4个月内，平台学生人数达到8 000多人；2018年5月，贫困地区留守儿童实践校——四川省通江县第二中学的学生开始注册登录"与时校园APP"，参与学生数1 395人（初、高中全体学生），平台统计的该校学生活跃度在70%以上，预计8月份本校3 800名学生均可入驻平台。

通过对留守儿童的积极心理资本课程讲授和心理咨询（个体或团体形式）的双管齐下式辅导，兼以对学校教师的培训，留守儿童不仅获得了更加乐观、积极的心态，在与学校、与同学的交流沟通上也有了较大进步。

（2）项目设计的逻辑

子与时从2016年12月开始，结合自身的优势，采用多种创新工具，帮扶留守儿童，具体如下：

①采用"实地调研+与时校园平台心理测评系统"这种线上线下结合的方式对留守儿童状况进行调查，既可以实事求是、因地制宜，还可以借助互联网工具高效工作。

②每周1次的与时校园平台的远程教育（视频课、音频课、直播课等）对留守儿童进行积极心理资本课程的传授，同时在考前和假期开展系列专题讲座，以较好补给留守儿童的心理营养。

③在与时校园平台上，给留守儿童提供线上一对一免费咨询服务（平台上的飞鸽传书功能），由专业的心理老师实时解答和帮扶。

④在与时校园平台上，给留守儿童提供亲子沟通服务（平台上的传声筒和家长寄语功能），使平台成为留守儿童和父母的心之家。

⑤在与时校园平台上，给留守儿童提供学业指导信息（考试心理、学习方法、推荐书目、志愿填报等信息），帮助留守儿童在学习上更自如和自信。

⑥在与时校园平台上，给留守儿童不仅提供放松减压相关的心理游戏，同时还提供自我展示的舞台（校园圈），使得他们即使在封闭的生活环境里，也能自我释放和成长。

⑦在与时校园平台上，给留守儿童建立自己专属的个人成长档案，他们可以在平台上每天心情签到，也可以做自评、自我计划和总结，还可以记录心情日志。不仅使得他们能清晰地看到自己的成长，而且可以帮助学校和家长对其进行观察和陪伴。

⑧在与时校园平台上，还给老师和家长提供了一系列的积极心理培训课程，不仅让老师和家长更好自我成长，同时还能更好地进行师生、亲子沟通，给留守

儿童一片爱的天地。

（3）利益相关方的参与及其方式

①资方和监督方，对项目进行监督跟进的同时，帮助推进项目进入地区；项目参与方把与时校园平台入驻学校。

②协助方——留守儿童所在学校：协助与时校园平台在本校入驻（学生、家长、心理老师均下载、注册和登录平台），并协助子与时员工和师生沟通，开展活动等。

③受众方——留守儿童及其家长：通过参与项目，加深留守儿童家庭成员间的相互了解，帮助打破沟通障碍，重启有效亲子沟通。

（4）项目未来规划

① 5 年内，与时校园平台计划帮扶百所学校的 3 万名留守儿童的陪伴成长，同时帮助 3 万名家长和 3 000 名教师的自我成长；

②通过资源整合，提升对留守儿童心理、学业、生涯等的全面帮扶工作；

③增加心理学短片、心理资本课程等心理内容，丰富留守儿童课余生活的同时，进一步提升其积极心理资本品质；

④适时增加留守儿童的活动半径，走出去、观世界，帮助其树立社会责任感和宏伟目标，增强其学习动力；

⑤与当地政府、社区、医院等机构合作，拓展和完善留守儿童活动场所，并在当地培养一批留守儿童帮扶志愿者，形成线上、线下有效结合的留守儿童帮扶工作。

2. 项目评估体系

（1）前期评估：项目开展的必要性评估、开展项目条件评估

（2）中期评估：项目运作情况，工具运作有效性（包括留守儿童上线率、活跃度，线上一对一咨询数量等），技术支持评估。

（3）末期评估：技术支持评估。项目运作的效益评估；议题影响力评估；留守儿童成长情况评估；总体评估。

评估报告：与时校园留守儿童陪伴成长项目报告

评估方：北京子与时教育咨询有限公司

评估时间：自 2017—2022 年

3. 项目被政府采纳〔√〕 推广〔√〕 购买〔√〕

● 项目实施机构概况

机构地址：北京市朝阳区大屯北路润枫德尚苑 A 座 1404

机构负责人：闫月

"关爱农村留守儿童"项目

■ 安庆市经济技术开发区博仁社会工作服务中心

● 项目解决的问题

儿童生活照料服务。心理疏导服务。课业辅导服务。情感交流服务。思维扩展服务。旅游服务。其他服务。

● 项目核心内容

（1）服务对象类别：农村留守儿童

（2）项目工具：四点半课堂、个案工作、小组工作

（3）核心议题：情感关怀

本机构在对项目规定辖区内的农村留守儿童进行调研和评估后，针对服务对象的需求进行了项目设计，制订了项目的大纲，并在一年的时间里，陆续开展了"四点半课堂"、团辅团建活动、思维拓展专项课程、亲情电话服务等，帮助服务对象解决问题，快乐成长。

● 项目概述

项目开始年月：2016年8月

项目实施地域：

省：安徽

市：安庆市

区：迎江区

项目实施具体乡镇/学校：1个乡镇、4所小学

项目介入地：小学

1. 项目要点

（1）项目的产出、效果和项目的影响力。项目周期内，共服务了33名农村留守儿童，其中男生14名，女生19名，年龄段主要为7—12岁。对33名服务对象全部建档，项目内累计服务人次达3 429人。

（2）项目设计的逻辑。安庆市属于一个经济水平中等的城市，许多年轻人都选择外出打工，用勇气和勤劳获取家庭收入，将孩子留在农村，由爷爷奶奶或者亲戚照顾。这些孩子长期与父母分离，和父母交流的时间和机会微乎其微。据调查，安庆市共有农村留守儿童25万人，其中57.2%的留守儿童是父母一方外出打工，42.8%的留守儿童是父母双方均外出打工。79.7%的留守儿童由爷爷奶奶或外公外婆照顾，13%的留守儿童由亲戚朋友照顾，7.3%的留守儿童则是不确定或无人监护。留守儿童由于情感上缺乏关爱和沟通，容易产生心理问题。长期

与父母分离，使得留守儿童在日常学习生活中得不到父母的关爱，遇到困难时很难找到情感支持，成长中出现错误时，得不到及时的纠正和指导，这严重影响着儿童的身心发展。

（3）利益相关方的参与及其方式

①资方：安徽省民政厅作为资方，对项目进行监督跟进的同时，也积极指导和协助机构的项目运行。

②协助方——留守儿童学校：协助博仁社工在学校和师生沟通，并开展活动。

③受众——留守儿童家长和留守儿童：通过参与项目，帮助农村留守儿童加强与父母的沟通，建立健康的社会支持网络。

2. 项目评估体系

（1）前期评估。服务对象的需求评估、问题评估。

（2）中期评估。项目的开展情况和具体进度、项目成效、项目阶段计划。

（3）末期评估。项目成效评估、项目是否已全部完成。

评估报告："农村留守儿童关爱服务"项目报告

评估方：安徽省民政厅

评估时间：2017年9月

3. 项目被政府采纳〔√〕 推广〔√〕 购买〔√〕

● 项目实施机构概况

机构地址：安徽省安庆市经济技术开发区菱建小区5号楼11-15号门面

机构负责人：高雪华

留守儿童的蓝信封

■ 广州市海珠区蓝信封留守儿童关爱中心

● 项目解决问题

儿童心理关怀/辅导/咨询。

● 项目核心内容

通过大学生与留守儿童一对一书信陪伴的方式，增加留守儿童倾诉渠道，提高情绪依赖值，提高孩子安全感和归属感；辅以夏令营、家访等线下活动方式。

● 项目概述

项目开始年月：2008年3月

项目实施地域：

省（自治区）：河南、湖南、广东、四川、甘肃、贵州、广西壮族自治区、

江西、安徽、山东、山西、云南、内蒙古自治区、西藏自治区

  市：南阳市等 35 个市

  县：镇平县等 46 个县

  项目实施具体乡镇/村/学校：205 所乡村中、小学校

  项目限定条件：受益对象为乡镇中小学留守儿童及困境儿童

  项目成果：服务留守儿童 1 万名，来往书信 10 万封

1. 项目要点

（1）项目介入的背景

  处于青春期初期（10—16 岁）的农村留守儿童，是留守心理风险爆发最关键的年龄段。

  留守儿童的心理变化在一年内跨度大，而一年见面一次的父母无法跟踪和理解其心理变化，也是亲子沟通问题集中爆发的年龄段；

  留守儿童在学业、环境、职业三重压力下，是最需要倾听和引导的时期；

  小升初，学业压力剧增，一旦跟不住，容易诱发厌学；

  开始住宿生活，和舍友相处，需要环境的适应；

  开始懂事，受父母打工影响有着读完初中就外出打工的愿望。

  在以上压力的重叠下，加上父母长期不在身边，如孩子自身处理不当，容易造成逃避（辍学、不和人说话、不在乎），发泄（打架、暴躁、对抗），寻找替代（拉帮结派）等行为，是心理健康和问题行为的隐患。所以，在此阶段的倾听和引导介入，特别是一个大姐姐、大哥哥的角色，可以给予归属感和安全感的长期关系的建立，尤为重要。

（2）项目设计的逻辑

  蓝信封通过大学生与留守儿童一对一书信陪伴的方式，增加留守儿童倾诉渠道，提高情绪依赖值，提高孩子安全感和归属感，从而减少问题行为的发生。

  书信方式：书信方式看似原始，而优于互联网沟通的优势在于它是更适合建立长期陪伴的一种媒体工具，一个月一封信，从而实现 1—3 年陪伴；心理学研究表明，写作表达本来就是一种经典的心理疗愈方式。

  一对一方式：大学生与青春初期留守儿童一对一的关系，专属的远方的大哥哥大姐姐角色，提升孩子归属感和安全感。而大学生针对初一孩子写信，同理心更强。

  写信为主，家访辅助：以写信为主，辅以夏令营、家访等实地走访方式，有效维系一年以上的陪伴关系。

（3）项目利益相关方的参与及其方式

  家长/家庭监护人：通过参与活动同意书的签订、家访及一年后的回访，获得家庭监护人信任和对写信项目的支持。

  班主任：通过参与项目中的收发信环节，一年 4 次的教师座谈会，逐步切入班主任群体，让教师参与进来。

孩子自身：通过书信的方式引导孩子增强主动对外表达诉求的能力。

（4）项目利益相关方的参与及其方式

项目主要捐赠方：阿里巴巴公益基金会、北京险峰公益基金会、上海盛立公益基金会、中国扶贫基金会、上海联劝公益基金会、中华少年儿童慈善救助基金会、慈海生态环保公益基金会。

项目主要合作方：各项目市、县民政局和教育局：积极支持项目在当地学校的落地。项目学校，为留守儿童的识别提供了重要信息，并为服务对象的实地入户评估担当了向导。

（5）项目的长远规划：预计5年内覆盖全国1 000所乡村学校，用3个5年推动政策、改善留守儿童的社会支持系统。

2. 项目评估体系

项目评估内容：初中留守儿童的社会支持和适应水平；留守儿童参与度与通信体验

评估报告：《书信陪伴：社会组织参与下的农村留守儿童心理介入——科学评估、作用机理及行业启发》

评估方：中山大学

评估时间：2014—2016年

3. 项目被政府采纳〔√〕 推广〔√〕 购买〔√〕

● 项目实施机构信息

机构名称：广州市海珠区蓝信封留守儿童关爱中心

机构地址：广东省广州市海珠区新港中路350号影城花园C座905房

机构负责人：周文华

"Dream Up" 创意发展——乡村艺术送教项目

■ 四川青神县乡村妇女儿童合作发展促进会

● 项目解决问题

素质和能力——艺术教育（音乐/舞蹈/戏剧/绘画/文学艺术欣赏/阅读习惯培养等）。

● 项目核心内容

（1）为乡村留守儿童提供公平的艺术学习机会，开设美术、音乐、舞蹈、葫芦丝等四类艺术课程，培养和激发学生创造力、观察力、想象力、专注力，促进留守儿童可持续发展。

（2）弥补乡村学校艺术师资不足，推动解决乡村教育观念落后等问题，促进城乡学校艺术均衡发展。

● 项目概述

项目开始年月：2015年9月

项目实施地域：

省：四川

市：眉山市

县：青神县

项目实施具体乡镇/村/学校：5个乡镇、6所乡村中、小学校

项目限定条件：农村学校

1. 项目要点

（1）项目产出、效果和影响力：项目取得良好社会影响。通过艺术教育成果展示，得到了当地政府、学校、家长的一致好评。项目学校选送的节目和作品首次获得全县中小学生艺术节比赛一等奖。通过艺术培训和适度的展示，学生们精神面貌普遍提升，表现更加积极乐观自信。项目成效广为传播，地方多家媒体和上海财经频道到青神实地采访报道。

（2）项目利益相关方的参与及其方式

主要资助方：法国巴黎银行（上海）、青神县教体局

撬动政府资源方面：项目得到相关领导和部门的关注和支持，县委分管主要领导调研该项目，县政府妇儿工委积极协调资源，营造实施氛围。县教体局在3年实施期间，从观望到主动配合，从师资调配到积极划拨资金，提供了一系列的支持，而且考虑以采购项目的形式将项目继续下去，并不断扩展到所有乡村学校。

参与方式：县教体局成立了艺术教研工作室，抽调最优秀的城市艺术教师参与项目送教，各项目学校配合做好接送老师、调整安排课程、安排陪教老师协助教学。机构落实专人负责督导和提供资助，协调送教顺利实施。

（3）项目规划。项目未来希望覆盖到全县所有乡村学校（目前覆盖率为35%），推动县域城乡艺术类教育均衡化并影响周边区县。

2. 项目评估体系

项目评估内容：从受益群体访谈、送教成果展示、推动政府支持等方面进行项目评估

评估报告：《"Dream Up"创意发展——乡村艺术送教项目评估报告》

评估方：中华利氏学社

评估时间：2018年7月

3.**项目被政府采纳**〔　〕　推广〔√〕　购买〔√〕
● 项目实施机构信息
机构名称：四川青神县乡村妇女儿童合作发展促进会
机构地址：四川省眉山市青神县城大西街8号
机构项目负责人：欧红利

第七类
安全健康教育

> 本类别项目，专注于留守儿童的食品营养与安全、日常居家安全（火、电等）、户外安全（交通事故、溺水）、自然灾害自护、性侵与拐卖预防等主题，提供教育服务，以弥补隔代监护能力不足等问题。

预防儿童性侵犯安全教育

■ 宝鸡新星流浪儿童援助中心

● 项目解决的问题

安全教育（食品/交通/居家/自然灾害/网络/防性侵/防拐卖等）

● 项目核心内容

项目通过前期需求评估，课程开展实施（三节课），后期跟进三阶段进行，采用"参与式"授课方式，老师引导，受益对象小组互动，师生共同参与的新模式，引导受益对象认识自己的身体，学会处理人际关系，共同探讨如何预防性侵犯，如何更好地保护自己。

● 项目概述

项目开始年月：2014年5月

项目实施地域：陕西省宝鸡市等5市，千阳县等7个县

项目实施具体乡镇/村/学校：14所小学、3所中学

项目介入地：• 小学　• 中学

项目限定条件：

年龄段：8—18岁

性别：中学组课程，男女生分开授课

特定群体：山区寄宿制学校未成年人

项目实施地：山区寄宿制学校

项目要点

（1）项目产出、效果与影响力

①项目产出：自2014年5月项目开展至今，共受益人数2 500余人。

②项目效果：项目实施过程中，参与式的授课方式以及实用的授课内容受到了受益对象的广泛喜爱。在访谈过程中，受益对象表达了此种上课方式不但能学到知识，还能在活动和游戏中放松身心。

在中学组的课程培训后，受益对象表示清晰学到了男女生的生理知识，学会了如何面对青春期的人际交往问题，懂得了怎么与异性相处，并且学到了青春期的性安全知识、性心理发展以及正确的性安全观，包括女生经期的健康卫生知识，受益对象还学会了做负责任的决定，懂得预设评估事情的结果，最重要的是在遇到性侵犯的时候懂得怎样保护自己，更加明白了即使遭受性侵犯也要坚持"生命第一"原则，并且要告诉家人去医院、去报警，最后通过"生命线"的展示，知道要更加珍惜当下的学习生涯……这些知识都使他们受益良多。

在小学组访谈中，受益对象认为项目组老师既亲切又能讲授知识，他们不但了解了自己的身体隐私部位，还学会了区分好的身体接触和不好的身体接触，最重要的是学会了如何预防性侵犯，在遇到侵犯的时候知道如何保护自己，希望以后多多开展此类的课程。

③项目影响力：项目分别设计了《中学生安全保护手册》和《小学生安全保护手册》，其中中学组的安全保护手册分为男生篇与女生篇，并且为了补充课程还挑选了相关读物以及绘本，授课老师引导受益对象以分享的精神将所学内容带给身边的家人和朋友。

（2）项目设计的逻辑

根据受益对象身心发展的特点以及项目开展的背景和问题需求评估，小学组课程以"认识自己的身体、身体的接触、学会自我保护、预防性侵犯"为教学框架；中学组以"认识青春期、青春期的人际关系、预防性侵犯"为教学框架。

（3）项目利益相关方的参与及其方式

①受益对象所在学校，积极组织受益对象参与培训，根据教务安排合理安排时间及培训地点，并且委派老师听课。

②政府相关部门：项目开展前期，由于"学校大门难进"，中心联系教育局相关部门，拉动教育资源，得以进入校园实施培训。

（4）项目的长远规划

能将该项目中的儿童性健康教育课程纳入我国九年义务教育课程体系，让"预防儿童性侵犯安全教育"培训课程成为学校基础教育课程之一。

● 项目实施机构信息

机构地址：陕西省宝鸡市金台区宝平路49号

项目负责人：谭晓羽

为留守儿童安全护航项目

■ 安庆市阳光社会工作服务中心

● 项目解决的问题

安全教育（食品/交通/居家/自然灾害/网络/防性侵/防拐卖等）

● 项目核心内容

（1）在生命教育、交通安全、用水安全（主要防止溺水事故）、居家安全（包括用电用火、防震防灾等）、防拐防骗等安全领域开展工作。

（2）对留守儿童所生活的社会环境进行介入，改善他们所生存的社会环境，减少安全隐患，提高他们的安全防范意识和自救能力。

- 项目概述

项目开始年月：2016年9月

项目实施地域：安徽省安庆市迎江区长风乡

项目实施具体乡镇/村/学校：1个乡、1个村、1所小学

项目介入地：•小学

项目限定条件：受益对象——留守儿童

项目实施地：安庆市迎江区长风乡长风村长风中心小学

项目要点

（1）项目预期：计划在2016年8月—2017年8月，以一年为周期来实施该项目，取得一定成效后再进行推广覆盖，预计安庆市的留守儿童群体及其家长、学校老师、社区居民、政府社会等都将会受益。

（2）项目策略：该项目引入"安全防护网"的概念，在社会工作三大工作方法（个案工作、小组工作和社区工作）的指导下，采用"三横四纵"的手法，介入农村留守儿童校外安全问题。

（3）项目动员社会资源情况：作为机构在"99公益日"成功上线的项目，多方筹资，实现了社工机构经费来源的多元化的探索。

- 项目实施机构信息

机构地址：安徽省安庆市迎江区长风乡长风村长风中心小学

机构负责人：苏胜利

留守女童安全知识教育

■ 同心霞光公益慈善发展中心

- 项目解决的问题

亲子沟通/亲子关系改善/家庭教育（辅导）。早期教育/学前教育。安全教育（交通/居家/自然灾害/网络/防性侵/防拐卖等）。儿童合法权益保障。疾病救助。

- 项目核心内容

针对留守女童，进行定期安全学习、引导，长期为这些女童开展各种活动教育，引导她们坦然面对有关健康发育、接触社会的心态，能健康活泼成长。

- 项目概述

项目开始年月：2016年7月

项目实施地域：宁夏回族自治区吴忠市同心县

项目实施具体乡镇/村/学校：预旺土峰学校、井湾子学校

项目介入地：• 小学　• 中学

项目限定条件：9—16岁的在校女童

1. 项目要点

留守女童的父母长年外出务工，她们在生理期不能正确自理，尤其青春期发育的女童安全意识薄弱，机构在学校及实地走访家庭时对她们开展相关的安全教育。

经过对在校女童安全防范教育和心理辅导，目前没有一起性侵犯案件发生。

与北京一家相关团体对接，该团体将免费提供书刊、动画及相关视频，长期和学校对接，帮助更多女孩健康成长。

2. 项目被政府采纳〔√〕　推广〔√〕　购买〔　〕

● 项目实施机构信息

机构地址：宁夏回族自治区吴忠市同心县豫海镇政府北街

机构负责人：马彩霞

儿童安全书包

■ 中国妇女发展基金会

● 项目解决的问题

安全教育（食品/交通/居家/自然灾害/网络/防性侵/防拐卖等）。助养（学习及日常生活用品、营养品捐助/视力保护及矫正等）。保险。

● 项目核心内容

项目以安全防护书包为载体，包含了针对儿童的安全学习用品、安全教育课堂、贫困助养基金、意外伤害保险、社会宣传倡导等内容。

● 项目概述

项目开始年月：2015年9月

项目实施地域：

省：云南、甘肃、陕西等26个省

市：71个市

县：75个县

项目实施具体乡镇/村/学校：310所学校

项目介入地：• 小学　• 中学

项目限定条件：以贫困留守儿童为主

项目要点："儿童安全书包"项目给到孩子们的不单单是一个安全书包，还根据因地因时的需要，提供其他项目资源的支持，目的是希望协助受益地区，建立对儿童上学的系统性安全保护机制；希望通过不断推进包括立法执法、教育宣传、家校互动、安全用品配备等为留守儿童提供全方位的保护。

● 项目实施机构信息

机构地址：北京市东城区建国门内大街 15 号

机构负责人：张建岷

关注留守儿童健康

■ 首都保健营养美食学会

● 项目解决的问题

健康教育（食育）。

● 项目核心内容

（1）让孩子了解到垃圾食品的危害，教会孩子正确挑选健康食物，从而从根源上改变孩子不健康的饮食意识和行为习惯，最终减少疾病的发生；

（2）教会孩子养成正确的餐桌礼仪和卫生习惯，做一个文明健康的现代人；

（3）引导孩子去探索自然生命的孕育过程，真正爱上天然食物，敬畏自然，感恩生命，从小培养孩子爱的能力。

● 项目概述

项目开始年月：2012 年 12 月

项目实施地域：

省：青海、甘肃、河南

市：天水市、庆阳市等 4 个市

县：互助县、秦州区、正宁县、新县 4 个县

项目实施具体乡镇/村/学校：62 所小学

项目介入地：•小学

项目限定条件：在小学、幼儿园开展项目

1. 项目要点

（1）项目背景。现阶段，我们国家慢性病数据处于井喷状态，且患病群体趋于低龄化。我国目前确诊的慢性病患者已经超过 2.6 亿人，而慢性病与生活方式密切相关。同时，我国学生和家长营养素养低，学校食育缺位，营养信息混乱，中小学生不健康饮食行为现象普遍，严重危害着儿童的健康。食育项目，通过树立学生的健康意识，培养学生的健康行为习惯，最终提高全民的健康素养，减少不良生活习惯带来的慢性疾病，健康中国一代代人。

（2）项目内容。为帮助全国的儿童树立健康意识，养成良好健康饮食习惯，

提高全民健康素养和水平，食育项目通过编写食育教材、开展食育体验营、开展边远地区农村留守儿童健康活动、全国各地建立志愿者服务站和食育兴趣班学校以及食育试点校等工作来推动儿童食育工程。以试点校合作为例，为学校设计食育课程，培养本校食育老师，提供食育教材，改善学校食谱设计，开展学生家长食育课堂，组织学生食育主题班会，设计宣传栏，开展食育联欢会以及做项目评估等。4年食育路积累了一定的经验。

（3）项目运作方式

项目以营养师为执行主体，通过深入小学、幼儿园给学生开展营养健康课的方式进行（通过认识食物营养、辨别食物利弊、了解餐桌和饮食文化等让学生喜欢上食物。同时亲自动手做一些彩色馒头、黄油小饼干、寿司、月饼等，有趣地学习营养知识）。项目具有很强的根源性，从根源帮助儿童的健康发展。同时项目本身有很大的趣味性和涵盖性，通过好玩有趣的食育，培养我国儿童德、智、体、美劳各方面的能力，同时真正让营养师发挥他不可或缺的作用。

2. 项目被政府采纳〔√〕 推广〔√〕 购买〔√〕

● 项目实施机构信息

机构地址：北京市海淀区善缘街1号立方庭

项目负责人：刘璐

"小蜜蜂"游学计划

■ 广西爱心蚂蚁公益协会

● 项目解决的问题

素质和能力——艺术教育（音乐/舞蹈/戏剧/绘画/文学艺术欣赏/阅读习惯培养等）；其他教育（个人情感智力人格/人与自然/人与社会等）。

● 项目核心内容

"小蜜蜂"游学计划以"山里的'小蜜蜂'飞去城市里'采蜜'，回来与同伴们分享"为寓意，选拔一批优秀的山区学校学生（多为留守儿童）在节假日期间由爱心蚂蚁带领到城市参观，与城市的孩子，一起学习、生活、交流、结交朋友，并鼓励城市里的孩子一样地互访。

● 项目概述

项目开始年月：2010年9月

项目实施地域：

省（自治区、直辖市）：广西壮族自治区、浙江省、北京市

市：河池市、桂林市、南宁市、温州市

县：都安等 4 个县

项目实施具体乡镇 / 村 / 学校：3 个乡镇，3 个村，5 所小学

项目介入地：• 小学　• 中学

项目限定条件：贫困山区中小学生；自愿参与，但需家长同意。

1. 项目要点

（1）项目的产出。开展项目 7 年，至今已成功举办了 31 期游学。

（2）项目设计的逻辑。由于爱心蚂蚁驻点的学校多以留守儿童为主，父母大都外出打工，留下爷爷奶奶照看孩子。而这些学生的家庭基本都处于偏僻的大山中，学生极少有机会外出。为拓宽学生的视野、提高人际交往能力，爱心蚂蚁每年选拔出一批合适的学生到城市游学。学生自愿参与报名，确定名单后和家长签署安全责任书，同时游学过程中为学生购买意外险，由社工及当地老师带队，做好安全保障及对学生的引导。

游学行程均以有教育意义的景点为主；或和城市里的孩子同上一周的课程，开阔学生视野增加知识，增强其学习生活的积极性，达到一定的激励作用；或进行家庭体验，感受城市乡村不一样的生活方式。游学结束后"小蜜蜂"回到学校，面向教师及其他同学分享游学的所见所闻及感想。

（3）利益相关方的参与及其方式：校方——游学过程中有当地老师参与，及时发现学生问题，对学生进行跟进引导。资助方——通过在队服印制 LOGO、爱心蚂蚁媒体平台对资助方进行宣传。合作方——爱心蚂蚁游学前，会链接社会资源，如温州少年宫、南宁海底世界、星巴克等，进行资源整合，同时邀请媒体宣传报道。

2. 项目被政府采纳〔　〕推广〔　〕购买〔√〕

● 项目实施机构信息

机构地址：广西壮族自治区南宁市青秀区古城路大板一区 13 栋 2 单元 602 室

机构负责人：韦银球

第八类
志愿服务

本类别项目,以开展各类关爱公益活动为主,关注并同时诉求社会关注留守儿童心理,给予社会关爱。

为爱守护　筑梦童年

■ 辽宁省高校公益联合会

● 项目解决的问题

儿童心理关怀/辅导/咨询。亲子沟通/亲子关系改善/家庭教育（辅导）。课业辅导/课外兴趣拓展/课外活动。安全教育（食品/交通/居家/自然灾害/网络/防性侵/防拐卖等）。素质和能力——艺术教育（音乐/舞蹈/戏剧/绘画/文学艺术欣赏/阅读习惯培养等）；其他教育（个人情感智力人格/人与自然/人与社会等）。儿童合法权益保障。相关研究与政策倡导。

● 项目核心内容

（1）组织各个高校团队赴农村留守儿童较为集中的乡村和学校开展关爱服务活动。

（2）活动针对不同地区、不同生活环境的农村留守儿童实际需求，选准适合本地实际的工作载体，集中力量深入实施，增强关爱服务的精准性。

（3）围绕学业辅导、日间照料、安全自护、心理疏导、文体活动等内容，开展为期半个月左右的志愿服务。

（4）进一步传播新文化、新技能、新思想，利用大学生自身专业的优越条件开展支教、支农、支医等相应活动。

● 项目概述

项目开始年月：2012年7月

项目实施地域：

省：辽宁、河南、云南、吉林

市：沈阳、昭通、朝阳、铁岭等11个市

县：康平县、法库县、岫岩县、清源县、桓仁县、义县

项目实施具体乡镇/村/学校：38所学校、社区（村）

项目介入地：•小学　•中学　•社区（村）

项目限定条件：留守儿童、山区儿童

1. 项目要点

（1）项目目标

①呵护留守儿童、关爱留守少年，是构建和谐社会交给我们的共同责任。此项关爱行动以"缤纷夏日、筑梦童年"为主题，促进孩子们健康成长树立正确的人生观，让孩子们心中筑立"城市梦、生活梦、大学梦"，激励他们自强不息，学会自学、自理、自护、自强、自律，做生活的强者，享受生活的幸福和快乐，

促进"留守儿童"健康地成长。

②通过辽宁省高校公益联合会大型活动吸引更多的社会爱心人士加入到"关爱留守儿童"的阵营中来。各个高校公益团队充分认识做好留守儿童工作的重要性,增强责任感和使命感,扎实推进"关爱留守儿童"工作的开展,确保"关爱留守儿童"工作取得实效。

(2)项目内容

①本着"真诚、真心、真爱、真行动"的原则,通过开展形式多样的关爱活动,更深入地了解留守儿童的需求,为其学习、生活和身心健康的发展营造良好的氛围;进一步探索关爱留守儿童的有效机制。

②整合社会资源,让全社会都来关心和爱护留守儿童,构建学校、社会合力共育的模式。

2. 项目被政府采纳〔√〕 推广〔　〕 购买〔　〕

● 项目实施机构信息

机构地址:辽宁省沈阳市沈河区小西路76号

项目负责人:高锁

彩虹童伴计划:云霄关爱留守儿童公益项目

■ 云霄县彩虹公益联合会

● 项目解决的问题

儿童心理关怀/辅导/咨询。亲子沟通/亲子关系改善/家庭教育(辅导)。课业辅导/课外兴趣拓展/课外活动。安全教育(食品/交通/居家/自然灾害/网络/防性侵/防拐卖等)。儿童合法权益保障。

● 项目核心内容

(1)在各学校、社区建立志愿服务站,依托七彩虹爱心志愿队,集中开展志愿服务工作,为留守流动儿童提供必要的成长援助和心灵关爱,同时兼顾有潜力少年儿童的发现和培养。

(2)招募志愿者与留守儿童结对,形成长期固定的"一对一""多对一"帮扶关系,开展多方面的志愿服务。

● 项目概述

项目开始年月:2011年6月

项目实施地域:福建省漳州市云霄县

项目实施具体乡镇/村/学校:10个乡镇、开发区50个村、60所中小学

项目介入地:•小学　•中学　•社区(村)

项目限定条件：
受益对象：5—16周岁留守儿童及其家长
实施地域：云霄县（福建省重点扶贫开发县）

1. 项目要点

2016年12月，云霄七彩虹志愿队童心彩虹桥关爱留守儿童项目获得全国青年社会组织"伙伴计划"优秀项目；团中央将该项目列为全国青年社会组织"伙伴计划"优秀项目并资助志愿活动经费15 000元。

（1）项目地域、受益对象（数量、群体、金额等）

①实施地域为云霄县行政区域内各中小学、社区服务站。

②主要服务人群：5—16周岁留守儿童及其家长。

③受益对象的数量：2 000人

④项目预算资金为6万元。

（2）项目运作方式：

①开展"代理家长牵手行动"。开展"代理家长""心声信""爱心志愿家庭"与"留守流动儿童"结对关爱行动，构建学校、家庭、社会三位一体的"留守流动儿童"工作网络，促进留守流动儿童健康成长。

②开展"健康成长直通车"志愿行动。招募具备心理方面专长的志愿者，进行义诊咨询、心理疏导和法律援助，广泛开展心理辅导进学校、进社区、进家庭活动；开通QQ群，在线解答青少年心理困惑。

③开展"失足青少年导航行动"。设立辖区内边缘青少年、失足青少年等特殊青少年爱心联系卡，开展感化矫正帮扶工作；为青少年提供法律服务和法律援助。

④开展"特困青少年帮扶行动"。结合助学基金发放、金秋助学、"爱心营养餐"及社会各层面开展的爱心扶助行动，对特困青少年进行精神和物质上的关爱。

⑤开展"童心辉映夕阳红"志愿行动。组织有能力的未成年人就近就便参与所在社区开展的"关爱空巢孤寡老人"志愿服务活动，提升未成年人思想道德境界。

（3）项目设计的逻辑

①项目背景：目前云霄县城乡在校学生约5万人，农村有留守儿童约4 000名，孤儿和"事实孤儿"近100名，部分贫困生和残疾少儿也需要救助。

②项目解决的问题：本项目主要服务人群是以农村留守儿童为主，帮助解决留守儿童群体中存在的"亲情失落、心理失衡、行为失控、学习失教、康复失救、安全失保、监护失助"等突出问题，促进他们健康快乐成长，同时维护社会安全稳定。

③项目可行性：配套资金、工作团队、活动能力、有经验等志愿队有专门的筹资机构，能为项目募集相应启动资金，同时具备成熟的志愿运作和管理团队；团队能力方面：项目团队拥有实施项目活动所需要的相关经验，并有较高的执行能力；管理能力方面：项目管理科学，服务岗位设置简便易行，实施过

程公开透明。支持能力方面：志愿者经过应知应会或专业培训，建有长效的志愿者激励机制。

④项目的特点：服务对象精准，项目锁定农村留守儿童。服务模式创新，项目以社区为依托管理平台，组织实施运作的"三社联动模式"，同时可结合共青团的"青少年维权岗工作"。服务方式专业，项目实行专业化运作，运用"助人自助"的专业理念服务青少年，拥有专业的项目团队。项目富有计划性和便利性，项目设计描述清楚，具备较强的可操作性，职责分工明确合理，方便公众参与，易于充分利用社会资源。符合社会现实需求，能有效解决关爱留守儿童等人民群众的"急难愁"问题，确保群众得实惠，有良好的社会影响。团队组成多元，本项目召集了更多来自不同专业、不同特长的成员及志愿者，还邀请专业老师作为指导老师。同时与县内外影响力大的政府部门、公益组织、媒体机构合作，提高了开展项目的可行性。易于复制推广，志愿项目启动后，将发挥志愿服务示范、引导和辐射、放大效应，扩大未成年人帮扶力度和社会受益面，达到"点燃一盏灯，照亮一大片"的效果。能够提供一定数量的长期志愿服务岗位和具体参与的内容，易于复制推广、持续推进、扩大成效。

（4）项目获得的外部支持

以项目为依托，志愿队联合县文明办、关工委、民政、团委、妇联、残联等部门深入城乡，重点围绕学业辅导、亲情陪伴、感受城市、自护教育、爱心捐赠、就业创业等服务内容，开展关爱未成年人志愿服务系列活动。当好孩子感情的"交流员"、行为的"监护员"、生活的"管理员"、思想品德的"辅导员"和健康成长的"指导员"。让身处弱势的孩子们"心有人爱，身有人护，难有人帮"，帮助他们快乐生活，健康成长。通过关爱留守儿童项目，使留守儿童与学校、家长之间的沟通更加密切，同时通过让留守儿童参与各项活动，使他们增强社会主人翁的意识，学有所教，爱有所依。

（5）项目筹资模式与预算

项目初期以志愿队自筹、政府部分支持运行，逐步发展为多渠道筹资模式。项目资金预算合计60 000元，包括：

①建立爱心图书室（图书10元×2 000本）计20 000元。

②项目志愿者保险3 000元。

③宣传册、宣传画报、广告牌等印制费用6 000元。

④志愿者培训费及交通、餐费补助5 000元。

⑤暑期训练营举办费用5次6 000元。

⑥项目办公管理费用3 000元。

⑦志愿者服装、衣帽、通信、救护装备等费用5 000元。

⑧慰问受助对象物资9 000元。

2. 项目评估体系

项目社工评估及阶段性、整体性评估；全国青年社会组织"伙伴计划"优秀

项目

3. 项目被政府采纳〔√〕 **推广**〔√〕 **购买**〔√〕
● 项目实施机构信息
机构地址：福建省漳州市云霄县云陵镇望江路 288 号县教育局
项目负责人：张瑞勇

圆梦行动关注山区贫困留守儿童

■ 甘肃省陇南市康县义工联合会

● 项目解决的问题
儿童心理关怀 / 辅导 / 咨询。课业辅导 / 课外兴趣拓展 / 课外活动。安全教育（食品 / 交通 / 居家 / 自然灾害 / 网络 / 防性侵 / 防拐卖等）。素质和能力——艺术教育（音乐 / 舞蹈 / 戏剧 / 绘画 / 文学艺术欣赏 / 阅读习惯培养等）。助学（学校硬件建设或改建 / 学费资助等）。助养（学习及日常生活用品、营养品捐助 / 视力保护及矫正等）。
● 项目核心内容
为山区贫困儿童捐赠校服、图书、安全饮水、艺术兴趣等相关活动。
● 项目概述
项目开始年月：2014 年 11 月
项目实施地域：甘肃省陇南市康县
项目实施具体乡镇 / 村 / 学校：21 个乡镇区域内贫困山区小学
项目介入地：• 小学
项目被政府采纳〔√〕 推广〔√〕 购买〔 〕
● 项目实施机构信息
机构地址：甘肃省陇南市康县城关镇
项目负责人：南珍强

共青团关爱留守儿童"乡伴童行"公益项目

■ 黑龙江省青少年发展基金会

● 项目解决的问题
儿童心理关怀 / 辅导 / 咨询。课业辅导 / 课外兴趣拓展 / 课外活动。安全教育（食品／交通／居家／自然灾害／网络／防性侵／防拐卖等）。素质和能力——艺术教育（音乐／舞蹈／绘画／文学艺术欣赏／阅读习惯培养等）。相关研究与政策倡导。

● 项目核心内容

（1）通过组织在校大学生志愿者利用寒暑假期返乡，陪伴自己家乡留守儿童的一项假期社会公益实践服务活动；

（2）项目倡导随家公益，精准服务，广泛关注，陪伴成长；

（3）项目致力于满足留守儿童学业、情感、安全、礼仪、交往、心理健康等实际需求；

（4）项目提升大学生群体社会责任感与实践能力，磨炼吃苦耐劳的意志品格、培养他们感恩奉献的高尚情操，进而提高人生规划的能力。

● 项目概述

项目开始年月：2015年7月

项目实施地域：

省：黑龙江

市：大庆市、绥化市等5个市

县：甘南县、肇源县等6个县

项目实施具体乡镇／村／学校：65个乡镇（社区、街道）

项目介入地：•小学　•社区（村）　•村屯、农舍

项目限定条件：留守儿童；热爱公益，当地户籍在校大学生

外部配套：实施地当地政府支持，提供一些必要的保障，如提供场所、协调其他部门做好持续性工作。

1. 项目要点

（1）项目背景。"乡伴童行"公益项目是由共青团黑龙江省委、黑龙江省青少年发展基金会、黑龙江省青年志愿者协会和省内多所高校联合发起，由爱心企业黑龙江童医生儿童生物制药有限公司提供资金支持，组织在校大学生志愿者利用寒暑假期返乡，陪伴自己家乡留守儿童的一项假期社会公益实践服务活动。

（2）项目目标。项目倡导随家公益、精准服务、广泛关注、陪伴成长。致力于满足留守儿童学业、情感、安全、学业、礼仪、交往、心理健康等实际需求，提升大学生群体社会责任感与实践能力，磨炼吃苦耐劳的意志品格、培养他们感恩奉献的高尚情操，进而提高人生规划的能力。

（3）项目运作方式。通过专业培训、心理疏导、课外延伸等途径，根据户籍归属特点集中组织在校大学生志愿者利用寒暑假期返乡，陪伴自己家乡留守儿童的一项假期社会公益实践服务活动，形成大学生群体与本乡留守儿童良性"反哺"效应。项目全程体现专业化、灵活化、精准化、持续化等效应。

（4）项目产出。自2015年暑期起至今，共有来自沈阳师范大学、黑龙江大

学、齐齐哈尔大学、绥化学院等 30 多所高校的 822 名志愿者参与项目，公益服务地覆盖哈尔滨市、齐齐哈尔市、大庆市、伊春市、绥化市的 65 个乡镇、社区、街道，让 2 044 名留守儿童充分感受到公益的关爱和知识的给养。

2. 项目被政府采纳〔　〕　推广〔√〕　购买〔　〕

● 项目实施机构信息

机构地址：黑龙江省哈尔滨市南岗区清明七道街 35 号希望大厦四楼

项目负责人：徐佳文

关爱留守儿童"大手牵小手"夏令营

■ 文港镇志愿者服务协会

● 项目解决的问题

亲子沟通/亲子关系改善/家庭教育（辅导）。助养（学习及日常生活用品、营养品捐助/视力保护及矫正等）。

● 项目核心内容

关爱孩子生活学习，培养他们团结友爱，长大以后成为对社会有用的人才。

通过组织、开展夏令营活动以及志愿者一对一的陪伴，与留守儿童共同度过快乐、有意义的假期时光。在活动中，开展留守儿童参观博物馆、体验古文化、观影等集体活动。此外，通过网络视频通话使留守儿童与长期分隔两地的父母见面，架起了亲子之间沟通的桥梁。

● 项目概述

项目开始年月：2017 年 7 月

项目实施地域：

省：江西

市：南昌市

县：进贤县

项目介入地：• 幼儿园 • 小学 • 中学

项目限定条件：贫困留守儿童

● 项目实施机构概况

机构地址：文港镇人民政府

机构负责人：陈猛华

第九类
资源资助

> 本类别项目,主要针对留守儿童及其成长环境——家庭/学校/社区,提供款物援助,同时关注并诉求社会关注留守儿童心理,给予社会关爱。

关爱留守儿童（一校一梦想）

■ 大方县大爱萤火公益联合会

● 项目解决的问题
助学（学校硬件建设或改建/学费资助等）。
● 项目核心内容
以边远山区贫困学校为主，资助校园硬件设施，资助留守儿童物资用品及学习用品等。
● 项目概述
项目开始年月：2014 年 8 月 1 日
项目实施地域：贵州省毕节市大方县
项目实施具体乡镇/村/学校：7 个乡镇、15 所小学
项目介入地：• 小学
项目要点：为学校解决校园实质硬件设施，为学生解决实质学习用品及物质物品。
● 项目实施机构信息
机构地址：贵州省毕节市大方县解放路 853 号
机构负责人：王勇

留守儿童圆梦起点

■ 大方县大爱萤火公益联合会

● 项目解决的问题
助学（学校硬件建设或改建/学费资助等）。
● 项目核心内容
（1）通过开展项目，更深入地了解留守儿童的需求，为这些留守儿童的学习、生活和身心健康的发展营造良好的氛围，让全社会都来关心和爱护留守儿童，激励他们自强不息，学会自学、自理、自护、自强、自律，做生活的强者，享受生活的幸福和快乐。
（2）让更多的人来关爱留守儿童，走近留守儿童，人人都献出一点爱，让留守儿童感受到家的温馨和社会的温暖。

● 项目概述

项目开始年月：2014 年 8 月 1 日

项目实施地域：贵州省毕节市大方县 8 个乡镇、34 个村、13 所中小学

项目实施具体乡镇/村/学校：理化乡、偏坡村、偏坡小学

项目介入地：•小学

1. 项目要点

（1）项目背景。理化乡偏坡村在 2016 年 7 月 1 日凌晨 6：20 发生山体滑坡，房屋被泥石流淹没，导致 20 多人死亡，因此次地质灾害直接受到影响的偏坡小学孩子有 13 名。大爱萤火公益为慰藉孩子们受伤的幼小心灵，对偏坡小学进行了两次大型捐赠。

（2）项目产出

① 2016 年 12 月 20 日对该校捐赠了过冬暖服 195 套，2017 年 3 月 28 日再次捐赠学生课桌 100 套、办公桌椅 10 套（这些物资由大方黔宝金店提供），两次捐赠价值达到 7 万元左右。

②捐赠活动中，爱心人士和孩子们进行了亲情电话互通、游戏互动、圆梦助学心灵洗礼。在这些活动中，孩子们感受到社会各界的关爱，为以后的人生观树立了正确的方向。

"留守儿童圆梦起点"将继续这样的活动，将公益的正能量传递下去。

2. 项目被政府采纳〔√〕 推广〔√〕 购买〔 〕

● 项目实施机构信息

机构地址：贵州省毕节市大方县解放路 853 号

机构负责人：王勇

希望童园

■ 昭通市青少年发展基金会

● 项目解决的问题

儿童心理关怀/辅导/咨询。早期教育/学前教育。助学（学校硬件建设或改建/学费资助等）。

● 项目核心内容

改善学龄前儿童的读书学习环境，关爱留守儿童心理健康，丰富留守儿童课余生活。

● 项目概述

项目开始年月：2016 年 4 月

项目实施地域：云南省昭通市 10 县 1 区

项目实施具体乡镇 / 村 / 学校：洒渔镇，靖安镇，布嘎乡分别一所学校

项目介入地：• 小学　• 幼儿园

项目限定条件：村级完小并配有学前班的留守儿童，单孤，双孤

项目要点：目前项目由爱心企业和爱心人士捐赠实施，在我们的试点地得到了当地学校、老师和孩子的极大认可，丰富了学龄前儿童的课余生活，改善了学习环境。但是由于是捐赠项目，所以资金不稳，导致项目不能持续开展，我们希望通过努力，带动更多的爱心企业和慈善机构参与进来，并且希望通过成效得到政府的支持和关注。

● 项目实施机构信息

机构地址：云南省昭通市昭阳区北顺城汇通大厦

机构负责人：陈宇

春苗之声——乡村校园广播计划

■ 安利广西志愿者协会

● 项目解决的问题

儿童心理关怀 / 辅导 / 咨询。

● 项目核心内容

（1）帮助乡村寄宿制学校建立校园广播站和广播站管理制度，让校园广播成为常态化的校园文化生活宣传平台，丰富农村寄宿制学生的校园文化生活；

（2）帮助乡村寄宿制学校培训校园广播员，让学生掌握基本的广播和播音知识；

（3）建立校园广播内容平台，为校园广播提供优质的内容，保障项目持续开展。

● 项目概述

项目开始年月：2016 年 9 月 12 日

项目实施地域：广西壮族自治区百色市田东县

项目实施具体乡镇 / 村 / 学校：8 个乡镇、10 个村、10 所小学

项目介入地：• 小学

项目限定条件：农村寄宿制小学

项目要点

（1）项目产出。活动共计覆盖 10 所乡村寄宿制学校，培训 100 名校园广播员，教会孩子们基本的广播流程和如何使用广播设备进行播音，并组建校园

广播站和广播站制度，尝试构筑留守儿童成长中的自助系统，为政府提供解决方案。

（2）项目未来规划。项目计划 2017 年继续覆盖 10 所乡村寄宿制小学。

● 项目实施机构信息

机构地址：广西壮族自治区南宁市青秀区锦春路 15 号威宁大厦 1、2 楼

机构负责人：田魁

金色童年，益起摇摆

■ 阜阳市心公益社会工作服务中心

● 项目解决的问题

早期教育／学前教育。

● 项目核心内容

幼儿上学兴趣

● 项目概述

项目开始年月：2016 年 10 月

项目实施地域：安徽省阜阳市颍东区、颍泉区、颍州区、阜南县

项目实施具体乡镇／村／学校：4 个乡镇、4 个村、4 所幼儿园

项目介入地：● 幼儿园

项目限定条件：贫困村留守儿童较多的幼儿园

项目要点

针对乡村幼儿园关注较少，设施简陋而设计的项目，幼儿园可免费获得 2—3 辆摇摆车，留守儿童可免费乘坐。获得 2016 年第五届全国慈展会铜奖。

项目产出：捐赠 7 台摇摆车，惠及 4 所幼儿园和儿童早教中心，近 700 名留守儿童。

利用商业理念融入公益元素，进行滚动式发展，达到项目可持续性和可发展性。

为保持项目可持续发展，修改原项目中设计不合理方面，把免费投放改为免费租赁，让更多的幼儿园参与到活动中来。3 年内惠及 30 家幼儿园，投放摇摆车 60 辆，惠及 7 000 名留守儿童。

● 项目实施机构信息

机构地址：安徽省阜阳市颍东区新华办事处新华幼儿园

机构负责人：李曙光

爱心汇聚一个家

■ 固原市西吉县思源残疾儿童助学中心

● 项目解决的问题

帮助残疾儿童上学。帮助残疾儿童看病（包括残疾家庭生活困难的孩子）。

● 项目核心内容

为了解决教育、心理辅导、康复等问题，于 2015 年 12 月，县政府划拨 10 亩城市建设用地，用于建设新的助学中心。新建助学中心同时容纳 300 多名孤残及留守儿童，将生活、康复、学习、心理辅导四种功能科学地结合在一起，以四合一的助学模式彻底解决西吉县孤残及留守儿童的困难。

● 项目概述

项目开始年月：2014 年 5 月

项目实施地域：宁夏回族自治区固原市西吉县

项目实施具体乡镇/村/学校：19 个乡镇、24 个村、24 所学校

项目介入地：•小学 •中学 •幼儿园

项目限定条件：

特定群体：孤残儿童、重度残疾家庭儿童、留守儿童

受益对象年龄段：幼儿园到高中、性别不限

项目实施地：宁夏回族自治区西吉县

1. 项目要点

（1）项目意义。留守儿童失去父母的陪伴和怜爱，是最困难的社会群体。同时由于失去了有效的照料、教育、心理发展等方面的原因，极易导致留守儿童犯罪或被犯罪分子利用。"爱心汇聚一个家"项目是切实加强留守儿童和孤残儿童救助工作的体现，是构建社会主义和谐社会的必然要求。

（2）项目产出。宁夏回族自治区西吉县思源残疾儿童助学中心自成立以来，为了解决项目对象的教育、心理辅导、康复等问题，共资助和帮扶了 300 多名孤残儿童和留守儿童，使他们读完高中甚至考上大学。

现有因家庭原因无法上学或无人照管的 50 名孤残儿童和留守儿童，由助学中心全额资助在西吉县城上学，并承担一切费用，解决了目前仅有的 50 名儿童的困难。

2. 项目被政府采纳〔√〕 推广〔√〕 购买〔√〕

● 项目实施机构信息

机构地址：宁夏回族自治区固原市西吉县吉强镇大滩村

机构负责人：禹小琴

留守儿童心理健康教育

■ 河南星火志愿团

● 项目解决的问题

儿童心理关怀/辅导/咨询。课业辅导/课外兴趣拓展/课外活动。素质和能力——其他教育（个人情感智力人格/人与自然/人与社会等）。助学（学校硬件建设或改建/学费资助等）。

● 项目核心内容

心理健康、素质能力、助学

● 项目概述

项目开始年月：2015年12月

项目实施地域：河南省驻马店市平舆县，上蔡县

项目实施具体乡镇/村/学校：30个乡镇，68个村，68所小学

项目介入地：• 小学

项目限定条件：农村留守儿童

项目要点

一年多为各个乡村的留守儿童举办了多次活动，如送鞋盒礼物、爱心礼包等，引起社会上更多的人关注这个弱势群体。

● 项目实施机构信息

机构地址：河南省驻马店市平舆县财富商贸城

项目负责人：白望明

托克逊县慈善会农村留守儿童救助项目

■ 托克逊县慈善会

● 项目解决的问题

安全教育（食品/交通/居家/自然灾害/网络/防性侵/防拐卖等）。助养（学习及日常生活用品、营养品捐助/视力保护及矫正等）。疾病救助。

● 项目核心内容

计划一期对本县内100名留守儿童给予就学、生活救助、疾病预防、安全教育、寄宿教育等共计30万元救助。

● 项目概述

项目开始年月：2017 年 3 月

项目实施地域：新疆维吾尔自治区吐鲁番市托克逊县

项目实施具体乡镇/村/学校：3 乡 5 镇，45 个行政村，12 个社区，38 所小学

项目介入地：•小学 •社区（村）

项目限定条件：农民工子女

项目要点

对本县或来本县务工的农民工留守儿童给予生活、教育等方面的救助，引起社会广泛关注，带动项目可持续发展，争取政府救助扶贫资金支持，号召企业和爱心人士的捐助，吸引志愿者参与，坚持长久地执行。

项目被政府采纳〔√〕 推广〔√〕 购买〔 〕

● 项目实施机构信息

机构地址：新疆维吾尔自治区吐鲁番地区托克逊县民生路 59 号

机构负责人：寇成宇

思源留守贫困儿童助学帮困项目

■ 玉溪市"阳光076"志愿者驿站

● 项目解决的问题

儿童心理关怀/辅导/咨询。助学（学校硬件建设或改建/学费资助等）。助养（学习及日常生活用品、营养品捐助/视力保护及矫正等）。疾病救助。

● 项目核心内容

（1）搜集网络覆盖的 2 市 4 县留守贫困儿童的信息，力所能及地先行帮扶助学。

（2）筹集资金建"留守儿童之家"。

（3）组织发动城区儿童"六一"义卖捐物、"六一"互动联欢。

（4）不定期地组织留守贫困儿童的心理咨询和辅导。

● 项目概述

项目开始年月：2014 年 10 月

项目实施地域：云南省玉溪等 2 市元江等 4 县

项目实施具体乡镇/村/学校：5 个镇、8 个村、15 所小学、2 所中学

项目介入地：•小学 •中学 •社区（村）

项目限定条件：7—16岁的留守贫困儿童

项目要点

（1）项目产出。项目开展4年，共资助留守贫困、单亲、孤儿112名，帮扶现金、生活用品、学习用品、衣物、油、大米等折合人民币8万余元。共同开展城乡"放飞童心，筑梦'六一'"活动3次，受益人1 200多人；同时也缩短了城乡儿童的距离和加强相互间的情感联络。筹建"留守儿童之家"一所，营造边远山区贫困留守儿童住宿生在学习、娱乐、生活、学后管理等方面的人性化设施，首期投入5万元；通过"电话连心线"，让两地子与母、子与父免费热线联系达千余次。

（2）项目实施内容

①解决认捐儿童的部分日常生活、学习等用品的支出费（小学每学年500元，初中800元，高中1 200元）。

②充分利用留守儿童之家的平台，营造一个德、智、体、美、劳良好学习氛围和父母一线牵的电信沟通平台。

● 项目实施机构信息

机构地址：云南省玉溪市红塔区人民路5号1幢3单元702室

项目负责人：滕明伟